·毛泽东谈文论史全编·

顾 问：龙新民 郑欣淼 陈 晋 阎晓宏

评点中国古代名诗赏析

MAOZEDONG PINGDIAN ZHONGGUO
GUDAI MINGSHI SHANGXI

②

毕桂发 主 编

陈锡祥 副主编

中国文史出版社

目 录

魏 诗

晋　诗

南北朝诗

谢灵运

北朝民歌

魏诗

曹　操

　　曹操（155—220），字孟德，小字阿瞒，东汉沛国谯县（今安徽亳州）人。三国时期魏国著名的政治家、军事家、诗人。东汉末年，在镇压黄巾起义中，逐步扩充军事力量。建安元年（196）迎立献帝，建都许昌，"挟天子以令诸侯"，先后打败了其他地方割据势力，最后统一了北方，形成了与吴、蜀相对峙的三国鼎立局面。后进位为丞相，封魏王，卒后其子曹丕称帝，追尊之为武帝。其诗格调慷慨悲凉，气魄雄伟。又全用乐府诗体，开以乐府写时事之传统，影响深远。其散文也"清峻通脱"。鲁迅先生曾称他是"改造文章的祖师"。明人辑有《魏武帝集》。今有辑本《曹操集》，诗歌注本以黄节的《魏武帝诗注》较为详备。

【原文】

短歌行

　　对酒当歌⁽¹⁾，人生几何？譬如朝露，去日苦多⁽²⁾。慨当以慷⁽³⁾，幽思难忘⁽⁴⁾。何以解忧？惟有杜康⁽⁵⁾。青青子衿，悠悠我心⁽⁶⁾。但为君故⁽⁷⁾，沉吟至今。呦呦鹿鸣，食野之苹。我有嘉宾，鼓瑟吹笙⁽⁸⁾。明明如月，何时可掇⁽⁹⁾？忧从中来，不可断绝。越陌度阡⁽¹⁰⁾，枉用相存⁽¹¹⁾。契阔谈宴⁽¹²⁾，心念旧恩。月明星稀，乌鹊南飞。绕树三匝⁽¹³⁾，何枝可依？山不厌高，海不厌深⁽¹⁴⁾。周公吐哺，天下归心⁽¹⁵⁾。

【毛泽东圈评等情况】

　　毛泽东曾手书此诗"（何以）解忧？惟有杜康"……"明明如月……契阔谈宴"。

　　[参考]中央文献研究室整理：《毛泽东手书选集·古诗词（上）》，北京出版社1996年版，第38页。

【注释】

（1）当，义同"对"。一说，当，应当，亦可。

（2）去日，过去的岁月。苦，患。

（3）慨当以慷，慷慨的间隔用法，"当以"无实际意义。

（4）幽思，深藏着的心事。一作"忧思"。

（5）杜康，相传是古代开始造酒的人，一说是黄帝时代人，一说是周代人，这里做酒的代称。

（6）衿，衣领。青衿，是周代学子的服装。悠悠，长久，形容思念不忘。这两句用《诗经·郑风·子衿》篇成句，表示对贤才的思慕。

（7）"但为"二句，李善本《文选》和《乐府诗集》均无，唯五臣本《文选》有此二句。君，指所思慕的贤才。沉吟，低吟深思。

（8）"呦呦"四句，是用《诗经·小雅·鹿鸣》首章成句。《鹿鸣》本是宴客的诗，这里表示招纳贤才的热情。呦呦（yōu），鹿叫唤的声音。苹，艾蒿。

（9）辍（chuò），停止。

（10）陌，东西方向的田间小路。阡，南北方向的田间小路。古谚："越陌度阡，更为客主。"（应劭《风俗通》）

（11）枉，枉驾，屈尊。存，问候，拜望。

（12）契，投合。阔，离别。契阔，聚散，合离。这里是偏义复词，偏用"阔"的意思，久别之意。

（13）匝（zā），周，圈。

（14）"山不厌高"二句，《管子·形势解》："海不辞水，故能成其大；山不辞土石，故能成其高；明主不厌人，故能成其众；士不厌学，故能成其圣。"厌，满足。

（15）"周公吐哺"二句，《史记·鲁周公世家》载周公自谓："一沐三握发，一饭三吐哺，起以待士，犹恐失天下之贤。"哺，口中咀嚼着的食物。

【赏析】

《短歌行》属乐府《相和歌辞·平调曲》。清代张玉谷说："此叹流光易逝，欲得贤才以早建王业之诗。"（《古诗赏析》卷八）他对本诗的主题把握得是很准的。

诗的前八句主要慨叹年命如流，人生短暂。一开头诗人就由眼前歌舞酣筵的极乐场面发生强烈的人生感慨：人生是美好的，但又是多么短暂啊！接下去诗人又想到自己逝去的年华已经不少，大有夕阳黄昏之感。思来想去，心中慷慨不平之气愈益强烈，只好再借酒浇愁。表面看来，曹操似乎在贪恋及时行乐。

中间十六句，就转入对贤才的渴望、欢迎、延揽之意。"青青子衿，悠悠我心。但为君故，沉吟至今"四句写他求贤才不得时日夜思慕的感情。谭元春在《古诗归》中对"但为"两句评点道："热肠余情，八字之外，含吐纸上。"可见诗句的真挚感人。"呦呦鹿鸣"四句，引自《小雅·鹿鸣》。《鹿鸣》本来就是古代宴饮宾客所唱之诗，曹操化用于此，表示他对贤才的竭诚欢迎，真是再贴切不过了。以上八句，分别从两方面写对贤才的渴慕，极为生色。"明明如月"四句，是诗人向贤才吐诉衷曲，前两句是比体，后两句是喻体，说自己忧虑贤才不至、功业不成的思想，就如那永远不会停止运行的月亮一样。"越陌度阡"四句，又回到贤才既至，欣喜无比上来。这一忧一喜，又从两个方面相辅相成地深化了诗篇思贤若渴的主题。

最后八句，是全诗结穴之处，表达了作者要让天下贤才归心不已，与之共建大业的心志。前四句可谓作者冷静地分析形势。他纯用比兴的手法写出在动乱纷争的年代，贤才犹如靡有定处的鸟鹊，他们也要择主而事，往往也是拣尽寒枝不肯栖的，"绕树三匝，何枝可依"正写出他们的这种心志。政治斗争，在一定的意义上说也是人心向背的较量，是人才的竞争，曹操作为一个出色的政治家是深谙此理的。所以他决心用周公"一饭三吐哺"的精神对待贤才，塑造自己礼贤下士的明主的形象，以期"天下归心"。清代陈沆说："此诗即汉高《大风歌》思猛士之旨也。"可谓揭示了它的底蕴。

这首诗是一首抒情诗，它既带有建安时代"志深笔长""梗概多气"的时代特色，又明显地表现了作者思力深觉、胸怀博大、气势雄浑的个性特色，使人感到它很有深度、厚度和力度。

在表现手法上，或化用成语典故，或融《诗经》成句入诗，都不露堆砌、琢削的痕迹，真率直接的感情抒发中，时而插入比兴，衔接自然，浑成一体。其关键在于作者能以气运辞，手法虽变化而意气壅隔，这样才能给人一种既多姿多彩又整体浑然的美感。

在诗歌体式方面，曹操是中兴四言诗的高明作者，他的成功之处恰在敢于变革。钟惺说："四言至此，出脱《三百篇》殆尽。"（《古诗归》卷七）曹操虽用四言，却改变了它凝重板滞的格调，使其节奏变得"轶荡自如"（许学夷《诗源辩体》）。他用乐府的神韵去写四言，自然与"风、雅"异体。鲁迅说曹操是"改造文章的祖师"，毛泽东生前在和他的子女谈话时曾说："曹操的文章诗词，极为本色，直抒胸臆，豁达通脱，应当学习。"于此亦见一斑。毛泽东在练习书法时书写了本诗的大部分诗句，可见他对这首诗非常熟悉。（毕国民）

【原文】

步出夏门行·观沧海

东临碣石[(1)]，以观沧海[(2)]。水何澹澹[(3)]，山岛竦峙[(4)]。树木丛生，百草丰茂。秋风萧瑟[(5)]，洪波涌起。日月之行，若出其中；星汉灿烂[(6)]，若出其里。幸甚至哉！歌以咏志[(7)]。

【毛泽东圈评等情况】

毛泽东曾手书此诗。

[参考]中央文献研究室整理：《毛泽东手书选集·古诗词（上）》，
北京出版社1996年版，第39页。

1954年夏秋之季在北戴河时，常常遥望大海，口中吟诵这首诗。他认为该诗"很有气魄，很美"。还让卫士找来地图，一边查图一边说："曹操是来过这里的，"并说曹操"上这碣石山，汉献帝建安十二年五月出征乌桓，九月班师经过碣石山，写出《观沧海》"。他并且在自己的词作《浪淘沙·北戴河》中化用此诗诗意。

[参考]徐新民：《在毛泽东身边》，人民出版社2009年版，第233页。

【注释】

（1）碣石，山名，一说在今河北昌黎西北，一说即今河北乐亭西南的大碣石山，已沉入海中。汉献帝建安十二年（207），曹操北征乌桓，五月出征，七月出卢龙，九月从柳城回军，归途中登碣石山。

（2）沧海，大海，指渤海。

（3）澹澹（dàn），水波动荡的样子。

（4）竦峙（sǒng zhì），高高耸立。竦，同"耸"，高起之状。峙，立。

（5）萧瑟，风声。

（6）星汉，星斗，银河。

（7）此二句是合乐时所加上的，每章后面都有，与正文无关。幸，庆幸，吉庆。咏，一作"言"。志，志意。

【赏析】

《观沧海》是《步出夏门行》的第一首。《步出夏门行》又称《陇西行》，乐府旧题，属《相和歌辞·瑟调曲》。"夏门"，指汉代洛阳的城门。《步出夏门行》共五个部分：最前为"艳"，是诗的序曲，下有《观沧海》（本诗）、《冬十月》、《土不同》、《龟虽寿》四章。本诗写于汉献帝建安十二年（207）曹操北征乌桓时。

"东临碣石，以观沧海"两句，点题直起，写出诗人观沧海的视点。这两句起得平平，正为后边留下伏笔，而且显得朴厚自然，亦是大手笔常用的开篇之法。

接下四句"水何澹澹，山岛竦峙。树木丛生，百草丰茂"，用简劲有力的笔法，从远至近地粗略勾画出一幅雄阔的画面：远处是一望无际的浩瀚大海，近处则是竦拔挺立的相互争峙的山岛，两者形成远与近、点与面的呼应，使画面产生了层次感、立体感。在这个画面里，作者又添上丛生的树木和丰茂的百草，使之在色彩上、形态上不至于单调。

如果说以上四句还只是粗粗地勾勒出画面的轮廓，表现诗人的最初印象的话，那么，下边六句则进一步突出了大海的气势和襟怀。"秋风萧瑟，洪波涌起"写出大海所具有的无与伦比的力量，海风、海浪正是它巨大能量的释放，在它面前，一切都是渺小的、不堪一击的。"日月之行，若出其中；星汉灿烂，若出其里"四句更写出大海包孕日月群星、吞吐宇宙洪荒的博大襟怀，这四句若说是写景固然也可，但它主要的不是用直觉的眼光去观照对象的，它主要的是用理性的眼光去揭示大海的精神、气度。

这首诗就写景来说，可算我国较早的一篇描写自然山水的诗，在文学史上有一定的地位。它最成功之处在于作者以我观物，物无非我，给大自然赋予了自己的色彩。毛泽东非常喜爱这首诗。他认为该诗"很有气魄，很美"。1954 年夏秋之际在北戴河时，常常遥望大海，口中吟诵这首诗，并且写下了自己词作的名篇《浪淘沙·北戴河》，从词作中，我们不难发现两位巨人，虽然相隔一千多年，但他们的情感是那样的契合。（毕国民）

【原文】

步出夏门行·龟虽寿

神龟虽寿[1]，犹有竟时[2]。腾蛇乘雾[3]，终为土灰。老骥伏枥[4]，志在千里；烈士暮年[5]，壮心不已。盈缩之期[6]，不独在天；养怡之福[7]，可得永年[8]。幸甚至哉，歌以咏志。

【毛泽东圈评等情况】

毛泽东爱读《龟虽寿》，在四种不同版本的《古诗源》和一本《魏武帝·魏文帝诗注》中，读该诗时多次圈画，并用狂草三次书写全诗。

[参考] 中央文献研究室整理：《毛泽东手书选集·古诗词（上）》，
北京出版社 1996 年版，第 40—46 页。

1961 年，他给正在休养的胡乔木写信，引用了该诗中的四句，信中说："你需要长期休养，不计时日，以愈为度。曹操诗云：'盈缩之期，不独在天；养怡之福，可得永年。'此诗宜读……"

[参考] 中央文献研究室：《毛泽东书信选集》，人民出版社
1983 年版，第 585 页。

在读二十四史的《南史·王僧虔传》中，毛泽东又引用了这四句诗作为批注。

> [参考]毛泽东读《南史·王僧虔传》批语，《毛泽东读文史古籍批语集》，中央文献出版社1993年版，第188页。

【注释】

（1）神龟，龟的一种。古人以龟为通灵而长寿的动物。据说神龟长一尺二寸，甲纹做山川日月星辰的形状（见《乐雅·释鱼》郭璞注）。《庄子·秋水》："吾闻楚有神龟，死已三千岁矣。"

（2）竟，完结。这里指死亡。

（3）腾蛇，又作"螣蛇"，传说中的神物，和龙同类，能腾云驾雾。《韩非子·难势篇》："飞龙乘云，腾蛇游雾，云罢雾霁，而龙蛇与蚓螾同矣，则失其所乘也。"

（4）骥，千里马。枥，马棚。

（5）烈士，指有雄心壮志的人。暮年，晚年。

（6）盈缩，盈，满。缩，亏。本指进退、升降、成败、祸福等，此指人寿命的长短。

（7）养怡，犹养和，指修养冲淡平和之气，不为利欲伤神。

（8）永年，长寿。

【赏析】

这首《龟虽寿》是曹操乐府诗《步出夏门行》的第四章，写于建安十二年（207）北征乌桓之后。曹操此次出征，历尽艰辛，平定北方乌桓，消灭了袁绍集团的残余势力，为统一北方扫除了最后障碍。他踌躇满志，乐观自信。《龟虽寿》抒发了曹操老当益壮的开阔襟怀，建功立业的豪情壮志，表达了不信天命、重视人力的积极见解。此时的曹操已是五十三岁了。

全诗共十四句，除最后两句为合乐时所加的套语外，其余十二句每四句为一层。诗人感慨人生短暂，开头吟诵道："神龟虽寿，犹有竟时。腾蛇乘雾，终为土灰。"这四句里用两个比喻，说明人如同万物一样，终究难免一死，这是不可逃避的客观规律。"神龟""腾蛇"都是传说中的神物。"神龟"以寿命长见称，典出《庄子·秋水》："吾闻楚有神龟，死已三千岁矣。"曹操反其意用之，说神龟纵然活三千年，可还是难免一死。"腾蛇"以本领大著称于世，典出《韩非子·难势》："飞龙乘云，腾蛇游雾，云罢雾霁，而龙蛇与螾螘同矣！""腾蛇"能够和龙一样腾云驾雾，本领非常之大。可一旦云消雾散，就和苍蝇蚂蚁一样，灰飞烟灭了！诗人举这两个神物为例，收到以典型涵盖一般的效果。诗人对生死问题既实际又达观的看法，远比秦皇、汉武强得多。秦皇、汉武和曹操在政治上、军事上皆可谓千古伟人，可在对待生死问题上，秦皇、汉武却显得愚蠢、可笑，他们服食求仙，不免受神仙长生之术的蛊惑。而曹操对生命的自然规律却有清醒的认识，这在迷信风行的封建时代是难能可贵的。它揭露了神仙长生之说的虚妄，宣扬了"性不信天命之事"的朴素唯物主义思想。仅此一点，已足以令人钦敬了。

　　然而，诗人的可敬之处不限于此，他不但能正确对待生死，而且还能正确地对待自己的有生之年，这更为可贵。曹操一扫汉末文人感叹浮生如梦，劝人及时行乐的悲调，慷慨高歌："老骥伏枥，志在千里；烈士暮年，壮心不已。"他以"老骥"自喻，虽然形衰，屈居枥下，但胸中仍然激荡着驰骋千里的壮志豪情。这四句把诗人对人生的执着，不懈的进取精神表现得淋漓尽致，一个横槊赋诗、慷慨激昂的诗人形象也跃然纸上了。自强不息的精神气概，鼓舞了后代无数英雄志士，引得他们为之击节赞赏。据《世说新语》记载：东晋时执掌兵权的大将军王敦，常于饮酒后吟咏曹操的"老骥伏枥，志在千里；烈士暮年，壮心不已"这四句诗，吟咏时以如意击打唾壶为节拍，致使壶口尽缺。但王敦的壮志远不及曹操的光明磊落，其中以"野心"居多，比之曹操，则如斗筲。

　　此刻，诗人的人生哲学似乎已表露无遗。他正确对待人生已令人钦佩，但他也不认为人的生命完全由自然规律所摆布。于是，作者使自己的思想跃上了一个新的高度。"盈缩之期，不独在天；养怡之福，可得永年"四句，表现出要在尊重客观规律的基础上充分发挥自己的主观能动作用的高明见解。"盈缩"在这里指人寿命的长短；"养怡"，善自保养。确实，一个人的寿命长短虽然不能违背客观规律，但如能善自保养身心，使之健康愉快，不是也可以延年益寿吗？诗人提"养怡之福"，不是指坐而静养，而是说要"壮心不已"，才能保持思想上的青春。

《龟虽寿》可贵的价值，在于它开辟了一个诗歌的新时代。汉武帝罢黜百家，独尊儒术，汉代人的思想被禁锢而失去活力，文章也缺失了情感。东汉末年天下分崩，政治思想文化发生重大变化。雅爱诗章的曹操带头叛经离道，给文坛带来了自由活泼的空气。它是四言诗经过长期中衰之后腾跃出来的一颗璀璨的明珠。清沈德潜在《古诗源》卷五中这样评论曹诗："曹公四言，于《三百篇》外，自开奇响。"

毛泽东爱读《龟虽寿》，读该诗时多次圈画。他不仅反复读，多次圈画，还用他那龙飞凤舞的狂草手书全诗。《龟虽寿》中的"盈缩之期，不但在天，养怡之福，可得永年"四句，有不信天命，自己掌握命运的朴素唯物论，毛泽东很为欣赏。1961年，他给正在休养的胡乔木写信，引用了这四句名诗，信中写道："你需长期休养，不计时日，以愈为度。曹操诗云：'盈缩之期，不独在天；养怡之福，可以（得）永年。'此诗宜读……"在读二十四史的《南史·王僧虔传》中，毛泽东又引用了这四句诗作为批注。毛泽东生前和子女谈话时曾经说过："曹操的文章诗词，极为本色，直抒胸臆，豁达通脱，应当学习。"

【原文】

步出夏门行·土不同

乡土不同[1]，河朔隆寒[2]。流澌浮漂[3]，舟船行难。锥不入地[4]，
茾籟深奥[5]。水竭不流[6]，冰坚可蹈[7]。士隐者贫[8]，勇侠轻非[9]。
心常叹怨，戚戚多悲。幸甚至哉，歌以咏志。

【毛泽东圈评等情况】

毛泽东读清沈德潜选编《古诗源》卷五时曾圈阅此诗。

[参考] 张贻玖：《毛泽东评点、圈阅的中国古典诗词》，
中国工人出版社1992年版，第222页。

（1）乡土，家乡，故土。《列子·天瑞》："有人去乡土，离六亲，废家业。"此处作地方、区域解。

（2）河朔，指黄河以北。《书·泰誓中》："王次于河朔。"孔安国传："渡河而誓，既誓而止于河之北。"

（3）流澌（sī），漂浮流动的冰块。

（4）锥不入地，言地面冻得很坚硬。

（5）芊（fēng），芜菁，蔬类植物。籁（lài），野生的蒿类植物。深奥，原是精微的意思，这里是深广的意思。

（6）"水竭不流"，《三国志》注引《曹瞒传》："时寒且旱，二百里无复水，……凿地入三十丈及得水。"

（7）可蹈，可以践踏。

（8）隐，忧痛。

（9）勇侠，勇武好斗。轻非，轻易做非法的事。

【赏析】

《土不同》是《步出夏门行》的第三章，又称《河朔寒》。《晋书·乐志》作"土不同"。《曹操集·诗集·步出夏门行》在此章后注有"河朔寒。三解"字样。本章也可独立成篇。

《步出夏门行》这组诗写于汉献帝建安十二年（207）曹操北征乌桓的时候。建安十二年五月，曹操率军北征，获得全胜。九月曹操胜利回师，十一月至易水（今河北西部）。汉献帝建安十三年（208）一月回到邺（在今河北临漳西南邺镇东）。易水到邺之间，原是军阀袁绍统治的地方，由于袁绍的残酷统治，加上连年的战乱，使这一带大批田地荒芜，农业生产遭到严重破坏，社会秩序动荡不安。《土不同》所写的就是曹操由易水到邺之间的所见所感。诗中反映了河朔这个地方土地荒芜，百姓生活痛苦不堪、怨声载道和由此所引起的社会不安。诗人对此感到忧虑，抒发了自己的愤懑之情。

诗的前八句是写景。"河朔"指黄河以北；"澌"，指冰块；"芊"是芜菁，草本植物；"籁"为野生的蒿类植物；"深奥"，原是精微的意思，这里是深广的意思，指蒿草长得茂密，面积很大。这些描写着重表现天气的寒冷，行船的艰难及一望无边荒芜的土地，还有一些干涸的河道，增加了诗的荒凉气氛，也为下面的描写起了很好的烘托作用。

中间四句是写事。"士隐者贫，勇侠轻非。"是说有知识的人大多隐居而贫穷，而勇武好斗的人却随意犯法，横行霸道。面对这样的社会现实，人们经常是怨声载道，无可奈何，面带愁容而心里又多是忧虑恐惧。这是对当时社会风尚和人们心理状态的描写，诗人用士人的隐居贫穷同有力者的为非作歹对比，形象地勾勒出社会动荡不安的景象，用人心怨愤、忧虑恐惧形象地勾勒出人们的心理状态，反映了社会现实。这些同前面的景物描写糅合到一起，一幅荒凉凋敝、民不聊生、怨声沸腾的社会动乱画面就形成了。画面里熔铸了诗人对连年军阀混战，长期社会动荡给人们造成灾难的愤懑，也反映了诗人希望战争尽早结束，出现和平安定局面，实现自己为之奋斗的政治理想。

这首诗突出的特点是写景与叙事抒情融为一体，映衬协调。天寒地冻，土地荒芜的描写旨在反映社会的动荡，民不聊生，而诗人的愤懑之情也就糅在其中了。（胡德岭）

【原文】

薤露行

惟汉二十世[1]，所任诚不良[2]。沐猴而冠带[3]，知小而谋强[4]。犹豫不敢断，因狩执君王[5]。白虹为贯日，己亦先受殃[6]。贼臣持国柄[7]，杀主灭宇京[8]。荡覆帝基业，宗庙以燔丧[9]。播越西迁移[10]，号泣而且行[11]。瞻彼洛城郭[12]，微子为哀伤[13]。

【毛泽东圈评等情况】

毛泽东读清沈德潜选编《古诗源》卷五时曾圈阅此诗。

[参考]张贻玖：《毛泽东评点、圈阅的中国古典诗词》，中国工人出版社1992年版，第222页。

【注释】

（1）惟汉二十世，一作"惟汉二十二世"。这里指自西汉高祖刘邦开始的汉朝第二十二代皇帝，即汉灵帝刘弘。作"二十世"是举其成数，因为全诗都是五言句，不得不如此。

（2）所任，指所任用的人，指外戚何进。

（3）沐猴，楚人称猕猴为沐猴。"沐猴而冠"见《史记·项羽本纪》。这句话是讽刺何进只有人的样子，而没有人的智慧。

（4）知，同"智"。"知小谋强"，是说以小智而为大谋。系用《易经·系辞下》成句。

（5）狩，天子出外巡视。执，捕捉，这里是劫持的意思。指宦官张让、段珪挟少帝和陈留王出走小平津的事。说"狩"是为天子隐讳。

（6）白虹为贯日，《后汉书·五行志》注："虹贯日，天子命绝，大臣为祸。"这是古代迷信的说法。这是指汉献帝初平元年（190）正月董卓毒死少帝刘辩，二月白虹贯日。己亦先受殃，指何进在前一年八月少帝被害之前，先为宦官所杀。

（7）贼臣，指董卓。汉献帝中平六年（189）九月董卓杀何太后，自为太尉，十一月为相国。

（8）宇京，京城，指东汉都城洛阳。

（9）宗庙，皇帝的祖庙。燔丧，烧毁。

（10）播越，流离迁徙。汉献帝初平元年（190）春迁都长安，董卓强迫百姓西迁入关，并将洛阳宫庙人家放火烧毁。

（11）且，通"徂（cú）"，往，去。

（12）瞻，望。郭，外城。

（13）微子，名启，殷纣王的哥哥。"微"是国名，"子"是爵位。《尚书·大传》说他在商王后过殷都，有感于宫室毁坏，废墟上生长禾黍，作了一篇《麦秀之歌》，以表哀戚。这里作者以微子自比，言作者望洛阳而慨叹，正如微子见殷墟而悲伤。

【赏析】

《薤（xiè）露行》，《乐府诗集》中属《相和歌辞·相和曲》，相传原是东齐地方的歌谣，是出殡时挽枢人所唱的挽歌。这里是用乐府旧题写汉末局势，反映的是汉灵帝末年、汉献帝初年动乱的历史画面。前八句写汉灵帝末年所任非人，导致外戚与宦官的相互攻杀，政权危殆。灵帝时，外戚何进与宦官张让、段珪等人争权夺利的斗争十分激烈。这些人或凭女宠，或凭内侍，都是靠着接近皇帝而占据要津，若论治国安邦，实是百无一能。"沐猴而冠带，知小而谋强"两句很生动地概括了他们的品格，也表示了诗人对他们的轻蔑。"犹豫不敢断"写何进图谋杀张让、段珪等人而又缺乏魄力，临事不决。"因狩执君王"写张让等得知何进预谋而袭杀之，又趁出巡的机会胁迫少帝刘辩与陈留王刘协（后即位为献帝）逃往小平津。"白虹为贯日"写的是上天示凶兆，暗指董卓将少帝等劫还，又废少帝为弘农王，不久又杀弘农王立陈留王的史实。"己亦先受殃"，则写这些争权夺利之人，终不免都遭杀身之祸。这几句简括地写出了当时纷乱的局势。

后八句写的是董卓乘机持国柄，杀少帝，焚东都，使汉家四百年基业连同其宗庙，在大火之中彻底倾覆，广大民亦饱受战乱之苦，被迫随着董卓把持下的傀儡皇帝刘协向长安迁徙，一路上哭声震天。看到这种惨象，使人不由想起微子，产生痛悼国家败亡的"黍离"之悲。

这首诗真实地反映了汉末大动乱的一幕，在短短八十个字的一篇作品中，写出了一个重大的、头绪纷乱的、时空广阔的历史事变。从事情的起因、经过到结局都交代得十分清楚，人们真要为诗人善于叙写大事的才能叹服了。但这首诗最值得称道的，恐怕还不在于此，而在于在叙事中表现出的博大胸怀、深厚情感，一种令人读后不由不心折、不由不感动的强有力的人格美。

正是基于上述种种因素，这首诗赢得了评论家的高度赞赏。钟惺评论说："汉末实录，真诗史也。"谭元春也评论说："总是大胸襟""吟响中亦有热肠"（均见《古诗归》卷七）。这些评价不仅指出了这首诗的重大历史意义，也展示了它永不衰竭的艺术感染力。（毕国民）

蒿里行

关东有义士⁽¹⁾，兴兵讨群凶⁽²⁾。初期会盟津⁽³⁾，乃心在咸阳⁽⁴⁾。军合力不齐，踌躇而雁行⁽⁵⁾。势利使人争，嗣还自相戕⁽⁶⁾。淮南弟称号⁽⁷⁾，刻玺于北方⁽⁸⁾。铠甲生虮虱⁽⁹⁾，万姓以死亡⁽¹⁰⁾。白骨露于野，千里无鸡鸣。生民百遗一⁽¹¹⁾，念之断人肠。

【毛泽东圈评等情况】

毛泽东读清沈德潜选编《古诗源》卷五时曾圈阅此诗。

[参考] 张贻玖：《毛泽东评点、圈阅的中国古典诗词》，中国工人出版社1992年版，第222页。

【注释】

（1）关东，指函谷关以东。义士，指起兵讨伐董卓的诸州郡首领。

（2）群凶，指董卓及其一伙。

（3）盟津，即孟津（今河南孟县南）。是当时讨董诸军会合的地方；曹丕《典论·自叙》："山东牧守……于是人兴义兵，……兖豫之师，战于荥阳；河内之师，军于孟津。"相传周武王伐纣，曾在此和八百诸侯会盟，这里又借用典故。

（4）乃心，指他们的心。咸阳，秦的都城，在今陕西咸阳东。咸阳借指长安王室。

（5）踌躇，犹豫不前。雁行（háng），飞雁的行列。这里形容诸军列阵以待、观望不前的样子。《三国志·魏书·武帝纪》："卓兵强，绍等莫敢先进，太祖曰：举义兵以诛暴乱，大众已合。诸群何疑？……太祖到骏枣，诸军兵十余万，日置酒高会，不图进取。太祖责让之……"

（6）嗣还（xuán），不久。戕（qiāng），残杀。

（7）淮南弟称号，指袁绍的堂弟袁术于建安二年（197）在淮南寿春（今安徽寿县）自立为皇帝。

（8）玺，天子所用的印。初平二年（191）袁绍在冀州私刻印玺，准备废汉献帝，立幽州牧刘虞做皇帝。

（9）铠（kǎi）甲，古代将士披挂之衣甲。

（10）以，因之，因而。

（11）生民，人民。

【赏析】

《蒿里行》，宋郭茂倩《乐府诗集》中属《相和歌辞·相和曲》。本是齐国东部士大夫、庶民送葬时所唱的挽歌。曹操运用这一哀伤的曲调来写乱世人民的苦难、抒发自己深沉的感慨，内容和调式是很和谐的，这是曹操运用旧题乐府的一个特点。

这首诗反映了自汉献帝初平二年（191），关东各郡将领起兵讨伐董卓，直到建安二年（197）袁术在淮南（今安徽寿县）称帝这八九年间的重大纷繁的历史事变和社会面貌。重点写各路军阀以讨伐董卓为名而拥兵自重，争权夺利，互相残杀，形成新的割据局面，从而给人民带来深重的灾难。

前四句写诸侯起兵，讨伐董卓，以勤王灭贼号召天下。中间六句写军阀为了争夺权势而互相残杀。这六句又可分为三个递进的层次，"军合力不齐"二句，写结义兵之初，已然露出危机；"军合"只是表面上的合，"力不齐"已预示出分裂的危险；"踌躇"二字写尽这些"勤王"的英雄畏敌如虎，拥兵自重的心理，"雁行"已预示着必然要分道扬镳。"势利使人争"两句，则进一步写出他们之间终于为了争权夺利而很快互相杀伐起来。"淮南弟称号，刻玺于北方"两句则举出其中最典型的例子，袁绍、袁术这两个堂兄弟竟然成了死对头，袁术自己要称帝，大骂袁绍为家奴；袁绍则更阴险，想借用刘虞为帝而号令天下。袁绍出身于四世三公的名门望族，当时又兵力最强，其叔父被董卓所杀，因而自然成了各路诸侯之盟主，曹操在这里举二袁之争，可以概见当时乱世群雄的情形。读了这六句诗，我们仿佛看到这帮军阀从暗斗以至明争，终于打得不可开交的一个历史过程。无怪乎钟惺说曹操"看尽乱世群雄情形，本初（袁绍字）、公路

（袁术字）、景升（刘表字）辈，落其目中掌中久矣。"（《古诗归》）"铠甲生虮虱"以下六句，写战争给士兵和百姓带来的灾难和作者的感慨。"铠甲生虮虱"写战乱之长，士兵连年征战，人不解甲，马不卸鞍，其苦可知；"万姓以死亡"写人民在战乱中死丧殆尽，可见战祸之烈。"白骨露于野，千里无鸡鸣"用简括的语言描绘出一幅战乱中的凄凉悲惨的图画。从视觉感受上说，弥望中，纵横于野的白骨，是那样惨白；从听觉感受上说，茫茫大地死一样沉寂，没有一点生命的气息，鸡鸣狗吠，这些寻常的庄户声气都不闻于耳了。作者在写这段纷繁的历史事变时，从大局着眼，从关节处入手，提纲挈领，举重若轻，善于突出重点，使人感到诗人自是站在高处，全局在胸，所以运笔自如，简劲有力。

从情的角度分析，这首诗也是脉络分明的。前四句，可以说写诗人起初的愿望。"关东有义士"虽为泛亦可为自指。曹操兴义兵，讨群凶是其本心，尤其"初期会盟津，乃心在咸阳"两句，正可谓是曹操开始追求的目标：他想大家合兵于孟津对洛阳构成一种进逼的态势，一旦洛阳得手就可打开进攻长安的门户，就可完成灭贼勤王的大计。这在《三国志·武帝纪》中讲得是很清楚的。中间六句写曹操的失望。他没有料到这些军阀竟然这般卑鄙，因而大有"竖子不足与谋"的感慨，鄙视和痛恨之情溢于言表。最后六句写曹操的哀伤，他既是伤生民之苦，也是伤自己整顿乾坤宏愿的受挫。从曹操情感发展的线索中，我们可以感受到他以天下为己任、救万民于水火的博大胸怀和深挚情感。这才使这首诗具有"诗史"的艺术魅力。（张东民）

【原文】

苦寒行

北上太行山(1)，艰哉何巍巍(2)！羊肠坂诘屈(3)，车轮为之摧(4)。树木何萧瑟(5)，北风声正悲。熊罴对我蹲，虎豹夹路啼(6)。溪谷少人民(7)，雪落何霏霏(8)！延颈长叹息(9)，远行多所怀。我心何怫郁(10)？思欲一东归(11)。水深桥梁绝，中路正徘徊(12)。迷惑失故路(13)，薄暮无宿栖。行行日已远，人马同时饥。担囊行取薪，斧冰持作糜[14]。悲彼《东山》诗[15]，悠悠使我哀。

【毛泽东圈评等情况】

毛泽东读清沈德潜选编《古诗源》卷五时曾圈阅此诗。

[参考] 张贻玖：《毛泽东评点、圈阅的中国古典诗词》，

中国工人出版社1992年版，第222页。

【注释】

（1）太行山，指河内（古代指黄河以北地区为河内）的太行山，在今河南沁阳县北，是太行山的支脉。曹操自邺城（今河北临漳县西）西北渡太行山攻袁绍降将高幹所在的壶关（今山西长治东南），故称"北上"。

（2）巍巍，山势高峻的样子。

（3）羊肠坂，指从沁阳经天井关到晋城的小道，此道旋绕如羊肠，故得名。诘屈，盘旋弯曲。

（4）摧，折断，损坏。

（5）萧瑟，风吹树木的声音。

（6）罴（pí），一种大熊，也叫人熊。

（7）谿谷，山里的水沟，是山中居民集中的地方。

（8）霏霏（fēi），雪下得很大的样子。《诗经·小雅·采薇》："今我来思，雨雪霏霏。"

（9）延颈，伸长脖子眺望。

（10）怫（fú）郁，忧愁不安。

（11）东归，回师东方。

（12）中路，中途。

（13）故路，原来的路。

（14）斧，做动词，是凿开的意思。糜，粥。

（15）《东山》，《诗经·豳风》篇名，相传是周公东征，战士离乡三年，在回来的路上，战士思念家乡写的一首诗。诗中有"我徂东山，慆慆不归"之句，形容久役不归，所以这里说"悠悠使我哀"。

【赏析】

《苦寒行》属乐府《相和歌·清调曲》。此诗作于汉献帝建安十一年（206）春，曹操征高幹之时。建安十年（205），袁绍降将、并州（今山西太原）牧高幹叛乱，"执上党太守，举兵守壶关口"（今山西长治东南）。曹操于次年春的正月，从邺城（今河北临漳西）出兵，北渡太行山征讨高幹。当大军翻越太行山时，正值大雪纷飞，天寒地冻，行军极为艰苦，曹操便以慷慨悲凉之气，写下了这首千古传诵的名作。

"北上太行山，艰哉何巍巍！"太行山位于晋、冀、豫三省边界，形势极为险峻，古人有"太行，牛之难也"之叹（《尸子》）。这开篇的慨然而叹，语气雄健，正可以与太行山拔地而起的雄峻相媲美。一代"枭雄"曹操率领军队朝北翻越巍峨高大的太行山，在这崎岖险峻的山路上行军是多么艰苦啊！"羊肠坂诘屈，车轮为之摧。"翻越在盘曲入云的羊肠坂，那嶙峋的山石，简直要把辚辚滚转的车轮颠簸摧断。为了反映这次行军的艰苦，诗人进一步对太行山凛冽、萧瑟的冬景进行摹写："树木何萧瑟，北风声正悲。"北风劲吹，摇撼着山间的高树，林间传来的萧瑟之声，听来很是凄切。"熊罴对我蹲，虎豹夹路啼。"一路上熊罴蹲在路边朝我们眈眈雄视，虎豹在路边连连号叫，可见山中猛兽已被饥饿逼得几近疯狂了。

"溪谷少人民，雪落何霏霏。"绵延千里的太行山，已为纷纷扬扬的大雪所覆盖，山间人烟稀少，于荒寂的风啸、虎吼中，寒意平添无限。以上写行军中经历的苦况和所见所闻，抒写了诗人登临险坂的啸叹之情。

自"延颈长叹息"以下，诗情忽作跌宕，转抒怀归之思。"延颈长叹息，远行多所怀。""延颈"，伸长脖子，表示远望。远远望去，面对荒凉的景象，大家都为之叹息，远行在外的人自然会有更多的怀念。此刻他所怀想的，是远征高幹的艰辛吗？不是，而是怀念故乡。"我心何怫郁？思欲一东归。"我的心中忧郁不安，真想回到我东方的故乡——沛国谯县（今安徽亳州）。早年的曹操并无争锋天下的野心，那时的愿望不过是"欲为一郡守，好作政教建立名誉"而已。在军旅生涯中，他也有回归乡里，"秋夏读书，冬春狩猎"的念头。这四句发自诗人内心深处的怀归之思，披露了这位"枭雄"与常人一样，也有着深切的思乡之情，读来倍感亲切。

但诗人想到在远征高幹的征途中，想到自己肩负的重任，终于抑制了深切的怀归情绪，继续向读者展示行军的艰难情形。"水深桥梁绝，中路正徘徊。"叙写行军途中意外受阻。河水很深，桥梁断绝，队伍在半路上徘徊不前。"迷惑失故路，薄暮无宿栖。"叙写迷路后栖宿无所。原来可以通行的老路，一时迷失找不到了。直到天黑，队伍还没有宿营的地方。"行行日已远，人马同时饥。"太阳早已下山，此时已是人困马乏，饥饿困扰。"担囊行取薪，斧冰持作糜。""囊"为盛物的袋。大家有的挑着行囊去采集烧柴，有的凿开坚冰取水做饭。这八句写士卒翻越太行的艰辛与悲苦，字里行间渗透着诗人对士卒的悯伤关怀之情。无情未必真丈夫，作为三军统帅的曹操若没有对属下的关切同情，又何以指挥得动千军万马呢？

诗的结尾直抒胸臆。"悲彼《东山》诗，悠悠使我哀。"（《诗经·豳风·东山》），相传为周公东征归来慰劳士卒所作。《东山》诗中描述的东征战士的艰苦行役生活，与曹操此诗所述相仿。周公东征，平定叛乱；曹操北征，亦要平定高幹叛军，实现北中国的安定、统一。诗人以周公自命，也表现出他安定天下的壮思。这壮思与开头对太行山雄峻的慨叹遥相呼应。

这首诗既写行军的苦况，也抒发了在艰苦军旅生涯中的悲壮情怀。情景逼真，感情悲壮，使人身临其境，如闻其声，如谋其面。诗人将艰辛的生活中的哀叹与安定天下的壮怀统一起来，使诗的品位得以升华。不仅有苍凉之境、动人之情，还呈现了一种非凡的雄壮格调，开一代宗风，树建安风骨。（毕国民）

【原文】

却东西门行

鸿雁出塞北[1]，乃在无人乡。举翅万余里，行止自成行[2]。冬节食南稻，春日复北翔。田中有转蓬[3]，随风远飘扬。长与故根绝，万岁不相当[4]。奈何此征夫[5]，安得去四方[6]？戎马不解鞍[7]，铠甲不离旁。冉冉老将至[8]，何时返故乡？神龙藏深泉[9]，猛兽步高冈[10]。狐死归首丘[11]，故乡安可忘！

【毛泽东圈评等情况】

毛泽东读清沈德潜选编《古诗源》卷五时曾圈阅此诗。

[参考] 张贻玖：《毛泽东评点、圈阅的中国古典诗词》，

中国工人出版社 1992 年版，第 222 页。

【注释】

（1）鸿雁，动物名，鸟纲，鸭科，栖息于河川或沼泽地带，是一种迁徙的候鸟。《礼记·月令》：（季秋之月）鸿雁来宾。塞（sài）北，指长城以北，亦泛指我国北边地区。

（2）行止，飞行和宿栖。

（3）转蓬，草名，又名飞蓬，蓬花如球，遇风就被吹起，随风旋转，故叫转蓬。

（4）当，遭遇。

（5）征夫，在行旅之中的人。

（6）去四方，离开四方而归还故乡。

（7）戎马，军用马匹。

（8）冉冉，渐渐地。

（9）泉，疑本作"渊"，唐人缮写时避高祖李渊讳改。《荀子·劝学篇》："积水成渊，蛟龙生焉。"

（10）猛兽，疑本作"猛虎"，亦避唐高祖的祖父李虎讳改。

（11）狐死归首丘，古代谚语："狐死首丘"。意为狐狸死时，头还要向着它的窟穴。

【赏析】

《乐府》有《东门行》《西门行》，又有《东西门行》。《东西门行》是合并《东西行》和《西门行》的调子。这里的"却"是倒唱的意思，这是乐调的变化。本诗用比兴的手法，运用反正比喻表现将士在长期行役中思念家乡及盼望早归故里过和平安定生活的心情，同时也反映了连年征战给人们带来的痛苦。

首六句描写鸿雁的行止。冬食南稻，春日北翔，或生活在塞北无人之乡，或生活在江南鱼米之乡，振翅飞翔万余里，飞行栖宿自成行。这一层是反兴。接着"田中"四句是正兴，同样是为下面描写将士因连年征战，漂流四方，团聚无望作铺垫。"转蓬"，草名，又名飞蓬，叶小似柳，开白色花。秋天叶枯，随风飘扬。转蓬根叶分离各在一方，千年万年也很难相遇。清代王夫之评"万岁不相当"是"情真悲极"。

"奈何"以下六句是对征夫的直接描写。"奈何"四句言征夫（包括作者自己）为了国家统一，转战南北，整年是战马永不解征鞍，铠甲从不离身边。连年不断的战争，人已渐渐变老，但何时能回故乡还不得而知。这一方面表现将士从军的艰辛；另一方面也表现了将士为了过上安定团圆的生活，还要征战不息，因为战争总有一天会带来国家统一。他们希望自己像鸿雁一样行有归止，而不愿如田中转蓬，与故土永绝，战死他乡。

诗的最后四句，用龙恋深渊，虎爱山岗，狐死头向故穴，连连设喻，层层递进，表现出征夫怀乡恋土的强烈思想感情。龙腾虎跃而终返故地，狐死荒野而头向窟穴，天性使然。动物犹此，人更甚之。

这首诗是曹操以军事生活为题材的好诗，感情痛切，民歌情味浓厚，体现了作者的人道主义精神与他的"靖难"的事业雄心是相矛盾而又统一的。（胡德岭）

王　粲

王粲（177—217），字仲宣，山阳高平（今山东邹县西南）人。"建安七子"之一。他从十七岁起就往荆州避难，依附刘表十五年。后归曹操，做过丞相掾、军中祭酒、侍中等。由于"遭乱流寓，自伤情多"（谢灵运语），其诗赋情调较悲凉，但能深刻地反映当时社会的动乱和人民的苦难。今传《王侍中集》辑本一卷。

【原文】

七哀诗

西京乱无象[1]，豺虎方遘患[2]。复弃中国去[3]，委身适荆蛮[4]。亲戚对我悲，朋友相追攀。出门无所见，白骨蔽平原。路有饥妇人，抱子弃草间。顾闻号泣声，挥涕独不还[5]。"未知身死处，何能两相完[6]？"驱马弃之去，不忍听此言。南登霸陵岸[7]，回首望长安。悟彼《下泉》人[8]，喟然伤心肝[9]。

【毛泽东圈评等情况】

1957 年 11 月，毛泽东访问苏联期间，有一次，他将胡乔木、郭沫若等请来一道用餐。毛泽东与郭沫若等人纵谈三国历史。……毛泽东接着引了建安七子王粲所作《七哀诗》，说："出门无所见，白骨蔽平原。……"

[参考] 李越然：《外交舞台上的新中国领袖》，解放军出版社 1989 年版，第 157 页。

【注释】

（1）西京，指长安，今陕西西安。东汉建都洛阳，洛阳在东，长安在西，因此称为西京。无象，无法，无道理。

（2）豺虎，指李傕、郭汜等人。遘（gòu），同"构"，造，构成。

（3）中国，我国古时建都黄河两岸，因称北方中原地区为中国。

（4）委身，寄身、托身。一作"远身"。适，往。荆蛮之地，指荆州。荆州是古楚国地域，楚国本叫荆，周人称南方的少数民族为蛮，楚在南方，故称荆蛮。

（5）顾，回头看。挥，挥洒。

（6）完，全。

（7）霸陵，汉文帝陵墓所在地，在今陕西西安东。岸，高地。

（8）悟，领悟，懂得。下泉，《诗经·曹风》篇名，此指黄泉。毛《序》说："《下泉》，思治也。曹人……思明王贤伯也。"下泉人，死去的人，隐指汉文帝。

（9）喟（kuì）然，叹息的样子。

【赏析】

唐吴竞《乐府古题要解》说："《七哀》起于汉末。"这大概是当时的乐府新题，曹植、王粲、阮瑀、张戴等人都作有《七哀诗》。晋乐用曹植《七哀诗》为歌词，分为七解，可见也是乐府歌词。南朝梁萧统《文选》六臣吕向注："七哀谓痛而哀，义而哀，感而哀，怨而哀，耳目闻见而哀，叹而哀，鼻酸而哀。"清俞樾《文体通释叙》说："古人之词，少则曰一，多则曰九，半则曰五，小半曰三，大半曰七。是以枚乘《七发》，至七而止；屈原《九歌》，至九而终。不然，《七发》何以不六，《九歌》何以不八乎？若欲举其实，则《管子》有《七臣》《七主》篇，可以释七。"其说名七之故，近是。今存曹植、王粲的《七哀诗》有佚失，因疑《七哀》之名七，意思与《七发》《九歌》等名七名九相同，原来可能有诗七首。

王粲《七哀诗》共三首，不是同时所作。第一首写乱离中所见，是一幅难民图。宋李周翰说："此诗哀汉乱也。"（见六臣注《文选》）明清之际吴淇说："哀汉实自哀也。"（《六朝选诗定论》）东汉初平元年（190）董卓挟持汉献帝刘协迁往长安，关东州郡推渤海太守袁绍为盟主，起兵讨卓。汉献帝初平三年（192）卓将李傕、郭汜等人在长安作乱。这首诗当是王粲往荆州避乱，初离长安时作。

"西京乱无象，豺虎方遘患。"起首二句说明诗人离开长安的原因，十个字把当时兵荒马乱的情况和不得不离开的形势写了出来。西京，指长安。东汉以洛阳为都城，在长安之东，故称长安为西京。"豺虎"指李傕、郭汜等一帮人。长安乱得不成样子，是因为李傕、郭汜等人在兴兵作乱。他们大肆烧杀劫掠，百姓遭殃，不仅说明这帮人的凶残本质，也反映了作者对这帮人的憎恶和痛恨。"西京乱无象"是虚提，"豺虎方遘患"是实写，以实补虚，这是我国古典诗歌比较常见的表现手法。

"复弃中国去，委身适荆蛮。"这是点出诗人离开长安以后的去向。"复"字值得注意。这说明诗人迁徙不是第一次。汉献帝初平元年（190），董卓胁迫汉献帝迁都长安，诗人被迫迁移到长安，现在为了避难，又要离开长安，迁往荆州。这个"复"字不仅表现了眼前境况的凄楚，而且勾起了悲惨的往事，蕴含着无限的感慨和哀伤。因为荆州刺史刘表，与王粲是同乡，而且刘表曾就学于王粲的祖父王畅，两家为世交，所以去投靠他。

"亲戚对我悲，朋友相追攀。"两句写离别时的情景。这是互文见义。"悲"的不仅有"亲戚"，还有"朋友"；"相追攀"的不仅有"朋友"，还有"亲戚"。诗人描写送别时的表情和动作，着墨不多，却把当时生离死别的惨痛场面描画出来了，使读者如见其状，如闻其声。

送别之后，紧接着要写的当然是旅途的情景。所以，"出门无所见"以下一段，也是文章的应有之义。"出门无所见"贯穿着"白骨蔽平原"和"路有饥妇人"两件事实，是说除了这些惨象之外，别的什么也没有见到。"白骨蔽平原"写兵乱的惨象，既是当前的，也是过去的。死人已成白骨，当然是过去的受难者；白骨得不到掩埋，可见生人也很稀少。写出一面，同时反映出另一面。这正是"豺虎"作乱给人民带来的深重灾难。上面二句只是对这场灾难的"鸟瞰"，下面六句才是"特写"："路有饥妇人，抱子弃草间。顾闻号泣声，挥泪独不还。'未知身死处，何能两相完？'"这六句写"饥妇人"弃子的事。母子情深，妇人爱子，是人之常情；妇人弃子，难以理解，是反常现象。这种反常现象的产生，是由于战乱。因此，诗人用像电影特写镜头般的手法，把这种惨绝人寰的典型事例活画出来，让人目不忍睹，催人泪下。明清之际吴淇说："'出门'以下，正云'乱无象'。兵乱之后，其可哀之事，写不胜写，但用'无所见'三字括之，则城郭人民之萧条，却已写尽。却于中单举妇人弃子而言之者，盖人当乱离之际，一切皆轻，最难割者骨肉，而慈母于幼子尤甚，写其重点，他可知矣。"（《六朝选诗定论》卷六）道出了这种写法的艺术特点。这种写法对杜甫是有影响的，所以清何焯《义门读书记》卷四十六说："王仲宣《七哀诗》'路有饥妇人'六句，杜诗宗祖。"

妇人弃子的惨象，使诗人目忍睹，耳不忍闻。所以他"驱马弃之去，不忍听此言"。这表现了诗人的无可奈何的哀伤和悲痛。同时，这两句在文章结构上起着承上启下的作用。

"南登霸陵岸，回首望长安"四句，表明作者无限的哀痛和忧伤，同时给诗的发展作结。这样感叹的结束，从全诗的发展看，是自然的、正常的。但如何在安排上紧承上文"驱马弃之去"二句，并做到自然妥帖，不露痕迹，就不是容易的事了。况且，"南登"二句还有更深一层的意思。霸陵是西汉汉文帝刘恒的陵墓，是长安通往荆州的必经之路。文帝是汉代的明君，史书上赞他"以德化民，是以海内殷富"（东汉班固《汉书·文帝纪》），有所谓"文景之治"的美誉。诗人南登霸陵高处，回首眺望长安，不免想起中兴之主汉文帝及"文景之治"。如果有汉文帝这样的明君在位，长安怎么能这样混乱？百姓何至流离失所？自己又何至流亡他乡？真是感慨万端：所以两句诗既写旅途经过，又抒旅途感想，起着一身二任的作用。

"悟彼《下泉》人，喟然伤心肝。"两句是从上面两句发展而来。"下泉人"是用典，指《下泉》诗的作者，即曹国的人民。面对汉文帝的陵墓，面对长安动乱的现实，诗人才懂得《下泉》诗作者思念明王贤君的急切心情，因而从内心发生深深的哀叹。清张玉谷说："末曰'南登''回首'，兜应首段。'伤心''下泉'，缴醒中段，收束完密，全篇振动。"（《古诗赏析》卷九）正确地指出了此诗结尾的艺术效果。

毛泽东非常喜爱这首诗。1957年11月，毛泽东访问苏联期间，有一次同郭沫若等人谈三国历史时，曾引此诗中"出门无所见，白骨蔽平原"作证。（毕桂发）

曹 丕

曹丕（187—226），字子恒，曹操次子。曹操死后，他继承曹操的官职和爵位，为丞相、魏王。公元220年冬，代汉称帝，定都洛阳，国号魏，即历史上所说的魏文帝。曹丕也是三国时期魏国的文学家，建安文学代表人物之一，其诗以深婉细致见长。其《典论·论文》是我国较早的一篇文学理论批评著作。有《魏文帝集》。

【原文】

善哉行

上山采薇⁽¹⁾，薄暮苦饥。溪谷多风，霜露沾衣。野雉群雊⁽²⁾，猿猴相追。还望故乡，郁何垒垒⁽³⁾！高山有崖，林木有枝⁽⁴⁾。忧来无方，人莫之知。人生如寄，多忧何为？今我不乐⁽⁵⁾岁月如驰。汤汤川流⁽⁶⁾，中有行舟。随波转薄，有似客游⁽⁷⁾。策我良马，被我轻裘⁽⁸⁾。载驰载驱⁽⁹⁾，聊以忘忧。

【毛泽东圈评等情况】

毛泽东读清沈德潜选编《古诗源》卷五时曾圈阅此诗。

[参考]张贻玖：《毛泽东评点、圈阅的中国古典诗词》，中国工人出版社1992年版，第222页。

【注释】

（1）薇，豆科植物，野生，可食。《诗经·小雅》有《采薇》篇，是写戍卒痛苦的诗，本诗用意相似。

（2）野雉（zhì），野鸡。雊（gòu），雄雉求偶的唤声。

（3）郁，深远。何，句中助词。垒垒，形容重叠。

（4）"林木有枝"的"枝"字和"人莫之知"的"知"字音义双关，本于古《越人歌》"山有崖兮木有枝，心悦君兮君不知"。

（5）今我不乐，《诗经·唐风·蟋蟀》："今我不乐，日月其除。"

（6）汤汤（shāng），大水奔流貌。

（7）转，回旋。薄，停泊。一本作"回转"。"有似客游"，将旅行的客人和行舟相比。

（8）裘，皮衣。

（9）载驰载驱，用《诗经·卫风·载驰》篇成句。载，助词。驰，放马快跑。驱，鞭马前进。

【赏析】

《善哉行》叙写客子怀乡之情，是四言诗中有名的作品。《乐府诗集》作魏武帝（曹操）诗，现据《宋书·乐志》录于此。

全诗二十四句，每四句为一层。前四句直接描写客游的痛苦。"薇"，豆科植物，野生，可食。《诗经·小雅》有《采薇》篇，是写戍边士卒痛苦的诗，本诗用意相似。客子为了饿疼了的肚肠，不分时间早晚，顶着寒凉的谷风，穿着霜露沾湿的衣裳上山采薇。天寒苦饥，对于漂泊他乡的客子来说有很多忧愁、苦恼，自然会引起无限的乡思。

"野雉"以下八句，就眼前所见感叹故乡难归，忧愁油然袭来。作者描写野鸡成群地呼唤求偶，猿猴相互追逐游玩，是在表现动物的天性，由物及人，身居异乡的客子自然会想起故乡的人和情，而回头远望故乡却是山林茂密、重叠苍茫，回归故乡无望。寥寥数语加重了客子的乡思，从而揭示出客子久别思返，向往故乡的感情。"枝"和"知"是音义双关。作者又看到高山上的崖壁，树林中的丫枝，一种无名的忧愁和烦恼不知从何方袭来，且无法排除；这种情绪实为乡思所致。基于此，"人生"四句点出了及时行乐的可贵。人生就像水上的浮萍，是依附在别的物体上的东西，为什么常常要忧愁无边，如不及时行乐，得过且过，时间将飞驰而去，而返回故乡与亲人团聚又遥远无期，于是就发出了对人生无常和短暂的感叹。

"汤汤"四句言客游如行舟，漂泊不定。"有似客游"是将游子与漂泊的舟船相比，本意是说游客像行舟，却故意说成舟似客游，突出了游子的艰辛与痛苦。这是对前面"人生如寄"的重复，加深了客子深切思念故乡的忧伤。

诗的最后四句在前面的基础上表明自己的处世态度，这就是以"策良马""被轻裘"优游的生活来聊慰愁肠，将忧伤统统遗忘，也就是听之任之，随其自然。这是客子久别思返而不得返的心理写照，但作者所表露的态度是消极的，这也是那个时代上层社会人士没落思想的反映。

全诗结构十分清晰，写景、抒情逐层深入，层次分明，比喻适当，抒情于比喻之中，使语言更富有形象性，因而也更加感人。（胡德岭）

【原文】

杂诗之一　漫漫秋夜长

漫漫秋夜长，烈烈北风凉。展转不能寐[1]，披衣起彷徨[2]。彷徨忽已久，白露沾我裳。俯视清水波，仰看明月光。天汉回西流[3]，三五正纵横[4]。草虫鸣何悲，孤雁独南翔。郁郁多悲思[5]，绵绵思故乡[6]。愿飞安得翼？欲济河无梁[7]。向风长叹息，断绝我中肠[8]。

【毛泽东圈评等情况】

毛泽东读清沈德潜选编《古诗源》卷五时曾圈阅此诗。

[参考] 张贻玖：《毛泽东评点、圈阅的中国古典诗词》，中国工人出版社1992年版，第222页。

【注释】

（1）展转，来回地翻身。展同"辗"，转。寐（mèi），睡眠。

（2）彷徨，徘徊。

（3）天汉，指银河。回西流，指银河由西南指已转向正西，表示夜已经深了。

（4）三五，指星。《诗经·召南·小星》："嘒彼小星，三五在东。"这里似泛指群星。

（5）郁郁，忧愁苦闷。

（6）绵绵，连绵不绝之状。

（7）济，渡。梁，桥。

（8）中肠，内心。

【赏析】

"杂诗"最早见于《昭明文选》，是编集的人把一些失题的作品排在一起，这些作品内容庞杂，非一时一事之作，故统名之为"杂诗"。《杂诗二首》是曹丕拟古乐府或古诗之作，此为其一。本篇所写的是身居他乡的游子于凄凉的深秋月夜之中，因景生情，抒发其寂寞思乡之情。但也有人认为是曹丕担心曹操立曹植为太子时作。

首二句先点明时间、地点和环境，开始便给人以一种悲凉、孤独、寂寞的感受，为下面进一步的描写作了铺垫。因夜长风凉，才使得漂泊游子"展转不能寐"。游子在漫长凄凉的秋夜之中很难入睡，便"披衣起彷徨"。前四句中，"漫漫"句是"展转"之缘，"烈烈"句是"披衣"之缘。"彷徨忽已久，白露沾我裳"，是说徘徊很久，白露把衣服都沾湿了。一个"忽"字把游子那种因完全沉浸在怀乡思土之中而却淡化了漫漫凄凉秋夜的心理表现出来了。接着是写"俯""仰"所见，先写一"俯"，大概是因为凡人有所愁思之时总是低头而思，极合情理。俯视看到清水荡漾的碧波，水面是一片秋光，这时才醒悟到这是明月所为。这又引起"仰看"。"天汉"二句是"仰看"的详写：天空是有光皎洁，天河西转，群星分布天体四方。在这里是水天一色，秋水绵绵，寒月冷照，游子身处此境中不免思绪万千，孤独寂寞。"草虫鸣何悲，孤雁独南翔"，又是一俯一仰。俯听草虫叫得多么悲伤，仰看孤雁自南翔，一俯一仰不仅增添了悲凉孤独的气氛，而且也是为下面描写游子忧愁与思乡的心情作了过渡。

"郁郁"二句是说悲思的深沉苦闷，思乡之情萦绕心中，连绵不断。而这热切回归故乡的愿望却无法实现，因为若像大雁一样飞回故乡，自己却没有翅膀，身在他乡若回归故里，河上却没有桥梁，这把游子盼望回到向往已久的故乡的感情表述得十分深沉。这种感情既是清凄景色和孤独寂寞环境引起的结果，也是他夜深难寐、月光下久久徘徊的原因。急切的回乡心情与残酷的现实形成一对矛盾，使游子最后不得不面对着寒冷的北风发出深深的叹息，为此愁断苦闷的肚肠，这表现了游子无法返回故乡的极端痛苦的心情，将思乡之情推向了高潮。

该诗语言质朴无华，明白如话。写景一环紧扣一环，描叙了一派深秋月夜萧瑟、幽谧冷落的景色，画面细腻，凄凉感人。抒情于写景之中，达到情景交融的地步，可谓"景中情长"（清代陈祚明《采菽堂古诗选》卷五），使全诗的结构显得紧密清新。（胡德岭）

【原文】

杂诗二首之二　西北有浮云

　　西北有浮云，亭亭如车盖$^{(1)}$。惜哉时不遇，适与飘风会$^{(2)}$。吹我东南行，行行至吴会$^{(3)}$。吴会非我乡，安得久留滞。弃置勿复陈$^{(4)}$，客子常畏人$^{(5)}$。

【毛泽东圈评等情况】

毛泽东读清沈德潜选编《古诗源》卷五时曾圈阅此诗。

　　［参考］张贻玖：《毛泽东评点、圈阅的中国古典诗词》，中国工人出版社1992年版，第222页。

【注释】

　　（1）亭亭，远而无所依靠的样子。车盖，古代的车篷，形如大伞。

　　（2）飘风，暴风，旋风。《诗经·大雅·卷阿》："有卷者阿，飘云自南。"毛传："飘风，回风也。"又《诗经·小雅·何人斯》："其为飘风。"毛传："飘风暴起之风。"

　　（3）吴会（kuài），吴本是秦会稽郡，后汉时分为吴和会稽两郡。这里是指吴郡（今江苏苏州）和会稽郡（今浙江绍兴）。

（4）弃置勿复陈，搁在一边不要再谈了。这五字是乐府诗人的套语。见汉乐府《孤儿行》，曹植《赠自马王彪》等。。

（5）客子，离家在外的人。

【赏析】

《文选》李善注曾题此诗曰"于黎阳作"。魏文帝黄初三年（222），曹丕南征孙权，确曾到过黎阳（今安徽休宁县东南）。但黄初六年（225）曹丕还有一次南征，这次南征曾到达广陵故城，军队开到了长江边上。从诗的内容看，更切合这次南征。

作品以浮云的随风飘荡，比喻客子征夫的漂流之苦，流露出对当时战乱的厌倦情绪。开头两句起兴以"浮云"自比，以"车盖"借喻飘摇不定的景况。接着写自己没碰到好的时机，恰巧遇上了暴风来临。前四句实际在写自己生不逢时，刚好遇到动荡不安的时代，才像浮云、车盖一样身不由己，飘摇不定，这里已流露出对那个动荡时代厌倦的心理。

"吹我"二句写漂泊流荡的行踪。因魏在西北，吴在东南，故曰"东南行"。"吴会"，吴郡（今江苏苏州）和会稽郡（今浙江绍兴）。吴会当时都属于东吴。曹丕率军长途跋涉，南征孙权，身在异国，疾苦难免，感慨万千。所以接着说"吴会非我乡，安能久留滞"。这里写伐吴不克，久峙欲归的心情。长期飘荡他乡，恋土思返的念头与日俱增，而战乱使之成为泡影。这种矛盾心理又一次反映出对战争的厌倦情绪。最后两句"弃置勿复陈，客子常畏人"是乐府诗的套语，意思是搁在一边不要再说啦，漂泊的客子常怕见人。表现了羁旅他乡的客子征夫，日久思乡而又怕勾起这种愁思的矛盾心情。这种婉曲的写法使得描写的乡思显得格外深沉，真挚感人。一般来说，这种由于乡思所带来的愁苦可继续倾诉下去，但作者至此却戛然而止，这样反而给人以"言已终而情未竟"的感觉，使诗外余音持续地叩动着读者的心弦。（胡德岭）

【原文】

至广陵于马上作

观兵临江水⁽¹⁾，水流何汤汤⁽²⁾。戈矛成山林，玄甲耀日光⁽³⁾。猛将怀暴怒，胆气正纵横。谁云江水广⁽⁴⁾，一苇可以航。不战屈敌卤⁽⁵⁾，戢兵称贤良⁽⁶⁾。古公宅岐邑⁽⁷⁾，实始翦殷商⁽⁸⁾。孟献营虎牢⁽⁹⁾，郑人惧稽颡⁽¹⁰⁾。充国务耕殖⁽¹¹⁾，先零自破亡⁽¹²⁾。兴农淮泗间⁽¹³⁾，筑室都徐方⁽¹⁴⁾。量宜运权略，六军咸悦康⁽¹⁵⁾。岂如东山诗⁽¹⁶⁾，悠悠多忧伤。

【毛泽东圈评等情况】

毛泽东读清沈德潜选编《古诗源》卷五时曾圈阅此诗。

[参考] 张贻玖：《毛泽东评点、圈阅的中国古典诗词》，

中国工人出版社1992年版，第222页。

【注释】

（1）观兵，古代检阅军队以显示军威。《左传·宣公十二年》："观兵以威诸侯。"

（2）汤汤（shāng），水流大而急之状。

（3）玄甲，黑色的盔甲。

（4）"谁云"二句，语出《诗经·卫风·河广》："谁谓河广？一苇杭之。"

（5）敌卤，敌虏。卤，通"虏"。

（6）戢兵，收藏兵器。

（7）古公，指古公亶父，即周太王。岐邑，古邑名，今陕西岐山东北。

（8）翦，消灭，灭掉。

（9）孟献，指孟献子。营，建造。虎牢，春秋郑地（今河南荥阳汜水镇。）

（10）郑人，此指郑国。稽颡（qǐ sǎng），古时一种跪拜礼，屈膝下拜，以额触地。

（11）充国，指赵充国（前137—前52），字翁孙，陇西上邽（今甘肃天水西南）人，西汉大将。

（12）先零，羌族的一个部落。

（13）淮泗，指淮河中下游、江苏泗洪一带。

（14）徐方，即徐戎，古族名，东夷之一。

（15）六军，指朝廷的军队。

（16）东山，《诗经·豳风》篇名，写战士久戍回家的景况和心情，本诗用义相近。

【赏析】

晋陈寿《三国志·文帝纪》记载：魏文帝黄初六年（225）"八月，帝（曹丕）遂以舟师自谯循涡入淮，从陆道幸徐。九月，筑东巡台。冬十月，行幸广陵（今江苏扬州）故城，临江观兵，戎卒十余万，旌旗数百里"。此诗就是在这个背景下创作出来的。

诗开端："观兵临江水，水流何汤汤。"二句就观兵叙事直起，将江水渲染一笔，把诗人于马背观看水流湍急的长江和军队的气势初现在面前。"戈矛"以下四句铺写军容之盛大。"戈矛成山林，玄甲耀日光"，就兵器说起，大刀长矛如山中树林之密，兵器排列有序，错落有致，战士身上黑色的盔甲在阳光照耀下闪闪发光。"猛将怀暴怒，胆气自纵横"二句，是写人之气势、精神和意志，形象表现了精兵良将精神抖擞、不可遏制的求战心情。"谁云江水广，一苇可以航"二句，先用谁说长江水急江宽作反问，接着用一根芦苇可以航行作回答，把军队的锐气及战无不胜的意志用曲笔表达出来，这里写军队的"勇"。而"不战屈敌虏，戢兵称贤良"则写用兵之道，也就是"智"。不战而屈人之兵是用兵上策，这样用兵的人才能称得上是贤臣良将，此言以智取胜。

"古公"以下八句引用古事为不战戢兵作证。"古公"二句是说周族古公亶父因受戎狄威逼，自豳迁于岐山下，建筑城郭居室，作邑以居四方来归之民，开垦荒地，发展农业生产，使周族逐渐强盛起来。后来周灭商建立了自己的新王朝。"孟献营虎牢，郑人惧稽颡。""孟献"，指孟献子。"稽颡"为古时一种跪拜礼，屈膝下拜，以额触地，在请罪投降时行之，表示极度的惶恐。该典出自《左传·襄公二年》："孟献子曰：'请城虎牢以偪郑。'""虎牢"，古邑名，春秋郑地（今河南荥阳汜水镇）。"偪"通逼。此典是说在虎牢这个地方筑城逼迫郑国，使郑人望而生畏，惶恐不安。"充国务耕殖，先零自破亡。"此事出自《汉书·赵充国辛庆忌传》。"充国"，指赵充国，西汉大将，"先零"，羌族的一个部落。赵充国率兵北击匈奴、羌人，人马需要大量粮草，不宜出兵，因此他让"步兵九校，吏士万人，留屯以为武备，因田致谷，威德并行。"他认为："屯田内有亡费之利，外有守御之备。"后来羌族中的其他几个部落杀掉先零等部落的大帅归汉，先零部落就自然而然地灭亡了。"兴农淮泗间，筑室都徐方。""徐方"，即徐戎，古族名，东夷之一。夏至周，在淮河中下游、江苏泗洪一带兴农筑室，于周初建立了徐国，在东夷中最强大。作者引用这些古事意在反映自己的治国思想，表现了他要统一中国的雄心壮志。

"量宜运权略，六军咸悦康。""六军"，指朝廷的军队。这两句言用兵得当，全军都会愉快、平安，写出了必胜的条件和士气，也写出了猛将智勇双全和战士的威武雄壮。最后两句"岂如东山诗，悠悠多忧伤"，是说将士长年征战在外，该有多少忧愁和悲伤。"东山"，《诗经·豳风》篇名，写战士久戍回家的景况和心情，曹丕取其义而用之。这里反映了作者怜悯出征将士的心理及统一中国的矛盾思想。

全诗气势宏大，必胜信念极强，引古事而用其义得当，反映出作者一种积极向上的意识，表现出他要统一中国的雄心壮志，这在曹丕的诗歌中是不多见的。（胡德岭）

【原文】

寡 妇

友人阮元瑜早亡，伤其妻孤寡，为作是诗。

霜露纷兮交下，木叶落兮凄凄[1]。候雁叫兮云中，归燕翩兮徘徊。妾心感兮惆怅[2]，白日忽兮西颓[3]。守长夜兮思君，魂一夕兮九乘[4]。怅延伫兮仰视[5]，星月随兮天回[6]。徒引领兮入房[7]，窃自怜兮孤栖[8]。愿从君兮终没，愁何可兮久怀。

【毛泽东圈评等情况】

毛泽东读清沈德潜选编《古诗源》卷五时曾圈阅此诗。

[参考] 张贻玖：《毛泽东评点、圈阅的中国古典诗词》，中国工人出版社 1992 年版，第 222 页。

【注释】

（1）木叶，树叶。《楚辞·九歌·湘夫人》："嫋嫋兮秋风，洞庭波兮木叶下。"凄凄，寒冷之状。《诗经·郑风·风雨》："风雨凄凄。"

（2）惆怅，因失望或失意而哀伤。《楚辞·九辩》："羁旅而无发生，惆怅兮而私怜。"

（3）颓（tuí），落，落下。

（4）夕，傍晚或夜晚。乘（guāi），违背。

（5）延伫（zhù），引颈而望。

（6）回，旋转。

（7）引领，伸长脖子。形容盼望的殷切。

（8）窃，偷偷地，暗中。栖，居住。

【赏析】

阮瑀（字元瑜），是"建安七子"之一，曾事曹操为司空军谋祭酒，是曹丕的好友，不幸于汉献帝建安十七年（212）过早离开人世。曹丕为怀念旧友，又感伤瑀妻孤独寡居，创作了此诗。

"霜露纷兮交下，木叶落兮凄凄。"诗一开端，作者首先给我们描绘出一幅苍茫的深秋夜景。接着"候雁叫兮云中，归燕翩兮徘徊。"二句又给这幅秋景增添了荒凉气氛。在这幅秋景中，霜露交下，落叶凄凄，候鸟大雁凄厉地叫着从云中南翔，南归的小燕子欲飞又止，徘徊不前。整个秋景是萧瑟、凄凉，使人处在此景之中有一种极其悲凉的感觉，为下面写守寡女子孤独、凄楚、心神不定、思绪无限的痛苦心态打下了基础。

"妾心"以下八句是对丈夫的思念。"妾心感兮惆怅，白日忽兮西颓。"二句是说寡妇在这悲凉的秋景中，感时伤物，满腹惆怅，害怕太阳急剧西下，因为日落西山之后随之而来的便是难熬的漫长黑夜。这把守寡女子害怕自己在黑夜之中感到更孤独、更凄凉的心理委婉地刻画出来了。接着"守长夜"以下六句是女子在黑夜中的具体活动。她一个人在漫长的黑夜中思念死去的丈夫。"思君"一词含义极其复杂、丰富，能把读者带入诗的意境中，随同寡妇一起回忆他们夫妻生活中的喜怒哀乐，酸甜苦辣。寡妇思念丈夫，整夜魂不守舍，失魂落魄。她长时间地在屋外徘徊沉思，抬头向天空望去，已是星月回天，银河西指，时至深夜了，因此她不得不回到令人感到孤寂的空房里，一个人可怜巴巴地孤独栖宿，从而抒发了寡妇对丈夫的无限思念和孤寂难忍的心情。

最后二句："愿从君兮终没，愁何可兮久怀。"表现了寡妇愿意为丈夫寡居到终，虽忧愁无限而永远怀念他的情感，曲折地表达了她对丈夫的爱是忠贞不渝、至死不悔的。至此，全诗把题中的"寡"字全部表现出来了。此诗是伤感寡妇，而作者竟代寡妇自伤，使读者感到极为亲近。全诗是由景生情，由情写景，把写景和抒情有机地交融在一起。清冷的秋夜，最能引起寡妇孤独、凄凉的感觉，也最能唤起她对丈夫的无限思念，虽情致委婉，却有很强的感染力。（胡德岭）

【原文】

燕歌行

秋风萧瑟天气凉⁽¹⁾，草木摇落露为霜⁽²⁾。群燕辞归雁南翔⁽³⁾，念君客游思断肠。慊慊思归恋故乡⁽⁴⁾，何为淹留寄他方⁽⁵⁾？贱妾茕茕守空房⁽⁶⁾，忧来思君不敢忘，不觉泪下沾衣裳。援琴鸣弦发清商⁽⁷⁾，短歌微吟不能长。明月皎皎照我床，星汉西流夜未央⁽⁸⁾。牵牛织女遥相望，尔独何辜限河梁⁽⁹⁾？

【毛泽东圈评等情况】

毛泽东读清沈德潜选编《古诗源》卷五时曾圈阅此诗。

［参考］张贻玖：《毛泽东评点、圈阅的中国古典诗词》，

中国工人出版社 1992 年版，第 222 页。

【注释】

（1）秋风萧瑟，原出曹操《步出夏门行·观沧海》。萧瑟，树木被秋风吹拂发出的声音。

（2）草木摇落，原出《楚辞·九辩》："萧瑟兮，草木摇落而变衰。"摇落，凋残。露为霜，语出《诗经·秦风·蒹葭》："蒹葭苍苍，白露为霜。"

（3）雁，大雁；一本作"鹄"，即天鹅。

（4）慊慊（qiàn），空虚之感。

（5）淹留，久留。何为，一作"君何"。寄，寄旅。

（6）茕茕（qióng），孤单的样子。贱妾，妇人自称的谦词。

（7）援，取。清商，乐曲名，音节短促，音调纤微。《古诗·西北有高楼》："清商随风发。"

（8）星汉西流，银河转向西。夜未央，夜深而将半的时候。语出《诗经·小雅·庭燎》："夜如何其？夜未央。"

（9）尔，指牵牛和织女。何辜，何故。河梁，河上的桥。

【赏析】

《燕歌行》是曹丕的代表作，也是我们所能见到的最早的完整的七言诗。作者用细腻委婉的笔触和明媚清丽的语言，叙写了一位闺中女子在深秋之夜对远游在外的丈夫的深沉思念，感情真实淳朴，缠绵悱恻，表现了作者对这类妇女的深切同情及对当时无休止的战争徭役破坏人民生活的无限哀怨。

诗开头四句，作者用浓墨重彩先描绘出一幅寒秋画卷：风声萧瑟，天气寒冷，草木枯黄凋零，白露为霜。而知道时节变化的群燕和大雁在空旷的深秋田野上空凄惨地鸣叫着飞向温暖的南方。短短几句，绘声绘色，动静皆宜，整个画面凄凉、悲哀。这样的深秋景象，很自然地牵动着深闺女子对远游在外丈夫的思念。霜飞叶落，鸟也知归，而唯有她的君子客游不回，怎能不令她悲痛不已、肝肠寸断呢！由于对丈夫的深切思念，她又揎

度着在这清凄、凋零、悲鸣的深秋中客游在外丈夫的心理。因此"慊慊"两句写女子想象中丈夫久别思返的心境，此时此刻，君心似我心，一定感到十分空寂，有许多怨恨，一定想早日回归故乡与亲人团聚。既然久别思归，那为什么还久留他乡、迟迟不归呢？这是她对丈夫的反问，带有埋怨和责怪的成分，这是由爱夫思夫所生。通过埋怨和责怪我们可以看到这位女子对丈夫的无限思念。开头写景是实写，而"慊慊"二句是虚写，下面再由虚到实。"贱妾"三句直接写女子对丈夫的思念。在这里，作者以"茕茕守空房"表示少妇的孤寂不堪，以"思君不敢忘"吐露她对客子的日夜思念，以"泪下沾衣裳"写她难耐的凄苦。丈夫远游在外，回归无期，想到这些，女子再也控制不住感情的闸门，辛酸的泪水凄然而下，以致沾湿了衣襟。至此，这位女子悲痛忧愁的感情达到了高峰。

接着诗中写少妇为消除自己的忧愁和悲哀，借琴抒怀。她之所以弹奏清商曲，是因为这种曲调节拍短促、音响低抑，如泣如诉，与她哀怨忧伤的心境正好吻合，能引起她感情上的共鸣。结果借琴消愁愁更愁，哀怨的琴声只能加重她的忧伤，于是她无可奈何地中止了弹奏。至此，少妇那种惹人怜惜的愁容、泪痕、低眉弄琴的妩媚情态和她那思念丈夫的真挚情怀已淋漓尽致地描写出来。诗的最后四句写出了另外一幅图景：皎洁的冷月照在空寂的床上，屋内冷冷清清。她仰望窗外，银河已指向西南，时已深夜，然而思君之情更浓，不知如何度过这漫漫的长夜。最后以"牵牛织女""隔河相望"的民间传说比喻女子无法解脱的凄楚境况。牵牛和织女的不幸遭遇，使这位同病相怜的女子产生了由衷的同情。这是虚写，实际上是言在此而意在彼。牵牛织女有何错，这位女子和她的丈夫有何错？这把她那种不可遏制的离愁别恨表现得一泻无余，进一步深化了全诗的主题思想。

此诗布局精巧，写景、叙事和抒情紧密地融合在一起，意境深邃，达到了情景交融的艺术境界。语言生动形象，清秀简洁，具有很强的感染力，作者善于把握人物的神情，寥寥几笔，就勾勒出人物的复杂内心世界。王夫之评这首诗是"倾情、倾度、倾色、倾声。古今无两"（《船山古诗评选》卷一），这也许是此诗千百年来人们"诵之不厌"的原因所在吧！（胡德岭）

甄　后

甄后（？—221），中山无极（今河北无极）人，三国时期魏国诗人。本为袁绍次子袁熙之妻，曹操破袁绍后，曹丕（时为太子）纳其为夫人。生明帝及东乡公主。魏文帝黄初二年（221）被赐死，死后追谥文昭皇后，今存诗一首。

【原文】

塘上行

蒲生我池中$^{(1)}$，其叶何离离$^{(2)}$！傍能行仁义$^{(3)}$，莫若妾自知$^{(4)}$。众口铄黄金$^{(5)}$，使君生别离$^{(6)}$。念君去我时，独愁常苦悲。想见君颜色，感结伤心脾。念君常苦悲，夜夜不能寐。莫以贤豪故$^{(7)}$，弃捐素所爱。莫以鱼肉贱，弃捐葱与薤$^{(8)}$。莫以麻枲贱$^{(9)}$，弃捐菅与蒯$^{(10)}$。出亦复苦愁，入亦复苦愁。边地多悲风，树木何修修$^{(11)}$。从君致独乐，延年寿千秋。

【毛泽东圈评等情况】

毛泽东读清沈德潜选编《古诗源》卷五时曾圈阅此诗。

[参考] 张贻玖：《毛泽东评点、圈阅的中国古典诗词》，中国工人出版社1992年版，第222页。

【注释】

（1）蒲，蒲草，水生植物名，长而柔韧，可以制席。

（2）离离，繁茂貌。《诗经·王风·黍离》："彼黍离离，彼稷之苗。"

（3）傍（bàng），靠近，临近。

（4）妾，古时妇女自我的谦称。

（5）众品铄黄金，语出《国语·周语》："众心成城，众口铄金。"铄（shuò），熔化金属。

（6）生别离，生离死别之意。屈原《九歌·少司命》："乐莫乐兮新相知，悲莫悲兮生别离。"

（7）贤豪，贤明豪迈。西汉刘向《说苑·政理》："文侯曰：'子往矣，是无邑不有贤豪辩博者也。'"

（8）薤（xiè），多年生草本植物，可食。

（9）枲（xǐ），大麻。

（10）菅（jiān）、蒯（kuǎi），都是多年生草本植物。

（11）翛翛（shū），象声词。

【赏析】

甄后原为袁绍次子袁熙之妻。汉献帝建安九年（204）曹操攻占邺城（今河北临漳北）。时随军的曹丕首先进入袁府，看到甄氏容貌极为漂亮，非常喜欢她，曹操就为曹丕聘甄氏为夫人。甄氏深得曹丕宠爱。曹丕称帝前，甄氏开始失宠。黄初元年（220）十月曹丕称帝，又添了几位得宠的贵人，这样甄氏就愈加受到冷落，不免有些怨言。贵嫔乘机向曹丕进谗，曹丕大怒，于黄初二年（221）派专人到邺城，强迫甄后自杀。这首诗就是甄后遭到谗言而被曹丕遗弃后所作的。诗的内容与她被赐死前的处境一致。全诗充满了被遗弃后的痛苦心情及对破镜重圆的强烈愿望。

诗以借景生情开头。"蒲生我池中，其叶何离离！"诗人看到生长在水池中茂盛青翠的蒲草，难免心情沉重。蒲草是水生植物，长而柔韧，这不仅烘托出弃妇的温柔可爱，而且也反映出她对爱情的忠贞专一，这和绝情少义的文帝形成了鲜明的对比；而蒲草的繁茂青翠又和心事重重、面容忧伤憔悴的弃妇形成了鲜明的对比。首二句为全诗定了基调。

"傍能"以下四句，诗人含蓄地诉说了自己被遗弃的原因。大意是说，别人对我不仁不义这些情况我心里清楚。一群人能把一个人说得一无是处，才使我与你生离死别。这里别人对自己的不仁不义，诗人没有直接表露，而是说成"傍能行仁义"。进谗言陷害她的人明明就在身边，而却用典"众口铄黄金"来暗指。明明是文帝另有新欢，无情无义，遗弃自己，而诗人却把自己被遗弃的原因全归于"众口"，这就给那男子留下了回心转意的余地。"众口铄金"加上一个"黄"字，不仅符合五言诗的音节要求，而且也更加突出了"金"字，同时也表示出弃妇的高贵、稳重。这几句含义深刻，回味无穷，达到了怨而不怒的境界。

接下来六句是诗人被遗弃后心态的真实写照。诗人被遗弃之后，仍然是怨而不怒，还时常想起文帝。为此，独自愁苦不堪，感情郁结，伤心动脾，达到了夜夜难以入睡的地步。这些铺叙，一方面表现出弃妇对旧情的怀念，对爱情的忠贞，同时也表现了弃妇希望文帝回心转意与自己重新言归于好的迫切愿望。这几句是用血与泪交织在一起写出来的，感情真挚动人。

"莫以"以下六句是诗人对男子的反复规劝，也是希望与他破镜重圆的直接表示。诗人一连用了三组比喻，一个意思就是不要因容易得到好的，把原来有的都抛弃掉。实际是诗人在劝说文帝，不要因为新欢抛弃旧好。诗人自比葱、薤、菅、蒯，简直是在哀求那男子不要抛弃自己，希望他能回到自己身边，重修旧好。

"出亦复苦愁"等几句是说，我现在进退失据，就像塞外寒风中的树林。最后还表示祝愿："从君致独乐，延年寿千秋。"意谓望君王善自珍贵，长命千岁。甄后在绝望地看到自己末日即将来临之时，仍要对文帝表示祝福，其内心之凄苦可想而知。（胡德岭）

曹　植

曹植（192—232），字子建，曹操第三子，曹丕弟。曾封为陈王，死后谥曰思，世称陈思王。曹植很有文学才华，颇得曹操宠爱。曹丕即帝位后，屡次对曹植贬爵徙封。明帝曹叡继位后，这种情况也没有变化。曹植后半生就是在曹丕父子两代皇帝的迫害下度过的，41 岁时在困顿苦闷中病逝。

曹植的生活和创作，以曹丕即位为界分为前、后两期。前期作品表现了他的政治抱负和对于建功立业的热烈向往，同时也写出了一些反映社会动乱和表现人民疾苦的诗篇。后期作品则较多地反映了封建统治集团的内部矛盾，表现了自己受压抑、有志不得伸的悲愤情绪，这些诗也有一定进步意义。

曹植是建安时代文学成就最高、最具代表性的大作家。他的诗歌艺术成就较高，南朝梁钟嵘《诗品》说它"骨气奇高，词采华茂，情兼雅怨，体被文质"，对五言诗的发展有重要贡献。现存诗八十多首，辞赋、散文共四十多篇。宋人辑有《曹子建集》，今以今人赵幼文校注《曹植集校注》较为完备。

【原文】

朔风诗

仰彼朔风[1]，用怀魏都[2]。愿骋代马[3]，倏忽北徂[4]。凯风永至[5]，思彼蛮方[6]。愿随越鸟[7]，翻飞南翔。四气代谢[8]，悬景运周[9]，别如俯仰，脱若三秋[10]。昔我初迁[11]，朱华未希[12]。今我旋止[13]，素雪云飞[14]。俯降千仞[15]，仰登天阻[16]。风飘蓬飞，载离寒暑[17]。千仞易陟，天阻可越。昔我同袍[18]，今永乖别[19]。子好芳草[20]，岂忘尔贻？繁华将茂(21)，秋霜悴之(22)。君不垂眷，岂云其诚？秋兰可喻，桂树冬荣。弦歌荡思(23)，谁与消忧？临川慕思，何为泛舟(24)？岂无和乐？游非我邻。难忘泛舟？愧无榜人(25)。

【毛泽东圈评等情况】

毛泽东读清沈德潜选编《古诗源》卷五时曾圈阅此诗。

[参考] 张贻玖：《毛泽东评点、圈阅的中国古典诗词》，
中国工人出版社 1992 年版，第 222 页。

【注释】

（1）朔风，北风。

（2）用，因。魏都，指魏的故都邺城（今河北临漳西南邺镇）。

（3）代马，代郡（今山西大同）所产之马。古诗："代马依北风。"

（4）徂，往。

（5）凯风，南风，和风。《尔雅·释天》："南风谓之凯风。"《诗经·邶风·凯风》："凯风自南，吹彼棘薪。"永，远。

（6）蛮方，南方，指吴国。

（7）越鸟，越国所产之鸟。《古诗十九首》："胡马依北风，越鸟巢南枝。"

（8）四气，四季的气候。

（9）悬景，指日月。景，同"影"。

（10）脱若，忽然。

（11）初迁，指奉命迁到浚仪（治所在今河南开封）。

（12）希，即稀。朱华未希，指春天。

（13）旋止，归来，指回到雍丘。止，语终助词，无意义。

（14）素，白。云，助词。

（15）仞，古代长度单位。据清陶方奇考证，周制为八尺，汉制为七尺，东汉末则为五尺六寸。

（16）天阻，天险。

（17）载，则。离，历。

（18）同袍，指最亲近的人。本篇用来指兄弟（曹彰、曹彪，一死别，一生离）。

（19）乖，离。

（20）子，尔，指帝。芳草，比喻忠爱之心。

（21）繁华，犹百花，比君子。

（22）悴，伤残。秋霜，比小人。

（23）弦歌，弦诵。荡思，荡涤忧思。

（24）何，谁。

（25）谁忘，一作"河北"。榜人，操舟的人。

【赏析】

曹植在魏明帝太和元年（227）被徙封为浚仪（今河南开封北），二年又回其封地雍丘（今河南杞县）。这首诗是他返回封地雍丘后所作。全诗共五章，每章八句。诗中在悲叹"蓬转"的生活之外又伤悼逝者，怀念远人，哀怨忠诚不被曹叡所谅解，抒发了自己闲居坐废、怀抱利器无可施展的苦闷心情。

第一章中的"朔风"即北风，"蛮方"即南方。曹彪于魏文帝黄初三年（222）改封为吴王。这一章用古诗"代马依北风，越鸟巢南枝"比喻因怀念魏都愿像代马北驰，因思曹彪而愿随越鸟南翔，抒发了诗人怀念魏都及兄弟的强烈感情。

第二章感叹时光的流逝，而诗人的思念之情不已。日月运行，周而复始，春夏秋冬相互更迭，分别时间不长，好像已有三秋。一"昔"一"今"又叹时光之荏苒易逝。这里诗人借时光易逝，抒发了与其兄弟分离后的思念之情。

第三章中的"天阻"，即天险。首二句言归途的艰难。接着"风飘"二句说飞蓬随飘风而行千里，历经寒暑，忽上忽下，感叹自己的生活如飞蓬一样极不稳定。这四句是为下面四句作铺垫。"千仞"四句是作者发出的议论：深谷可过，天险可越，这些都不足以为艰难，为何骨肉兄弟相互阻绝而不得相见？因曹丕称帝后规定各诸侯国之间不得交往，所以诗人发出了"昔我同袍，今永乖别"的感叹。"同袍"，这里指兄弟。诗人表达了对死去的曹彰的怀念及与曹彪离别后的思念。

第四章是对曹叡的怀念。"子""尔"指曹叡。首二句是说你本来喜好贤人，我从来不忘记给你报答。"繁华"二句说我们正要报答之时，而被小人的谗言所扼杀。"君不"以下四句是说你对我不加顾念，我的报答之心总是不转变的。我的报答可以用兰桂做比，兰永远不改其香，桂也不变其荣。曹植与曹叡是叔侄关系，政治上虽有矛盾，但仍念骨肉之情，哀怨自己的忠诚不被曹叡所谅解。这里实际上也是对魏都的怀念。

第五章是对以上四章的总结，写忧愁无法排除。前四句写诗人思念兄弟心切，因此虽有弦歌，也不足以解忧，临川相思，而又无人为我泛舟。后四句是对前四句的申述。并不是没有弦歌可唱，而是这些人都不是我的亲友。怎能忘记泛舟呢？只是无操舟的人而已。表达出诗人一肚子忧愁无人诉说和郁闷不得志的心情。

该诗虽分五章，但结构紧凑，清代张玉谷说："首章起得飘忽，次章承得纡徐，三章落得紧醒，四章叙得曲折，五章收得错综。真乃有美必臻，无憾可击。"（《古诗赏析》卷八）诗中多用比喻且含义深刻、委婉地表达出诗人思念骨肉的强烈感情。（胡德岭）

【原文】

箜篌引

置酒高殿上，亲友从我游⁽¹⁾。中厨办丰膳⁽²⁾，烹羊宰肥牛。秦筝何慷慨⁽³⁾，齐瑟和且柔⁽⁴⁾。阳阿奏奇舞⁽⁵⁾，京洛出名讴。乐饮过三爵⁽⁶⁾，缓带倾庶羞⁽⁷⁾。主称千年寿⁽⁸⁾，宾奉万年酬。久要不可忘⁽⁹⁾，薄终义所尤。谦谦君子德，磬折欲何求⁽¹⁰⁾？惊风飘白日，光景驰西流⁽¹¹⁾。盛时不可再，百年忽我遒⁽¹²⁾。生存华屋处，零落归山丘⁽¹³⁾。先民谁不死，知命复何忧⁽¹⁴⁾？

【毛泽东圈评等情况】

毛泽东读清沈德潜选编《古诗源》卷五时曾圈阅此诗。

[参考] 张贻玖：《毛泽东评点、圈阅的中国古典诗词》，

中国工人出版社 1992 年版，第 222 页。

【注释】

（1）亲友，亲近的友人。一作"亲交"。

（2）中厨，内厨房。

（3）秦筝，弦乐器，古筝五弦，形如筑。秦人蒙恬改为十二弦，变形如瑟。

（4）瑟，弦乐器，有五十弦、二十五弦、二十三弦、十九弦几种。在齐国都城临淄这种乐器很普通。

（5）阳阿，地句。《汉书·外戚传》载："孝成赵皇后（赵飞燕）……及壮，属阳阿主家，学歌舞。"此处即用此典。

（6）乐饮，欢乐地饮酒。爵，酒杯。过三爵，喝了不止三杯酒，意谓已有醉意。《礼记·玉藻》："君子之饮酒也，受一爵而色酒如也（肃敬貌）；二爵而言言（和敬貌）斯；礼巳三爵，而油油（悦敬貌）以退。"这里化用其意。

（7）缓带，解带（脱去礼服换便服）。庶羞，各种美味。

（8）称，举。寿，以金帛赠人表示敬意。

（9）久要，旧约。《论语·宪问》："久要不忘平生之言，亦可以为成人矣。"

（10）谦谦，卑谦之态。磬折，弯着身体像磬（石质弧形乐器）一般，表示恭敬。

（11）惊风，疾风。光景，指白日。

（12）百年，指人一生。道，尽。盛时，壮盛之时。不可再，一作"不再来"。

（13）零落，谓人事凋谢。

（14）先民，过去的人。命，指人皆有死。

【赏析】

《箜篌引》属乐府《相和歌·瑟调曲》。"箜篌"，乐器名。体曲而长，有二十三弦。"引"，乐典的一种体裁，有序奏的意思。这首诗是曹植早期的作品，作于汉献帝建安十六年到二十一年间（211—216），是他被封为平原侯或临淄侯的时候。

全诗共二十四句，可分为三个层次。通过对贵族生活歌舞游宴的描写，慨叹人生的短暂和凡事盛满不常，知命无忧。这里隐约地反映了诗人不安于终日沉溺于游乐生活的情绪，透露了对未来生存满怀信念的憧憬中的苦恼。

首二句交代了饮宴的地点、人物、性质。"高堂"，点出了饮宴地点，"亲友""从我"点出饮宴人物。"游"，点出了饮宴的性质。接着二句描写菜肴的丰盛，为了这次宴会，主人不仅备有丰盛的饭菜，而且还烹煮羊肉宰杀肥牛。这些交代和描写反映了亲友对诗人的爱戴仰慕之意和诗人的殷勤好客。

"秦筝"以下四句是对宴会上歌舞的详细描写。"筝"和"瑟"都是乐器名。十二弦的秦筝弹出的声音是多么激昂慷慨，五十弦的齐瑟演奏的声调是多么和柔清妙，多少妙龄少女踏着音乐的节拍跳着奇妙的阳阿舞蹈，还吟唱着曾流行于东汉都城洛阳的一些著名歌曲。这些把宴会栩栩如生地勾勒出来了。

"乐饮"以下八句是写主人与亲友们在歌舞声乐之中开怀畅饮，互相酬答及友情的珍贵。宾主在歌舞之中酒过三杯，个个醉眼惺忪，松衣宽带，尽情地享用美味菜肴。酒足饭饱之后，他们忘不了酬答之情，主人拿贵重的礼物赠送客人，客人祝主人长寿万年。由此诗人议论道：挚友故交不可忘记，忘却旧情道义不容。谦虚是君子的美德，折腰恭顺并不是有所祈求。曹植宴请亲友，并不是非让他们为自己争权夺利，而是重于挚友旧情。我们从此诗前半部分歌舞游宴的描写，可感受到建安诗坛骨子里所特有的那种乐极则悲来的时代灾难，从而窥视到曹植及其亲友悲凉的心理气氛和强颜欢笑的苦闷心灵。

诗的最后八句清代张玉谷是这样评说的："后八……畅言流光易逝，

年寿难期，有生则有死，知命可以忘忧。"(《古诗赏析》)宾主在畅饮狂欢之后，诗人发出了时光飘忽、人生短促的感叹，这也是整个建安时代社会心理的真实写照。作者面对生与死的古老而常新的问题，发出"知命复何忧？"的设问，透出的却是似无忧而又无所不忧的沉郁诗情，也是反映在《箜篌引》中的进取精神的根本来源。(胡德岭)

【原文】

白马篇

白马饰金羁[1]，连翩西北驰[2]。借问谁家子，幽并游侠儿[3]。少小去乡邑[4]，扬声沙漠垂[5]。宿昔秉良弓[6]，楛矢何参差[7]。控弦破左的[8]，右发摧月支[9]。仰手接飞猱[10]，俯身散马蹄[11]。狡捷过猿猴[12]，勇剽若豹螭[13]。边城多警急，胡虏数迁移[14]。羽檄从北来[15]，厉马登高堤[16]。长驱蹈匈奴，左顾凌鲜卑[17]。弃身锋刃端，性命安可怀[18]。父母且不顾，何言子与妻。名编壮士籍[19]，不得中顾私[20]。捐躯赴国难[21]，视死忽如归。

【毛泽东圈评等情况】

毛泽东读清沈德潜选编《古诗源》卷五时曾圈阅此诗。

[参考]张贻玖：《毛泽东评点、圈阅的中国古典诗词》，中国工人出版社1992年版，第222页。

【注释】

（1）金羁（jī），金属制作的马笼头。

（2）连翩，翻飞不停的样子。

（3）幽并，幽州和并州，相当于现在的河北、山西和陕西的一部分。史书上称幽并之民"好气任侠"。

（4）去，离开。乡邑，家乡。

（5）扬声，扬名。垂，边疆。一作"陲"。

（6）宿昔，一向。秉，持，操。

（7）楛（hù）矢，用楛木做杆的箭。

（8）控弦，张弓。破左的，射中左方的目标。

（9）摧，射破。月支，一种箭靶子，又名素支。

（10）接，迎射。飞猱（náo），猱是一种猿，身体矮小，轻捷如飞。

（11）散，射碎。马蹄，箭靶子名。

（12）狡捷，灵巧敏捷。

（13）勇剽，迅猛轻快。螭（chī），传说中的一种龙。

（14）胡虏，此指匈奴、鲜卑的骑兵。一作"虏骑"。移，入侵。

（15）羽檄（xí），檄是军事上用来征召的文书。遇到紧急情况，则插上羽毛，故称羽檄。

（16）厉马，策马，催马。隄，防御敌人的工事。

（17）左顾，四顾，回顾。凌，压倒，压制。一作"陵"。

（18）弃，一作"寄"。怀，惜。

（19）籍，册。

（20）中顾，内顾。

（21）捐躯，献身。捐，弃。国难，国家的危难。

【赏析】

《白马篇》属乐府《杂曲歌辞·齐瑟行》，无古辞，是曹植自己创造的乐府新题，以首句二字名篇。《太平御览·兵部》引本诗，题作《游侠篇》。在这首诗中，作者以飞动的笔势，塑造了一个武艺精强、奔赴国难、视死如归的游侠形象，从而表现了诗人渴望建功立业的豪情壮志。本诗不仅是曹植的代表作，也是能够体现"慷慨任气""词采华茂"的"建安风骨"的建安诗作中难得的杰作。

首二句起笔不凡，先声夺人，"白马饰金羁，连翩西北驰"。一匹套着金色笼头的雪白的战马，如狂澜骤起，奔驰在广阔无垠的原野上，消失在通向西北疆场的征途中。这里作者不是平铺直叙，而是先截取最能表现人物英雄性格的场面，突出个性特征，把游侠少年叱咤风云的飒爽英姿展现在读者面前。接着用"借问谁家子"来铺叙，交代人物身世："幽并游侠儿。少小去乡邑，扬声沙漠垂。""幽"，幽州和并州，包括现在的河北、山西和陕西的一部分地方。古代幽并之民，"好气任侠"。原来这位英姿勃勃的骑士是幽州和并州一带的游侠少年，他从小就离开了家乡，为了保卫祖国，屡建奇功，名扬塞外，声震边陲。轻轻一笔，便从侧面写出了人物成长的典型环境。曹植早年曾随曹操征伐四方，得到父亲许多军事学的传授，可以说也是一位深得曹操宠爱的"白马少年"。当时的形势的确在激发着他建功立业的强烈愿望。作者塑造的轻生重义、奔驰沙场的形象，正是他的自我写照，情志尽在其中。这是诗的第一层。

第二层写游侠儿如何练就一身杰出的本领。"宿昔"二句，写他朝朝夕夕以良弓、楛矢为伴，勤习苦练。"控弦"六句，以铺陈排比的笔法，用两两相对的句式，极力表现他的习武生活。"控弦"二句，写一左一右，"仰手"二句，写一上一下。四个相同的句式铺写四个不同的方向，"破""摧""接""散"四个不同的动词，点活了左右上下一系列的动作，使人应接不暇，连声叫绝。然后，写他的轻捷灵活胜过林中猿猴，他的勇猛剽悍恰如虎豹蛟龙。这些形象的比喻，使人感到毫不过分。这一层，如电影中的特写镜头，连续而形象地突出了游侠少年弓马娴熟、武艺超群的不凡身手，不仅丰富了诗歌的内容，充实了人物形象，而且为第三层写游侠少年英勇善战、杀敌立功作了铺垫。

"边城多警急，胡虏数迁移。羽檄从北来，厉马登高堤。长驱蹈匈奴，左顾凌鲜卑。"这里，诗人没有写战斗的过程，只用"长驱""左顾""蹈""凌"，突出表现他一往无前、势不可当的英雄气概。由于有前边坚实的铺垫，这里用如椽大笔的挥洒则收到似电影特写镜头般的典型细节刻画的效果，将游侠少年英勇善战的个性加以放大而又集中地活现于读者面前。

至此，游侠少年的英雄形象已给读者留下了深刻的印象。在第四层中，作者又进一步用人物自白的方式，对游侠少年的心灵世界进行深入具体的描写：既然置身于枪锋刀刃之上，哪里还顾到自己的性命呢！连父母都顾不上，哪里还谈什么儿子与妻子！既然把名字编入壮士的行列，就绝对不应该再考虑到个人。对于献身祖国的人，战死沙场，就好像回到久别的家乡一样轻松愉快。其中"捐躯赴国难，视死忽如归"，是这首诗的最强音，也是这首诗的高潮。它说明了游侠少年之所以能为国立功，不仅仅是他的武艺高强，更重要的是他有"捐躯赴国难，视死忽如归"的思想境界，这才是战争胜利的根本原因。正是这种精神，使人物形象更鲜明、更积极。他不仅仅是血肉之躯，而且是一位肝胆照天地、精神泣鬼神的民族英雄。这两句广为后人传诵的诗句，也是作者借游侠少年之口的自我表白，充分地表现了作者急于建功立业的迫切心情。

《白马篇》之所以有如此感人的艺术魅力，一方面由于全诗的基调是高昂的，充满着富有感染力的激情。这种思想感情与作者在《求自试表》中所表现的是一致的："虽身分蜀境，首悬吴阙，犹生之年也。"在他的两首《杂诗》里说得更率直："闲居非吾愿，甘心赴国忧""国仇亮不塞，甘心思丧元"。这样的思想感情，是他塑造的游侠少年形象显得真切而凛然有神的基础。另一方面，作者不仅继承了乐府民歌的浑朴自然的风格，而且也充分发挥了文人作家精湛高超的艺术才能，使人物鲜明突出的个性和诗歌雄浑壮阔的意境完美地融为一体，具有强烈的感染力量。（董玉琴）

【原文】

野田黄雀行

高树多悲风⁽¹⁾，海水扬其波。利剑不在掌⁽²⁾，结友何须多⁽³⁾。不见篱间雀⁽⁴⁾，见鹞自投罗⁽⁵⁾？罗家得雀喜⁽⁶⁾，少年见雀悲。拔剑捎罗网⁽⁷⁾，黄雀得飞飞⁽⁸⁾。飞飞摩苍天⁽⁹⁾，来下谢少年⁽¹⁰⁾。

【毛泽东圈评等情况】

一天，毛泽东同李银桥谈到要把一个贫穷落后的中国建成初步繁荣强盛的中国时，挺一挺胸膛，念了曹植《野田黄雀行》诗的前四句："高树多悲风，海水扬其波。利剑不在掌，结友何须多。"他接着说："我们中国现在的经济实力和军事实力都不行，世界上没有人怕我们，很容易受人家欺负。我们要争一口气，自力更生、艰苦奋斗几十年，尽力使国家富强起来，把帝国主义近百年来强加给我们的屈辱统统扫除干净！"

[参考] 邸延生：《历史的真言——李银桥在毛泽东身边纪实》，
新华出版社 2000 年版，第 551—552、562—563 页。

【注释】

（1）悲风，凄厉的寒风。《古诗十九首·去者日以疏》："白杨多悲风，萧萧愁杀人。"

（2）利剑，锋利的剑，喻权力。

（3）何须，何必，何用。

（4）篱，篱笆，即用竹、苇或树枝等编成，可做障碍的栅栏。《楚辞·招魂》："三薄户树，琼木篱些。"王逸注："柴落为篱。"

（5）鹞（yào），猛禽名。通称雀鹰、鹞鹰。似鹰而较小，背灰褐色，腹白带赤。善捕小鸟。《文选·宋玉〈高唐赋〉》："雕鹗鹰鹞，飞扬伏窜。"唐李善注引《说文》："鹞，鸷鸟也。"罗，捕鸟的网。《诗经·王风·兔爰》："有兔爰爰，雉离于罗。"毛传："鸟网为罗。"

（6）罗家，设罗捕雀的人。

（7）捎（shāo），芟除。

（8）飞飞，飞行之状。南朝陈徐陵《鸳鸯赋》："飞飞兮海滨，去去兮迎春。"

（9）摩，迫近，接近。《淮南子·人间训》："背负青天，膺摩赤霄，翱翔乎忽荒之上，徜徉乎虹蜺之间。"苍天，指天。《诗经·王风·黍离》："悠悠苍天，此何人哉！"毛传："苍天，以体言之……据远视之苍苍然，则称苍天。"

（10）来下，下来，到下面来。少年，古代称青年男子。《韩非子·内储说上》："郑少年相率为盗，处于藋泽。"又曹植《送应氏》之一："不见旧耆老，但睹新少年。"

【赏析】

本篇是乐府旧题，在《乐府诗集》中属《相和歌辞·瑟调曲》。据《三国志·魏志》曹植本传载：汉献帝建安二十四年（219），曹操杀了曹植门下的好友杨修。次年，曹丕当了皇帝，又杀了曹植的知交丁仪、丁廙。曹植因不能解救朋友而悲愤，只能写诗寄意。这首诗通过黄雀投罗的比喻，抒发朋友遇难而自己无法援救的心情。

全诗可分为两段。前四句为一段，以树大招风、海水扬波的比兴发端，引出手中无权不必多交友的议论，这正是本诗的主旨所在，可谓开明宗义。"高树多悲风，海水扬其波。"起首二句以比兴发端，语出惊人。《易》曰："万物者莫疾乎风。"（《说卦》）谚曰："树大招风。"高大的树木被凄厉的北风吹撼，无边的大海风吹浪涌，这恶劣的自然景观，实际是现实政治氛围的象征，反映了宦海的险恶风涛和政治上的挫折所引起的作者内心的悲愤与忧惧。正是在这样的政治环境里，在这样一种心情支配下，作者痛定思痛，在百转千回之后，满怀悲愤地喊道："利剑不在掌，结友何须多。"三、四两句议论：没有权势便不必多交友，这真是石破天惊之论！但无论从传统的观念，还是诗的生活经验，都不能得出这样的结论来。儒家不是一向强调"有朋自远方来，不亦说乎！"（《论语·学而》）强调"四海之内皆兄弟也"（《论语·颜渊》）吗？从《诗经·小雅·伐木》的"嘤其鸣矣，求其友声"，到今天民间流传的"在家靠父母，出门靠朋友"，不都是强调朋友越多越好吗？再从诗人的生活经历来看："亲友义在敦"（《赠徐干》）、"亲交义不薄"（《赠丁仪》）、"念我平生亲"（《送应氏》）、"亲友从我游"（《箜篌引》），这些抒发亲情、友情的警句，都表明作者是一个喜交友、重友情的人。这样一位喜欢结交的诗人，如今却违背传统理念和自己的本性，说出自己不该说出的话来，不但用以自警，而且告诫世人，则其内心痛，不言可知。

"不见篱间雀"以下为全诗第二段，引出持剑少年救雀的故事。"罗家"喻迫害者，"黄雀"喻受害者，解救黄雀的少年，则是诗人理想的侠义英雄。黄雀为了逃避鹞鹰追捕而自投罗网，诗人以罗家喜、少年悲的矛盾对立的态度，推出了少年拔剑削网救雀的形象。和汉乐府"感于哀乐，缘事而发"的立意一样，曹植这首诗也是有感而发，含蕴丰富的。诗末展现的黄雀得救、展翅云天的壮美图景，寄托着诗人渴望冲破政治压迫、憧憬自由解放的热烈心情。

全诗语言清新质朴，富有民歌朗畅明快的韵味。尤其篇末四句，连用四个"飞"字组成"飞飞""飞飞"两个叠词，造成连续高歌的气势，具有鲜明的浪漫主义色彩，强化了抒情力量，"骨气奇高"（钟嵘《诗品》），意境壮美，充分表现了"建安风骨"刚健、清新的特色。

毛泽东熟知曹植这首诗。在1953年的一天，他和他的卫士长李银桥谈话时，念了这首诗的前四句，谆谆告诫李银桥说，因为当时中国的"经济实力和军事实力都不行，世界上没有人怕我们，很容易受人家欺负"。所以，"我们要争一口气，自力更生，艰苦奋斗几十年，尽力使国家富强起来，把帝国主义近百年来强加给我们的屈辱统统扫除干净"。现在，我们的国家虽然有很大发展，成为初步繁荣昌盛的社会主义国家，综合国力大大增强，但与发达国家比较起来仍有不小差距，毛泽东的这一教导仍有现实意义。（毕桂发　闫　青）

【原文】

赠丁仪

初秋凉气发，庭树微销落。凝霜依玉除⁽¹⁾，清风飘飞阁⁽²⁾。朝去不归山，霖雨成川泽⁽³⁾。黍稷委畴陇⁽⁴⁾，农夫安所获？在贵多忘贱，为恩谁能博！狐白足御冬⁽⁵⁾，焉念无衣客？思慕延陵子，宝剑非所惜⁽⁶⁾。子其宁尔心⁽⁷⁾，亲交义不薄。

【毛泽东圈评等情况】

毛泽东读清沈德潜选编《古诗源》卷五时曾圈阅此诗。

[参考] 张贻玖：《毛泽东评点、圈阅的中国古典诗词》，
中国工人出版社1992年版，第222页。

【注释】

（1）玉除，玉石的殿阶。除，殿阶。

（2）飞阁，有飞檐的楼阁，故称飞阁。

（3）霖，连下三天以上的雨，即久雨。

（4）委，同"萎"。

（5）"狐白足御冬"二句，狐白，狐狸腋下皮毛纯白，故称狐白。典出《晏子春秋》卷一，说暖者忘寒，不念无衣者。

（6）"思慕延陵子"二句，延陵子，春秋时吴公子季札封延陵，号曰延陵季子，又称延陵子。典出《史记·吴太伯世家》，又见刘向《新序·节士》。

（7）子、尔，均指丁仪。宁尔心，你就放心吧。

【赏析】

晋陈寿《三国志·魏书·陈思王传》注引《魏略》说："太祖（曹操）有意欲立植（曹植）而仪（丁仪）又共赞之。及太子立，欲理仪罪……后遂因职事收付狱，杀之。"丁仪，字正礼，沛郡人，曾为曹操的属官，与曹植关系亲近。在曹操一度想立曹植为太子时，丁仪有意促成其事，为此曹丕对丁仪非常忌恨，曹丕即位后就借故把他杀掉了。这首诗是丁仪被杀之前曹植对丁仪的安慰，表明自己是他的知音。诗中蕴含着一种强烈的愤世嫉俗的不平之感，把锋芒引向了寡恩少义的最高执政者。

前四句写秋景。秋天已到，凉气初发，庭院内树叶开始凋落。很厚的一层霜覆盖着玉石殿阶，凉风从飞檐的楼阁飘过。诗人用凉气、销落、凝霜、清风描绘出一幅凄凉萧瑟的秋景，勾勒出丁仪被杀前的悲剧气氛。接着四句写天气阴晦，涝雨成灾，造成农夫无所收获，辛苦劳动的果实付之东流。这虽是写自然现象造成的灾害，但其中也蕴含着人化的自然。因为曹丕称帝后，曹植与丁仪原来的政治计划成为泡影，如同"黍稷委畴陇"的农夫，这是事实。这一寓意丁仪是一看便知的。

"在贵多忘贱"四句用典，抨击曹丕称帝后处贵忘贱对丁仪等不仁不义。"狐白足御冬"二句说暖者忘寒，不念无衣者。典出《晏子春秋》："景公之时，雨雪三日而不霁，公被狐白之裘，坐堂侧陛，晏子入见，立有间。公曰：'怪哉！雨雪三日而天不寒。'晏子对曰：'天不寒乎？'公笑。晏子对曰：'臣闻古之贤君饱而知人之饥，温而知人之寒，逸而知人之劳，今君不知也。'"而最后四句又用典表现诗人与丁仪的友情永存，"延陵子"，春秋时吴公子季札封于延陵，号曰延陵季子，又称延陵子。该典出于《史记·吴太伯世家》："季札之初使。北过徐君，徐君好季札剑，口弗敢言。季札心知之，为使上国，未献。还至徐，徐君已死，于是乃解其宝剑，系之徐君冢树而去。从者曰：'徐君已死，尚谁予乎？'季子曰：'不然。始吾心已许之，岂以死倍（背）吾心哉！'"这就是历史上季札挂剑的故事。这两个典故，一个是明写寡恩不仁的齐景公，实指曹丕对丁仪等不仁不义，把抨击的矛头指向了最高的执政者；另一个以重情守义的延陵季子自喻，让丁仪放心，他们的友情将与世长存、生死不渝。

此诗用典得当，哲理抒情的意味比较突出，晋代许多诗人的咏怀诗受此影响比较明显。（胡德岭）

【原文】

赠白马王彪

黄初四年正月，白马王、任城王与余俱朝京师⁽¹⁾，会节气⁽²⁾。到洛阳，任城王薨⁽³⁾。至七月，与白马王还国⁽⁴⁾。后有司以二王归藩⁽⁵⁾，道路宜异宿止，意毒恨之。盖以大别在数日，是用自剖⁽⁶⁾，与王辞焉，愤而成篇。

谒帝承明庐⁽⁷⁾，逝将归旧疆⁽⁸⁾。清晨发皇邑，日夕过首阳⁽⁹⁾。伊洛广且深，欲济川无梁⁽¹⁰⁾。泛舟越洪涛，怨彼东路长。顾瞻恋城阙⁽¹¹⁾，引领情内伤。

太谷何寥廓⁽¹²⁾，山树郁苍苍。霖雨泥我涂⁽¹³⁾，流潦浩纵横⁽¹⁴⁾。中逵绝无轨⁽¹⁵⁾，改辙登高冈。修坂造云日⁽¹⁶⁾，我马玄以黄⁽¹⁷⁾。

玄黄犹能进，我思郁以纡⁽¹⁸⁾。郁纡将何念？亲爱在离居。本图相与偕，中更不克俱。鸱枭鸣衡轭⁽¹⁹⁾，豺狼当路衢⁽²⁰⁾。苍蝇间白黑，谗巧令亲疏⁽²¹⁾。欲还绝无蹊⁽²²⁾，揽辔止踟蹰⁽²³⁾。

踟蹰亦何留？相思无终极。秋风发微凉，寒蝉鸣我侧⁽²⁴⁾。原野何萧条，白日忽西匿⁽²⁵⁾。归鸟赴高林⁽²⁶⁾，翩翩厉羽翼⁽²⁷⁾。孤兽走索群，衔草不遑食⁽²⁸⁾。感物伤我怀，抚心长太息。

太息将何为？天命与我违⁽²⁹⁾。奈何念同生⁽³⁰⁾，一往形不归⁽³¹⁾。孤魂翔故域，灵柩寄京师⁽³²⁾。存者忽复过，亡没身自衰。人生处一世，去若朝露晞⁽³³⁾。年在桑榆间⁽³⁴⁾，影响不能追⁽³⁵⁾。自顾非金石，咄唶令心悲⁽³⁶⁾。

心悲动我神，弃置莫复陈⁽³⁷⁾。丈夫志四海，万里犹比邻。恩爱苟不亏⁽³⁸⁾，在远分日亲⁽³⁹⁾。何必同衾帱⁽⁴⁰⁾，然后展殷勤⁽⁴¹⁾？忧思成疾疢⁽⁴²⁾，无乃儿女仁⁽⁴³⁾。仓卒骨肉情⁽⁴⁴⁾，能不怀苦辛？

苦辛何虑思？天命信可疑⁽⁴⁵⁾。虚无求列仙，松子久吾欺⁽⁴⁶⁾。变故在斯须⁽⁴⁷⁾，百年谁能持？离别永无会，执手将何时⁽⁴⁸⁾？王其爱玉体⁽⁴⁹⁾，俱享黄发期⁽⁵⁰⁾。收泪即长路，援笔从此辞⁽⁵¹⁾。

【毛泽东圈评等情况】

毛泽东读清沈德潜选编《古诗源》卷五时曾圈阅此诗。

[参考] 张贻玖：《毛泽东评点、圈阅的中国古典诗词》，
中国工人出版社 1992 年版，第 222 页。

【注释】

（1）任城王，指曹彰。彰字子文，曹植同母兄。任城，今山东济宁。时曹植为鄄城王，今山东鄄城北旧城。京师，指洛阳。

（2）会节气，魏有诸侯藩王朝节的制度。每年立春、立夏、立秋、立冬四个节气之前，诸王皆来京师行迎气之礼，并举行朝会。

（3）薨（hōng），诸侯死称薨。《世说新语·尤悔》："魏文帝忌弟任城王骁壮，因在卞太后阁共围棋，并噉枣。文帝以毒置诸枣蒂中，自选可食者而进，王弗悟，遂杂进之。……须臾遂卒。"

（4）还国，此指回封地。

（5）有司，政府官吏。职有专司，故称有司。此指监国使者灌均。归藩，回封地。藩，藩国，属国。

（6）自剖，把自己的心里话剖白出来。

（7）承明庐，长安汉有承明庐，此处借用指皇帝居住的宫室。谒，朝见。

（8）逝，发语词。旧疆，指作者的封地鄄城。

（9）首阳，山名，在洛阳东北。唐李善注引东晋陆机《洛阳记》："首阳山在洛东北，去洛二十里。"

（10）伊洛，指伊水和洛水。济，渡。梁，桥。

（11）顾瞻，回头眺望。城阙，指京城洛阳。

（12）太谷，山谷名，一说关名，又名通谷，在洛阳东南五十里。

（13）霖雨，连绵不断的雨。泥，作动词用，谓使道路泥泞，阻滞不通。

（14）潦（lào），积水。

（15）中逵，道路交错的地方。逵，九达之地。《诗经·周南·兔罝》："肃肃兔罝，施于中逵。"轨，车迹。

（16）修，长。坂，斜坡。造，至。

（17）玄以黄，引用《诗经·周南·卷耳》："陟彼高岗，我马玄黄。"郑玄笺："玄马病则黄。"玄黄，病。

（18）纡，心情郁结。郁，忧郁。六臣注《文选》李周翰注："郁纡，愁思繁也。"

（19）鸱枭（chī xiāo），猫头鹰，古人以其为恶鸟。衡，车辕前端的横木。轭，衡下用以扼住马颈的曲木。

（20）衢，四通八达之路。

（21）苍蝇，比喻搬弄是非的小人。《诗经·小雅·青蝇》："营营青蝇止于樊。"郑玄注："蝇之为虫，汙白使黑，汙黑使白。"间，毁。谗巧，谗言巧语。"令"，一作"及"。

（22）蹊，路径。

（23）揽辔（pèi），拉着缰绳。踟蹰，徘徊不前。

（24）寒蝉，至秋深天寒则不鸣。又名寒蜩。

（25）西匿，夕阳西下。

（26）高林，高大的树林。

（27）厉，振。

（28）不遑（huáng），没有工夫。

（29）天命，受之于天的命运。

（30）同生，同胞兄弟，指任城王曹彰。曹彰与曹植都是卞皇后所生。

（31）往，指死亡。

（32）故域，指曹彰封地任城。域，一作"城"。灵枢，装着尸体的棺材。

（33）"人生处一世"二句，晞（xī），干。《汉乐府·薤露行》："薤上露，何易晞！"

（34）桑、榆，二星名，都在西方。日在桑榆，以喻人之将老。年在桑榆，意同此。

（35）影响，日光和响声。影，此处指日光。

（36）咄嗟（duō jiè），惊叹声。

（37）陈，诉说。

（38）苟，如果。亏，减。

（39）分，犹志。

（40）衾（qīn），被。帱（chóu），帐。后汉姜肱与弟仲海、季江相友爱，常同被而眠，见《后汉书·周黄徐姜申屠列传·姜肱》。

（41）殷勤，委曲的情意。

（42）疾疢（chēn），热病。

（43）儿女仁，指小儿小女的脆弱感情。

（44）仓卒，匆忙。骨肉情，指兄弟手足之情。

（45）信，的确，实在。

（46）松子，赤松子，古代传说中的仙人。

（47）变故，灾祸。斯须，须史，一瞬。

（48）执手，握手。

（49）王，指白马王彪。玉体，对人身体的尊称。

（50）黄发，指老人。人老发毛，故称黄发。《尔雅》："黄发，寿也。"

（51）援，引。

【赏析】

这首诗是曹植全部诗歌中的第一佳作。它代表了曹植诗歌创作的最高成就。除序外共有七章，章与章首尾相连，通过对生离死别的抒写，表现了诗人对自己亲人的无比热爱的深挚感情，同时也表现了对曹丕父子及恶人残酷迫害亲人的极端愤恨。

序言概述了本诗的成因。曹丕称帝后不仅杀了曹植的好友丁仪、丁廙，又以曹植"醉酒悖慢"的罪名贬爵。魏文帝黄初四年（223）曹植和同母兄曹彰、异母弟曹彪去洛阳朝会，任城王曹彰突然身死（据传是被曹丕毒死的）。曹彰死后，曹植心中又悲愤又自危。回封地时，曹丕不准他与曹彪同行同宿。两人就要分别，不知日后凶吉，曹植思前顾后，百感交集，怀着满腔的悲愤写成了这首诗。

第一章写朝会后离别洛阳渡过伊水、洛水的情景，表达了诗人无限忧伤的眷恋之情。"皇邑"，指京都洛阳。曹植离洛返回封地，从"晨"到"夕"走了一天，越过离洛阳仅二十里的首阳山。这从侧面反映了他们徐徐而行、徘徊不前的情状，表现出诗人对京都的眷恋之情。接着"伊洛广且深"以下四句语义双关，既指返回封地长途跋涉的艰难实况，又指曹丕对他的种种刁难。此章最后两句直截了当地道出自己对都城的留恋，以及由此而引起的内心的无限感伤。

第二章首二句是写景，渲染了前途的荒漠和凄凉。接着六句用大雨不止、道路泥泞、河水横流、路无踪迹、改登高岗、岗高接天、马病难行等具体地描写了归途中所遇到的种种困难，但这并不难克服，而最难处理的是人事上感情的创伤。第三章在写行路艰难的陪衬下写出了人生道路的险恶及处境的艰难。前四句指出行路上自然条件造成的人困马病并不是最痛苦的，而最痛苦愁闷的是骨肉兄弟的死别生离和政治上所遭受的迫害、压抑。"本图相与偕"二句言他与白马王曹彪不能同行而归，被迫在中途分离，其原因如"鸱枭鸣衡轭"以下四句所写的那样。这两联对偶句是诗人对残害同胞兄弟的曹丕和搬弄是非、谗言离间的坏人的强烈控诉。最后两句写诗人进退两难的痛苦心情。

第四章诗人面对寒秋的凄凉景色，感物伤怀，抒发其离情别绪。这一章用秋风萧瑟、寒蝉鸣叫、原野冷落、归鸟赴林、孤兽索群给我们描绘出一幅暮色苍茫的凄凉图景。诗人触景生情，直抒内心的积郁，发出了"感物伤我怀，抚心长太息"的悲愤之声。萧条秋色、鸟兽索群使诗人想到兄弟间骨肉分离，由此惆怅倍增。

第五章用"太息将何为"与第四章相蝉联，怀念任城王之死及由此而产生的感慨。任城王与曹植是同胞兄弟，他的暴死对诗人打击很大，归途中一直沉浸在怀念和痛惜之中。由此想到自己的危险处境，因而产生了生死无常、人生短促和悲哀与恐惧相交织的思想感情，此情似喷泉直涌而上。

第六章写诗人与白马王曹彪即将分别的离愁别恨。诗人因怕曹彪由于离别而过分悲伤，为宽慰曹彪而强作自我宽慰。然而在当时朝不保夕的情况下，不悲伤是不可能的。面对骨肉兄弟就要永别的场面，诗人无法掩盖内心的愤懑，发出了"能不怀苦辛"的感慨，反映了诗人无可奈何的心情。

第七章诗人自知生死难料，仍满怀希望和祝福与曹彪话别。前四句写对天命和神仙的怀疑。接着四句写变故之不可料，逃避现实也不可能，抒发了诀别时悲痛的感情。最后以祝福别后健康长寿结尾，收泪赋诗以别。如泣如诉，哀怨动人。

这组诗借景抒情，情景交融。所抒之情，既愤激而又悲痛缠绵，其情调时而激扬，时而低沉。清代方东树说："此诗气体高峻雄深、直书见事、直书目前、直书胸臆，沉郁顿挫，淋漓悲壮"（《昭昧詹言》卷一）。各章之间采用了民歌中常用的顶针法相连，并大量运用比喻、陪衬等修辞手法增强了作品的感人效果。清代陈祚明评此诗："置之《三百篇》中，谁曰不宜？"（《采菽堂古诗选》）（胡德岭）

【原文】

七 哀

明月照高楼，流光正徘徊⁽¹⁾。上有愁思妇，悲叹有余哀。借问叹者谁？言是宕子妻⁽²⁾。君行逾十年⁽³⁾，孤妾常独栖。君若清路尘，妾若浊水泥⁽⁴⁾。浮沉各异势，会合何时谐？愿为西南风，长逝入君怀⁽⁵⁾。君怀良不开⁽⁶⁾，贱妾当何依？

【毛泽东圈评等情况】

毛泽东读清沈德潜选编《古诗源》卷五时曾圈阅此诗。

[参考] 张贻玖：《毛泽东评点、圈阅的中国古典诗词》，中国工人出版社1992年版，第223页。

【注释】

（1）流光，谓月光明澈，晃动如流水。徘徊，行不进之状。

（2）宕子，宕同"荡"，宕子是在外乡作客、日久不归的人。宕子一作"客子"。言是一作"自云"。

（3）君，此是妻子尊称丈夫之词。逾，超过。

（4）"君若清路尘"二句，指尘和泥二者本是一物，只是所处的地位不同才一个上扬，一个下沉。喻夫妇（兄弟骨肉）本是一体，如今地位（势）不同了。清路尘，清理路上的尘土。浊水泥，水底沉积的淤泥。

（5）逝，往、去。

（6）良，诚然。良，一作"时"。

【赏析】

《七哀》又名《怨诗行》。《宋书·乐志》作《明月诗》。这是曹植后期的作品，是在被打击、迫害的痛苦境遇中创作的。表面上是写一个少妇对长期在外丈夫的思念和哀怨之情，实际上是诗人在政治上受到打击、迫害后哀怨心情的曲折吐露，抒发了内心的愤怒和不平。

诗开端四句由明月写起。一轮皎洁的明月，悬照在高楼上，明澈的月光照射在楼内。楼上满腹哀愁的少妇，在月光之下思念远行在外的丈夫。这四句点明了时间、地点、环境、人物，并造成悬念。接着两句一问一答，交代出少妇的身份及其悲叹的原因。

"君行逾十年"以下六句是写少妇向游子诉说不堪孤寂的悲哀。丈夫离家远行已逾十年，妻子孤独地栖宿在空房。丈夫好像路上的轻尘，到处飘荡虚浮。而妻子好像水中积下来的淤泥。尘和泥本是同一物，只是所处的地位不同才一个上扬，一个下沉。这里"孤""独"表明少妇寂寞之深。"尘"和"泥"表现出他们所处的现状极不合理，不知何时才能合起来成为一种东西。这是说夫妻各在一方，少妇怨恨夫妻分别太久，渴望能团圆相聚。实际上是暗喻诗人与曹丕本是骨肉兄弟，为何荣枯不同，且难以相会。

最后四句表达了少妇别无他心，感情真挚，思夫心切，愿化作温暖的西南风，不顾路途遥远，投入丈夫的怀抱。然而，她又恐丈夫负心不接受自己的心意，如果是那样，自己将会痛苦不堪，而且无所依靠。最后一句是少妇向游子进行的责问，表达了少妇对负心丈夫绝望时的怨恨之情。这四句含义深刻，既写出了少妇思念丈夫心切的情感，又写出了她忧心忡忡、恐丈夫负心而绝望的心理，这里暗寓诗人对同胞兄弟曹丕的感情尚深，又对他充满着疑虑和愤懑。

此诗既反映了社会现实，又寄托了诗人的思想情感，两者密切结合，浑然一体。语言忧伤委婉、含蓄，表达上情真意切。诗人通过诗中人物的自叙来刻画人物的内心世界，使读者仿佛如闻其声、如见其人，感到十分亲切，并为之愤愤不平。（胡德岭）

【原文】

情 诗

微阴翳阳景(1)，清风飘我衣。游鱼潜绿水，翔鸟薄天飞(2)。眇眇客行士(3)，遥役不得归(4)。始出严霜结(5)，今来白露晞(6)。游子叹《黍离》(7)，处者歌《式微》(8)。慷慨对嘉宾，凄怆内伤悲。

【毛泽东圈评等情况】

毛泽东读清沈德潜选编《古诗源》卷五时曾圈阅此诗。

[参考]张贻玖：《毛泽东评点、圈阅的中国古典诗词》，中国工人出版社1992年版，第223页。

【注释】

（1）翳（yì），遮蔽。阳景，日光。

（2）薄，迫近。

（3）眇眇，辽远之状。《楚辞·九章·悲回风》："登石峦以远望兮，路眇眇之默默。"

（4）遥役，在远方服劳役的人。遥，一作"徭"。徭役，劳役。

（5）严霜，浓霜，凛冽的霜。《楚辞·九辩》："秋既先戒以白露兮，冬又申之以严霜。"

（6）白露，秋天的露水。《诗经·秦风·蒹葭》："蒹葭苍苍，白露为霜。"

（7）黍离，《诗经·王风》篇名。东周大夫行役到陕西旧都，见宫室旧址都长了禾黍，感慨而作此诗。本篇只取义行役。

（8）式微，《诗经·邶风》篇名。黎侯寄居在卫国，他的臣属劝他回国而作此诗。

【赏析】

此诗《玉台新咏》作《杂诗》，《文选》作《情诗》，叙写遥役思归之情。

诗的起首四句是写景。大意是说，阴云遮盖了阳光，清风吹起我的衣服。鱼儿在绿水中游来游去，鸟儿在天空中高高飞翔。征夫在阴晦的秋天里，凉风吹身，看到鱼儿游于水，鸟儿飞于天，各得其所，自由自在，而自己却漂流四方，身不由己无法回到可爱的故乡，就很自然地引起思归的念头。

"眇眇"四句写征夫长久远离家乡而不得归。"始出严霜结，今来白露晞"，是写征夫离家之久。征夫看到鱼游于绿水，鸟儿飞翔于蓝天，感叹自己长久离开家乡客行他乡，徭役在身而无法归去。由物及人，思归之情油然而生，从侧面反映了征夫对战争的逆反心理。

最后四句是征夫发出的感慨。"黍离"，《诗经·王风》篇名。其首章云："彼黍离离，彼稷之苗。行迈靡靡，中心摇摇。知我者谓我心忧，不知我者谓我何求。悠悠苍天，此何人哉！"东周大夫出门至旧都镐京，见宗庙宫殿毁坏，长满了庄稼，感伤而作此诗。"游者叹黍离"是说征夫行役在外，有国而不能回。"式微"，是《诗经·邶风》篇名。其首章云："式微，式微，胡不归？微君之故，胡为乎中露？"后人用作思归之意。"处者歌《式微》"是说征夫客居他乡歌唱《式微》，表达自己的思归心情。"慷慨对嘉宾，凄怆内伤悲"二句是写征夫有家不能归，内心极其悲伤。但对宾客强作慷慨之态，而又有谁知道他们心中的凄怆呢！这里抒发了作者政治上受压抑，内心极其苦闷的心情。

此诗借景抒情，寓情于景，引用《诗经》内容切合诗意。抒情凄凉、委婉、悲伤，具有很强的感染力。（胡德岭）

【原文】

<h1 style="text-align:center">七步诗</h1>

煮豆持作羹⁽¹⁾，漉豉以为汁⁽²⁾。萁向釜下然⁽³⁾，豆在釜中泣。本是同根生⁽⁴⁾，相煎何太急！

【毛泽东圈评等情况】

毛泽东读清沈德潜选编《古诗源》卷五时曾圈阅此诗。

[参考]张贻玖：《毛泽东评点、圈阅的中国古典诗词》，
中国工人出版社1992年版，第223页。

【注释】

（1）羹（gēng），是用肉、菜等物做成的汤。

（2）漉（lù），过滤。豉（chǐ），一作"菽"，蒸熟后发过霉的豆。

（3）萁，豆茎。釜，古代的一种锅。然，同"燃"。在，一作"向"。

（4）是，一作"自"。

【赏析】

这首诗最初见于刘义庆的《世说新语·文学篇》："文帝尝令东阿王七步中作诗，不成者行大法。应声便为诗曰：'煮豆持作羹，漉豉以为汁。萁在釜下然，豆在釜中泣。本是同根生，相煎何太急。'帝深有惭色。"这个传说虽颇能表现曹植后期在政治上受到曹丕迫害和压抑的情况，但其诗是否曹植所作仍难以判定。一般传世的只有四句，首句作"煮豆燃豆萁"，

魏
诗

二、三句缺。

"煮豆持作羹，漉豉以为汁。"起首二句是说把豆子煮熟拿来做汤，将豆豉过滤出调味的汁水。这两句统领全诗为写其燃豆泣作铺垫。

接着三、四句是写豆茎在锅下燃烧，大豆在锅中哭泣。这里"泣"是用了拟人的手法，把锅下燃烧豆茎，大豆在锅中受煎熬的痛苦形象地表现出来，最后两句语意双关，是由前四句提炼而出，也是全诗的主旨。其和豆本是同根而生，为什么自己煎熬自己呢！这既是说物，又是指人。曹植与曹丕是同一父母所生，为什么你不依不饶地在政治上迫害我呢！喻浅而理切，把曹丕对自己及其他众兄弟的残酷迫害和压抑委婉含蓄地表现出来了，也形象地反映了曹魏统治集团内部的尖锐矛盾。

该诗以其豆相煎比骨肉相残，用喻浅显，语言质朴，所以能普遍流传。清代陈祚明评此诗是"窘急中至性语，自然流出"（《采菽堂古诗选》卷六），所评适当。（胡德岭）

陈 琳

陈琳（？—217），字孔璋，广陵（今江苏扬州东北）人。"建安七子"之一。先为何进主簿，后为袁绍掌管书记。袁绍败，又归附曹操，为司空军谋祭酒，管记室，负责章表书檄奏记等事。他以擅长草拟公事文书而闻名当时，曹丕曾说："琳瑀（阮瑀）之章表书记，今之隽也"（《典论·论文》）。其诗仅存四首，以《饮马长城窟行》最为著名。今传《陈记室集》辑本一卷。

【原文】

饮马长城窟行

饮马长城窟[1]，水寒伤马骨。往谓长城吏："慎莫稽留太原卒[2]。""官作自有程[3]，举筑谐汝声[4]！""男儿宁当格斗死[5]，何能怫郁筑长城[6]！"长城何连连[7]，连连三千里。边城多健少[8]，内舍多寡妇[9]。作书与内舍[10]："便嫁莫留住。善事新姑嫜[11]，时时念我故夫子[12]！"报书往边地[13]："君今出语一何鄙[14]！""身在祸难中，何为稽留他家子[15]？生男慎莫举[16]，生女哺用脯[17]。君独不见长城下，死人骸骨相撑拄[18]。""结发行事君[19]，慊慊心意间[20]。明知边地苦[21]，贱妾何能久自全！"

【毛泽东圈评等情况】

毛泽东读清沈德潜选编《古诗源》卷六时曾圈阅此诗。

[参考] 张贻玖：《毛泽东评点、圈阅的中国古典诗词》，中国工人出版社1992年版，第223页。

【注释】

（1）长城窟，长城附近的泉眼，可供役者饮马之用。窟，泉窟，泉眼。

（2）稽（jī）留，滞留。卒，服役的民夫。太原卒，从太原征调来服役的民夫。

（3）官作，官府的工程，指修筑长城。程，期，期限。

（4）筑，夯，砸土的工具。

（5）格斗，短兵相接的搏斗。

（6）怫郁，郁闷。

（7）连连，绵长不绝之状。

（8）边城，长城。健少，健壮的年轻人。

（9）内舍，戍卒的家里。寡妇，指戍卒的妻子。古时凡妇人独居者皆可称寡妇。

（10）作书，写信。

（11）姑嫜，古时称丈夫的父母为姑嫜，今通称公婆。

（12）故夫子，原来的丈夫。

（13）报书，回信。

（14）一何鄙，一，语助词。鄙，薄。

（15）他家子，别人家的子女。古人亦可称女子为"子"。

（16）举，指养育成人。

（17）脯，肉干。

（18）撑拄，支撑着。秦筑长城，起骊山之冢，民间有歌谣道："生男慎勿举，生女哺用脯。不见长城下，尸骸相支拄。"（见北魏郦道元《水经注·河水》引杨泉《物理论》）。

（19）结发，出嫁。古时女子结婚时，把头发结上，以示成人。行事君，侍奉丈夫。

（20）慊慊（qiàn），怨恨不满的样子。间，一作"关"，牵系。

（21）明知，一本无此二字。

【赏析】

陈琳在建安七子中，以书檄表章见长，诗作不多。在他仅存的几首诗歌中，以《饮马长城窟行》价值最高，对后代的文学创作有一定的影响。

这首诗假借秦代筑长城的史事，运用对话形式，深刻地揭示出当时繁重的徭役给广大人民带来的痛苦与灾难。诗的首句点题直起，"饮马长城窟"是说在长城下山石间的泉窟饮马。"水寒伤马骨"是借马说人，因为牲口比人更要耐冻，况且还水寒而伤骨，人是多么的寒冷就可想而知了。"马犹如此，人何以堪！"这反衬出役夫是在多么恶劣的环境下服役的。

由于役夫不堪忍受边地的寒苦，便去向监工的长城吏请求回家。"慎莫稽留太原卒！"其意思是说让我们这些太原役卒早些回家吧！在那个时代里，长城吏怎会理解役夫的苦寒！便答复："官作自有程，举筑谐汝声！"官府工程有一定期限，你们快一起唱打夯歌，快点干，家是回不去的。役夫听到长城吏的回答，满腔怒火，达到了是可忍孰不可忍的地步。便脱口而出："男儿宁当格斗死，何能怫郁筑长城！"面对残酷的现实，丢掉幻想，把积郁在心中的话一吐为快。这虽是无可奈何的抗争，但也反映出了服役的民众对暴政的强烈不满情绪。

"长城何连连"以下四句起着承前启后的作用。面对要修筑连连三千里的长城，役夫感到工程浩大、劳役无期，回家无望。但为修长城，抓走了多少壮丁，拆散了多少家庭，家中又有多少寡妇盼望与亲人团聚！这样就为下面书信来往作了铺垫。

面对上述情况，役夫已知团聚无望，在这苦寒的条件下，是死是活又难以预料，便写信劝妻子："便嫁莫留住"，并要她好好地侍奉新的公婆，也要常常想着自己，这说明了役夫对自己妻子爱的深切。面对残酷的现实，他只好劝妻子这样，以免耽误她的青春，为自己白白守寡一世。此情可谓真挚感人，表现出役夫的复杂内心世界。妻子接到役夫的信，感到十分的委屈，回信说："君今出语一何鄙。"这既责备了丈夫不应该说这么粗鄙的话，也表现了她对丈夫的爱忠贞不渝，又引出了下面的书信对话。

接着役夫的回信，不仅是对第一次书信的解释和补充，同时又表现役夫的复杂气愤心情。他之所以劝妻子"便嫁莫留住"，是因为自己身在祸难之中，长城下又是尸骨累累，自己的生死只好听天由命，既然这样，自己为什么还要拖累他家的女儿呢？于是他感叹道："生了男儿不要养活他，生了女儿要用干肉喂养她。"这虽与封建社会的重男轻女观念不一致，但反映出役夫对苛刻徭役的愤恨。妻子看到丈夫这些话，不再是责备了，而是每一句话都充满了对丈夫的无限思念。她明明知道边地很苦，丈夫是死是活不得而知，但她决不改嫁他人，即使丈夫在边地死了，自己也要以死殉情，又一次充分表达了对丈夫的爱忠贞不渝、誓死不悔。

全诗感情丰富，真挚动人，悲剧气氛浓重，用血泪之语，艺术地概括了徭役制度下无数家庭的悲剧，该诗对后人的创作也有较大影响。杜甫的《兵车行》中所叙写的："信知生男恶，反是生女好。生女犹得嫁比邻，生男埋没随百草。"当是从这里受到启发的。（胡德岭）

阮　籍

　　阮籍（210—263），字嗣宗，陈留尉氏（今河南尉氏）人。其父阮瑀是"建安七子"之一。阮籍与嵇康、山涛等七人被称为"竹林七贤"。因为他曾任步兵校尉，所以人们也称他为阮步兵。

　　阮籍好学博览，尤慕老庄。他反对名教，向往自然，旷达不拘礼俗。他不愿与新起的司马氏政权合作，但不像嵇康那样坚决不仕，而是采取虚与委蛇的态度，纵酒谈玄，不问世事，做消极的反抗。他在文学上受屈原的影响较大，《咏怀诗》八十二首，感慨很深，格调高浑，使他成为正始（魏齐王曹芳年号）时代的诗人。《咏怀诗》大量使用比兴、寄托和象征手法，诗意隐晦。有《阮步兵集》一卷。

【原文】

咏怀·夜中不能寐

　　夜中不能寐[1]，起坐弹鸣琴[2]。薄帷鉴明月[3]，清风吹我襟。孤鸿号外野[4]，翔鸟鸣北林。徘徊将何见？忧思独伤心！

【毛泽东圈评等情况】

毛泽东读清沈德潜选编《古诗源》卷六时曾圈阅此诗。

[参考]张贻玖：《毛泽东评点、圈阅的中国古典诗词》，中国工人出版社1992年版，第223页。

【注释】

（1）寐（mèi），睡眠。

（2）鸣琴，琴。《韩非子·说林下》："吾尝好音，此人遗我鸣琴。"

（3）帷，帐幔。鉴，照。

（4）孤鸿，孤雁。翔鸟，飞翔盘旋着的鸟。一作"朔鸟"，北方的鸟。北林，《诗经·秦风·晨风》："鴥彼晨风（鸟名），郁彼北林。示见君子，忧心钦钦。"后世文人使用"北林"，往往带有心神抑郁之意。

【赏析】

阮籍《咏怀》是魏晋易代之际"天下多故，名士少有全者"（《晋书·阮籍传》）的险恶现实之下产生的以诗人血泪铸就的一曲人生悲歌。它以高古浑深的创作格调，寓意象征的艺术手法，力透纸背的情感表现，形象地展示了诗人孤独危苦的心理历程，是诗人痛苦心灵的回声。《咏怀》诗是我国诗歌史上的"旷代绝作"。此首原列第一。

此诗以景写情，融情于景，在景物描绘中刻画了诗人孤独无援的内在心态，塑造了一个崇高的孤独者的形象。

诗一开始即把一个愁绕苦缠的诗人自我形象推在了读者面前：皓月朗照，清风浸骨的月夜，诗人心绪烦乱，辗转难寐，独坐空堂，欲以琴声消释心中那难以言状的苦恼。"薄帷鉴明月"两句承上启下，由写人转而描绘所在的环境：清凉的秋风吹拂着屋堂帷幕和诗人的衣襟，明月皎洁，光泻大地，帷幕上的月影摇曳多姿；远处，孤鸟哀号，凄厉苍凉，翔鸟盘桓，惊恐难栖。这里，自然景物的描绘失去了以往的亲和性，给人的是一种寂寞、清旷、孤独之感。而这种情境物象的描绘正是诗人内在心态的外化。置身在这寂寞清旷的月夜之中，那孤独忧愁之情不但不会因琴声而逝，反而会因琴声的幽旷，环境的清冷而更加深沉。愈排遣愈弥重，愈超脱愈痛苦，最后很自然地发出呼号："徘徊将何见，忧思独伤心！"万种孤寂之情，一片哀苦之心，在这清冷之景中泪泪流出。至此，一个孤独无援、愁苦难堪的诗人形象便显现读者面前，给人一种强烈的震撼。

这首诗以"独"为诗眼。前两句写"独坐"，"薄帷"两句写"独视"，"孤鸿"两句写"独闻"，最后两句写"独伤"，层次分明，刻写细腻，篇幅虽短，含蕴极大。

全诗善于在景物、环境描绘中渲染诗人的内在情感，选景独特，颇具匠心。清风，明月，孤鸿，北林，看似白描，却无不浸润着诗人的情感；寥寥几笔即勾画了一个清旷幽奇、苍凉浑深的意境，可谓传神写韵，尽在其中。

【原文】

咏怀·二妃游江滨

二妃游江滨[(1)]，逍遥顺风翔。交甫怀环珮，婉娈有芬芳。猗靡情欢爱[(2)]，千载不相忘。倾城迷下蔡[(3)]，容好结中肠[(4)]。感激生忧思，萱草树兰房[(5)]。膏沐为谁施[(6)]，其雨怨朝阳[(7)]。如何金石交[(8)]，一旦更离伤[(9)]。

【毛泽东圈评等情况】

毛泽东读清沈德潜选编《古诗源》卷六时曾圈阅此诗。

[参考]张贻玖：《毛泽东评点、圈阅的中国古典诗词》，
中国工人出版社1992年版，第223页。

【注释】

（1）"二妃游江滨"四句，用江妃二女与郑交甫的故事。《列仙传》载，郑交甫在江汉之滨遇江妃二女，见而悦之，不知其为神人。交甫下请其佩，二女遂解其珮与交甫。走数十步，珮与二妃皆不见。此借相遇赠珮事以抒感慨。婉娈（luán），年少而美好的样子。《诗经·齐风·甫田》："婉兮娈兮，总角丱兮。"郑玄笺："婉娈，少好貌。"

（2）猗靡，缠绵之意。

（3）倾城、迷下蔡，都是表示绝世美貌的意思。《汉书·外戚传》载李延年歌曰："北方有佳人，……一顾倾人城。"宋玉《登徒子好色赋》："臣东家之子，嫣然一笑，惑阳城，迷下蔡。"

（4）中肠，犹衷心。

（5）萱草，相传是忘忧草。兰房，香闺，泛称女子所居。

（6）膏沐，妇女用来润泽头发的化妆品。《诗经·卫风·伯兮》："自伯之东，首如飞蓬。岂无膏沐，谁适为容！"

（7）"其雨怨朝阳"，意谓就像极盼下雨，却偏偏出太阳一样。《诗经·卫风·伯兮》有"其雨其雨，杲杲出日"。

（8）金石交，像金石般坚固的情谊。

（9）一旦，一下子，片刻间。

【赏析】

此首原列第二。

阮籍《咏怀》向以难解著称，或认为其"厥旨渊放，归趣难求"（南朝梁钟嵘《诗品》），或认为其"兴寄无端，和愉哀怨，杂集于中"（清沈德潜《古诗源》卷六）。此诗的主旨，的确令人费解，但细玩诗意，我们认为它是用"托朋友以喻君臣"（清何焯语）的寓意象征手法，写现实之事。

诗前六句为用典。据《列仙传》记，有二女游于江汉之滨，遇郑交甫，见而悦之，不知其为神人。后郑交甫请二女之珮，二女解珮与交甫。郑交甫高兴地置入怀中，走不到十余步，怀中之珮不知所在，又看二女，亦不知所往。诗中虽用此典，但意有所伸，言交甫虽无所得，但一见之情千载难忘。言外之意即说君臣之间，一旦知遇，即应专心贞一、不可更改。

"倾城迷下蔡"以下几句，虽化用（汉书·外戚传）中李延年歌和《诗经·卫风·伯兮》词语入诗，但前后观之，意脉连贯。写女子姿容美好，令人欢爱思念。"感激生忧思，萱草树兰房"，则是宕开一笔，写思念的女子不能见面，心生种种愁苦，如何解脱这种痛苦，只有种萱草于庭来忘忧了。但是想忘记女子，而心中却难以除去，犹如《诗经》中所写希望下雨，结果是"杲杲日出"，与愿相违。

诗自开头至此，一直是借典表意，写交甫怀念二女，而二女又不能相见，也不让相见。言外之意，是说臣下一遇君主，即有信物而定，虽君主不可再见，但君主之情应终日不忘。总之，诗前十二句反复用典申述君臣之意，言君臣之间不应因君而逝改变初衷。

"如何金石交，一旦更离伤"，从写法上，意思与前完全相反，但正是在这相反的对比中，表现了诗人对现实的看法。结合阮籍生活的经历，我们不难发现，这首诗很可能是针对司马氏而发的。刘履说："初，司马昭以魏氏托任之重，亦自谓能尽忠于国，至是专权僭窃，欲行篡逆。故嗣宗婉其词以讽刺之。"（引自近代黄节《阮步兵咏怀诗注》）这看到了问题实质。魏明帝托孤于司马懿和曹爽，本欲共扶幼主，国强民康，结果，一个野心勃勃，一个荒淫无耻。阮籍深深地感到这是违君之意的。诗中所表现的正是当时的这个现实。

统观全诗，我们认为此诗是借郑交甫与二妃之典兴喻君臣一遇即不应改变忠心，而今却背"金石交"，表现了诗人对现实的一种失望情绪。（王利锁）

【原文】

咏怀·嘉树下成蹊

嘉树下成蹊[(1)]，东园桃与李。秋风吹飞藿，零落从此始[(2)]。繁华有憔悴[(3)]，堂上生荆杞[(4)]。驱马舍之去，去上西山趾[(5)]。一身不自保，何况恋妻子。凝霜被野草，岁暮亦云已[(6)]。

【毛泽东圈评等情况】

毛泽东读清沈德潜选编《古诗源》卷六时曾圈阅此诗。

［参考］张贻玖：《毛泽东评点、圈阅的中国古典诗词》，中国工人出版社 1992 年版，第 223 页。

【注释】

（1）嘉树，指桃李。蹊（xī），小路。语本《史记·李将军列传》："桃李不言，下自成蹊。"比喻世事盛时情况。

（2）藿，豆叶。零落，凋谢，脱落。语本《文选》注引沈约说："风吹飞藿之时，零落之日，华实既尽，柯叶又凋，无复一毫可悦。"

（3）憔悴，困顿萎靡之态。

（4）荆、杞，两种灌木名，都是杂树。

（5）西山，即首阳山，相传是殷末伯夷、叔齐隐居之处。趾，山脚。

（6）已，止。

【赏析】

此首原列第三。

近代黄侃先生在评阮籍诗时曾指出："阮公深通玄理，妙达物情，咏怀之作，固将包罗万态，岂仅措心曹马兴衰之际乎！"（引自陈伯君《阮籍集校注》）的确如此，阮籍咏怀不但有"忧生之嗟"（《文选》）李善注）的生命情调，而且具有深沉的历史感。他对生命的感悟亦可说是在历史与现实的观悟中进行的，此诗即表现了这种特征。

此诗通过时序的变化比喻象征了社会现实的盛衰变迁，同时抒发了诗人的生命无常之感和越俗脱世之意，具有深刻的思想意义。

《史记·李将军列传》说："谚曰：'桃李不言，下自成蹊'。"意思是说桃李虽不能说话，但却可以其华实招来万人共赏，以致树下自成蹊径。细玩诗言，诗前两句当是用此典比喻曹魏兴盛之时，四方人才共聚其下，图谋大业。用语虽简，但意蕴俱全。而"秋风吹飞藿"以下四句，则笔锋突转，由盛而写衰。表面看来这是在写时序的客观自然变化，实际上是在写曹魏的历史变迁。繁荣憔悴，荆杞生堂，暗喻魏世衰落，小人猖盛。此六句，"言在耳目之内，情寄八荒之表"，以节序变化形象地展现了诗人对魏代兴盛衰败的反思，客观描绘中流露出无限的哀伤和凄凉之意。

"驱马舍之去"以下四句，由对社会兴衰的描写转而描写生存其间的诗人的态度。唐李善《文选》注说："西山，夷齐所居，言欲从之以避世祸。"这四句诗写诗人深感现世艰难，人生无常，欲远离争斗，而保身全真。最后两句，又照应开头，写诗人面对现实的衰败，想到人生的艰难，欲超脱而不得的无可奈何之情。

这首诗最明显的特点是比喻象征手法的运用，以眼前的物象描绘来比喻现实的社会发展，让人通过对眼前之景的体悟来理解寓意。这种以典出意，以彼言此的创作手法，增加了诗表达情感的含蓄性，很值得借鉴。

（王利锁）

【原文】

咏怀·平生少年时

平生少年时[(1)]，轻薄好绂歌[(2)]。西游咸阳中[(3)]，赵李相经过[(4)]。娱乐未终极，白日忽蹉跎[(5)]。驱车复来归，反顾望三河[(6)]。黄金百镒尽[(7)]，资用常苦多。北临太行道[(8)]，失路将如何？

【毛泽东圈评等情况】

毛泽东读清沈德潜选编《古诗源》卷六时曾圈阅此诗。

[参考] 张贻玖：《毛泽东评点、圈阅的中国古典诗词》，

中国工人出版社 1992 年版，第 223 页。

【注释】

（1）平生，昔日，已往。

（2）轻薄，轻浮好动，不守礼法。绂歌，弦诵。语出《庄子·让王》："绂歌鼓琴。"绂，通"弦"。

（3）咸阳，秦朝都城，故址在今陕西咸阳东。

（4）赵李，赵指汉成帝后赵飞燕，李指汉武帝后李夫人，二人皆善歌妙舞，因此受宠幸于二帝。

（5）蹉跎（cuō tuó），岁月虚度。

（6）三河，秦代三川郡（郡治在今河南荥阳东北）治河东、河南、河北（河内），称三河。阮籍故乡陈留（今河南开封陈留）旧属三川郡，在河南之东，自咸阳望之，故称。

（7）镒，二十四两。百镒，极言其多。

（8）太行，太行山。失路，走错道路。语出《战国策·魏策》季良说魏王曰："今者臣来，见人于太行，方北面而持其驾，告臣曰：'我欲之

楚'。"即"南辕北辙"之意。

【赏析】

本首原列第五。

这首诗写诗人少年之时轻薄放达，娱乐豪华，平铺直叙之中流露出悔恨之情。

诗前四句为赋笔，追叙少年轻薄放达的生活。咸阳，秦都城，此指京城豪华之地。赵李有不同说法，或指赵飞燕李夫人，或说指轻侠赵季、李款等。此处不必坐实，代指贵游子弟和豪门之家。魏晋之际放达之风盛行，贵游子弟不崇礼法，肆意游邀，诗人可能也有此种行迹，故信笔写来。然"娱乐未终极，白日忽蹉跎"，时光的流逝，使生命耗尽在轻薄之中。此为过渡语，由对昔日轻薄之举的描写转向下文悔恨之意的抒发。

"三河"即河南、河北、河东，秦为三川郡。阮籍家陈留，属秦三川郡，此以三河代指故乡。游邀归来，眺望故乡，联想自己的轻薄行为，不禁感慨万千，悔心难平。"黄金百镒尽"以下四句为用典。镒，二十四两为一镒，此指多。这里用的是《战国策·魏策》"南辕北辙"的故事。魏王欲攻邯郸，季良见魏王说：我来时在太行见一人欲往楚而马向北。我说楚在南何以向北，他道我马良。我说马良但路不对，他道我资财多。诗以此典说明资财愈多而身陷愈深，言外之意在悔叹少年之时轻薄娱乐而失身无成。诗由对少年生活的描绘转而对少年生活的咏叹，字里行间流露着一种懊叹之情，悔恨之意。刘履说此诗盖是比喻他从仕不审时度势，结果欲退不能。从诗意来看或许有托寓之意。

这首诗写法突出的特点是用典。无论是"咸阳""赵李"，还是太行失路，都是通过用典来叙说自己的身世和对生活的体验。南朝梁钟嵘说阮诗"言在耳目之内，情寄八荒之表"（《诗品》），从此可见一斑。另外，写情隐而不露，看似平淡，而诗人那懊悔之情却如一股潜流奔涌于字里行间。细读深思，诗人的悔恨乃至哀怨之情不难体悟出来，正可谓陶灵性、发幽思之作。（王利锁）

咏怀·昔闻东陵瓜

昔闻东陵瓜⁽¹⁾，近在青门外⁽²⁾。连畛距阡陌⁽³⁾，子母相钩带⁽⁴⁾。五色耀朝日⁽⁵⁾，嘉宾四面会。膏火自煎熬⁽⁶⁾，多财为患害。布衣可终身⁽⁷⁾，宠禄岂足赖⁽⁸⁾。

【毛泽东圈评等情况】

毛泽东读清沈德潜选编《古诗源》卷六时曾圈阅此诗。

[参考] 张贻玖：《毛泽东评点、圈阅的中国古典诗词》，中国工人出版社 1992 年版，第 223 页。

【注释】

（1）东陵瓜，《史记·萧相国世家》："召（邵）平者，故秦东陵侯。秦破，为布衣，贫，种瓜于长安城东。瓜美，故世俗谓之'东陵瓜'。"

（2）青门，汉代长安城东面南头的第一门叫霸城门，门色青，故俗称青门。

（3）连畛（zhěn），田间的埂界。距，到。阡陌，田间小路。

（4）子母，指大大小小的瓜。钩带，串联。

（5）五色，五色瓜。《述异记》："吴桓王时，会稽生五色瓜。今吴中有五色瓜，岁充贡赋。"此指瓜美。

（6）膏火，油火。《庄子·人间世》："山木自寇也，膏火自煎也。"

（7）布衣，平民。古代平民除老人可穿丝织品外，都得穿布衣，于是"布衣"就成为平民的代称。

（8）宠禄，皇帝赐给的恩宠和爵禄。足，值。赖，依靠。

【赏析】

本诗原列第六。

这首诗通过对邵平事的咏叹，抒发了多财为患，只有布衣可终身，不必为宠禄而失身的思想感情。

据《史记·萧相国世家》载："召平者，故秦东陵侯。秦破，为布衣，贫，种瓜于长安城东，故世俗谓之东陵瓜。"诗前六句即用此事。言东陵失侯而以种瓜终身，并有嘉宾四面会的结果；假若追求仕路，杀身之祸则不可避免。诗后四句在此事基础上进行议论。人们心惊胆寒，主要是由于贪财恋财，财多而已；若如布衣，既无惊心之举，亦无杀身之祸，宠禄又何可依赖？此处虽用邵平之典，但不用此典之意，而是以事发议，另有所指。《晋书》本传说阮籍本有济世志，但在天下名士少有全者的环境下，他酣饮为常，不与世事。"膏火自煎熬，多财为患害。布衣可终身，宠禄岂足赖？"正是对当时生活体验的形象写照。

此诗在结构上前半段写事，后半段议论。事是议论的前提，议是事中的结果，两相结合而不板滞，给人一种浑融之感。（王利锁）

【原文】

咏怀·灼灼西隤日

灼灼西隤日(1)，余光照我衣。回风吹四壁(2)，寒鸟相因依(3)。周周尚衔羽(4)，蛩蛩亦念饥(5)。如何当路子(6)，磬折忘所归(7)？岂为夸誉名(8)，憔悴使心悲(9)。宁与燕雀翔(10)，不随黄鹄飞(11)。黄鹄游四海，中路将安归(12)？

【毛泽东圈评等情况】

毛泽东读清沈德潜选编《古诗源》卷六时曾圈阅此诗。

[参考]张贻玖：《毛泽东评点、圈阅的中国古典诗词》，中国工人出版社1992年版，第223页。

【注释】

（1）灼灼（zhuó），鲜明之状。隤（tuí），坠落。一作"颓"。

（2）回风，旋风。屈原《九章·悲回风》有"悲回风之摇蕙兮"句。

（3）因依，相亲相依。

（4）周周，鸟名。一作"翢翢"。《韩非子·说林下》："鸟有翢翢者，首重而屈尾，将欲饮于河则必颠，乃衔羽而饮之。"

（5）蛩蛩（gǒng），古代传说中的怪兽。《山海经·海外北经》："北海内有素兽焉，状如马，名曰蛩蛩。"

（6）当路子，担任重要官职、掌握政权的人。

（7）磬折，弯腰如磬，表示恭敬。

（8）誉，一作"与"。夸，虚名。《吕氏春秋·本生》："古之人有不肯富贵者，由重生故也，非夸以名也。"

（9）悲，一作"非"。

（10）燕雀，燕子和麻雀。

（11）黄鹄（hú），鸟名，即天鹅。《楚辞·惜誓》："黄鹄之一举兮，知山川之纡曲；再举兮，睹天地之圆方。"

（12）中路，半道。

【赏析】

本首原列第八。

这首诗通过对西山日暮、寒鸟相依景物的描绘，引发出对"当路子"的人生观的咏叹，同时抒发了自己不愿仕进、甘愿隐遁的思想意绪。

"灼灼西陨日"四句写太阳即将落山，余晖返照大地，寒风习习，浸人心骨；诗人沐浴着落日余晖，凝思瞻望，看到鸟类因天寒相互依偎、互相温暖。前四句诗由我而引出鸟，同一环境同一景色，我是孤独而仁立，鸟是相依而互照，隐隐之中把诗人的幽孤之情、流逝之悲、迟暮之感写了出来。这样写既衬托了我的无援难堪，又为下文引出无限的遐思打下了埋伏，可谓意在言外，耐人寻味。

"周周尚衔羽"四句中，"周周"，李善《文选》注引《韩非子》（见《说林篇》）曰："鸟有周周者，首重而屈尾，将欲饮于河则必颠，乃衔羽而饮之。"又引《尔雅》曰："西方有比肩兽焉，与邛邛岠虚比，为邛邛岠虚啮甘草。即有难，邛邛岠虚负而走，其名谓之蟨。"这类鸟兽单孤觅食困难，皆靠同伴互相帮助而得之，此处即用其意。诗人由对"西陆日"下"寒鸟相因依"的物象的观照，联想到此种鸟兽结伴相助觅食；又由此种鸟兽相助觅食，互相保存，想到现实中的权势豪胜者即"当路子"为了仕进，追逐名利，而不顾自身危患，于是发出了疑问：这类兽群鸟类在危难之时尚知衔羽比肩，自我保存，而作为万物之灵的人，都为了仕进追逐荣名，不顾自身，连这些鸟兽都不如！诗由鸟而及人，由人而引出他们的生活行径，疑问之中诗人对"当路子"们的所作所为的否定之意不言自明。而在写法上看，此处由鸟而及人，从实而到虚，联想奇特，发人深省，水到渠成，意脉连贯，真可谓"妙达物情"之笔。

诗前半段通过观景而写人，对"当路子"的生活行径进行了否定。"岂为夸誉名，憔悴使心悲。"以下则表达自己的生活准则。同"当路子"的生活行径相比照，诗人认为荣名是不可追逐的；自己"宁与燕雀翔，不随黄鹄飞"，因为黄鹄虽高飞冲天，身游四海，然一旦失路，归路何在？言外之意即是说要远离仕途，远离权力政治的旋涡。这里诗人的人生追求虽有随波逐流、隐遁弃世的消极之意，但却是诗人在危患纵生的现实下不得已的抉择，忧生之嗟、伤世之意溢于言表。

这首诗通篇运用对比手法。在写"当路子"时同周周、蛩蛩相对比；在写自我人生追求时，同"当路子"相对比。对比之中，诗人否定了"当路子"的生活行径，提出了自己的生活抉择。另外，全诗善于用典，恰当贴切，形象鲜明；写情含而不露，抒心沉痛忧苦，也是很有特点的。（王利锁）

【原文】

咏怀·步出上东门

步出上东门⁽¹⁾，北望首阳岑⁽²⁾。下有采薇士⁽³⁾，上有嘉树林⁽⁴⁾。良辰在何许⁽⁵⁾？凝霜沾衣襟。寒风振山冈，玄云起重阴⁽⁶⁾。鸣雁飞南征⁽⁷⁾，鶗鴂发哀音⁽⁸⁾。素质游商声⁽⁹⁾，凄怆伤我心⁽¹⁰⁾。

【毛泽东圈评等情况】

毛泽东读清沈德潜选编《古诗源》卷六时曾圈阅此诗。

[参考] 张贻玖：《毛泽东评点、圈阅的中国古典诗词》，
中国工人出版社 1992 年版，第 223 页。

【注释】

（1）上东门，《河南郡图经》："（洛阳）东有三门，最北头曰上东门。"

（2）首阳岑，首阳山，在今河南洛阳东北二十里处。岑（cén），小而高的山。

（3）采薇士，指周代初年的隐士伯夷、叔齐。

（4）嘉树林，即嘉林，古代传说中的林名。《史记·龟策传》："嘉林者，兽无虎狼，鸟无鸱枭，草无毒螫，野火不及，斧斤不至，是为嘉林。"

（5）良辰，美好的时光。何许，何处。

（6）玄云，黑云，乌云。重（chóng）阴，彤云密布的阴天。

（7）鸣雁，雁。

（8）鹈鴂（tí jué），鸟名，杜鹃鸟。一作"鹈鴂"。《离骚》："恐鹈鴂之先鸣兮，使夫百草为之不芳。"

（9）素质，事物本来的性质。《管子·势》："正静不争，动作不贰，素质不留，与地同极。"游，一作"繇"，应作"由"。商声，《礼记》："孟秋之月其音商。"商音悲伤。

（10）凄怆，伤感，悲痛。《楚辞·九辩》："中憯恻之悽怆兮，长太息而增欷。"

【赏析】

本首原列第九。

阮籍诗多寓意而象征，抒怀而矜持。此诗当作于晚年，通过对眼前霜凝芳歇、玄云重阴的描绘，表现现实环境的险恶，反映了诗人欲解脱而不得的哀伤之情。

诗前四句由出门北望引出伯夷、叔齐采薇首阳、义不食周粟之事，暗喻自己有解脱离世之心。上东门，指洛阳北门。《文选》李善注引《河南郡

图经》说洛阳"东有三门，最北头曰上东门"。首阳岑即首阳山，在洛阳城东北偃师境内。伯夷、叔齐饿死之首阳山本在陇西，此处是因名同而移事，"采薇士"即指夷齐二贤。诗人身处险恶之下，深感命运无常，出门北望，首阳即目，由山而想人，愿以夷齐为楷模而不食周粟。诗平淡已极，然所表之心则愤激非常，于对古贤人的倾慕中蕴含对现实的深深不满。

"良辰在何许？凝霜沾衣襟"为承上启下之语。由对古代贤士之风的企盼转向对现实环境的叙写。司马氏大肆杀戮、排除异己，天下名士少有全者，既不容人反对自己，又不容人离我而行。诗人联想伯夷、叔齐不满现实可隐归首阳，而自己不满现实又必须处身其中，连隐归之举也不可有，自然发出"良辰在何许"的喟叹。

而"凝霜沾衣襟"以下则是用比喻之法，通过眼前之景的描绘，暗指现实环境的险恶。表面看来写的是深秋孟冬，霜重风寒，鸣雁哀号，商音（秋声）流质，实际上这里的景色物候正是诗人感悟到的现实气氛，是诗人对现实体悟的感性显现。景与世合，心与景融，诗人那难以压抑的内在痛苦便会徐徐上升，弥满心际，"素质游商声，凄怆伤我心"的悲苦之情也自然而然地表露于外了。

这首诗通过出门而望山，望山而想人，把自己的艰难人生处境同叔齐、伯夷做对比，兴发自己的生活甚至还不如夷齐的哀伤之情，并在此对比中一方面对自我的艰难身世表现出哀叹，另一方面又对"良辰"充满期盼。在阮籍的咏怀诗中，忧生之嗟、伤世之痛、超脱之想往往是杂合并存的，于此可见一斑。另外，此诗善于运用比兴手法，以眼前景比身处世，既增加了诗的含蓄性，又增加了诗的可读性、形象性，从而具有一种朦胧美和超奇美。（王利锁）

【原文】

咏怀·湛湛长江水

　　湛湛长江水，上有枫树林⁽¹⁾。皋兰被径路⁽²⁾，青骊逝骎骎⁽³⁾。远望令人悲⁽⁴⁾，春气感我心。三楚多秀士⁽⁵⁾，朝云进荒淫⁽⁶⁾。朱华振芬

芳⁽⁷⁾，高蔡相追寻⁽⁸⁾。一为黄雀哀⁽⁹⁾，泪下谁能禁？

【毛泽东圈评等情况】

毛泽东读清沈德潜选编《古诗源》卷六时曾圈阅此诗。

[参考] 张贻玖：《毛泽东评点、圈阅的中国古典诗词》，

中国工人出版社 1992 年版，第 223 页。

【注释】

（1）湛湛（zhàn），水清深之状。二句语本楚辞《招魂》："湛湛江水兮上有枫，目极千里兮伤春心。"

（2）皋兰，水边的兰草。被径路，长满了道路。《招魂》有"皋兰被径兮斯路渐"句。

（3）青骊，黑马。逝，奔跑。骎骎（qīn），马疾驰之状。《招魂》有"青骊结驷兮齐千乘"句。

（4）"远望令人悲"二句，由《招魂》"目极千里兮伤春心"变化而来。春气，一作"春风"。

（5）三楚，旧称江陵为南楚，吴为东楚，彭城为西楚。此指楚地。多秀士，盛出文人，指宋玉等。

（6）"朝云进荒淫"，宋玉《高唐赋》写楚襄王做梦与巫山神女欢会的故事。神女说："妾在巫山之阳，高丘之岨，旦为朝云，暮为行雨，朝朝暮暮，阳台之下。"

（7）朱花，红花。振，散发。

（8）高蔡，地名，古代属蔡国，今河南上蔡。

（9）黄雀哀，《战国策·楚策》记庄辛劝楚襄王注意后患时，讲了一个故事：大王没见过蜻蜓吗？它自由自在地飞着，没想到正有一个小孩子用长竿来粘它；黄雀也是如此，自己在树上无忧无虑，没想到下面正有公子王孙用弹弓打它。大王您只管打猎游乐，秦国也正在准备打你呢。后世遂常以蜻蜓、黄雀来比喻只顾眼前欢乐而不虑后患的人。

【赏析】

本首原列第十一。

这首诗通过对楚国史事的咏叹，暗喻了诗人对当时现实的态度，把讽刺和批判的矛头直接指向当权者和礼法之士。

诗前六句写楚地景色。长江水势浩渺，奔泻无遗；枫林夹岸，皋兰掩径，马驰风疾，荣华非常。《楚辞·招魂》有"湛湛江水兮上有枫，目极千里兮伤春心""皋兰被径兮斯路渐""青骊结驷兮齐千乘"的诗句，这六句即从此化出，把春色楚景描绘成令人悲慨的伤心之景。这样写一方面对当时现实环境是一种比兴映衬；另一方面由楚景引楚事，过渡自然不露痕迹，给人一种水到渠成天衣无缝之感。

"三楚多秀士"以下六句为用典寓意，写怀抒心。三楚，古以江陵为南楚，吴为东楚，彭城为西楚，此指楚国。秀士，秀逸俊才之人，这里指宋玉等人。宋玉曾作《高唐》《神女赋》以巫山神女事娱乐楚王，其中有"旦为朝云，暮为行雨"之语。"三楚多秀士，朝云进荒淫"，说宋玉等人不但不进谏楚王戒色去欲，反而诱导楚王日趋荒淫。并以此来指斥曹爽等人作为辅弼大臣，不辅助魏主励精图治，而是纵导魏主迷恋声色。"高蔡相追寻"仍是用典。《战国策·楚策》有庄辛谏楚襄王事，说"蔡灵侯……左抱幼妾，右拥嬖女，与之驰骋乎高蔡之中，而不以国家为事"，并以"黄雀……俯啄白粒，仰栖茂树，鼓翅奋翼，自以为无患，与人无争也，不知夫公子王孙左挟弹，右摄丸，将加已乎十仞之上"的故事谏楚襄王。此处引用此典正是指斥魏主一味荒淫，不计后患，终致亡于权奸。

这首诗把批判的矛头直指统治者和曹爽一类的"秀士"，诗中既有对他们荒淫无度的批评之意，又有对曹芳被废的同情之心，更有诗人忧虑现实，关心时政的拳拳之怀。从写法上诗能以景物描绘来渲染自己的情怀意绪，并由景而出事，由事而引怀，情感思维清晰严谨。另外，用典贴切恰当，生动鲜明，也是此诗突出的艺术手法。（王利锁）

咏怀·开秋兆凉气

开秋兆凉气⁽¹⁾，蟋蟀鸣床帷⁽²⁾。感物怀殷忧⁽³⁾，悄悄令心悲⁽⁴⁾。多言焉所告，繁辞将诉谁⁽⁵⁾？微风吹罗袂⁽⁶⁾，明月耀清晖⁽⁷⁾。晨鸡鸣高树⁽⁸⁾，命驾起旋归⁽⁹⁾。

【毛泽东圈评等情况】

毛泽东读清沈德潜选编《古诗源》卷六时曾圈阅此诗。

[参考] 张贻玖：《毛泽东评点、圈阅的中国古典诗词》，中国工人出版社 1992 年版，第 223 页。

【注释】

（1）开秋，初秋，指农历七月。兆，征兆。

（2）鸣床帷，在床上叫。《诗经·豳风·七月》："十月蟋蟀入我床下。"

（3）殷忧，深忧。

（4）悄悄，忧愁之态。《诗经·邶风·柏舟》："忧心悄悄，愠于群小。"

（5）繁辞，亦作"繁词"，夸夸其谈，亦指烦琐的言辞。《韩非子·有度》："上用目则下饰观，上用耳则下饰声，上用虑则下繁辞。"

（6）罗袂（mèi），丝罗的衣袖，亦指美丽的衣着。汉武帝《落叶哀蝉曲》："罗袂兮无声，玉墀兮尘生。"

（7）清晖，明净的光辉、光泽。晖，日光。

（8）"晨鸡鸣高树"，语本汉乐府《鸡鸣》"鸡鸣高树巅，狗吠深宫中"。

（9）命驾，命人驾车，即动身前往之意。归，还。

【赏析】

本首原列第十四。

这首诗的主旨同《独坐空堂上》《夜中不能寐》相同，都是表现诗人愁闷难遣、孤独无援的心态。从写法上看，它更接近于《夜中不能寐》一诗，善于通过景物的描写来映衬内在心态的苍凉凄苦。

诗前四句从物候的转变入手，由物候的变迁引出诗人殷忧的情肠。深秋季节，凉气侵人，使本来就郁闷的诗人更加感到凄苦，更何况还有那蟋蟀的鸣叫，呻吟着它的末日！"气之动物，物之感人"，在此种境地中，诗人自然而然地升腾出那本已缠绕着自己的殷忧之感，使潜伏的情感质白而明朗。但是，当情感压抑之时，虽有痛苦，却可以咀嚼，而今那殷忧痛苦升腾起来，就必须排遣。可是，"多言焉所告，繁辞将诉谁？"诗人知道自己内心的焦虑和惆怅既无法向人诉说，也无人能诉说。升腾的殷忧之情折磨着诗人，把诗人推向了孤独无援的地步。由情之因节候引发到情之因时局险恶难遭，短短几句诗把一个为孤独缠绕、为危苦焦虑所折磨而又无法消释的憔悴诗人形象惟妙惟肖地展示在了读者面前。

如果说前面几句诗既展示了诗人内在心态的特质，又表现了这种内在心态所产生的缘由，那么，"微风吹罗袂"两句则是更进一层地开掘那难以言状的孤独！微风习习，罗袂飘动；明月清晖，清凉透人。此情此景，仿佛清晖即是孤独的映现，仿佛孤独沦入在清晖之中，把诗人内心那无可言状的殷忧孤独之情在明月朗照、凉风吹拂下铺展开来，既加深了对诗人内在孤独情境的形象展示，又为眼前之景注入了感情的色彩，可谓情因景显，景困情出，情景浑融，透发纸背！

诗人明明知道自己那殷忧之情难以排遣，又无处排遣，但失衡的心态又促使自己不得不去排遣。"晨鸡鸣高树，命驾起旋归"，不过是种不得已的旷达之词、自慰之语。实际上那殷忧之情，心悲之痛，孤独之哀又何曾在"旋归"中消失？

这首诗在展现自我心态时不像有些诗那样隐晦曲折，而是直抒胸臆，把自我感受到、体悟到的情感直接推在读者面前。这种直抒胸臆的咏怀诗，在阮籍笔下是不多的。另外，诗能够把情感的表现同景物的描写结合起来，以景写情，寓情于景，达到了情景交融的地步，这也是此诗突出的特点。（王利锁）

【原文】

咏怀·昔年十四五

昔年十四五，志尚好书诗[(1)]。被褐怀珠玉[(2)]，颜闵相与期[(3)]。开轩临四野[(4)]，登高望所思[(5)]。丘墓蔽山冈，万代同一时[(6)]。千秋万岁后，荣名安所之？乃悟羡门子[(7)]，噭噭今自嗤[(8)]。

【毛泽东圈评等情况】

毛泽东读清沈德潜选编《古诗源》卷六时曾圈阅此诗。

[参考] 张贻玖：《毛泽东评点、圈阅的中国古典诗词》，中国工人出版社 1992 年版，第 223 页。

【注释】

（1）书诗，《尚书》《诗经》，这里泛指儒家经典。

（2）"被褐怀珠玉"，指贫困而有道德才能。《老子》："圣人被褐怀玉。"褐（hè），粗布衣，贫者所服。珠玉，比喻道德才能。

（3）"颜闵相与期"，把颜渊、闵子骞作为自己的理想目标。颜渊、闵子骞都是孔子的弟子，以德行高卓出名。期，期望。

（4）轩，窗户。

（5）所思，指颜渊、闵子骞一类的人。

（6）"万代同一时"，指历代的英雄圣贤，在今天都只剩下一个坟墓。

（7）羡门子，传说中的古代仙人，一名羡门子高。宋玉《高唐赋》："有方之士，羡门高溪。"

（8）噭噭（jiào），号哭声，指为了某种事业而积极地奔走呼号。嗤，笑声。此句言破涕为笑。

【赏析】

本诗原列第十五。

阮籍一生由崇儒而走向慕道。这首诗可以说是对其人生之路的反思，通过对早年"志尚好书诗"的"自嗤",抒发了诗人对荣名的轻蔑和对神仙生活的期盼。

阮籍早年崇尚儒学,从他的《乐论》中可以看出。但他所处的时代正是司马氏集团同曹爽集团斗争最激烈的时期。司马氏为了篡权,一方面大肆杀戮,排除异己;另一方面又打出名教的幌子,虚伪阴残,令人惊心。阮籍面对现实,充分认识到了司马氏的虚伪,由恪守儒学的信条进而产生怀疑和否定,走向了崇道慕玄的道路。诗前四句即写他早年以《书》《诗》为修身之道,以颜回、闵子骞为人格模则。然而理想同现实发生了深刻的矛盾,"开轩临四野,登高望所思",昔日崇尚儒学的贤人君子随着岁月的流逝已不复存在,余下的只有荒凉的墓冈、清苦的虚名;今日的所谓礼法之士又是那样的伪善,毁害着名教,再看自己昔日的追求,诗人自然感到荣名不过是虚幻的身外之物,只有生命才是最真实的存在。所以很自然地走向了昔日的反面。羡门子,传说中的古仙人。诗最后是说想想羡门子能够自由自在,成仙离世,再想想过去自己的志向,怎不令人自嗤自嘲?

这首诗把昔日自己崇尚儒学,以儒家理想人格为奋斗目标的志向放在今日道家思想的眼光中进行反观,对过去的行为进行了自嘲。表面看来这是阮籍对儒家的蔑弃,实际上他并不真正反对儒学,而是反对当时司马氏提倡的虚伪名教。这是一种不得已的痛苦之言。

此诗把自己志尚的转变放在阔大的历史背景上和对人生洞深的观照中进行表现,虽然他没有明言时局的变化对理想的影响,但它表现出的对人生荣名的反思却是深刻的,"丘墓蔽山冈,万代同一时。千秋万岁后,荣名安所之",是何等的深沉和深重!字里行间飘溢着对生命的热恋和对死的惶恐,这正是魏晋一代诗人自我觉醒的明显表征!(王利锁)

【原文】

咏怀·徘徊莲池上

徘徊莲池上⁽¹⁾,还顾望大梁⁽²⁾。绿水扬洪波⁽³⁾,旷野莽茫茫⁽⁴⁾。
走兽交横驰⁽⁵⁾,飞鸟相随翔。是时鹑火中⁽⁶⁾,日月正相望。朔风厉严寒,阴气下微霜。羁旅无俦匹⁽⁷⁾，俯仰怀哀伤。小人计其功，君子道其常⁽⁸⁾。岂惜终憔悴，咏言著斯章。

【毛泽东圈评等情况】

毛泽东读清沈德潜选编《古诗源》卷六时曾圈阅此诗。

[参考]张贻玖：《毛泽东评点、圈阅的中国古典诗词》，中国工人出版社1992年版，第223页。

【注释】

（1）蓬池，地名，战国时魏地，在大梁东南，是沼泽地。

（2）大梁，战国时魏国都城，今河南开封。此借指曹魏王室。

（3）洪波，大浪。

（4）莽，草的统称。西汉扬雄《方言》："草，南楚之间谓之莽。"莽茫茫，荒草无垠之状。

（5）交横驰，纵横交错地奔驰。

（6）鹑火，古代天文学把天空中主要星象分为二十八宿，南方的七宿称朱鸟七宿，其第三、四、五宿叫柳宿、星宿、张宿，此三宿又合称"鹑火"。鹑火中，指鹑火星的位置移在南方正中，时当夏历九、十月之交。《礼记·月令》："孟冬之月，旦，七星中（星宿七星位在其中）。""日月正相望"，在每月十五日。二句说其时在九月十五日。旧解多以为诗中暗指司马师废立之事。

（7）羁旅，指寄迹在外。俦匹，伴侣。李周翰说："代多邪佞，故我无俦匹，而俯仰悲伤。"（见六臣注《文选》）

（8）小人，道德低下的人。荀子《天论》："君子道其常，小人计其功。"

【赏析】

本首原列第十六。

关于此诗的写作背景，清代何焯根据诗中"是时鹑火中，日月正相望"句，认为此诗乃为魏齐王曹芳嘉平六年（254）司马师废齐王事而写。从诗意来看，何焯之说是有道理的。

"徘徊蓬池上，还顾望大梁。"蓬池，泽薮名，在今河南开封东南。大梁，即今开封，战国时魏之都城，此处可能有隐喻曹魏都城洛阳之意。这两句写诗人徘徊蓬池，回首眺望大梁。"望"是全诗的诗眼，以下所写之景，正是由望而引出。

"绿水扬洪波"以下八句写所望之景。据《三国志》记载：司马氏为了篡夺朝廷，大肆杀戮异己。魏齐王曹芳嘉平六年二月诛李丰、夏侯玄，三月废皇后张氏，九月废曹芳为齐王，十月立高贵乡公。又《左传·僖公五年》："晋侯伐虢，公问卜偃曰：'吾其济乎？'对曰：'克之。其九月十月之交乎，鹑火中，必是时也。'"（见唐李善注引）晋灭虢同司马氏废魏主曹芳皆在鹑火中，时间吻合。诗人不敢明言此事，借晋灭虢之事来代喻之。这八句承上"望"大梁写眼前之景，但情寓景中。你看：水扬洪波，旷野萧杀；野兽横驰，飞鸟惊翔；寒风厉厉，阴重浓霜。这哪是在写景，分明是借眼前景的描绘来比喻和象征那险恶多乱的现实世界。诗人正是通过这种比兴手法的成功运用把他感悟到的现实形象地写了出来，观景而想世，读诗而知人，阮籍把自己强烈的政治倾向化为深沉的生活感受，用言在耳目之内的景物描绘，展现了自己的浓烈之情，可谓格调高古，出手不凡。

写景是为了映世，而伤世正是由于诗人济世志的未泯灭。因此，面对残烈的现实，诗人欲反抗而不能，欲挽救而无力。"羁旅无俦匹"以下即是抒写这种矛盾心情。《荀子》有"天有常道，君子有常体；君子道其常，小人计其功"之语，诗中"小人计其功，君子道其常"即用《荀子》成句。它的意思是说君子为了自己的人生目标，遵奉道的原则常理（此处之道当是儒家之道），而那些小人则为了私利，违道弃仁，毁忠灭礼，以一己之私欲为最高目标。这正是对司马氏行径的有力批判，但诗人又摄于现实的压力和险恶，不敢明确表述自己，结果只能是"羁旅无俦匹，俯仰怀哀伤"，于一片孤独之中表现无穷无尽的人生哀思！

这首诗以"望"为诗眼，总领以下的景物描写，又由观景而感怀，结构清晰，感情鲜明，极富于层次感。另外，全诗用比兴手法，以眼前景喻身处世，指世事不露痕迹，抒心志意在言外，虽不乏隐晦曲折之意，但痛心伤世之情溢于言表，不难体悟出来，这正是阮诗艺术上的独到之处。

（王利锁）

【原文】

咏怀·独坐空堂上

独坐空堂上，谁可与欢者(1)？出门临永路(2)，不见行车马。登高望九州(3)，悠悠分旷野(4)。孤鸟西北飞，离兽东南下(5)。日暮思亲友，晤言用自写(6)。

【毛泽东圈评等情况】

毛泽东读清沈德潜选编《古诗源》卷六时曾圈阅此诗。

［参考］张贻玖：《毛泽东评点、圈阅的中国古典诗词》，

中国工人出版社1992年版，第223页。

【注释】

（1）欢，一作"亲"。

（2）临，及，至。永路，长路。

（3）九州，古代分中国为九州。《尔雅·释地》说是冀州、豫州、雍州、荆州、扬州、兖州、徐州、幽州、营州。此处泛指天下。

（4）悠悠，广远之状。

（5）离兽，失群的野兽。"西北"与"东南"互文见义。

（6）晤言，两人对坐谈话。用，以。写，除。语出南朝齐王融《巫山高》"彼美如可期，寤言纷在属"。

【赏析】

本首原列第十七。

阮籍的晚年是极其孤独危苦的, 时局的险恶, 亲朋的离散, 使本已孤独难堪的阮籍更加苦闷深郁。这首诗以质白的语言, 力透纸背的情感抒发, 形象地展示了他那孤独难堪、危苦惆怅的心境, 流露着浓烈的生命情调, 具有强烈的艺术感染力。

诗前两句: "独坐空堂上, 谁可与欢者", 劈山截流, 横亘而出, 把久积胸中的孤独之意、危苦之情倾泻无遗。空堂独坐的意象正是孤独难堪心境的形象写照。这既是全诗的基调, 也是诗人释闷消愁的动力。正因为孤独, 正因为要寻找欢者排遣孤独, 所以自然引发下文的系列描绘。然而, 孤独是自我体验的结果, 又何曾能够消释? 所以, "出门临永路, 不见行车马。登高望九州, 悠悠分旷野"。不见行车马, 并非真的没有行人, 而是熙攘人群之中没有知音。这四句诗, 境界开阔, 意绪苍凉, 把我之孤独放入博大旷远的空间之中进行表现, 把极欲寻知音而又得不到知音的情感放在时间流动中进行观照, 从而使自我的孤独更加沉着, 更加深远。

"孤鸟西北飞"两句写眼前之景, 在这里有双重含义; 其一, 用以比喻自我的形茕影单, 仿佛自己也孤鸟离兽一般惶惶索索, 觅群求类。孤鸟离兽成了诗人的化身。其二, 不见行车马, 而只见孤鸟离兽, 那心中的情感又向谁诉说, 反衬孤独之深远厚重, 难以消释。正因为无行人车马, 无知己亲朋, 因而那思亲友的欲望便折磨着诗人, 使他极欲寻求以排遣郁闷。愈寻而愈不得, 愈不得而愈寻求, 诗写来写去, 那孤独、那危苦非但没有消释殆尽, 反而更加深沉浓烈。全诗于绵绵道来之中把诗人那颗火烫之心捧在了读者面前, 给人以无限的生命的震撼。

这首诗重在表现孤独。它能把深深的情感体验化为形象的艺术境界, 在阔大旷远的境界中展示人类微弱而又炽烈的追求, 展示人类对于自我的抗争, 因而使全诗具有一股浓烈的生命情调。全诗语言质白无华, 形象鲜明, 又善用比喻。如以孤鸟离兽来写自我, 使诗中表现的抽象的情感具象化, 这无疑增强了诗的艺术感染力。（王利锁）

咏怀·悬车在西南

悬车在西南⁽¹⁾，羲和将欲倾⁽²⁾。流光耀四海⁽³⁾，忽忽至夕冥⁽⁴⁾。朝为咸池晖⁽⁵⁾，蒙汜受其荣⁽⁶⁾。岂知穷达士⁽⁷⁾，一死不再生！视彼桃李花，谁能久荧荧⁽⁸⁾？君子在何许⁽⁹⁾，叹息未合并⁽¹⁰⁾。瞻仰景山松⁽¹¹⁾，可以慰吾情。

【毛泽东圈评等情况】

毛泽东读清沈德潜选编《古诗源》卷六时曾圈阅此诗。

[参考] 张贻玖：《毛泽东评点、圈阅的中国古典诗词》，

中国工人出版社 1992 年版，第 223 页。

【注释】

（1）悬车，古代记时的名称，指黄昏前的一段时间。《淮南子·天文训》："（日）至于悲泉，爰止其女，爰息其马，是谓悬车。至于虞渊，是谓黄昏。"

（2）羲（xī）和，驾日车的神。《广雅》："日御曰羲和。"

（3）流光，指月光。曹植《七哀》诗有"流光正徘徊"句。

（4）忽忽，形容时间过得很快。《离骚》："日忽忽其将暮。"夕冥，夜晚。

（5）咸池，古代神话中的地名，太阳洗沐之处。《离骚》："饮余马于咸池兮。"晖，同"辉"，日光，光辉。《易·未济》："君子之光，其晖吉也。"

（6）蒙汜（sì），古代神话以为是极西日落的地方。《楚辞·天问》："出于汤谷，次于蒙汜。"王逸注："次，舍也；汜，水涯也。言日出东方汤谷之中，暮入西极蒙水之涯也。"汤，同"旸"。

（7）穷达士，困顿的人和显达的人。《墨子·非儒下》："穷达、赏罚、幸否、有极，人之知力，不能为焉。"

（8）荧荧（yíng），微光闪烁之状。

（9）何许，何处。君子，此指品行好的人。

（10）叹息，一作"旷世"。未合并，未出以公心。《庄子》有"大人合并而为公"句。

（11）景山，大山。景，大，高。《诗经·鄘风·定方之中》："景山与京。"毛传："景山，大山。"

【赏析】

本首原列第十七。这首诗写时间倏忽变化，希望得到股肱之臣治理国家。

全诗共十四句，可分为三层。"悬车在西南"等六句为第一层，写时间的迅速变化。悬车是古代的一种计时器，指黄昏前的一段时间。羲和为驾日车之神。流光，指月光。咸池为太阳洗浴之处，蒙汜为日落之所。六句写景，全用白描。大意是说，太阳已到西南方向，很快就要落山了。月光普照四海，很快到了夜晚。早晨咸池还阳光照耀，转眼蒙汜又霞光满天，不仅写出了时间的快速推进，而且又巧寓哲理。接下六句为第二层，由写景转为写人，提出对君子的企盼。穷达士，困顿的人和显达的人。"岂知穷达士"二句议论，是说不管是困顿的人还是显达的人，其命运都不是自己所能掌握的，到头来都难免一死，而且死后不能复生。人们在社会上地位虽生有天壤之别，但死神对待他们却是一视同仁，不分轩轾。接着诗人又打了一个比喻，你看那些争奇斗妍的桃花和李花，哪个能够长久熠熠生辉呢？花无长好，月无长圆之意甚明。"君子"指有才德的人，常指治国栋梁之材。"君子在何许"二句是说，治国之才又在哪里呢？人们只有叹息而未见出以公心之人。以世事为怀的诗人对此当然不会无动于衷，但他是一个喜怒不形于色的人，所以这种感慨表现得含而不露："瞻仰景山松，可以慰吾情。"写诗人的感想。两眼望着高山之巅的大松树，自己的心中感到一种慰藉。光阴荏苒，时势百变，期望有顶天立地的于国忠良治理国家，乃是诗人的愿望。此为第三层。（毕桂发　赵玉玲）

咏怀·西方有佳人

　　西方有佳人⁽¹⁾，皎若白日光⁽²⁾。被服纤罗衣⁽³⁾，左右佩双璜⁽⁴⁾。修容耀姿美⁽⁵⁾，顺风振微芳⁽⁶⁾。登高眺所思，举袂当朝阳⁽⁷⁾。寄颜云霄间，挥袖凌虚翔⁽⁸⁾。飘飖恍惚中，流盼顾我傍⁽⁹⁾。悦怿未交接，晤言用感伤⁽¹⁰⁾。

【毛泽东圈评等情况】

　　毛泽东读清沈德潜选编《古诗源》卷六时曾圈阅此诗。

　　　　[参考] 张贻玖：《毛泽东评点、圈阅的中国古典诗词》，
　　　　　　　　　中国工人出版社 1992 年版，第 223 页。

【注释】

　　（1）佳人，美女。宋玉《登徒子好色赋》："天下之佳人，莫若楚国。"

　　（2）皎，白，明亮。

　　（3）被服，动词，穿着。被，通"披"。纤，精细。罗衣，丝绸的衣服。

　　（4）璜，半璧（半圆形而中间有孔的玉器）形的玉器，古代妇女身上的装饰品。上面有葱玉（青色的玉）为横梁，左右两头有两丝带悬二璜，叫"双璜"。

　　（5）修容，修饰过的仪容。

　　（6）振，散发。

　　（7）当，对，一作"向"。

　　（8）寄颜，托迹。云霄，天际。凌虚，升到天空。曹植《节游赋》有"飘飞陛以凌虚"句。

　　（9）飘飖，风吹动物之状，此处形容人在天空被风吹动之态。恍惚，看不真切。《老子》："道之为物，唯恍（恍）唯惚。"流盼，目光转来转去。宋玉《登徒子好色赋》："含喜微笑，窃视流眄。"盼，看，顾，回头看。

　　（10）悦怿（yì），高兴，愉快。《诗经·邶风·静女》："彤管有炜，

说怿女美。"说，同"悦"。怿，悦、乐。交接，交往接触。晤言，见面谈话。《诗经·陈风·东门之池》："彼美淑姬，可与晤言。"用，以。

【赏析】

这首《咏怀·西方有佳人》是阮籍《咏怀诗》的第十九首，以象征、比兴的手法，通过男女相悦无由来寄托自己理想不能实现的忧伤。

诗的前半部分描写了佳人的美貌。"西方有佳人，皎若白日光"两句是运用比喻描绘了佳人的美貌。这两句是说：西方有一个绝色的美人，她有着像太阳一样光明灿烂的绝色容颜。"被服纤罗衣，左右佩双璜。修容耀姿美，顺风振微芳"四句是运用了欲美其人、故美其物的烘托手法，来描写佳人的衣着妆饰，刻画得极为细腻。这四句是说：美人穿着精美华贵的罗衣，佩着双璜璧玉；精心修饰过的仪容容光焕发，姿态更加优美，身体随风散发出芳香的气息。"纤罗衣"是精细的丝绸服装。"璜"是一种平圆形而中间有孔的玉器，古代妇人身上的装饰物。"双璜"，是上面有一青色的玉作横梁，其左右两头有两条丝带各悬一璜的佩饰。"振"，发的意思。"登高眺所思，举袂当朝阳"两句是写佳人的举动既娇媚又高雅，这两句是说：佳人登上高处出神地眺望所思念的情人，抬起袖子遮挡着太阳。这两句以朝阳作背景，为佳人添上了一抹鲜红的颜色，显得更加光彩照人。

诗人对佳人的描写不仅停留在外表的仪容举止上，而且将她妩媚的气质也摄入了画面中。"寄颜云霄间，挥袖凌虚翔"两句是说：佳人飘游在天际云霄之间，挥舞着轻柔的长袖，凌空飞翔。"飘飖恍惚中，流盼顾我傍"两句是说：佳人虽恍惚迷离地在天空中飞翔，但似在我身旁流连徘徊，不时地回头看我。"飘飖"，风动物貌，此处形容人在天空中随风飘动。"恍惚"，看不真切的样子。"流"，转来转去的意思。"飘飖恍惚"造成了梦幻一般的意境，让人以雾中看花的感受去领略佳人的身形气质，陶冶在美感的氛围之中。结尾两句"悦怿未交接，晤言用感伤"情感陡转，打碎了迷人的梦景。这两句是说：虽然佳人对我多情，然而只能遥遥相对，却不能与她接触，觉醒之后袭上心头的是说不尽的感伤和惆怅。梦幻和失望形成了强烈的反差，从缠绵的欢愉之中陷入了深沉的忧伤，给人以残酷的打击。

全诗通过视觉、听觉、嗅觉来写美人的光彩、服饰、姿容、幽香等静态，以登高、举袂、挥袖、飘飘、流盼等一系列动态描写，展现出了佳人凌空飘舞的轻盈美姿和远眺近盼的相思多情。诗歌借助于幻觉，写得如幻似真，充满了朦胧之美。吴汝伦说："此首似言司马之于己也。末言彼虽悦怿，吾则未与交接也，然吾终有身世之感伤。盖兴亡之感，忧生之嗟，无时可忘耳。"（《古诗抄》）可供参考。（东 民）

【原文】

咏怀·于心怀寸阴

于心怀寸阴[(1)]，羲阳将欲冥[(2)]。挥袂抚长剑[(3)]，仰观浮云征[(4)]。云间有玄鹤[(5)]，抗志扬哀声[(6)]。一飞冲青天[(7)]，旷世不再鸣[(8)]。岂与鹌鹑游[(9)]，连翩戏中庭[(10)]。

【毛泽东圈评等情况】

毛泽东读清沈德潜选编《古诗源》卷六时曾圈阅此诗。

[参考] 张贻玖：《毛泽东评点、圈阅的中国古典诗词》，
中国工人出版社 1992 年版，第 223 页。

【注释】

（1）寸阴，短暂的时间。阴，日影，指时间。《淮南子·原道训》："故圣人不贵尺之璧而贵寸之阴，时难得而易失也。"

（2）羲（xī）阳，太阳。阳，一作"和"。羲和是太阳御者。屈原《离骚》有"吾令羲和弭节兮"句。冥，昏暗。

（3）袂（mèi），衣袖。

（4）征，行，飞。

（5）玄鹤，一作"立鹄"，千年黑鹤。古代传说鹤千年化为苍，又千

年化黑，叫作玄鹤（西晋崔豹《古今注·鸟兽》），"此鸟不飞则已，一飞冲天"。

（6）抗志，一作"抗首"，高尚的志气。

（7）冲青天，直上青天。

（8）旷世，绝代，世所未有，一作"疆世"。曹植《洛神赋》："奇服旷世。"

（9）岂，一作"安"。鹑（chún），鸟名，鹌鹑，旧为贵族蓄养玩物。鹦（yàn），鸟名，鹌鹑的一种。

（10）连翩，连续飞翔，飞来飞去之意。中庭，院中。

【赏析】

这是阮籍《咏怀诗》第二十一首，抒发了诗人渴望建功立业的雄心壮志和志不能遂的哀伤。

"于心怀寸阴，羲阳将欲冥"，起首二句抒情。"寸阴"，短暂的时间。"阴"，日影，指时间。《淮南子·原道训》："故圣人不贵尺之璧而贵寸之阴，时难得而易失也。""羲（xī）阳"，太阳。屈原《离骚》："吾令羲和弭节兮，望崦嵫而勿迫。"羲和是驾日车的神。这里是说叫羲和不要把太阳赶下山去。一、二句是说，我心中本来很珍惜短暂的时间，但是太阳很快就要落山了。古代有作为的人希望事业有成，都匆匆奋发，加倍珍惜时间，所以有贱尺璧而重寸阴的优秀传统，诗人"于心怀寸阴"也是此意。但是又说天很快就要黑了，实则说自己岁月空掷，事业无成，感慨良深，为全诗定下了基调。

"挥袂抚长剑，仰观浮云征"，三、四句描写。"挥袂"，挥动衣袖。二句是说我挥动衣袖抚着长长的宝剑，昂首仰望浮云飘飞，刀刻斧削地塑造出一个有志不能逞的志士的形象。而且"抚长剑"还用了《楚辞》"抚长剑兮玉珥"的典故，是说诗人要效法爱国诗人屈原同命运去抗争。

"云间有玄鹤，抗志扬哀声。一飞冲青天，旷世不再鸣。"四句以玄鹤自喻，直叙冲天之志。"玄鹤"，千年黑鹤。《史记·司马相如传》子虚赋〉》："双鸧下，玄鹤加。"古代传说鹤千年化为苍，又千年化为黑，谓之玄鹤。"抗志"，高尚的志气。"冲天"，直上青天。《史记·滑稽列传》："此鸟不飞则已，一飞冲天。""旷世"，绝代，世所未有。曹植《洛神赋》："奇服旷世。"这四句是说，云中有一只千年玄鹤，它志气高节，唳声哀苦，然而一飞冲天，世所未有。诗人以玄鹤自喻，志存高远，四句一气而去，是激情的迸发。

"岂与鹑鷃游，连翩戏中庭"。末二句写不与小人为伍。"鹑"，鸟名，鹌鹑，体形像小鸡，羽毛赤褐色，有黄白色条纹。雄性好斗，旧时为贵人蓄养的玩物。"鷃"，古籍中的鸟类，鹌鹑的一种。"连翩"，鸟飞的样子，形容连续不断。曹植《白马篇》："白马饰金羁，连翩西北驰。"这二句是说，我岂肯像鹑鷃一样在贵族庭中的水池里游来游去，成为贵族手中的玩物。诗人以鹑鷃比喻依附权贵的小人，成为诗人形象的对立物。鲜明的对比，更突出了诗人形象的高大，志行的高洁，是反面着笔，有力地表现了主题。（毕桂发　朱东方）

【原文】

咏怀·驾言发魏都

驾言发魏都[(1)]，南向望吹台[(2)]。箫管有遗音[(3)]，梁王安在哉[(4)]！战士食糟糠，贤者处蒿莱[(5)]。歌舞曲未终，秦兵已复来[(6)]。夹林非吾有[(7)]，朱宫生尘埃[(8)]。军败华阳下[(9)]，身竟为土灰[(10)]。

【毛泽东圈评等情况】

毛泽东读清沈德潜选编《古诗源》卷六时曾圈阅此诗。

[参考] 张贻玖：《毛泽东评点、圈阅的中国古典诗词》，中国工人出版社1992年版，第223页。

【注释】

（1）驾言，驾车。言，语气助词。魏都，战国时魏国都城大梁，即今河南开封。

（2）吹台，古迹名，又称范台、繁（pó）台，在今河南开封东南禹王台公园内。相传为春秋时音乐家师旷吹乐之台。战国时魏王宴乐之地。

（3）箫管，古代两种管乐器。遗音，指战国时流传下来的音乐。

（4）梁王，即战国魏王婴。因其国都大梁，又称梁王。《战国策·魏策》："梁王魏婴觞诸侯于范台。"

（5）蒿莱，野草，杂草。处蒿莱，住草屋。

（6）"歌舞曲未终"二句，是说梁王行乐未终，秦兵已乘机重来进攻。《史记·魏世家》："景湣王元年，秦拔我二十城，以为秦东郡；二年，秦拔我朝歌，卫徙野王；三年，秦拔我汲；五年，秦拔我垣、蒲阳、衍；……。王假元年，燕太子丹使荆轲刺秦王，秦王觉之。三年，秦灌大梁，虏王假，遂灭魏。"

（7）夹林，台观名，梁王在吹台所建的游览之处所。《战国策·魏策》："前夹林而后兰台，强台之乐也。"吾，梁王自称。

（8）朱宫，指吹台一带的宫殿。

（9）华阳，地名，在今河南新郑东。《史记·白起王翦列传》："昭王三十四年，白起攻魏，拔华阳，走芒卯，而掳三晋将，斩首十三万。"这是秦灭魏过程中的重要战役。

（10）身竟为土灰，用曹操《步出夏门行》"神龟虽寿，犹有竟时。腾蛇乘雾，终为土灰"及阮瑀《七哀诗》"良时忽一过，身体为土灰"成句。

【赏析】

《咏怀·驾言发魏都》是阮籍《咏怀诗》的第三十一首。这首诗借吟咏古事以慨时政，以战国时的魏王来比喻当时的魏君，表现了诗人对曹魏政权的惋惜和忧虑之情。

"驾言发魏都，南向望吹台。"首两句是写从魏都大梁驾车出发，往南去凭吊吹台。"言"是语气助词。"魏都"，指战国时魏国国都大梁，今河南开封。"吹台"，战国时魏王宴饮之所，遗迹在今开封东南，又称繁台、范台。诗人借此两句引发了吊古怀伤的感慨。"箫管有遗者，梁王安在哉！"两句写诗人漫步吹台，如今在那里尚能听到当时传留下来的音乐，但是在吹台宴乐的梁王却在何处呢？诗人慨叹梁王行乐不长，是他荒淫腐化的结果。这两句对比强烈，饱含了对荒淫误国统治者的讥讽。张玉谷说："首四（句）就发魏都、望吹台，一气赶出当日梁王行乐不长久。"

"战士食糟糠，贤者处蒿莱"，两句是诗人更进一步揭露魏国灭亡的原因，是说：梁王当日只知行乐，不顾国事，不知养兵用贤，使兵士食糟糠，使贤士处于草野之中。张玉谷说："'战士'二句，乃推原所以致败之由。"接下来"歌舞曲未终，秦兵已复来"两句是说梁王行乐不及终，秦兵已乘机重来进攻。诗人借古事对魏明帝时的政治加以影射，当时蜀丞相诸葛亮屡屡出师给魏国造成了很大的威胁。这是讽古喻今之笔。"夹林非吾有，朱宫生尘埃"，两句写国家破亡的惨象。这两句是说夹林失陷，吹台荒芜。"夹林"是梁王在吹台所建的游览之所。"吾"拟梁王自称。"朱宫"，指吹台的宫殿。诗人以此两地指代国家沦于敌手，都城变成了一片废墟。结尾两句"军败华阳下，身竟为土灰"是说梁王兵败，身死名灭。公元前273年，秦兵围大梁，破魏军于华阳。"华阳"，地名，在今河南新郑东。

这首诗借咏史以讽喻曹魏的政治，给沉溺于声色淫乐的曹魏政权以警策。清代陈沆说："此借古以寓今也。（魏）明帝末年，歌舞荒淫，而不求贤讲武，不亡于敌国，则亡于权奸，岂非百世殷鉴哉！"（《诗比兴笺》）

（东　民）

【原文】

咏怀·朝阳不再盛

朝阳不再盛⁽¹⁾，白日忽西幽⁽²⁾山。去此若俯仰，如何似九秋⁽³⁾。人生若尘露⁽⁴⁾，天道邈悠悠⁽⁵⁾。齐景升丘山⁽⁶⁾，涕泗纷交流。孔圣临长川⁽⁷⁾，惜逝忽若浮。去者余不及，来者吾不留⁽⁸⁾。愿登太华山⁽⁹⁾，上与松子游⁽¹⁰⁾。渔父知世患⁽¹¹⁾，乘流泛轻舟。

【毛泽东圈评等情况】

毛泽东读清沈德潜选编《古诗源》卷六时曾圈阅此诗。

[参考] 张贻玖：《毛泽东评点、圈阅的中国古典诗词》，

中国工人出版社 1992 年版，第 223 页。

【注释】

（1）朝（zhāo）阳，山的东面。《尔雅·释山》："山东曰朝阳。"《诗经·大雅·卷阿》："梧桐生矣，于彼朝阳。"

（2）幽，昏暗。西幽，指太阳落山。

（3）九秋，秋季九十天，故称"九秋"。

（4）"人生如尘露"，形容人生短促，好像早晨的露水一见到太阳就要消失。语本《汉书·苏武传》："人生如朝露，何自苦如此。"

（5）天道，中国哲学术语，指日月星辰等天体运行的现象和过程。邈悠悠，遥远，渺茫。邈，远。

（6）齐景，指春秋时齐景公。《晏子春秋》："景公游于牛山，北临其国而流涕曰：'若何滂滂去此而死乎！'"涕，眼泪。泗，鼻涕。

（7）"孔圣临长川"二句，《论语·子罕》："子在川上曰：'逝者如斯夫，不舍昼夜。'"孔圣，指孔子。忽若浮，东汉班婕妤《自悼赋》："惟人生兮一世，忽一过兮若浮。"

（8）去者、来者，均指时间而言，意思是一切都会很快逝去。

（9）太华山，即华山，在今陕西华阴南，号为西岳。

（10）松子，即赤松子。晋人黄初平牧羊，被一道士携至金华山石室中，服食松脂、茯苓成仙，改名为赤松子（见东晋葛洪《神仙传》）。

（11）"渔父知世患"二句，意思是不如从渔父归隐。《楚辞·渔父》："渔父曰：'圣人不凝滞于物，而能与世推移，……'莞尔而笑，鼓枻而去。"世患，人世间的祸患。《汉书·杨胡朱梅云传》："越职触罪，危言世患。"

【赏析】

　　《咏怀·朝阳不再盛》是阮籍《咏怀诗》的第三十二首。诗人感慨盛衰无常，人生易尽，天道悠远，借对时光倏忽的挽歌，表现了对个人命运和曹氏国运的嗟叹，因而愿意仿效仙人的出世或者隐士的避世。

　　首两句"朝阳不再盛，白日忽西幽"，从象征时光流逝的白日写起，表现出光景西驰、盛年流水、一去不返的忧生感情。这两句是借写太阳行将下山，夜幕就要降临，隐喻曹魏政权的衰败和司马氏的阴险狡诈。"去此若俯仰，如何似九秋"两句是以朝暮的更替如俯仰之间的迅速比喻世事变幻的不可预测。"去此若俯仰"是说曹魏的盛况在俯仰之间转瞬即逝去。"如何似九秋"是以秋季的漫长作比，抒发了自己对曹魏权柄的丧失有恍如隔世之感，寄托了对曹氏的忧伤怀念。在这里，诗人将人生短促的挽歌与曹魏国运短微的感叹交融在一起，双重寓意相互交叉、生发，置于诗端而笼罩全篇。

　　"人生若尘露，天道邈悠悠"两句是以"人生""天道"的强烈对比，写人生与国运的短促。这两句是诗人以沙尘任风吹、露水瞬息干来比喻人生的无常，同时也隐喻自己的力量像尘雾、露水一样渺小，不能匡复曹魏，因此哀伤，控诉在这动荡不安的社会里天道之无存。"齐景升丘山，涕泗纷交流。孔圣临长川，惜逝忽若浮"四句是借《晏子春秋》中"齐景公游于丘山，北临其国而流涕"的典故和孔子在河边慨叹时光流去不复再来的故事，极写人生与国运的短促，表达了曹魏盛世已逝、不可挽回的时局，寄托了对魏国行将灭亡的哀恸。在这里，诗人对个人命运和对国运的双重忧虑，比先前的比喻和对比又更深了一层。

　　"去者余不及，来者吾不留"两句取《楚辞·远游》"往者余弗及兮，来者吾不闻"句意。这两句是说：过去的时光我不能追赶上，未来的岁月我也不能留住它，表达了诗人再不能追随曹魏的无可奈何的忧伤和不愿与新崛起的司马氏政权合作的态度。结尾四句"愿登太华山，上与松子游。渔父知世患，乘流泛轻舟"，抒发了诗人在忧愤交集、无路可寻的情况下，只好去学仙以超脱尘世的出世思想。"愿登太华山，上与松子游"借用《史记·留侯世家》："愿弃人间事，从赤松子游耳。"道出了自己希图追蹑仙踪，要过隐遁生活的心愿。"渔父知世患"，典出《楚辞·渔父》，诗人借此显示了自己的清高和对黑暗现实的憎恨，同时也流露了他心中无比的忧愤和惆怅。这四句反映了诗人避祸保真，愿随赤松子去仙游或随渔父去隐居，不甘与世俗同流合污的决心。

这首诗的情调分外沉痛。阮籍痛感魏晋易代之际，统治集团内部的矛盾斗争日益激化，他深为曹魏统治的前途和个人的命运担忧。因此，只能以曲折隐晦的方式与冷淡的语言来表达炽热的感情，以学仙和求隐作为生活的归宿。这首诗运用了神话、典故、比兴和双重寓意的写法，诗意晦涩，难以索解，但诗人曲隐地寄寓在诗中的悲愤愁苦是不难体会到的。

（东　民　毕英男）

【原文】

咏怀·儒者通六艺

　　儒者通六艺(1)，立志不可干(2)。违礼不为动(3)，非法不肯言(4)。渴饮清泉流，饥食并一箪(5)。岁时无以祀(6)，衣服常苦寒。屣履咏《南风》(7)，缊袍笑华轩(8)。信道守《诗》《书》(9)，义不受一餐(10)。烈烈褒贬辞(11)，老氏用长叹(12)。

【毛泽东圈评等情况】

毛泽东读清沈德潜选编《古诗源》卷六时曾圈阅此诗。

　　　　　[参考] 张贻玖：《毛泽东评点、圈阅的中国古典诗词》，
　　　　　　　　　中国工人出版社 1992 年版，第 223 页。

【注释】

　　（1）六艺，即古代教育学生的六种科目。《周礼·大司徒》："三曰六艺：礼、乐、射、御、书、数。"《史记·孔子世家》："孔子以诗书礼乐教弟子盖三千焉，身通六艺者七十有二人。"亦指儒家的六部经典：《诗》《书》《易》《礼》《乐》《春秋》。

（2）干，冒犯，干犯。

（3）违礼，不合礼仪制度。不为动，不去做。《论语·颜渊》："非礼勿视，非礼勿听，非礼勿言，非礼勿论。"

（4）非法，违反法律。《商君书·定分》："吏明知民知法令也，故吏不敢以非法遇民。"

（5）箪（dān），古代盛饭的竹篮。《论语·雍也》："一箪食，一瓢饮，在陋巷，人不堪其忧，回也不改其乐。"

（6）岁时，四时，四季。祀，祭祀，此指祭品。

（7）屣履（xǐ lǚ），跋着鞋子。《南风》即《南风歌》。相传虞舜弹五弦琴，歌《南风》之诗："南风之薰兮，可以解吾民之愠兮。南风之时兮，可以阜吾民之财兮。"

（8）缊（yùn）袍，以乱麻作絮的袍子。华轩，有文彩画饰的高大车子。

（9）道，指儒家学说。《诗》《书》，《诗经》和《尚书》，指代儒家经典。

（10）"义不受一餐"，意思是不随便吃一顿不合礼仪的饭。

（11）烈烈，激烈。褒贬辞，批评社会的言辞。

（12）老氏，即老聃，姓李名耳，先秦时思想家，道家创始人。因为老子主张绝圣弃智，无为而治，而认为儒生提倡诗书礼法是致乱之源。用，因。

【赏析】

此诗为阮籍《咏怀诗》第六十首。

嵇康崇尚老、庄，常言养生服食之事，但富于正义感和反抗性。他反对虚伪的礼教和礼法之士，对当时政治的黑暗深为不满，曾自称"非汤、武而薄周、孔"（《与山巨源绝交书》），发表离经叛道、非薄"圣人"的言论。作为嵇康的朋友，"竹林七贤"之一，阮籍也有崇老抑儒的倾向，只是比嵇康表现得更为蕴藉一些。本诗对儒家的泥守古礼、自命清高进行了嘲讽。

全诗共十四句，可分为三层。"儒者通六艺"四句为第一层，批评儒家的政治态度。儒家以礼、乐、射、御、书、数六科教授弟子，其卓异者六艺俱通。其志向是"修身、齐家、治国、平天下"，其信条是"达则兼济天下""穷则独善其身"，其终极目标是"克己复礼"，即恢复西周奴隶社会的统治秩序。所以，儒家特别强调守礼和遵法，认为二者是达到其政治目的手段。接下来，"渴饮清泉流"六句为第二层，批评儒家的思想和生活作风。在生活上，为儒家最为称道的是颜回的"箪食""瓢饮"，这是饮食；"衣服常苦寒"，趿着鞋子，穿着乱麻作絮的袍子，这是衣着。而这种穷困潦倒的生活，不以为苦，反而自得其乐，像相传古时的虞舜那样弹着五弦琴，歌唱《南风》之诗。末四句为第三层，用老、庄观点全盘否定儒家思想。"信道守《诗》《书》"说儒家恪守儒道，从不随便吃一顿不合礼仪的饭，一褒。"烈烈褒贬辞"，是说儒家激烈地批评社会的言辞，再褒。"老氏用长叹"，用老子的一声长叹，举重若轻，将前面所述儒家的种种善举，一笔抹倒，实在高明至极：因为老子主张绝圣弃智，无为而治，所以，在老子看来，儒家提倡诗书礼法实为叛乱之源，不仅无益，而且有害，正所谓"儒以文乱法，侠以武犯禁"，殊途而同归耳。

清代诗论家沈德潜在《古诗源》中评此诗曰："儒者守义，老氏守雌，道既不同，宜闻言而长叹也。魏晋人崇尚老庄，然此诗言各从其志，无进退两家意。"沈氏说儒道不同，道家闻儒家之言而长叹，是不错的。说"魏晋人崇尚老庄"，也是对的。但说"此诗言各从其志，无进退两家意"，显然与诗中褒老贬儒之倾向不符，明眼人一看便知。（毕桂发　范冬冬）

【原文】

咏怀·林中有奇鸟

林中有奇鸟，自言是凤凰[1]。清朝饮醴泉[2]，日夕栖山冈[3]。高鸣彻九州[4]，延颈望八荒[5]。适逢商风起[6]，羽翼自摧藏[7]。一去昆仑西[8]，何时复回翔？但恨处非位，怆恨使心伤[9]。

毛泽东读清沈德潜选编《古诗源》卷六时曾圈阅此诗。

[参考] 张贻玖：《毛泽东评点、圈阅的中国古典诗词》，

中国工人出版社 1992 年版，第 223 页。

【注释】

（1）凤凰，古代传说中的鸟王，雄的叫凤，雌的叫凰，通称凤凰。古人认为是鸣国家之盛的瑞鸟。

（2）醴泉，甘美的泉水。《礼记·礼运》："天降甘霖，地出醴泉。"

（3）栖，鸟类歇宿之称。《诗经·王风·君子于役》："鸡栖于埘。"

（4）彻，贯通，深透。《庄子·外物》："目彻为明，耳彻为聪。"九州，传说中的我国古代中原行政划。《书·禹贡》作冀、兖、青、徐、扬、荆、豫、梁、雍九州。此处泛指中国。

（5）延颈，伸长脖子。八荒，八方荒远之地。贾谊《过秦论》有"囊括四海之意，并吞八荒之心"句。

（6）商风，秋风。《楚辞·七谏·沉江》："商风肃而害生兮。"

（7）摧藏，摧伤，挫伤。汉王嫱《昭君怨》："离宫绝旷，身体摧藏。"（《乐府诗集》）

（8）昆仑，古代神话中的山名，即昆仑山，即今新疆、西藏之间的昆仑山脉。

（9）怆悢（liàng），悲伤。《文选》班彪《北征赋》："游子悲其故乡兮，心怆悢以伤怀。"悢，一作"恨"。

【赏析】

此诗为阮籍《咏怀诗》第七十九首。

本诗以鸟中之王凤凰九州八荒无处展翅，而徙至昆仑之西寻求归宿的故事，表现诗人才华不能施展、洁身自好的思想。

这首诗表面看是咏物，实是托物言志。"林中有奇鸟，自言是凤凰。"起首二句，开门见山，点出所咏之物。凤凰，在古代传说中是鸟王，非同

一般凡鸟，而是一种"奇鸟"。它托身森林之中，为百鸟之王，古人认为是鸣国家之盛的瑞鸟，故古诗词中常用以象征瑞应。例如《诗经·大雅·卷阿》："凤凰鸣矣，于彼高冈。"接下四句写凤凰之"奇"：早晨它饮甘甜的醴泉之水，晚上它栖息在山冈之上。它大声鸣叫，声音传遍九州四海，伸长脖子眺望八方极远之地。四句从饮水、栖息、鸣叫、眺望等不同角度进一步写出凤凰确实不愧为一种"奇鸟"。这样的奇鸟自然应该有不凡之举，然而诗人笔锋一转，写它生不逢时，迁徙远方："适逢商风起，羽翼自摧藏。"商风即秋风，"商风肃而害生兮"。肃杀的秋风一起，凤凰的羽翼受到摧残。它只得全身远祸，而且走得很远：一直到昆仑山之西，而且没有时间再飞回来。面对凤凰的这种不幸遭遇，诗人压抑不住自己的感叹："但恨处非位，怆恨使心伤。"遗憾的是自己没有处在有权位的地位，对凤凰的不幸遭遇无能为力，徒作悲伤而已。而且不仅是伤凤凰，而且惮己，因为凤凰又可喻德才高尚之人，所以伤凤凰实乃自伤也。

清代诗论家沈德潜在《古诗源》中评此诗道："凤凰本以鸣国家之盛。今九州八荒，无可展翅，而远去昆仑之西，于洁身之道得矣。其如处非其位何，所以怆然心伤也。"深得此诗之旨，可为确评。（毕桂发　王汇涓）

【原文】

咏怀·出门望佳人

出门望佳人[(1)]，佳人岂在兹[(2)]。三山招松乔[(3)]，万世谁与期[(4)]。存亡有长短[(5)]，慷慨将焉知[(6)]？忽忽朝日隤[(7)]，行行将何之[(8)]？不见季秋草[(9)]，摧折在今时！

【毛泽东圈评等情况】

毛泽东读清沈德潜选编《古诗源》卷六时曾圈阅此诗。

[参考] 张贻玖：《毛泽东评点、圈阅的中国古典诗词》，中国工人出版社 1992 年版，第 223 页。

（1）佳人，美好的人。古代诗文中常指自己所怀念的君子贤人。屈原《九章·悲回风》："惟佳人之永都兮，更统世而自贶。"王逸注："佳人，谓怀、襄王。"此指曹爽。

（2）在兹，在此。兹，此。《书·大禹谟》："念兹在兹。"

（3）三山，古代神话传说中的海上三座神山，即蓬莱、方丈、瀛洲。松乔，赤松子和王子乔，传说中古代两位仙人。西汉扬雄《太玄赋》："纳傿禄于江淮兮，揖松乔于华岳。"

（4）谁与期，即与谁期，与谁约定时。期，限定的时间，约定的时日。《古诗十九首·生年不满百》："仙人王子养，难可与等期。"

（5）存亡，一作"存日"，存在或夭亡，生存或死亡。《易·乾》："知进退存亡而不失其正者，其惟圣人乎？"

（6）慷慨，感叹。《文选·陆机〈门前有车马行〉》："慷慨惟平生，俛仰独悲伤。"唐李善注引《说文解字》："慷慨，壮士不得志于心也。"焉知，怎知。

（7）忽忽，形容时间过得很快。朝日，早晨的太阳。隤（tuí），坠落。

（8）行行，走啊走。何之，何往。《古诗十九首·行行重行行》："行行重行行，与君生别离。"

（9）季秋，秋季的第三个月，即农历九月，亦即深秋。《书·胤征》："乃季秋月朔，辰弗集于房。"

【赏析】

此诗为阮籍《咏怀诗》的第八十首。

曹魏末年，曹爽辅政，召阮籍为参军，籍因病辞，归隐田野，岁余而曹爽合族被司马氏诛灭。此诗悲曹爽被诛，表现孤芳长逝的思想。本篇原列八十。

"出门望佳人，佳人岂在兹。"起首二句开门见山，点出所咏之人。佳人，美好的人。指君子贤人，此指曹爽。曹爽在曹魏末年辅政，明帝即位，累迁都督中外诸军事，录尚书事，与太尉司马懿并受遗诏辅少主。齐王曹芳即位，加爽侍中，封武安侯。后被司马懿诬以有无君之心，而夷灭三族。在曹爽与司马懿的争斗中，嵇康是站在曹爽一边的。所以开头二句便对曹爽极其关注。"三山招松乔，万世谁与期。"三、四两句用典，意在劝喻曹爽。三山，古代传说中的海上三座仙山，即蓬莱、方丈、瀛洲。松乔，是神话传说中的仙人赤松子与王子乔的并称。赤松子，为神农时人，后导引轻举。王子乔，即周灵王太子晋，好吹笙作凤凰鸣。后由道士浮丘公接上嵩高山，跨鹤而去。汉王充《论衡·无形》："赤松、王乔，好道为仙，度世不死。"《古诗十九首·生年不满百》云："仙人王子乔，谁可与等期。"诗人援引古代传说中两位得道成仙之人，意在说明这种追求是行不通的。所以，接着说："存亡有长短，慷慨将焉知？"意思是说，事情的兴盛或衰亡，或一个人的生存或死亡，时间有长有短，壮士不得志而徒发感慨又有谁知道呢？以上六句从正面说理，以下四句则从反面见义：时间过得很快，早晨的太阳转眼又坠落西山，走啊走，要走到哪里去呢？言外之意劝曹爽在与司马氏的斗争中，先下手争取主动。最后又比喻说，你没有看见秋天的草吗，遭受风霜摧残就在眼前？可谓向曹爽提出忠告。所以，这首诗当写于曹爽与司马懿二虎相斗、未见输赢之时，诗人的立场是明显地倾向于曹爽的。曹爽被诛之后，阮籍终因不满司马氏统治而被害，这不是偶然的。

清代诗评家沈德潜在《古诗源》载此诗后批注曰："颜延年曰：说者谓阮籍在晋文代，常虑祸患，故发此咏。看来诸咏非一时所作，因情触景，随兴寓言，有说破者，有不说破者。忽哀忽乐，俶诡不羁。十九首后，复有此种笔墨，文章一转关也。《咏怀诗》当领其大意，不必逐章分解。"这段话是沈氏对《咏怀诗》的总评价，它对《咏怀诗》的创作原因、写作特点、风格变化及阅读方法，都做了通脱的说明，可作参考。（毕桂发　许　娜）

晋诗

张 华

张华（232—300），字茂先，范阳方城（今河北固安南）人，晋文学家。出身贫苦，少年时曾以牧羊为生，但他好文史，博览群书。晋武帝时因伐吴有功被封为侯，历任要职。后来因不参加赵王司马伦和孙秀的篡权活动而被杀害。其诗内容比较单调，形式讲究辞藻华美，格调平缓少变化，总的成就不高。著有《博物志》十卷，诗三十余首。今传《张司空集》一卷。

【原文】

励志诗

太仪斡运⁽¹⁾，天回地游⁽²⁾。四气鳞次⁽³⁾，寒暑环周。星火既夕⁽⁴⁾，忽焉素秋⁽⁵⁾。凉风振落，熠燿宵流⁽⁶⁾。

吉士思秋⁽⁷⁾，实感物化⁽⁸⁾。日与月与⁽⁹⁾，荏苒代谢⁽¹⁰⁾。逝者如斯，曾无日夜⁽¹¹⁾。嗟尔庶士⁽¹²⁾，胡宁自舍⁽¹³⁾。

仁道不遐⁽¹⁴⁾，德輶如羽⁽¹⁵⁾。求焉斯至⁽¹⁶⁾，众鲜克举⁽¹⁷⁾。大猷玄漠⁽¹⁸⁾，将抽厥绪⁽¹⁹⁾。先民有作⁽²⁰⁾，遗我高矩⁽²¹⁾。

虽有淑姿⁽²²⁾，放心纵逸⁽²³⁾。田般于游⁽²⁴⁾，居多暇日。如彼梓材⁽²⁵⁾，弗勤丹漆⁽²⁶⁾，虽劳朴斫⁽²⁷⁾，终负素质。

养由矫矢⁽²⁸⁾，兽号于林。蒲庐萦缴⁽²⁹⁾，神感飞禽。末技之妙，动物应心。研精耽道⁽³⁰⁾，安有幽深。

安心恬荡⁽³¹⁾，栖志浮云⁽³²⁾。体之以质，彪之以文⁽³³⁾。如彼南亩⁽³⁴⁾，力未既勤。藨蓘致功⁽³⁵⁾，必有丰殷⁽³⁶⁾。

水积成渊⁽³⁷⁾，载澜载清⁽³⁸⁾。土积成山⁽³⁹⁾，歊蒸郁冥⁽⁴⁰⁾。山不让尘，川不辞盈⁽⁴¹⁾。勉尔含弘⁽⁴²⁾，以隆德声。

高以下基，洪由纤起⁽⁴³⁾。川广自源⁽⁴⁴⁾，成人在始。累微以著⁽⁴⁵⁾，乃物之理。缱牵之长⁽⁴⁶⁾，实累千里。

复礼终朝⁽⁴⁷⁾，天下归仁⁽⁴⁸⁾。若金受砺⁽⁴⁹⁾，若泥在钧⁽⁵⁰⁾。进德修业⁽⁵¹⁾，辉光日新。隰朋仰慕⁽⁵²⁾，予亦何人⁽⁵³⁾。

【毛泽东圈评等情况】

在毛泽东中南海故居藏的一本《古诗源》中毛泽东在张华《励志诗》九章中，的"高以下基，洪由纤起，……"每句都做了断句，并加以旁圈，在天头上画着圈记。1964 年 8 月，毛泽东在和周培源、于光远等人谈哲学问题时，曾认为《励志诗》中的第一章"太仪斡运，天回地游"这两句诗，包含着地圆的意思。

[参考]《毛泽东文集》第八卷，人民出版社 1999 年版，第 392 页。

1964 年 8 月 24 日，毛泽东在他写的《关于人的认识问题》一文中说："事物在运动中。地球绕太阳转，自转成日，公转成年。……不过宋朝辛弃疾写的一首词里说，当月亮从我们这里落下去的时候，它照亮着别的地方。晋朝的张华在他的一首诗里也写道"太仪斡运，天回地游。"

[参考]《毛泽东文集》第八卷，人民出版社 1999 年版，第 391—392 页。

【注释】

（1）太仪，太极，指形成天地万物的混沌之气。《文选》李善注："太仪，太极也。以生天地谓之大，成形之始谓之仪。"斡（wò）运，旋转运行。斡，旋转。《春秋元命苞》："天左旋，地右动。"《河图》曰："地有四游。冬至，地上行北而西三万里。夏至，地下行南而东三万里。春秋二分，是有中矣。地常动不止，而人不知。"

（2）天回，天体运转。

（3）四气，四时阴阳变化，温热冷寒之气。鳞次，像鱼鳞般依次排列。环周，往复循环。

（4）星火，古星名，火星。《书·尧典》："日永星火，以仲夏。"此指仲夏。

（5）素秋，秋季。古代五行说，以金配秋，其色白，故秋素秋。

（6）熠（yì）燿，光彩鲜明。《诗经·豳风·东山》："仓庚于飞，熠燿其羽。"宵，夜。

（7）吉士，古代男子的美称。《诗经·召南·野有死麕》："有女怀春，吉士诱之。"思，悲。

（8）物化，事物的变化。

（9）日与月与，日月。与，语助词。《诗经·邶风·柏舟》："日居月诸，胡迭而微。"后遂用以指岁月的流逝。

（10）荏苒（rěn rǎn），时间渐渐过去。

（11）"逝者如斯"二句，《论语·子罕》："子在川上曰：'逝者如斯夫，不舍昼夜。'"

（12）嗟尔，叹词，感叹。尔，语助词。庶士，众士，多士。

（13）胡宁，岂能。

（14）仁道，为仁之道。仁是古代一种道德观念，其核心指人与人相亲、爱人。遐，远。

（15）德輶（yóu），德轻。輶，轻。《诗经·大雅·丞民》："德輶如毛，民鲜克举之，我仪图之。"

（16）焉，语助词。斯，指德。

（17）鲜，少。克，能。

（18）大猷，大的道术。《诗经·小雅·巧言》："秩秩大猷，圣从莫之。"郑玄笺："猷，道也。"玄漠，深静无为。

（19）厥绪，它的端绪。厥，其，此。

（20）先民，先人，从前的贤人。《诗经·商颂·那》："自古在昔，先民有作。"

（21）贻，赠，留下。高矩，良规，好榜样。

（22）淑姿，美好姿态。

（23）纵逸，恣纵放荡。

（24）田般，从田中回来。般，回。

（25）梓材，指优质的良材。《书·梓材》："若作梓材，既勤朴斫，惟其涂丹雘。"蔡沈集传："梓，良材，可为器者。"

（26）弗，不。丹漆，红色和黑色。

（27）朴斫（zhuó），简单的砍削。斫，砍，斩。

（28）养由，养由基，古代善射的人。矫，纠正。《淮南子》："楚恭王游于林中，有白猿缘木而矫，王使左右射之，腾跃避矢，不能中，于是使由基抚弓而眄，猿乃抱木而长号。何者？诚在于心，而精通于物。"

（29）蒲庐，即蒲且，又作"蒲卢"，即蒲卢胥，春秋时齐国射手。《汲冢书》曰："蒲且子见双凫过之，其不弋者亦下，故言盛也。"矰缴（zhuó），缠绕系在箭上的绳子。缴，系在箭上的生丝绳，射鸟用。

（30）耽道，深于此道，指射鸟。

（31）恬荡，恬淡坦荡。恬，安。荡，平静。《东观汉记·卓茂传》："茂为人恬荡，乐道推实，不为华貌。"

（32）栖志，寄托情志，指隐居的志向。

（33）彪之以文，表现在文采上。彪，有文采的样子。《说文》："彪，虎文貌。"

（34）如彼，到。彼，那。南亩，泛指农田。

（35）蔍蓘（biāo gǔn），指耕作。蔍，耕。蓘，以土壅苗根。《左传·昭公元年》："譬如农夫，是蔍是蓘。"杜预注："蔍，耘也。壅苗为蓘。"

（36）丰殷，丰厚的收获。

（37）水积成渊，荀子《劝学》："积水成渊，蛟龙生焉。"此化用其句。渊，一作川。

（38）载，又。

（39）土积成山，荀子《劝学》："积土成山，风雨兴焉。"此化用其句。

（40）歊蒸，热气。蒸，亦作"烝"。郁，有文采。

（41）"山不让尘"二句，《管子·形势解》："海不辞水，故能成其大；山不辞土石，故能成其高。"二句化用其意。

（42）尔，你。含弘，抱着大的志向。含，衔。弘，大。《易·坤》："含弘光大。"

（43）洪，大。纤，细小。

（44）川，河流。源，水之所从出处。

（45）累微以著，一点点积聚起来，幽昧不明的就会变成显明的。累，积。微，不明。著，显明。

（46）缰（mò）牵，马缰绳。缰，亦作"墨"，绳子。

（47）复礼，恢复礼制。礼，泛指奴隶社会和封建社会贵族等级制度的社会规范和道德规范。终朝（zhāo），整天。《论语·颜渊》："颜渊问仁，子曰：'克己复礼为仁。'"

（48）天下，指全国。归仁，回归到仁的社会。仁，儒家的一种道德规范，包括恭、恕、宽、信、敏、智、勇、忠、孝等。

（49）若金受砺（lì），好像金属在磨刀石上磨制一样。金，金属。砺，磨刀石。荀子《劝学》："金就砺则利。"

（50）若泥在钧，好像泥巴在转轮上一样。泥，泥巴。钧，制陶器所用的转轮。

（51）进德修业，增进道德修养，扩大功业建树。《周易·乾·文言》："君子进德修业。"

（52）隰（xí）朋，农友。隰，新开垦的田。

（53）予，我。

【赏析】

自从南朝梁钟嵘《诗品》评张华诗"儿女情多，风云气少"后，后人评说张诗亦多因之。张诗的确气柔采缛，但若统而言之，则不确。《励志诗》作为一首写怀抒志之作，就绝少儿女情调。何义门《读书记》说："张公诗唯《励志诗》一篇，余皆女郎诗也。"算看到了张华《励志诗》的本质。

《励志诗》作为组诗共分九章。第一、二章在博大宏阔的时序迁流中，引出自己"思秋，实感物化"的历史深沉感。三章以下或总说或分述自己在人生短促、时序如流中的感思兴发，志趣情肠。第三章写仁道恒存，唯求仁道方可斯至。第四章写自己放心纵逸，与道有违，悔恨之意，溢弥笔端。第五章由睹物兴感，抒发自己要研精耽道。六、七、八章写自己励志励心含弘体仁，隆德现世。第九章写自己只有进德修业，辉光日新，方可天下归仁。全组诗意脉连贯，一气呵成，励己勉人，语焉谆谆。

张华《励志诗》抒发胸襟，弘迈异常，既有儒家求德进业之想，又有庄道怡心纵世之意。全诗以儒家的人生规范填道家玄学人生理想，以仁道为励志的最高目标，以逸心为实现的特殊手段，明显见出魏晋文士濡染玄风的痕迹。此诗以励志为主线，以时流世迁、人生短促为契机进行组篇谋篇，使这组诗在表现情感、抒写志向时带有一种浓郁的抒情色彩和忧伤气息。全诗语言畅化，气骨潜存，较之他的写儿女情长的作品，具有一种明显的清畅之气。

毛泽东在一本《古诗源》中对这首诗进行了圈点。这首诗是"励志"的，作者从各个方面讲了积小成大，成就事业的道理。但毛泽东独具慧眼，是从哲学的高度，从地球运行规律的角度看出它包含有"地圆"的原理，反映了他思路的活跃和欣赏文学作品的灵活性。（王利锁）

左 思

　　左思（约250—305），字太冲，齐国临淄（今山东临淄北）人，西晋文学家。他容貌丑陋，口才拙涩，不善交游。因出身寒门，一生不得志。曾积十年之功写成《三都赋》，而为世所重，时下竟相传写，洛阳为之纸贵。其诗常有讽喻，意气豪迈，语言简劲有力，绝少雕琢，继承了汉魏诗的优良传统。《咏史》和《娇女》是其代表作。

【原文】

杂 诗

　　秋风何冽冽[1]，白露为朝霜[2]。柔条旦夕劲[3]，绿叶日夜黄[4]。明月出云崖[5]，皦皦流素光[6]。披轩临前庭[7]，嗷嗷晨雁翔[8]。高志局四海[9]，块然守空堂[10]。壮齿不恒居[11]，岁暮常慨慷[12]。

【毛泽东圈评等情况】

　　毛泽东读清沈德潜选编《古诗源》卷七时曾圈阅此诗。

　　　　　[参考] 张贻玖：《毛泽东评点、圈阅的中国古典诗词》，
　　　　　　　　　中国工人出版社1992年版，第223页。

【注释】

　　（1）冽冽，寒冷之状。一作"烈烈"。

　　（2）露为霜，露水结为霜。语出《诗经·秦风·蒹葭》："蒹葭苍苍，白露为霜。"

　　（3）柔条，柔嫩的枝条。旦夕劲，一天天强劲。

　　（4）日夜黄，叶经霜而变黄。

（5）云崖，云边。崖，畔。

（6）皦皦（jiǎo），白静的状态。流素光，洒下月光。

（7）披轩，开窗。

（8）嗷嗷（áo），哀鸣声。一作"嗸嗸"。《诗经·小雅·鸿雁》："鸿雁于飞，哀鸣嗸嗸。"陆德明《经典释文》："嗸，本作嗷。"

（9）高志，崇高的志向。局四海，以四海之内（中国）为狭小而感到局促。

（10）块然，孤独之态。块，独处。《荀子·君道》："块然独坐而天下从之如一体。"

（11）壮齿，少年。齿，年。吕向注："壮齿，谓少年也。言少年颜色不常居住，忽即衰老，故为常叹。"（《六臣注文选》）

（12）岁暮，指暮年。慨慷，感叹声。

【赏析】

左思胸次浩渺，英气盖世，然生当晋代门阀之风炽盛时期，仕进无途，故郁愤殷忧之情，充满心间。此诗通过节序如流、时光易逝的描绘，抒发了诗人壮志难伸、不甘空堂独守的悲慨之情。

诗从写景入手，在秋色秋景的描绘中引发出诗人深沉的迁逝之悲和壮志难酬的勃郁之情。秋风萧瑟，霜凝大地。昔日婀娜多姿的柔条嫩枝，随着时光的流失，旦夕之间坚劲起来，仿佛一日之间失去了她的柔媚；生机勃发、绿叶蓊郁的季节飘忽而过，眼前是一片枯黄。四句诗用语形象，描绘贴切，把一幅萧萧秋意图展现在读者面前。

紧接四句写诗人所观所闻。临窗远眺，蒙蒙云山，半掩素月，银光普泻，秋凉弥天；侧耳细听，鸣雁高翔，凄号哀唳。如果说前四句是大范围的勾画，那么这四句则是具体氛围的细刻。两相交合，秋天的寂寥清苦之感萧然而出。这里虽是写景，但情在其中。诗人是用寓情于景、以情观景的手法来描摹眼前的世界，因而，这里的秋景描绘就不但是纯景物的刻写，而且也是诗人心态的形象化、视觉化展现，充满着诗人的人生悲思。八句诗，情随景发，景随情变，情景浑融，熔悲秋与慨志于一炉，为下文抒写胸臆作了合理的铺垫和烘托。

诗后四句在前八句观秋兴志的基础上直抒胸臆。时序的迁流激发了诗人的奋发向上，但由于时不我待，那奋发进取的高志又不得不在空堂独守中消释殆尽。面对秋色苍茫，畅思志向东流，怎么不让人感慨怀辛酸，岁暮常慨慷呢？至此，一个壮志扬发而又壮志难酬的悲慨者的形象跃然目前，给人以巨大的艺术感召力。

全诗在抒发诗人情态时能把这种悲慨之情放在时序迁流中进行描绘，表现出一种阔大的流变感，同时又具有深沉的人生哲理。它远远超出了个人的命运咏叹，而具有深沉的人生思考，意境开阔，崇高悲壮。

另外，全诗善于以景写情，以景物的描绘烘托渲染诗人的心态。景中有情，情含景中，丰富了诗的艺术效果，给人一种不尽的情韵。（王利锁）

【原文】

咏史八首·弱冠弄柔翰

弱冠弄柔翰⁽¹⁾，卓荦观群书⁽²⁾。著论准《过秦》⁽³⁾，作赋拟《子虚》⁽⁴⁾。边城苦鸣镝⁽⁵⁾，羽檄飞京都⁽⁶⁾。虽非甲胄士⁽⁷⁾，畴昔览穰苴⁽⁸⁾。长啸激清风⁽⁹⁾，志若无东吴⁽¹⁰⁾。铅刀贵一割⁽¹¹⁾，梦想骋良图⁽¹²⁾。左眄澄江湘⁽¹³⁾，右盼定羌胡⁽¹⁴⁾。功成不受爵⁽¹⁵⁾，长揖归田庐⁽¹⁶⁾。

【毛泽东圈评等情况】

毛泽东曾手书此诗。

[参考]中央文献研究室整理：《毛泽东手书选集·古诗词（上）》，
北京出版社1996年版，第57页。

【注释】

（1）弱冠，二十岁。《礼记·曲礼上》："二十曰弱冠。"古代男子二十岁行冠礼。柔翰，毛笔。

（2）卓荦（luò），杰出，卓越。三国魏孔融《荐祢衡表》："英才卓跞。”跞与莘同。

（3）准，以为法则。《过秦》，即《过秦论》，汉贾谊作。

（4）拟，以为准则。《子虚》，即《子虚赋》，汉司马相如作。

（5）鸣镝（dí），响箭，匈奴制造，发射作为战斗的信号。镝，箭头。

（6）羽檄（xí），用来征召的文书，写在一尺二寸长的木简上，情况紧急时，插上羽毛，叫羽檄。

（7）甲胄（zhòu）士，战士。胄，头盔。

（8）畴昔，往昔。穰苴（ráng jū），春秋时齐国人，善治军和作战，齐景公因为他抗燕、晋有功，尊为大司马，故叫“司马穰苴”。齐威王让人整理他的言论著作，称为《司马穰苴兵法》。这里泛指一般兵书。

（9）长啸，撮口长呼，发出清越的声音，古人多以长啸抒发怀抱。

（10）东吴，指三国时吴国孙氏政权。

（11）铅刀贵一割，用汉班超上疏中的成语。《文选》唐李善注引《东观汉记》：“班超上疏曰：‘臣乘圣汉威神，冀效铅刀一割之用。’”铅质刀钝，一割不能再用。左思以此自谦，表示自己虽愚钝，还愿为国效力。

（12）骋，施展。良图，远大的理想，指为国立功、功成身退。

（13）眄（miǎn），看。澄，清。江湘，长江和湘江，是东吴所在，地处东南，故说“左眄”。

（14）羌胡，即少数民族的羌族，在甘肃、青海一带，地在西北，故说“右盼”。

（15）爵，爵位。

（16）长揖，旧时拱手高举，自上而下的见面礼。《汉书·高帝纪上》：“郦生不拜，长揖。”田庐，家园。

【赏析】

左思的《咏史》诗共八首，都是托古讽今，借古人古事以抒写自己的怀抱和不平的作品。南朝梁钟嵘《诗品》评论左诗：“文典以怨，颇为精切，得讽喻之致。”就是指《咏史》而言。但咏史诗始于东汉初年的班固，不过班固的《咏史》只是“概括本传，不加藻饰”，而左思的《咏史》

诗，并不是概括某些历史事件和人物，而是借以咏怀。所以清何焯说："题云《咏史》，其实乃咏怀也。"又说："咏史者，不过美其事而咏叹之，概括本传，不加藻饰，此正体也。太冲多攄胸臆，此又其变。"（《义门读书记》卷）何氏认为左思《咏史》是咏史类诗歌的变体，其实这是"咏史"诗的新发展。

毛泽东对左思的《咏史》诗比较喜爱，八首诗中，在二十世纪五六十年代练习书法时，曾手书过五首，其中包括这一首。

本篇是《咏史》的第一首，自叙才能怀抱，并未涉及史事，但与下咏鲁仲连、咏扬雄等首前后呼应，可以看作一篇序诗。从诗中"左眄澄江湘，右盼定羌胡"二句推断，此诗当作于公元280年灭吴以前。

全诗可分为两部分，前八句自叙其才能，后八句抒写其怀抱。两部分之间又通过"边城苦鸣镝，羽檄飞京都"的现实，自然地融为一体。

"弱冠弄柔翰"四句，开头四句先讲自己的文才。"弱冠"，《礼记·曲礼》："人生二十曰弱冠。"古时男子二十岁成人而行冠礼，体犹未壮，故曰"弱冠"。首二句互文见义，大意是说，自己二十岁时就很会写文章了，而且博览群书，才学出众。《过秦》，西汉贾谊《新书》中的一篇，后人分为三篇，题为《过秦论》。《子虚》，赋名，司马相如所作。贾谊（前200—前168），洛阳（今河南洛阳）人，西汉政论家、文学家，时称"贾生"，通申（不害）、商（鞅）之术。初受李斯的学生吴公的赏识和推荐，被文帝召为博士，不久迁太中大夫，受大臣周勃、灌婴等的排挤，贬为长沙王太傅，后斥为梁淮王太傅。他多次上疏，批评时政，建议用"众建诸侯而少其力"的办法，削弱诸侯王势力，巩固中央集权。在《过秦论》中，他肯定商鞅变法和秦始皇统一中国的历史功绩，把秦王朝灭亡的原因归于"废先王之道""仁义不施"的结果。司马相如（前179—前117），字长卿，蜀郡成都（今四川成都）人，西汉辞赋家。景帝时为武骑常侍，以病免。去梁，从枚乘等游。所作《子虚赋》为武帝所赏识，因得召见，又作《上林赋》，武帝用为郎。其赋大都描写帝王苑囿之盛、田猎之乐，极尽夸张之能事，于篇末寄寓讽谏，富于文采。《子虚赋》是其代表作。明人辑有《司马文园集》。这二句乘上"弄柔翰"，说自己写论文是以《过秦论》做典范，作赋以《子虚赋》为楷模，颇有自负的味道。

"边城苦鸣镝"四句，写自己兼通军事。其中前两句是说，边疆苦于外患，告急的文书飞快地传到京都。这可能是指 279 年对孙皓和对凉州羌胡树能机部的战争。《晋书·武帝纪》载："咸宁五年（279）十一月，大举伐吴。……十二月，马隆击叛虏树能机，大破斩之，凉州平。"其伐吴诏书曰："孙皓犯境，夷虏扰边。……上下戮力，以南夷句吴，北威戎狄。""虽非甲胄士"二句是说，自己虽非将士，但也曾读过兵法。这是讲自己的武略。

前八句讲自己是一个文韬武略俱全的人，十分自负。这样的人，当然会有非凡的抱负，这就是后八句表现的内容。"长啸激清风"四句，写自己的志气和愿望。"啸"，蹙口成声。"铅刀"，语出唐李善注引《东观汉记》："超曰：'臣乘圣汉威神，出万死之志，冀立铅刀一割之用。'"据《后汉书》知此是章帝建初三年（78）班超上书请兵的话。班超（32—102），字仲升，扶风安陵（今陕西咸阳东北）人。西汉名将。曾两次奉使出使西域，击败匈奴、月氏，平定莎车、龟兹、焉耆等地贵族叛乱，巩固了汉在西域的统治，保持了"丝绸之路"的畅通。左思自比班超，急于为国建功立业。这四句是说，我放声长啸，啸声激荡着清风，志豪气勇，根本没有把东吴放在眼里。我就算是一把铅刀，可铅刀虽钝，如果能有一割之用也好；自己才能虽然低劣，但仍然想施展自己良好的抱负。

末四句"左眄澄江湘"等，便讲他的"良图"。"眄""盼"，都是看的意思。"澄"，清。"江、湘"，长江、湘水，都是当时东吴所在，地在东南，故曰"左眄"。"羌胡"，即所谓五胡中之羌族，分布在甘肃、青海一带，地在西北，故曰"右盼"。"爵"，爵位。"田庐"，家园。这四句是说，我在左顾右盼之中，就要澄清东吴所在的长江、湘江流域一带，平定西北甘肃、青海一带的羌胡。大功告成之后，我也不接受封赏，甘心情愿辞别朝廷，回到家乡务农，自食其力。语气何等轻松，气概何等豪迈！品格何等高洁，胸怀何等磊落！

清陈祚明《采菽堂古诗选》评论左思说："其雄在才，而其高在志。有其才而无其志，语必虚矫；有其志而无其才，音难顿挫。"这段话用来

评论《咏史八首》是十分贴切的。（毕桂发　范登高）

【原文】

咏史八首·郁郁涧底松

郁郁涧底松[(1)]，离离山上苗[(2)]。以彼径寸茎[(3)]，荫此百尺条[(4)]。世胄蹑高位[(5)]，英俊沈下僚[(6)]。地势使之然，由来非一朝。金张藉旧业[(7)]，七叶珥汉貂[(8)]。冯公岂不伟[(9)]，白首不见招。

【毛泽东圈评等情况】

毛泽东曾手书此诗"郁郁涧底松……由来非一朝"数句。

[参考]中央文献研究室编：《毛泽东手书选集·古诗词（上）》，
北京出版社 1996 年版，第 59 页。

【注释】

（1）郁郁，严密浓绿的样子。涧底，谷底。涧底松，比喻才高位卑的寒士。

（2）离离，下垂之状。山上苗，山上小树，比喻出身世族的庸才。

（3）彼，指山上苗。径寸茎，一寸粗的茎。

（4）荫，遮蔽。此，指涧底松。条，枝条。

（5）世胄（zhòu），世家子弟。胄，后裔。蹑（niè），登。

（6）沈，同"沉"，沉没。下僚，职位低下的僚属。僚，官。

（7）金，指金日磾（mì dī），金家自汉武帝到汉平帝，七代为内侍（见《汉书·金日磾传》）。张，指张安世，他家自汉宣帝以后，有十余人为侍中、中常侍（见《汉书·张汤传》）。藉旧业，依靠先人功业。藉，同"借"。

（8）七叶，七代。珥（ěr），插。貂（diāo），貂鼠尾。汉代凡侍中、中常侍等大官，冠旁皆插貂鼠尾做装饰。《汉书·金日磾传赞》："七世内侍，何其盛也。"戴逵《释疑论》："张汤酷吏，七世珥貂。"张汤是张安世之父。

（9）冯公，指汉冯唐，以孝著称，为郎中署长，事文帝。他曾指责汉文帝不会用人，自己年老了还做郎官小职。伟，奇异。不见招，言不被进用。

【赏析】

这是左思《咏史八首》的第二首，诗人以松、苗为喻，揭示出"上品无寒门，下品无世族"（《晋书·刘毅传》）的不公平现象。何焯《义门读书记》："左太冲《咏史》，'郁郁'首，良图莫骋，职由困于资地。托前代以自鸣所不平也。"

"郁郁涧底松"四句描写，诗人用对比手法描绘了两个互相联系的对象：一个是生存涧底，高达百尺，浓郁茂密的劲松；一个是长在山顶，径粗一寸，柔嫩无力的树苗。这两棵植物，一个"郁郁"茂密，一个"离离"下重；一个高达"百尺"，一个粗仅"径寸"；一个生在"涧底"，一个长在"山上"：处处形成强烈的对比，突出了诗人比喻的主旨。诗人以"涧底松"比喻才高位卑的寒士，以"山上苗"比喻才拙位高的世家大族子弟。仅一寸粗的山上树苗竟然遮盖着涧底百尺高的大树，纯粹是"地势使之然"，即世族门阀制度造成的。

"世胄蹑高位"四句议论，紧接前四句的比喻，尖锐地指斥了门阀制度的不合理：世家大族子弟占据高位，英俊之士沉没于低下的官职上，这种情况正像涧底松和山上苗一样，是地势使得他们如此，由来已久，并非一朝一夕之事。从历史上看，门阀制度在东汉末年已经有所发展，至曹魏推行"九品中正制"，进一步巩固了门阀制度。西晋初年，由于继续实行"九品中正制"，门阀制度有所加强，其弊端也更加明显。当时朝廷用人，只据中正品第，结果，上品皆贵族子弟，寒门贫士仕途堵塞。

"金张藉旧业"四句用典，举史实说明"世胄蹑高位，英俊沈下僚"，已是由来已久了。诗人举的是什么史实呢？他举出汉代的三位有名人物：金日磾、张安世和冯唐。"金"，指金日磾家，自汉武帝起，至汉平帝时止，金家七代为内侍。《汉书·金日磾传赞》："七世内侍，何其盛也。""张"，指张汤家。《汉书·张汤传》："安世（张汤子）子孙相继，自宣、元以来为侍中、中常侍……者凡十余人。功臣之世，唯有金氏、张氏亲近贵宠，比于外戚。""七叶"，七代。"叶"，世，代。《诗经·商颂·长发》："昔在中业，有震有业。"毛传："时，世也。""珥"，插。貂，哺乳动物。形似鼬，身体细长，四肢短，尾粗，毛长，呈黄色或紫黑色。其毛皮极珍贵，可制衣裘，御寒性能极好。此指貂尾，古代多用作皇帝贵近之臣的冠饰。唐李善注引魏董巴《舆服志》："侍中、中常侍冠武弁，貂尾为饰。""冯公"，指冯唐，西汉安陵（今陕西咸阳东北）人。文帝时，为中郎署长，后任云中守魏尚的车骑都尉。景帝时，任楚相。年老而官甚微（见《史记·冯唐列传》）。李善注引荀悦《汉纪》："冯唐白首，屈于郎署。""伟"，奇伟出众。这四句是说，金、张两家子弟凭借祖上的功业，七代做汉朝的贵官。冯唐岂不奇伟出众？头发白了，也不见重用。诗人借历史事实抒发自己的怀抱，对不合理的社会现象进行了无情的揭露和抨击。

这首诗从自然景物到社会现象，逐一两相对比，内容层层加深，主旨由隐而显，尖锐地揭露了社会的不合理现象，取得了良好的艺术效果。（毕桂发　袁秀兰）

【原文】

咏史八首·吾希段干木

吾希段干木[1]，偃息藩魏君[2]。吾慕鲁仲连[3]，谈笑却秦军[4]。当世贵不羁[5]，遭难能解纷[6]。功成耻受赏，高节卓不群[7]。临组不肯绁[8]，对珪宁肯分[9]？连玺曜前庭[10]，比之犹浮云[11]。

【毛泽东圈评等情况】

毛泽东曾手书此诗。

[参考]中央文献研究室整理：《毛泽东手书选集·古诗词（上）》，

北京出版社1996年版，第60页。

【注释】

（1）希，仰慕。段干木，战国魏人，隐居穷巷，不肯做官，魏文侯对他很尊敬。

（2）偃息，安卧。藩魏君，为魏国国君的屏藩。当时秦国欲攻魏，司马唐谏秦王道："段干木，贤者也，而魏礼之，天下莫不闻，无乃不可加兵乎？"秦君认为对。魏国因此免于战祸。事见《吕氏春秋》。班固《幽通赋》"木偃息以藩魏"是此句所本。

（3）慕，仰慕。鲁仲连，战国时齐人，善奇谋，能言辩，而不肯做官。事见《史记·鲁仲连邹阳列传》。

（4）却秦军，退秦军。当时秦派白起率兵围赵，赵国欲尊秦为帝。鲁仲连仗义执言，说服赵人放弃了这个计划，秦兵后退五十里，正好魏国援兵赶到，于是解了赵国之围。鲁仲连退秦军是用舌辩，故说"谈笑"。事见《战国策·赵策》和《史记·鲁仲连邹阳列传》。

（5）贵不羁，以不受笼络为高贵。不羁，不受约束。邹阳《狱中上书自明》："使不羁之士与牛骥同皁。"唐李善注："不羁，谓才行高远，不可羁系也。"

（6）遭难，遇到灾难。解纷，解除纷扰。据《史记·鲁仲连邹阳列传》载，鲁仲连却秦军后，平原君要给他高封厚享，他再三辞让说："所谓贵于天下之士者，为人排患释难解纷乱而无所取也。即有取者，是商贾之事，而连不忍为也。"于是，不受而去。

（7）高节，高尚的节操。卓，高超。不群，不同于一般人。

（8）组，丝织的系玺的绶带。缧（xiè），系结。

（9）珪（guī），玉器，上圆下方的玉，古代封诸侯时，不同爵位发不同的珪。分，分别颁发不同的珪。宁肯分，指不肯接受官爵。

（10）连玺，成串的官印。

（11）比之犹浮云，把富贵看得像浮云一样轻。语本《论语·述而》："不义而且富贵，于我如浮云。"

【赏析】

这首诗歌咏段干木和鲁仲连二人有功于国而轻于禄位的高节，并说明自己的志向。

"吾希段干木"四句用典，开头点明诗人所仰慕的两个历史人物和他们的事迹。这两个人物就是段干木和鲁仲连。段干木，战国时魏人，姓段干，名木，原为晋国市侩，求学于子夏。魏文侯给予爵禄官职都不受，但对文侯十分尊敬。当时秦国要攻魏，司马唐谏秦王曰："段干木，贤者也，而魏礼之，天下莫不闻。无乃不可加兵乎？"秦王以为然，遂罢（见《吕氏春秋》）。班固《幽通赋》："木偃息以藩魏兮。""偃息"，安卧。"藩"，篱垣，此用为动词，卫护之意。鲁仲连，战国时齐国人。"好奇伟俶傥之画策，而不肯仕官任职，好持高节"。秦将白起围赵，鲁仲连时在赵国，他斥退了魏国派往赵国劝赵尊秦为帝的辛垣衍，使赵人也放弃了帝秦的打算，秦将闻之，为却军五十里（见《战国策·赵策》及《史记·鲁仲连邹阳列传》）。这四句是说，我仰慕段干木，他在安卧之中就卫护了魏君。我羡慕鲁仲连，他以谈笑舌辩而能使秦国退兵。"希""慕"，都是仰慕之意。"吾希""吾慕"，表达了诗人的仰慕之情，也是自己的心愿。

双起单承，接下"当世贵不羁"四句议论，单写鲁仲连的事迹，赞扬其高贵品质。《史记·鲁仲连列传》载："鲁仲连却秦军后，于是平原君（赵国丞相）欲封鲁仲连，鲁仲连辞让。使者三，终不肯受。平原君乃置酒，酒酣，起前，以千金为鲁仲连寿。鲁仲连笑曰：'所谓贵于天下之士者，为人排患释难解纷乱而无所取也。即有取者，是商贾之事也，而连不忍为也。'遂辞平原君而去。"此前二句用鲁仲连语原意，后二句是对他的评价。这四句是说，世上所推崇的是那些不羁之士，他们能够为人排难解纷，功成而不受赏，高节卓越实在与众不同。

"临组不肯绁"四句继续议论，再次强调鲁仲连把爵禄看得像浮云一样轻的高风亮节。"组"，丝织的绶带，用以系印章结于腰间。"绁（xiè）"，系。"珪"，瑞玉，上圆下方。古代封诸侯，爵位不同，珪也不同。"分珪"，语出扬雄《解嘲》："析人之珪，儋人之爵，怀人之符，分人之禄。""宁肯分珪"与"不肯绁组"都是功成不受赏的意思。"玺"，印。"连玺"，几个印连在一起。唐李善说："将加之官，必授之以印。后仲连为书遗燕将，燕将自杀。田单（齐国丞相）欲爵之，仲连逃海上。再封（因先平原君曾欲封之，故曰再封），故言连玺。""浮云"，飘动的云。语出《论语·述而》："子曰：'不义而且富贵，于我如浮云。'"总之，不论是"组""珪"，还是"玺"，都是官爵的意思。对于这些世俗之人孜孜以求的东西，鲁仲连一再坚拒不受，而且视若浮云，这不仅赞扬了鲁仲连高尚的思想品德，同时也表现了诗人的追求和愿望。

值得一提的是，左思的这种看法，影响了唐代大诗人李白。李白《古风五十九首》之十写道："齐有倜傥生，鲁连特高妙。明月出海底，一朝开光曜。却秦振英声，后世仰末照。意轻千金赠，顾向平原笑。吾亦澹荡人，拂衣可同调。"寄寓了自己功成身退的思想，与左思可谓一脉相承。（毕桂发　张　涛）

【原文】

咏史八首·济济京城内

济济京城内[(1)]，赫赫王侯居[(2)]。冠盖荫四术[(3)]，朱轮竟长衢[(4)]。朝集金张馆[(5)]，暮宿许史庐[(6)]。南邻击钟磬，北里吹笙竽[(7)]。寂寂扬子宅[(8)]，门无卿相舆[(9)]。寥寥空宇中[(10)]，所讲在玄虚[(11)]。言论准宣尼[(12)]，辞赋拟相如[(13)]。悠悠百世后[(14)]，英名擅八区[(15)]。

【毛泽东圈评等情况】

毛泽东曾手书此诗"门无卿相舆……英名擅八区"数句。

[参考]中央文献研究室整理：《毛泽东手书选集·古诗词（上）》，北京出版社1996年版，第62页。

【注释】

（1）济济，美盛的样子。《诗经·大雅·文王》："济济多士，文王以宁。"毛苌曰："济济多威仪也。"

（2）赫赫，显赫盛大之状。《诗经·小雅·节南山》："赫赫师尹，民具尔瞻。"毛苌曰："赫赫，显盛貌。"

（3）冠盖，冠冕和车盖，指贵人的衣着和车乘。术，道路。

（4）朱轮，涂以红色的车轮。汉代列侯和二千石以上的官员乘朱轮车。竟，尽。衢，四通八达的道路。

（5）金张，指金日磾和张安世，都是汉宣帝时的大官僚。

（6）许史，指许广汉和史高，都是汉宣帝时的外戚。宣帝许皇后父许广汉被封为平恩侯，广汉的两个弟弟也被封侯。宣帝祖母史良娣的侄儿史高等三人被封侯。事见《汉书·外戚列传》。

（7）南邻、北里，指金张许史之类的贵族之家。击钟磬、吹笙竽，描写贵族们的朝暮欢娱。钟磬，两种打击乐器。笙竽，两种竹质管乐器。

（8）扬子，指扬雄。雄家贫，门少宾客。扬雄宅在成都少城西南角，一名草玄堂。

（9）舆，车。无卿相舆，不与卿相往来。

（10）寥寥，幽深，寂静。

（11）玄虚，玄远虚无理。扬雄曾著《太玄经》十卷。《老子》："玄之又玄，众妙之门。"《管子》："虚无无形谓之道。"

（12）宣尼，指孔子。汉平帝时追谥孔子为"褒城宣尼公"。扬雄著《法言》十三卷，仿效《论语》。

（13）相如，汉代辞赋家司马相如。扬雄所作《甘泉》《羽猎》《长扬》《河东》四赋，模拟司马相如的《子虚赋》《上林赋》。《汉书·扬雄传》："先是时，蜀有司马相如作赋，甚宏丽温雅，雄心壮之，每作赋，常拟以为式。"

（14）悠悠，长久。

（15）擅，专，据有。八区，八方之域。西汉扬雄《解嘲》："天下之士，咸营于八区。"

【赏析】

这首诗前半首写汉代繁华的长安城中权贵们的豪华生活，后半首写扬雄寂寞的著书生活，二者构成鲜明对比。诗人又以扬雄的不朽，反衬权贵们的腐朽，热情地赞颂了扬雄甘于寂寞、关门著书的精神。所以清何焯说："'济济'首，谓王恺、羊琇之属，言地势既非，立功难觊，则柔翰故在，潜于篇籍，以章厥身哉，乃吾师也。"（《义门读书记》）

"济济京城内"四句描写，写京城内繁华热闹的景象。这个京城是指长安（今陕西西安），因为诗人写的是汉代的事。"济济"是美盛众多之状。"赫赫"是显赫盛大之态。"冠盖"是冠冕和车盖，都是贵人的舆服。"术"作道路讲。"朱轮"是车轮涂上赤色，汉代列侯二千石以上的官方可乘朱轮车。"竟"作尽解。"衢"为四通八达的道路。这几句是说，京城内王侯的住宅很多，而且十分富丽堂皇。闹市之中，贵族高官来来往往，络绎不绝，他们的冠盖遮蔽了四通八达的道路，车驾塞满了长街。四句之中，前两句写王侯府第，后两句写他们的舆服，表现了王侯生活的奢华。

"朝集金张馆"四句叙事，写王侯之家的奢侈糜费的生活。"金张"，金日磾家和张汤家，他们都是汉代炙手可热的官宦之家。"许"，指汉宣帝许皇后的娘家，许皇后的父亲许广汉被封为平恩侯，广汉两个弟弟也都封侯。"史"，指汉宣帝祖母史良娣的娘家，宣帝封史良娣侄史高等三人为侯（事见《汉书·外戚列传》）。"钟磬（qìng）"，钟和磬，古代礼乐器。《周礼·春官·小胥》："凡县钟磬，半为堵，金为肆。""笙竽"，皆古代竹质管乐器。笙，由簧片、笙管、斗子三部分组成，有圆形、方形等多种形制，奏时手按指孔，吹吸振动簧片而发音。竽，与笙相似而略大。《周礼·春官·笙师》："笙师教掌歙（吹）笙、竽。""击钟磬""吹笙竽"指这些豪门贵戚奏乐娱乐。这四句是说，豪贵之家，朝夕相聚，寻欢作乐，不是在金、张家，就是在许、史家，不是南边的邻居"击钟磬"，就是北边的人家"吹笙竽"，朝夕作乐，无休无止，过着豪华侈糜的腐朽生活。

"寂寂扬子宅"四句描写，写扬雄闭门著书的清苦生活。"扬子"，指扬雄（前53—后18），一作杨雄，字子云，蜀郡成都（今四川成都）人，西汉文学家、哲学家、语言学家。成帝时为给事黄门郎。王莽时，校书天禄阁，官为大夫。"卿相"，执政的大臣。"舆"，车。"寥寥"，空虚之状。"玄虚"，形容道的玄远虚无，也指玄远虚无的道。《韩非子·解老》："圣人观其玄虚，用其周行，强字之曰道。"此指扬雄仿《周易》作

《太玄》十卷，讲论玄妙虚无的道理。这四句是说，扬雄家贫，不与当权的官员过往，而独自闭门著书。

"言论准宣尼"四句议论，赞颂扬雄的声名永传天下。"宣尼"，即孔子。汉平帝时追谥孔子为褒城宣尼公。扬雄仿《论语》作《法言》十三卷。"相如"，指司马相如。《汉书·扬雄传》说："先是时，蜀有司马相如作赋，甚弘丽温雅，雄心壮之，每作赋，常拟以为式。"扬雄早年所作《长杨赋》《甘泉赋》《羽猎赋》，在形式上模仿司马相如的《子虚赋》《上林赋》等。后来主张一切言论都应以"五经"为准则，遂鄙视辞赋，谓为"雕虫篆刻，壮夫不为"。"擅"，专，据有。"八区"，八方之域。这四句是说，扬雄才学极高，他的美名将永远流传于天下。诗中洋溢着诗人对扬雄的敬仰之情，也流露了自己的心声。（毕桂发　张豫东）

【原文】

咏史八首·皓天舒白日

皓天舒白日(1)，灵景耀神州(2)。列宅紫宫里(3)，飞宇若云浮(4)。峨峨高门内(5)，蔼蔼皆王侯(6)。自非攀龙客(7)，何为欻来游(8)？被褐出阊阖(9)，高步追许由(10)。振衣千仞冈(11)，濯足万里流(12)。

【毛泽东圈评等情况】

毛泽东曾手书此诗。

[参考]中央文献研究室整理：《毛泽东手书选集·古诗词（上）》，

北京出版社1996年版，第63页。

【注释】

（1）皓天，犹昊天，明亮的天空。《荀子》："皓天不复，忧无疆也。"舒，舒展，引申为运行。

（2）灵景，日光。神州，"赤县神州"的简称，指中国。

（3）紫宫，星名，即紫微宫。汉未央宫中有紫宫。这里泛指帝王宫

禁。李周翰注："紫宫，天子所居处。"（六臣注《文选》）

（4）飞宇，房屋的飞檐。

（5）峨峨，高峻之状。

（6）蔼蔼，繁盛之态。

（7）攀龙客，追随帝王以求功名利禄的人。西汉扬雄《法言·渊骞》："攀龙鳞，附凤翼，巽以扬之。"

（8）欻（xū），忽，忽然。张衡《西京赋》："神山崔巍，欻从背见。"薛综注："欻之言忽也。"

（9）被褐，穿着粗布衣服。《孔子家语·三恕》有君子"被褐而怀玉"。被，同"披"。阊阖（chāng hé），指宫门。又晋时洛阳城有阊阖门，西向。

（10）许由，传说中尧时的隐士。尧要让位给他，他不肯受，逃到箕山下隐居躬耕。

（11）振衣，抖出衣服上的灰尘。仞（rèn），古时以七尺或八尺为一仞。

（12）濯（zhuó），洗。三国魏王粲《七释》："濯身乎沧浪，振衣乎高岳。"

【赏析】

本篇在《咏史八首》中情感最为激扬。诗的前半首写西晋都城洛阳（今河南洛阳）宫室的壮丽，后半首表示自己要摒弃荣华富贵，走向大自然，隐居高蹈、涤除世俗的尘污。

诗的前半首"皓天舒白日"六句，描写京城洛阳的风光：开端两句，写明亮的天空中阳光四射，普照着中国大地。这是自然景观。接下四句，诗人转入对当时京城人文景观的描绘。"紫宫"，本星名，即紫微宫。汉未央宫中有紫宫。此指帝王宫殿。六臣注文选李周翰注："紫宫，天子所居处。""宇"，屋边，屋檐。古代宫殿的屋檐像飞翔的鸟翼，所以叫"飞宇"。"云浮"，形容飞宇高而且密。"峨峨"，高状。《文选·〈楚辞·招魂〉》："增冰峨峨，飞雪千里些。"吕向注："峨峨，高貌。""蔼蔼"，盛多之状。这四句是说，皇宫里一座座建筑，飞檐如云，十分豪华。高大的府第里，住着许多王公大臣。这种王侯之家豪华生活，是当时盛行的门阀制度的象征。正是这些王公贵族掌握着政治、经济、军事大权，形成了门阀统治，主宰着像左思这些士人穷通的命运。那么，诗人将如何面对这样的社会现实呢？

"自非攀龙客"六句是诗的后半部，写诗人决定远离尘嚣，去做隐士，不与世人同流合污。"攀龙客"，语出西汉扬雄《法言·渊骞》："攀龙鳞，附凤翼，巽以扬之，勃勃乎其不可及兮。"此指追随帝王将相以求功名利禄的人。"欻"，忽然。《文选·张衡〈西京赋〉》："神山崔巍，欻从背见。"薛综注："欻之言忽也。""被褐"，穿着粗布衣服。语出《孔子家语·三恕》："子路问于孔子曰：'有人于此，被褐而怀玉，何如？'子曰：'国无道，隐之可也；国有道，则衮冕而执玉。'"意思是说，国家政治昏暗，就去做隐士；国家政治清明，就去做官。"阊阖"，本指传说中的天门，此指古洛阳城门名。《晋书·地理志》："（洛阳）西有广阳、西明、阊阖三门。""高步"，高蹈，远行隐遁之意。"许由"，传说中的古代隐士。据东汉皇甫谧《高士传》记载，许由字武仲，隐居于大泽之中。唐尧要把天下让给他，他拒不接受逃跑了。他逃到中岳嵩山附近颍水之北、箕山之下，务农为生。唐尧又要召他做九州长，许由根本不想听，还跑到颍河边上去洗耳，认为这是玷污了他的耳朵。这四句是说，诗人并不是攀龙附凤之人，为什么忽然到了这种地方来了呢？他悔之无及，决定离开京城洛阳，穿着粗布衣服，像许由那样去过隐居生活。

最后"振衣千仞冈"二句，抒写自己的豪情。"振衣"，抖衣去尘，整衣。《楚辞·渔父》："新沐者必弹冠，新浴者必振衣。"王逸注："去尘秽也。""千仞"，形容极高或极深，古以七尺（一说八尺）为仞。"濯足"，语出《孟子·离娄上》："沧浪之水清兮，可以濯我缨；沧浪之水浊兮，可以濯我足。"本谓洗去脚污，后以濯足比喻清除世尘，保持高洁。末二句是说，我要在高山上抖抖衣服，在长河里洗洗脚，以除去尘世的污秽。结得豪迈高亢，雄健劲挺，是诗人传颂千古的名句。清代诗论家沈德潜评曰："俯视千古。"（《古诗源》卷七）（毕桂发）

咏史八首·荆轲饮燕市

荆轲饮燕市，酒酣气益震[(1)]。哀歌和渐离，谓若傍无人[(2)]。虽无壮士节[(3)]，与世亦殊伦[(4)]。高盼邈四海[(5)]，豪右何足陈[(6)]？贵者虽自贵[(7)]，视之若埃尘。贱者虽自贱[(8)]，重之若千钧[(9)]。

【毛泽东圈评等情况】

毛泽东读清沈德潜选编《古诗源》卷七时曾圈阅此诗。

[参考]张贻玖：《毛泽东评点、圈阅的中国古典诗词》，

中国工人出版社1992年版，第223页。

【注释】

（1）荆轲，战国时齐人，好读书击剑，为燕太子丹刺秦王，失败被杀。他在燕国时与狗屠及击筑（乐器名）者高渐离友善，常同在市中饮酒，高渐离击筑，荆轲哀歌相和，至于泣下，旁若无人。事见《史记·刺客列传》。燕市，战国时燕国都城蓟。震，威。

（2）渐离，高渐离，燕人，善击筑。谓，以为。

（3）节，操守。无壮士节，指刺秦王未成功。

（4）殊伦，不同于一般人。伦，辈，类。

（5）高盼，一作"高眄"，看。邈，同"藐"，小看。四海，指天下。

（6）豪右，古时以右为上，故称豪门贵族为豪右。《后汉书·明帝纪》："滨渠下田，赋予穷人，无令豪右得固其利。"唐李贤注："豪右，大家也。"

（7）贵者，指豪右。自贵，自以为贵。

（8）贱者，指荆轲、高渐离等。

（9）钧，汉制十六两为一斤，三十斤为一钧。

【赏析】

据《史记·刺客列传》记载："荆轲既至燕，爱燕之狗屠及善击筑者高

渐离。荆轲嗜酒，日与狗屠及高渐离饮于燕市，酒酣以往，高渐离击筑，荆轲和而歌于市中，相乐也，已而相泣，旁若无人者。"本诗正是通过对荆轲这个悲歌慷慨的豪侠之士的赞扬，表达了诗人对豪门权贵的蔑视和对自我价值的肯定，唱出了"上品无寒门，下品无世族"的社会现实之下贫寒之士的不平之声。

诗前四句写荆轲"酒酣气益震"的英豪之气，寥寥数笔，一个身在博徒狗屠之列，敢于傲视天下的大无畏的英雄形象悄然目前。中间四句是对荆轲的颂扬。诗以欲扬先抑之法称颂荆轲：虽无刺杀秦始皇之壮举，但亦不愧英才高士。末四句承上启下，在评价荆轲之过程中抒发诗人对现实的议论。这段议论是全诗主旨所在，是在借荆轲的气度写自己藐视权贵豪门的怀抱。权贵自以为高贵，但在我看来却像沙粒一般无足轻重；荆轲、高渐离，虽为贱者之列，但我却以为重比千钧。在那门阀炽盛的时代，敢于发出这样的议论，敢于傲视一切，敢于与命运抗争，这是多么豪迈的性格，多么伟大的人格！

全诗笔力雄健，豪气袭人，洋溢着乐观自信的精神，具有气贯长虹之势，很能表现"左思风力"。

全诗形象生动传神，语言朴素，不事雕琢，如同白话，但字字有骨力，句句有风神，俗而有韵味，淡而耐咀嚼，不乏本色之美。（王利锁）

【原文】

咏史八首·主父宦不达

主父宦不达⁽¹⁾，骨肉还相薄⁽²⁾。买臣困樵采⁽³⁾，伉俪不安宅⁽⁴⁾。陈平无产业⁽⁵⁾，归来翳负郭⁽⁶⁾。长卿还成都⁽⁷⁾，壁立何寥廓⁽⁸⁾。四贤岂不伟，遗烈光篇籍⁽⁹⁾。当其未遇时，忧在填沟壑⁽¹⁰⁾。英雄有迍邅⁽¹¹⁾，由来自古昔。何世无奇才⁽¹²⁾，遗之在草泽⁽¹³⁾。

【毛泽东圈评等情况】

毛泽东读清沈德潜选编《古诗源》卷七时曾圈阅此诗。

[参考] 张贻玖：《毛泽东评点、圈阅的中国古典诗词》，
中国工人出版社 1992 年版，第 223 页。

【注释】

（1）主父，复姓，这里指主父偃，西汉时纵横家。宦不达，仕途坎坷。据《史记·平津侯主父列传》记载，主父偃曾游学 40 余年，困于燕、赵，自言当时"亲不为子，昆弟不收"。

（2）骨肉，喻至亲，此指父母兄弟。薄，轻视，看不起。

（3）买臣，朱买臣，汉武帝时人，未仕时卖柴为生。樵，柴。

（4）伉俪（kàng lì），配偶，夫妻。不安宅，指朱买臣妻见他一边担柴一边读书，引以为耻，遂改嫁他人。

（5）陈平，汉阳武（今河南兰考）人，汉高祖的功臣之一，少年家贫。

（6）翳（yì）负郭，以背靠城墙的破房子蔽身。陈平少时家贫，住的是背靠城墙的破房子，以席为门。事见《史记·陈丞相世家》。翳，蔽。负，背。郭，外城。

（7）长卿，西汉辞赋家司马相如的字。

（8）壁立，相如游临邛，在富商卓王孙家饮酒，"文君夜亡奔相如，相如乃与驰归，家居徒四壁立。"徒，空。寥廓，空洞。

（9）遗烈，前人的遗业。《史记·越王勾践世家》："勾践可不谓贤哉！盖有禹之遗烈焉。"篇籍，史册。

（10）填沟壑（hè），指饥饿流亡，死后弃尸沟谷。壑，沟，谷。

（11）迍邅（zhūn zhān），艰难的处境。

（12）奇才，又作"奇材"，才能非常之人，才能出众之人。《淮南子·主术训》："夫释职事而听非誉，弃公务而用朋党，则奇材佻长而干次。"高诱注："奇材，非常之材。"

（13）草泽，草野，指穷乡僻壤。

【赏析】

这首诗通过对主父偃、朱买臣、陈平、司马相如早年未遇不达时贫困遭遇的咏叹，慨叹历来贤才常遭困厄，于咏史之中寄寓诗人的愤激之情和自慰之意。

诗前八句写主父偃、朱买臣、陈平、司马相如四人未遇时的贫困难堪的境遇。主父偃，汉武帝时人，曾官至齐相，其未遇时，"亲不以为子，昆弟不收"，骨肉至亲常轻蔑之。朱买臣，亦是汉武帝时人，官至丞相长史、会稽太守。早年家贫，以打柴为生，其妻甚感羞耻，改嫁而去。陈平，汉初时曾任丞相。年轻时家贫，曾居郭门穷巷。司马相如，武帝时著名辞赋家。未遇时游临邛，与卓文君私奔，还成都，家徒四壁，空无所有。他们四人皆是英才，但少时皆家贫困顿。诗以此四人早年境遇，暗含对自身境况的投射。看似咏人，实乃映己。"四贤岂不伟，遗烈光篇籍"，总说以上四人之事，启下议论喟叹之笔，转承自然，不见凿痕。

以下六句乃因史而感，就史而发，抒情议论，紧密结合。四贤日后皆名在青史，光照史籍，然其未遇之时，唯忧生计，顾念困厄。由此观之，世世代代，皆有奇才，又世世代代，皆有奇才不达之事。言外之意，乃说自己身在贱族，仕途无门，非一时之事，而是世代皆有。议论之中表白己意，语含愤激，意有旷达，自慰自重，流露笔端。读之，我们既可观照到诗人未遇的愤然，又可体察出无可奈何的怅息，意曲韵丰，情深笔长。

清代沈德潜说："太冲《咏史》，不必专咏一人，专咏一事，咏古人而己之性情俱见，此千秋绝唱也。"左思诗，"文典以怨"（《诗品》），在咏史咏事之中抒发自己高远之气，论中出意，论中写情，抒情、议论、写景融为一体，给人一种不冗不晦、深浑雅健之感。（王利锁）

【原文】

咏史八首·习习笼中鸟

习习笼中鸟⁽¹⁾，举翮触四隅⁽²⁾。落落穷巷士⁽³⁾，抱影守空庐⁽⁴⁾。

出门无通路，枳棘塞中涂⁽⁵⁾。计策弃不收，块若枯池鱼⁽⁶⁾。外望无寸禄⁽⁷⁾，内顾无斗储⁽⁸⁾。亲戚还相蔑⁽⁹⁾，朋友日夜疏。苏秦北游说⁽¹⁰⁾，李斯西上书⁽¹¹⁾。俯仰生荣华⁽¹²⁾，咄嗟复彫枯⁽¹³⁾。饮河期满腹，贵足不愿余⁽¹⁴⁾。巢林栖一枝⁽¹⁵⁾，可为达士模⁽¹⁶⁾。

【毛泽东圈评等情况】

毛泽东读清沈德潜选编《古诗源》卷七时曾圈阅此诗。

[参考]张贻玖：《毛泽东评点、圈阅的中国古典诗词》，
中国工人出版社1992年版，第223页。

【注释】

（1）习习，屡飞之状。《楚辞·九辩》："骖白霓之习习兮，历群灵之丰丰。"朱熹集注："习习，飞动貌。"

（2）翮（hé），鸟羽的茎。举翮，展翅。四隅，笼的四角。首二句以"笼中鸟"比"穷巷士"。

（3）落落，形容孤高，和人疏远难合。穷巷士，住偏僻小巷的贫苦知识分子。

（4）抱影，守着影子，形容孤独。汉严忌《哀时命》："廓抱景（影）而独倚兮，超永乎故乡。"庐，房。

（5）枳（zhǐ）、棘，枳木和棘木，两种有刺的树。涂，通"途"，道路。《孔丛子》："孔子山陵之歌曰：枳棘充路，陟之无缘。"

（6）块若，犹块然，独处之状。

（7）寸禄，微薄的俸禄。

（8）斗储，一斗粮的蓄积。《乐府诗集·相和歌辞十二·东门行》之一："盎中无斗储，还视桁上无悬衣。"

（9）蔑，蔑视，轻看。

（10）苏秦，战国时洛阳（今河南洛阳）人。先游说秦国未被用，后说燕、赵等六国联合抗秦，佩六国相印。后在齐国遇刺身亡。燕、赵等六国皆在北或东，概言之为"北游说"。游说（shuì），战国时的策士，周游各国，向统治者陈说形势，提出政治、军事、外交方面的主张，求取高官

厚禄的行为。事见《史记·苏秦列传》。

（11）李斯，战国时楚上蔡（今河南上蔡）人。西至秦国说秦王，得为客卿，秦统一之后为丞相，二世时被杀。事见《史记·李斯列传》。

（12）俯仰，低头抬头，是说时间极其短暂。

（13）咄嗟，皆叹词，也是形容时间极短，呼吸之间之意。彫枯，凋零枯萎。

（14）"饮河期满腹"二句，用《庄子·逍遥游》中的典故："偃鼠饮河，不过满腹。"偃鼠，即鼹鼠、田鼠。

（15）"巢林栖一枝"，用《庄子·逍遥游》："鹪鹩巢于深林，不过一枝。"的意思。鹪鹩（jiāo liáo），一种长约三寸的小鸟。

（16）达士，见识高超，不同于流俗的人。《吕氏春秋·知分》："达士者，达乎死生之分。"《后汉书·仲长统传》："至人能变，达士拔俗。"模，榜样。

【赏析】

这首诗以质朴无华的语言，近似乐府民歌的手法，抒写了自己身困穷厄，才力无法施展的境界，在咏叹李斯、苏秦追求荣华而丧生的史实中，表现了自己安贫知足、守善保身的思想。全诗于客观形象的描绘中笼罩着一种孤独无奈的情感。

诗前两句以鸟处笼中，举翮、四触起兴，暗喻自己人生艰难。"落落穷巷士"十句分别从仕路无门（"出门无通路，枳棘塞中途"）、生活困顿（"外望无寸禄，内顾无斗储"）、亲朋离疏（"亲戚还相蔑，朋友日夜疏"）三方面入笔，层层而下，情感渐深，刻画了诗人的身困穷厄，白描之中一个孤独穷困又无可奈何的诗人形象惟妙惟肖地站立在读者面前。

"苏秦"以下四句，由对自身境遇的描绘，转而进行历史人物的勾勒。苏秦游说燕赵，李斯上书秦王，或佩六国相印，或极丞相之职，俯仰之间身荣权贵，然俯仰之间又弃市灭族。四句诗于咏叹苏李之时，含蓄地表现了荣华不可追、荣华亦难驻的思想感情。历史人物身世同现实自我境遇的对比，自然使诗人在孤独无奈中得以超脱。因此，后四句诗抒发了诗人安贫知足、不以求荣追贵为怀的思想。"贵足不愿余""可为达士模"，既是对苏李之行的一种委婉讽议，也是对自我情感的安慰和荡脱。在孤独之中说旷达，于竞进之时安贫，更见诗人孤独之甚、竞进之切。

全诗层次分明，语意明晰。先述自我境遇，次写历史人物的荣华不驻，最后抒发安贫知足的人生思考。语言质朴无华，写情娓娓道来，既无慷慨蕴藉之气，又无激愤昂扬之声，但孤独的心境、灰心的志意显露笔端。同《咏史》其他诗合读，我们可清晰地把握到诗人在西晋门阀炽盛之时由希望而失望的心理转变过程。（王利锁）

陶渊明

陶渊明（365—427），一名潜，字元亮，浔阳柴桑（今江西九江西南）人，晋宋时期诗人、辞赋家、散文家。

陶渊明出身于一个没落的仕宦家庭。曾祖陶侃是东晋开国元勋，官至大司马，都督八州军事、荆襄二州刺史，封长沙郡公。其祖父做过太守，父亲早死，母亲是东晋名士孟嘉的女儿。

陶渊明一生大抵可分为青年就学时期（28岁前）、学仕时期（从29岁至41岁）和归田时期（从42岁至病故），曾任江州祭酒、镇军参军、彭泽令等职。辞职归隐后过着农耕生活。

陶渊明的诗多写农村田园生活，朴素自然，感情真挚，善用白描，风格简淡、隽永，在唐以后影响很大。有《陶渊明集》。

【原文】

停 云

停云，思亲友也。罇湛新醪⁽¹⁾，园列初荣，愿言不从⁽²⁾，叹息弥襟⁽³⁾。

霭霭停云⁽⁴⁾，濛濛时雨。八表同昏⁽⁵⁾，平路伊阻⁽⁶⁾。静寄东轩⁽⁷⁾。春醪独抚。良朋悠邈，搔首延伫⁽⁸⁾。

停云霭霭，时雨濛濛。八表同昏，平陆成江。有酒有酒，闲饮东窗。愿言怀人，舟车靡从⁽⁹⁾。

东园之树，枝条载荣⁽¹⁰⁾。竞用新好，以招余情⁽¹¹⁾。人亦有言，日月于征⁽¹²⁾。安得促席⁽¹³⁾，说彼平生⁽¹⁴⁾。

翩翩飞鸟，息我庭柯。敛翮闲止⁽¹⁵⁾，好声相和。岂无他人，念子实多⁽¹⁶⁾。愿言不获，抱恨如何⁽¹⁷⁾！

【毛泽东圈评等情况】

毛泽东读清沈德潜选编《古诗源》卷八时曾圈阅此诗。

[参考]张贻玖：《毛泽东评点、圈阅的中国古典诗词》，
中国工人出版社1992年版，第223页。

【注释】

（1）罇（zūn），储酒器。《说文》："罇，注酒器。"湛（zhàn），澄清。醪（láo），醇酒。

（2）愿，思。言，语助词。《诗经·邶风·终风》："寤言不寐，愿言则怀。"

（3）弥襟，满怀。弥，充满。

（4）霭霭（ǎi），云气弥漫之状。

（5）八表，八方（四方四隅）之外，指天地之间。

（6）伊，是，乃。阻，阻碍。

（7）东轩，东窗。

（8）延伫，久待。伫，久立。《离骚》："悔相道之不察兮，延伫乎我将反。"王逸注："延，长也；伫，立貌。"

（9）靡（mǐ），不能。从（zòng），通"纵"，随意行驶。

（10）载荣，始荣。一作"再荣"。

（11）招，一本作"怡"。

（12）日月，指时光。于，语助词。征，行。语出《诗经·小雅·小宛》："我日斯迈，而月斯征。夙兴夜寐，毋忝尔所生。"

（13）促席，彼此坐席互相靠近。促，迫。席，坐席。《文选·左思〈蜀都赋〉》："合樽促席，引满相罚。乐饮今夕，一醉累月。"李善注："东方朔六言诗曰：合樽促席相娱。"

（14）说，通"悦"。彼，语助词。

（15）翮（hé），翅膀。止，语助词。

（16）子，指诗人所思之友人。

（17）如何，奈何，怎么办之意。《诗经·秦风·晨风》："奈何奈何，忘我实多。"

【赏析】

诗题"停云"，是停止不动的云，意即乌云满天，又不飘动，是欲雨先兆。这首诗和《时运》《劝农》《归鸟》等诗都是仿效《诗经》的格式，用四言体，取首句中二字作为题目，诗前有小序，点明全篇的宗旨。四言诗典雅、肃穆，但形式呆板，节奏单调，表现力不强。汉魏以后，已被新兴的五言诗所代替，创作逐渐消歇。但陶渊明为了追求平和闲静的情调，古朴淡远的风格，有意造仿四言诗体，其效果很好。

诗前小序只用一句话："停云，思亲友也"揭出诗的题旨。因为诗人以"停云"为题，抒写思念亲友之意，故后人常用"停云"表示对亲友的思慕。"罇湛新醪，园列初荣"，点明思亲是在春天。杯中新酒清冽，园中树木葱笼，良辰美景，有待亲友同赏。但思而不得，便做喟然长叹。

全诗四章。第一章写抚醪望友。"霭霭停云"四句中的"霭霭"，是云密集的样子。"濛濛"，是小雨飘洒之状。"时雨"，适时的雨，此指春雨。"八表"，八方之外，指极远的地方。起首四句是说，乌云密布，小雨飘洒，四面八方一片昏暗，平坦的道路也发生了阻碍。几句写景，从云到雨，先就路阻发端。路阻不便外出，只好静守在东窗（轩）之下，独自一人手抚酒杯，想到好朋友在遥远的地方，急得引颈怅望、挠头踟蹰。所以后四句从酒生情，落到思友，望其来归。首章先写停云、时雨，后思良朋，用中国古代诗论来说是"兴"的手法。"兴者，先言他物以引起所咏之词也。"实则是即景抒情的方法。

第二章写欲从无车。前四句仍说停云、时雨，句法颠倒，"八表同昏"，仍用原句，"平陆成江"较"平路伊阻"为厉，风大雨狂，洪水滔滔，阻碍更大，会友更不可能。后四句仍从酒生情，重叠"有酒"，造成有酒无人喝之势，"闲饮东窗"，当然是自己独酌，从"抚"到"饮"则写出思友不得无可奈何之况。所以说我本来是怀念友人，可是没船只，以应"平陆成江"，就自己方面来说不可能前去就友。

第三章写促席无由。前四句从序中"园列初荣"而来，是说东园之树，枝繁叶茂，竞用新的风姿，来招引我怀友之情，从园树新好移情引起。后四句递入流光易逝，空中一宕，说到友朋促膝情话，叙谈往昔友情。"促席"，坐席（古人席地而坐）互相靠近。"平生"，往昔，平素。这是望友就我。

第四章写怅然抱恨。"翩翩飞鸟，息我庭柯，敛翮闲止，好声相和。"意思是说翩翩飞鸟，落在我院中的树上，收敛翅膀悠闲地站着，悦耳的鸣啭交相呼应。写园树上息鸟和声，这也是兴的手法，以兴仕途之人当择所处，不可遗弃亲友而不顾返。后四句"岂无他人"句笔势一宕，跌出"念子实多"，即唯我与子，素相亲厚，故于此实多深念。而以怀友之愿望不能实现，"抱恨如何"作结，总束四章，余味不尽。（毕桂发）

【原文】

时 运

时运，游暮春也⁽¹⁾。春服既成⁽²⁾，景物斯和⁽³⁾。偶景独游⁽⁴⁾，欣慨交心。

迈迈时运，穆穆良朝⁽⁵⁾。袭我春服⁽⁶⁾，薄言东郊⁽⁷⁾。山涤余霭⁽⁸⁾，宇暖微霄⁽⁹⁾。有风自南，翼彼新苗⁽¹⁰⁾。

洋洋平津⁽¹¹⁾，乃漱乃濯⁽¹²⁾。邈邈遐景⁽¹³⁾，载欣载瞩。称心而言⁽¹⁴⁾，人亦易足。挥兹一觞⁽¹⁵⁾，陶然自乐。

延目中流，悠想清沂。童冠齐业⁽¹⁶⁾，闲咏以归。我爱其静，寤寐交挥⁽¹⁷⁾。但恨殊世，邈不可追。

斯晨斯夕，言息其庐。花药分列，林竹翳如⁽¹⁸⁾。清琴横床，浊酒半壶。黄唐莫逮⁽¹⁹⁾，慨独在余！

【毛泽东圈评等情况】

毛泽东读清沈德潜选编《古诗源》卷八时曾圈阅此诗。

［参考］张贻玖：《毛泽东评点、圈阅的中国古典诗词》，中国工人出版社 1992 年版，第 223 页。

【注释】

（1）暮春，农历三月。

（2）春服既成，春寒已过，春装已穿定了。成，就，定。《论语·先进》：“莫春者，春服既成。冠者五六人，童子六七人，浴于沂，风乎舞雩，咏而归。”莫，同“暮”。

（3）斯，语助词。

（4）偶，伴。景，同“影”，指自己的身影。

（5）穆穆，宁静穆然。《楚辞·远游》：“形穆穆以浸远兮，离人群而遁逸。”朝，早晨。

（6）袭，衣加于外，穿着之意。

（7）薄言，向……走去。薄，迫近。一说薄为发语词。言，语助词。《诗经·周南·芣苢》：“采采芣苢，薄言采之。”

（8）霭，云气，烟雾。

（9）暧，隐蔽。霄，云。

（10）翼，鸟翅，用作动词，拂拭。

（11）洋洋，盛大之状。《诗经·卫风·硕人》：“河水洋洋，北流活活。”毛传：“洋洋，盛大也。”津，水。三国魏嵇康《杂体诗·言志》：“朝食琅玕实，夕饮玉池津。”一作“泽”。

（12）漱，荡口。《礼记·内则》：“鸡初鸣，咸盥漱。”濯（zhuó），洗。

（13）邈邈（miǎo），遥远之状。《楚辞·离骚》：“抑志而弭节兮，神高驰之邈邈。”王逸注：“邈邈，远貌。”遐景，远景。

（14）称（chèn）心，遂心适意。

（15）挥，饮毕振去余酒为挥。觞（shāng），酒杯。

（16）冠，古代男子二十岁加冠。齐业，习完功课。

（17）寤寐，借指日夜。交挥，指思念。

（18）翳（yì）如，茂密的样子。

（19）黄，黄帝。唐，唐尧。逮，及，赶上。

【赏析】

　　“时运”，是四时运移，即季节变化之意。诗前小序只有几句话：“时运，游暮春也。春服既成，景物斯和。偶影独游，欣慨交心。”意思是说，暮春时节，景物融和，独自出游，只有影子相随，欣喜感慨，交会于心。

言简意明，概括了诗篇的主要内容。其中"春服既成"二句是用典。《论语·先进》载，一次一群弟子围着孔子而坐，孔子让他们说出自己的志向。最后一个说的是曾点，他说："莫春者，春服既成，冠者五六人，童子六七人，浴乎沂，风乎舞雩，咏而归。"意思是说，在暮春时节，穿上春装，和五六个成年的朋友一起，带上六七个少年，到曲阜南面的沂水里去洗浴，再登上求雨的土坛，在和煦春风的吹拂中，一路唱着歌回家。孔子点头称是。这种和平安宁的景象，当然是人们的一种美好愿望。后来三月三日游于水边以消除不祥的民俗便由此而来。游春本不是一人的事，而诗人却是"偶影独游"，就难免"欣慨交心"了。

第一章首四句"迈迈时运，穆穆良朝。袭我春服，薄言东郊。""迈迈"，形容节令一步一步地渐变。"穆穆"，形容暮春时节的温和宁静。"袭"是穿取。"薄言"是袭用《诗经》中常用的助词。此四句的意思是说，时令变化，又值春朝，着我春装，出游东郊。内容简单，写得却有趣味。开头两句连用"迈迈""穆穆"两个叠字，节奏缓慢，声调悠长，恰切地表现了诗人悠然自得、随心适意的情怀，说明诗人的游兴是高的。所以下面作者写道："山涤余霭，宇暖微霄。有风自南，翼彼新苗。"四句写所见景色：山峰洗净了最后一缕云雾，露出挺拔秀丽的面貌，天空飘浮几缕似有若无的云气，显得格外高远缥缈；和煦的南风习习吹来，嫩绿的禾苗像鸟儿鼓动着翅膀欢呼雀跃。几句写景，全用白描，把景物之状、游兴之高，表现得淋漓尽致、惟妙惟肖。特别是"翼彼新苗"的"翼"字，名词用作动词，化静为动，既写出了新苗迎风飘舞的情状，又渲染了诗人欢乐的情绪，炼字之工，实属罕见。

第二章写诗人在水边的游赏。这情趣和《论语》中说的"浴乎沂，风乎舞雩"相似。"洋洋平泽，乃漱乃濯。邈邈遐景，载欣载瞩。""泽"是湖。"漱""濯"都是洗涤之意。"邈邈"，辽远。"瞩"是注视。这几句是说，汪洋一片的湖水波平如镜，我洗了又洗；远处的景色辽阔而迷茫，它令人欢欣，引人注目。两句写景，景又很空灵，两句写诗人动作，连续性强，活画出诗人触景生情、欢欣鼓舞的情态。漱濯平津，欣瞩遐景，这是正面描写春游。后四句则转到称心易足，挥觞自乐。"称心而言，人亦易足。挥兹一觞，陶然自乐。"几句是说，人们不是有这样的话吗：凡事只求符合自己的心愿，原是容易满足的。现在我能做到的是举起酒杯一饮而尽，在朦胧醉意中自得其乐。这是诗人感受，称心易足，富于哲理意味。人心不足蛇吞象，人有贪心，将欲壑难填；人无非分之想，额外之求，则随遇而安，觉得处处都恰合心愿，自然就容易满足。就眼前而言，看看美景，了无挂碍，高兴了喝上一杯酒，不也是很惬意吗？悠然自得之态，欢欣鼓舞之情摹写逼真。

以上二章是写暮春之游在自然中得到的欣喜，下面二章转而写诗人的感慨。

第三章前四句，承上"洋洋平泽"，转写沂水，以古时曾点童冠咏归之乐，为自己独游做反衬。"延目中流，悠想清沂。童冠齐业，闲咏以归。"意思是说，诗人站在岸边一眼望到湖中心，遥想起《论语》曾点所描绘的一幅图景：一群青少年，习完了各自的课业，兴高采烈地到沂水游玩、洗浴，然后悠闲地唱着歌回家。当然，这是曾点（包括孔子）所希望出现的和平安定的理想境界，陶渊明是极向往的。后四句接写爱之而不可追。"我爱其静，寤寐交挥。但恨殊世，邈不可追。"诗人把曾点所描绘的那种境界归结为一个"静"字，一方面是个人的悠闲平静，一方面是社会的和平安定。并且表示爱这种社会，无论是醒着还是睡着都不能忘怀。但我憎恨与曾点所说的不同社会（"殊世"），可叹的是曾点所描绘的那种社会是十分久远而不可追及了。"殊世"，指与曾点描绘的理想境界截然不同的现实世界，对它加之以"恨"，是非分明，感情强烈，表现了诗人"金刚怒目"的一面。

第四章所写是诗人游春后回到居所的情形。前六句暗接咏归，铺叙家居之乐，以为"游"字余波。"斯晨斯夕，言息其庐。花药分列，林竹翳如。清琴横床，浊酒半壶。"意思是说，春游这天一大早出发，到傍晚才回到家中。因为玩得痛快，心里高兴，回到家里，看到小径两旁的花卉药草，交相掩蔽的绿树青竹，琴架上横放的一张古琴（"床"是安置器物的架子），桌子上还放着半壶浊酒。这些花草树木及所用器物不都使人感受到一种清静的气氛和诗人清高孤傲的情怀吗？诗人把自己写得很有点飘飘然不食人间烟火的味道，但诗人于世事终不能忘怀，所以，最后归结为：

"黄唐莫逮，慨独在余。""黄唐"，是指古代传说中的黄帝和唐尧。据说他们治理的远古时代，社会太平，人心淳朴，是人们最理想的社会。但是这个时代已经无法追赶上了。"慨独在余"，我只能一个人独自感叹伤怀罢了。末二句忽以"黄唐莫逮"，正应"独慨"，掣笔收住，不可一世之意，借题流露出来。

这首诗写春游的欢欣，自己的感慨，对太平社会的幻想及对现实世界的憎恨，都是率性而出，毫不矫揉做作，用语平稳，感情平淡，体现了陶诗清淡自然、平和闲远的独特风格。（毕桂发）

【原文】

劝 农

悠悠上古⁽¹⁾，厥初生民⁽²⁾。傲然自足，抱朴含真⁽³⁾。智巧既萌，资待靡因⁽⁴⁾。谁其赡之⁽⁵⁾，实赖哲人⁽⁶⁾。

哲人伊何⁽⁷⁾？时惟后稷⁽⁸⁾。赡之伊何⁽⁹⁾？实曰播殖。舜既躬耕⁽¹⁰⁾，禹亦稼穑⁽¹¹⁾。远若周典⁽¹²⁾，八政始食⁽¹³⁾。

熙熙令音⁽¹⁴⁾，猗猗原陆⁽¹⁵⁾。卉木繁荣⁽¹⁶⁾，和风清穆。纷纷士女⁽¹⁷⁾，趋时竞逐。桑妇宵兴，农夫野宿。

气节易过⁽¹⁸⁾，和泽难久。冀缺携俪⁽¹⁹⁾，沮溺结耦⁽²⁰⁾。相彼贤达，犹勤垄亩。矧伊众庶⁽²¹⁾，曳裾拱手⁽²²⁾！

民生在勤，勤则不匮⁽²³⁾。宴安自逸，岁暮奚冀！儋石不储⁽²⁴⁾，饥寒交至。顾尔俦列⁽²⁵⁾，能不怀愧！

孔耽道德，樊须是鄙⁽²⁶⁾。董乐琴书⁽²⁷⁾，田园不履。若能超然，投迹高轨。敢不敛衽⁽²⁸⁾，敬赞德美。

【毛泽东圈评等情况】

毛泽东读清沈德潜选编《古诗源》卷八时曾圈阅此诗。

[参考] 张贻玖：《毛泽东评点、圈阅的中国古典诗词》，
中国工人出版社1992年版，第223页。

【注释】

（1）悠悠，久远。《楚辞·九辩》："去白日之昭昭兮，袭长夜之悠悠。"上古，远古。《易·系辞下》："上古结绳而治，后世圣人易之以书契。"

（2）厥初生民，语出《诗经·大雅·生民》。厥，语助词。民，人。

（3）抱朴含真，守其本真，不为物欲诱惑。抱朴，《老子》："见素抱朴。"含真，《庄子·秋水》："牛马四足，是谓天；落马首，穿牛鼻，是谓人。故曰：无以人灭天，无以故灭命，无以得殉名。谨守而勿失，是谓反其真。"

（4）资待，积蓄。靡（mǐ），无。因，由。

（5）赡（shàn），供给。

（6）哲人，贤智之人。《礼记·檀弓》：孔子将病，歌曰："泰山其颓乎，梁木其坏乎，哲人其萎乎！"

（7）伊何，谁，何人。

（8）时，是。惟，语助词。后稷（jì），虞舜时的农官，教民耕种。《书·舜典》："帝曰：弃！黎民阻饥，汝后稷，播时百谷。"

（9）伊何，如何，怎样。

（10）舜既躬耕，《史记·五帝本纪》："舜耕历山。"躬，亲。

（11）禹亦稼穑（sè），《论语·宪问》："禹稷躬稼，而有天下。"

（12）周典，指《书》中的《周书》。

（13）八政始食，《尚书·洪范》："八政，一曰食，二曰货，三曰祀，四曰司空，五曰司徒，六曰司寇，七曰宾，八曰师。"

（14）熙熙，和乐的样子。《老子》："众人熙熙，如享太牢，如春登台。"令音，和善的语音。

（15）猗猗（yī），美盛之状。

（16）卉（huì），草的总称。

（17）士女，在田间忙碌的男女。

（18）气节，季节，指农历二十四节气。

（19）冀缺，即郤缺，春秋时晋国人。《左传·僖公三十年》记载郤缺耨草，其妻奉食，相敬如宾。俪（lì），配偶。

（20）沮溺，长沮、桀溺，春秋时隐士。《论语·微子》："长沮、桀溺耦而耕。"耦（ǒu），两人各执一耜骈肩而耕。

（21）矧（shěn），况且。伊，此。庶，民。

（22）曳（yè），拖引。裾（jū），衣大襟。

（23）匮（kuì），缺乏。

（24）儋石（dān dàn），亦作"担（擔）石"。明清之际方以智《通雅·算数》："《汉书》一石为石，再石为儋，言人儋之也。"常用来形容米粟为数不多。

（25）俦（chóu）列，同辈，同类人。

（26）孔，孔子。耽（dān），沉浸。樊须，即樊迟。《论语·子路》记载孔子弟子樊须问学稼圃，孔子讥讽他是"小人"。

（27）董，董仲舒，汉代儒学大师，著有《春秋繁露》等。田园不履，《汉书·董仲舒传》记载董治《春秋》"盖三年不窥园"。

（28）敛衽（rèn），整理一下襟袖，表示恭敬。

【赏析】

诗题"劝农"，是鼓励农耕的意思，即本篇的宗旨。

全诗六章。首章从上古不知农耕说起，以见今则必须重视农耕。"上古"，即远古，我国史学家用以指史前时代和夏、商、周时代。"厥初生民"，语出《诗经·大雅·生民》。"厥"，无义，助词。""抱朴含真"，是说守其本真，不为物欲所诱惑。前四句是说，在遥远的远古时代，原始的人们，骄傲地自给自足，生活朴陋，没有过多的物欲要求。这是上古社会的情况。这是从正面说。后四句说后来智谋和巧诈产生了，欲广用奢，财产就不够用了。谁能使财用充裕呢？只能靠那些识见超越寻常的人。这是从反面说。一正一反，叙议结合，说明要想维持社会资用，必须重视农耕。

第二章写哲人赡之的事，即承上结句为起语。前四句举出的哲人是后稷。后稷是周朝的祖先，相传他教人农耕，对发展我国农业做出过重大贡献。他使社会资财充裕的办法，就是"播殖"，即种植，也就是农耕。后四句更上溯到上古五帝中的舜和禹。舜、禹贵为天子，都亲自耕种。"稼稿"，播种和收获，泛指农业劳动。这些在周朝典籍中都有记载，在古代的八种政事中，第一个就是"食"。"八政"，指食、货、祀、司空、司徒、司寇、宾、师八种政事（《尚书·洪范》）。民以"食"为天，农耕当然是最重要的。此章举出舜、禹、后稷、周作榜样，以劝君相重视农耕。

第三章写春季农耕。前四句写作物茂盛，大意是说，人们有乐于农耕的美德，原野上一片美景，花木（指庄稼）枝繁叶茂，吹来阵阵和暖的微风。后四句写人们勤于农桑。几句意思是说众多的男男女女，趁着农时你追我赶；养蚕的妇女昼夜不停，耕田的农夫干脆在野外露宿。了了几句，便画出了一片繁忙的农耕景象。

第四章紧承上章，写春耕易过，当效古人及时耕作。首二句说季节很容易过去，适时的雨水也难以持久，所以必须及时耕作。三、四句引三位古代隐士为例，冀缺携带自己妻子耕地，长沮、桀溺两人并肩而耕。《论语·微子》："长沮、桀溺耦而耕。""耦"，两人各执一耜并肩而耕。"相彼贤达，犹勤垄亩"，这是举冀缺、长沮、桀溺做榜样，来劝出仕或隐居的人都重农，意谓没有什么人可以不重农，照应题目很周密。末二句"矧兹众庶，曳裾拱手！""矧"，况且，何况。意谓何况你们这些老百姓，怎能拽着衣襟拱着手而不好好劳动！语句诙谐，描绘生动，刻画出惰农形象。

第五章正面劝农，以议论方法，说明重农则衣食丰足，不重农则"饥寒交至"，作为农夫，应感惭愧！此章从正、反两方面说明重农的意义，危语怵人，末句"愧"字下得庄严，使人悚然醒悟。"匮"，缺乏，不足。"民生在勤，勤则不匮"，是古人成句，见《左传·宣公十二年》。

第六章从反面劝农，援引古代两个大儒孔子和董仲舒为例。孔子是我国儒家的祖师爷，他道德修养很高，但轻视农业，骂欲向他学种庄稼、种菜蔬的弟子樊须（字子迟）是小人。事见《论语·子路》："樊迟请学稼。子曰：'吾不如老农。'请学为圃。曰：'吾不如老圃。'樊迟出。子曰：'小人哉，樊须也！'这里表现了孔子轻视体力劳动的错误思想。首二句"孔耽道德，樊须是鄙"，就是指这件事。三、四句"董乐琴书，田园不履"，是指的汉代大儒董仲舒，他也从不参加农业劳动。后四句说，如果能像孔子、董仲舒那样勤学而不暇农耕，当然可以做你的学问，我怎敢不恭敬地赞美你的道德之美。"敛衽",整一整袖口（或衣襟），表示恭敬。此章援引前贤，反复证辩，以不劝为深于劝，结局最工。（毕桂发　张瑞华）

【原文】

归鸟四章

翼翼归鸟⁽¹⁾，晨去于林。远之八表，近憩云岑⁽²⁾。和风不洽，翻翻求心⁽³⁾。顾俦相鸣，景庇清阴⁽⁴⁾。

翼翼归鸟，载翔载飞。虽不怀游，见林情依。遇云颉颃⁽⁵⁾，相鸣而归。遐路诚悠，性爱无遗⁽⁶⁾。

翼翼归鸟，驯林徘徊⁽⁷⁾。岂思天路⁽⁸⁾，欣反旧栖⁽⁹⁾。虽无昔侣，众声每谐。日夕气清，悠然其怀。

翼翼归鸟，戢羽寒条⁽¹⁰⁾。游不旷林⁽¹¹⁾，宿则森标⁽¹²⁾。晨风清兴，好音时交。矰缴奚施⁽¹³⁾，已卷安劳⁽¹⁴⁾！

【毛泽东圈评等情况】

毛泽东读清沈德潜选编《古诗源》卷八时曾圈阅此诗。

［参考］张贻玖：《毛泽东评点、圈阅的中国古典诗词》，
中国工人出版社1992年版，第223页。

【注释】

（1）翼翼，鸟从容飞翔之状。《后汉书·张衡传》："纷翼翼以徐戾兮，焱回回其扬灵。"李贤注："翼翼，飞貌。"

（2）憩，休息。云岑（cén），高耸入云的山峰。

（3）翻翻，翻飞，飞翔之状。《楚辞·九章·悲回风》："漂翻翻其上下兮，翼遥遥其左右。"

（4）景，同"影"，身影，指归鸟。阴，同"荫"，指树荫。

（5）颉颃（xié háng），上下翻飞。《诗经·邶风·燕燕》："燕燕于飞，颉之颃之。"毛苌传："飞而上曰颉，飞而下曰颃。"

（6）性爱，相亲相爱。

（7）驯，当作"循"，顺。

（8）天路，天上之路，此指遥远的道路。

（9）反，通"返"。旧楼，旧巢。

（10）戢（jí），收敛。

（11）不，乃。旷林，空阔深远之林。

（12）标，高树梢。

（13）矰（zēng），一种用丝绳系住以便于弋射飞鸟的短箭。缴（zhuó），系在箭上的丝绳。

（14）卷，同"捲"，收藏。安，何。劳，操劳。《论语·卫灵公》："子曰……邦有道则仕，邦无道则可卷而怀之。"

【赏析】

《归鸟》写于诗人辞官归隐之后，其旨趣和《归去来兮辞》《归园田居》等相类，不过《归去来兮辞》等是明写，《归鸟》却以归鸟自况，明写归鸟，暗寓心志，托物言志，抒写自己孤高脱俗、不愿同流合污的情怀，以及辞官归隐后获得自由的喜悦。

全诗四章。首章写飞鸟离林遇逆风而托庇清荫，点明题意。开头四句中"翼翼"，是鸟从容飞翔的样子。"八表"，八方极远之地。"憩"，休息。"云岑"，高耸入云的山峰。这几句是说归鸟在早晨从容地飞离故林，飞远了可以到达八方极远的地方，飞近了停在高峰上休息，从远和高两方面写归鸟去向。可是天不作美，在飞翔途中春天的微风（和风）不和谐，也就是风向不对，遇上了逆风，只好掉转翅膀往回飞，以遂自己的心愿。"翮"，羽根，鸟翼的代称。"顾俦"二句中的"俦"，即同伴。"景"，同影。"阴"，同荫，指树荫。意思是说，归鸟在返飞途中鸣叫求伴，然后隐身到清凉的树荫之中。首章写归鸟去林，八表云岑，妄生侥心，及遇逆风，方求侣返飞，共辅互庇，直是诗人仕途不顺、弃官归田自况。

第二章写归鸟途中相遇，结伴而归。首四句中的"翔"，是回旋而飞，与一般向前飞有别。四句是说，从容不迫的归鸟，有时打个回旋有时直向前飞，不再想向远方飞去，依然眷恋着故林。后四句中的"颉颃"，指鸟飞上飞下的样子。"性爱"，友爱。几句是说，归鸟途遇风云，则上下搏击，与之对抗，互相鸣叫着结伴而还。路途虽然遥远，但彼此相爱，不肯舍弃。此章写归鸟遇云颉颃而归，见林欲依，隐喻自己弃官归田，不思远游，愿与亲友共处，过情爱笃深的生活。

第三章写归鸟徘徊驯林，谐众声，而襟怀悠然。前四句中的"驯林"，指善良、顺服的树林，意即没有险恶、适于归鸟生活的场所。"天路"，天上之路，此指遥远的道路。"旧栖"，就是旧巢。几句是说，归鸟从从容容，在驯林中飞来飞去，难道还想远走高飞吗？能回到旧巢中就很高兴了。后四句接"欣反旧栖"来说，归鸟回到旧巢，虽不见旧时伴侣，但与众鸟也相处得非常和谐。树林中白天夜里空气清新，归鸟心旷神怡，悠然自得。此章借写归鸟回归旧巢，和众鸟和谐相处，隐喻诗人回归故里和邻里融洽地过着悠然自得的生活，表现了获得自由的欣喜之情。沈德潜选编《古诗源》卷八也评论说："亦谐众声，自有旷怀，此是何等品格！"

第四章写归鸟终于休止在寒冷的树梢之上，归结到"矰缴奚施"，揭出题旨。前四句中的"戢羽"，即戢翼，指鸟收敛翅膀，后也比喻人们退隐。"旷林"，即空阔的树林。"森标"，即树梢。意思是说，归鸟收敛翅膀，停息在寒冷的树枝之上，只在这片空阔的树林中游戏，停息在树梢上端。意即安于此林，不求他往。后四句中，"矰缴"是猎取飞鸟的射具。"矰"是一种用丝绳系住以便于弋射飞鸟的短箭；"缴"是系在箭上的丝绳。这几句是说，在清新的晨风中，归鸟时时发出悦耳动听的声音。归鸟已经归巢、安于劳苦的生活，哪里还用得着矰缴这些捕鸟工具呢？此章借归鸟得所，比喻自己庆幸离开龌龊官场，过上安然自得生活的心情。"矰缴奚施"，是对罗网密织的官场的抗议，更是对善良人们的同情和关切，情真意切，感人至深，是题旨所在。明黄文焕《陶诗析义》卷一引沃仪仲曰："总见当世无可措足，不如倦飞知还之为得。'已卷安劳'，是全篇心事。四章凭空起义，如海市蜃楼，以比体为赋体。"指出本篇托物言志的艺术特点及"鸟倦飞而知还"的题旨是很对的。（毕桂发）

【原文】

命 子

嗟余寡陋，瞻望弗及。顾惭华鬓⁽¹⁾，负影只立⁽²⁾。三千之罪⁽³⁾，无后为急⁽⁴⁾。我诚念哉，呱闻尔泣⁽⁵⁾。

卜云嘉日⁽⁶⁾，占亦良时。名汝曰俨⁽⁷⁾，字汝求思。温恭朝夕⁽⁸⁾，念兹在兹。尚想孔伋，庶其企而⁽⁹⁾。

厉夜生子⁽¹⁰⁾，遽而求火。凡百有心⁽¹¹⁾，奚特于我。既见其生，实欲其可。人亦有言，斯情无假。

日居月诸⁽¹²⁾，渐免于孩⁽¹³⁾。福不虚至，祸亦易来。夙兴夜寐⁽¹⁴⁾，愿尔斯才⁽¹⁵⁾。尔之不才，亦已焉哉⁽¹⁶⁾。

【毛泽东圈评等情况】

毛泽东读清沈德潜选编《古诗源》卷八时曾圈阅此诗。

[参考] 张贻玖：《毛泽东评点、圈阅的中国古典诗词》，中国工人出版社 1992 年版，第 223 页。

【注释】

（1）华鬓，鬓边生白发。

（2）负影只立，独自一人。陶渊明只有一位同父异母的妹妹，十三岁时已出嫁。

（3）三千之罪，《孝经》："五刑之属三千，而罪莫大于不孝。"

（4）无后，无子。《孟子·离娄》："孟子曰：不孝有三，无后为大。"赵岐注："于礼有不孝者三事……不娶、无子、绝先祖祀，三也。三者之中，无后为大。"

（5）呱（gū），小儿哭声。《诗经·大雅·生民》："鸟乃去矣，后稷呱矣。"毛苌传："后稷呱呱而泣。"尔，你。

（6）卜，占，古代用龟甲、蓍草等推断吉凶祸福。云，语助词。

（7）俨（yǎn），敬，庄重。古人的名和字多取相近的意义。陶渊明长子名伋，字求思，皆取于《礼记·曲礼》："毋不敬，俨若思。"

（8）温恭朝夕，时时温恭。念兹在兹，永远念念不忘。《书·大禹谟》："帝念哉！念兹在兹，释兹在兹。名言兹在兹，允出兹在兹，惟帝念功。"孔传："兹，此；释，废也。念兹人，在此功；废兹人，在兹罪。言不可诬。"后谓念念不忘于某一事情。

（9）孔伋（jí），字子思，孔子之孙，是孔子儒学的忠实继承者。孟子受业于他。庶，希望，但愿。汉许慎《〈说文解字〉后序》："庶有达者，理而董之。"段玉裁注："庶，冀也。"企，企及，赶上。其，代陶伋。而，指代孔伋。

（10）厉，同"疠"，癞。《庄子·天地》："厉之人夜半生其子，遽取火而视之，汲汲然惟恐其似己也。"

（11）凡百有心，人皆有心。《诗经·大雅·雨无正》："凡百君子，各敬尔身。"凡百是"凡百君子"的略语。

（12）日居月诸，一天一天。居、诸皆语助词。《诗经·邶风·日月》："日居月诸，照临下土。"

（13）渐免于孩，古代男子十五岁以前为幼，为孩，陶伋十四岁，故说"渐免于孩"。

（14）夙兴夜寐，早起晚眠。《诗经·大雅·抑》："夙兴夜寐，洒扫庭内，维民之章。"孔颖达疏："侵早而起，晚夜而寐，洒扫室庭之内。"

（15）斯才，是才。

（16）亦已焉哉，也无可奈何。语出《诗经·卫风·氓》："反是不思，亦已焉哉。"

【赏析】

本诗约作于晋安帝义熙二年（406），诗人四十二岁。《命子》，《册府元龟》作《训子》。上对下言，使之遵行，故曰"命"。

这首诗是写给十四岁的长子陶伋的，全诗共十章。在陶伋行将步入"成童"（十五岁以上）时，作者勉励他继承祖辈光荣家风，努力成才。前六章历述祖上功绩德泽。始祖可追溯到陶唐氏帝尧，在夏为御龙氏，在商为豕韦氏，在西周为司徒陶叔，愍侯陶舍及其子、丞相陶青等，勋业赫赫，都彪炳史册。接着作者大书其曾祖父陶侃，为东晋开国功臣，官至征南大将军、开府仪同三司，功成不居，上表固让，品德高尚。其祖陶茂，官武昌太守，父陶逸官安城太守，皆卓有政声。从诗人对陶氏祖上功业的叙述中，我们可以感到诗人的自豪和骄傲。这里，诗人继承了我国诗歌中自尊自勉的传统写法，屈原在《离骚》开头即写道："帝高阳之苗裔兮，朕皇考曰伯庸。"陶渊明歌颂祖上用行舍藏都合乎道，颇为求实；又歌颂宗族的传统品德，并且期望儿子不辱没祖辈光荣风范就顺理成章了。

这里节选的后四章是毛泽东在读清沈德潜选编《古诗源》卷八时圈阅的。第七章过渡，转写自己，既写目前之衰颓，又写往昔之得子。前四句是说，可叹自己孤陋寡闻，远远赶不上祖先。惭愧的是鬓发开始变白，又没有兄弟，形单影只。写足自己的无所作为，接下去又说，古语说，人的罪有三千种之多，但以没有后代为最大。亚圣孟子曾说："不孝有三，无后为大。"（《孟子·离娄》）自己也实在为这件事担忧，末句笔锋一转，说是诗人高兴地听到了儿子呱呱坠地的哭声。儿子的降生给诗人带来了新的希望。

第八章写诗人给儿子取名与字及其期望。诗人对儿子的降生极其重视，极其慎重地烧灼龟甲进行卜占，推断儿子的生日都是吉日良辰。然后根据《礼记·曲礼》："毋不敬，俨若思"的古训，给长子取名陶俨，字求思。这名字寄寓着诗人的厚望，希望儿子早晚都能温和恭敬，时刻牢记，处处如此。末二句用典，是说期望儿子能有所作为，如同孔子的孙子孔伋子思。

第九章写诗人希望儿子胜过自己。"厉夜生子，遽而求火。凡百有心，奚特于我？"前四句用了两个典故，大意是说，癞病患者夜里生了儿子，赶快拿灯火照视，唯恐儿子也像自己一样生着一头癞疮，这是一种特殊现象；但一般人都希望儿子肖似自己、胜过自己。两个典故，从正、反两个方面说明对儿子寄予厚望乃是常情常理。后四句承上而言，既然看到儿子降生，总希望他学必有成。人们也都这样讲，这种心情乃理之必然，是真实的。

第十章写诗人勉励儿子成才，也是对儿子人生道路的总的指导。"日居月诸，渐免于孩。"起首二句用典，首句用《诗经·邶风·日月》："日居月诸，照临下土。"意思是说时间一天天地过去。二句"渐免于孩"，是说陶俨已渐长大。《礼记·曲礼》："人生十年曰幼，学。"《礼记·内则》："十有三年，学乐，诵诗，舞勺；成童，舞象，学射御。"注："成童，十五以上。"男子十五岁以下为幼，为孩；十五岁以上为童，二十而冠。"渐免于孩"，是说陶俨已经到了十五岁以上的童年时期，即今之所谓长身体、长知识的少年时期，已经渐省人事，是受教育的重要阶级，故诗人诲之以人生之理。先就一般事理而论，幸福不会侥幸降临，灾祸却很容易到来，先晓之以理，再动之以情，勉励儿子早起晚睡，加倍努力，愿他成为一个杰出的人才。这只是诗人的期望，能否变成现实，主要要看儿子自己的努力如何，诗人是无法强求的。所以，诗人最后退一步说，假如你竟然不能成才，我只好哀叹："亦已焉哉！"这是种沉重的旷达之语啊：诗人这种盼望儿长大成才的愿望，代表了古今天下父母的心声，这便是它的普遍意义。（毕桂发）

【原文】

酬丁柴桑二章

有客有客，爱来爱止⁽¹⁾。秉直司聪⁽²⁾，于惠百里⁽³⁾。餐胜如归⁽⁴⁾，聆善若始⁽⁵⁾。

匪惟谐也⁽⁶⁾，屡有良由⁽⁷⁾。载言载眺，以写我忧⁽⁸⁾。放欢一遇，既醉还休。实欣心期⁽⁹⁾，方从我游。

【毛泽东圈评等情况】

毛泽东读清沈德潜选编《古诗源》卷八时曾圈阅此诗。

[参考] 张贻玖：《毛泽东评点、圈阅的中国古典诗词》，中国工人出版社 1992 年版，第 223 页。

【注释】

（1）爰，乃，于是。第二个"爰"字，一本作"宜"，一本作"官"。止，语尾助词。

（2）秉直，正直秉公。秉，握持。司聪，掌管了解民情。《左传·昭公九年》："汝为君耳，将司聪也。"

（3）百里，指县令管辖的地区，约方圆百里。

（4）餐，一作"飧"。餐胜，欣赏美景。餐，欣赏，赞美。《文选·王俭〈褚渊碑文〉》："仰《南风》之高咏，餐东野之秘宝。"李善注："餐，美也。"

（5）聆，耳闻。善，良言。

（6）匪惟，不只。匪，通"非"，不。

（7）由，一本作"游"，是。

（8）写（xiè），去掉。

（9）心期，两心契合。

【赏析】

诗题中的"酬"是以诗相赠答。"丁柴桑"，生平不详。"柴桑"，县名，其地在今江西九江西南，为陶渊明故里。这首赠答诗抒写了诗人和丁柴桑的愉快交游和友谊。

全诗二章。第一章共六句，前四句暗点题意。"有客有客，爰来爰止"，意思是说，有客人啊有客人，说来就来，说止就止，重叠句法，欢快的语气，表示了对客人的热烈欢迎。来的是怎样一位客人，值得诗人这样欢欣鼓舞？三、四句做了回答："秉直司聪，于惠百里。""秉直"，主持公道。"司聪"，掌管地方了解下情。"百里"，古时以一县辖地约百里，因用百里作为县的代称。这位客人办事主持公道，又了解下情，给全县人民带来了不少好处。诗人欢迎丁柴桑，不仅因为他是一个好的父母官，还因为他是一位视名胜如同归家、听美景终身犹如始闻的游览者，一位诗人的亲密游伴。"餐胜"二句，言简意丰，历来评价甚高。

第二章紧承首章，写二人欢游名胜之地。首二句"匪惟谐也，屡有良游"，意思是说，我和丁柴桑不仅是志同道合，而且每每有美好的游览。

紧承首章，开启下文。接着四句便写良游情状："载言载眺，以写我忧；放欢一遇，既醉还休。""眺"，远望。"写"，通"泻"，宣泄之意。"放欢"，尽情地欢乐。这是说，我和丁柴桑游览时，又谈笑又远望，以宣泄我的忧愤；一遇上尽情欢乐的机会，便喝得酩酊大醉才作罢。黄文焕对后两句很欣赏，他分析说："'放'字'遇'字，奇甚，意有拘束，则我景中之情不能往而迎物，情中之景不能来而接我，放之而可以相遇矣。此既往迎，彼亦来接，适相凑合，遇之妙也。'还休'与'一遇'相映。一遇已足以休，况其屡乎？'方从'复与'还休'相映。由此不休，由此日遇，是在善放。从'忧'说'放'，从'放'说'休'，从'休'再说'欣'，逐句转换。"真是一波三折，意蕴渊永。末二句"实欣心期，方从我游"是说，丁柴桑与我交游，实在是我内心期望和高兴的，再照应题目。清温汝能纂辑《陶诗汇评》卷一评陶渊明的酬答诗说："渊明诗体质句逸，情真意婉，即偶然酬答，而神味渊永，可规可诵。"这个评价对这首诗也是非常恰当的。（毕桂发）

【原文】

游斜川

辛丑岁正月五日，天气澄和[1]，风物闲美[2]。与二三邻曲[3]，同游斜川。临长流，望层城[4]。鲂鲤跃鳞于将夕，水鸥乘和以翻飞[5]。彼南阜者[6]，名实旧矣[7]，不复乃为嗟叹。若夫层城，傍无依接，独秀中皋[8]，遥想灵山[9]，有爱嘉名[10]。欣对不足，率尔赋诗[11]。悲日月之遂往[12]，悼吾年之不留。各疏年纪乡里[13]，以记其时日。

开岁倏五十[14]，吾生行归休[15]。念之动中怀，及辰为兹游[16]。气和天惟澄，班坐依远流[17]。弱湍驰文鲂[18]，闲谷矫鸣鸥[19]。迥泽散游目[20]，缅然睇层丘[21]。虽微九重秀[22]，顾瞻无匹俦。提壶接宾侣，引满更献酬。未知从今去，当复如此不？中觞纵遥情[23]，忘彼千载忧[24]。且极今朝乐，明日非所求。

【毛泽东圈评等情况】

毛泽东读清沈德潜选编《古诗源》卷八时曾圈阅此诗。

［参考］张贻玖：《毛泽东评点、圈阅的中国古典诗词》，

中国工人出版社1992年版，第223页。

【注释】

（1）澄和，清朗和暖。

（2）闲美，娴雅美好。

（3）邻曲，乡邻、邻人。

（4）层城，山名，一名江南岭，又名天子鄣，位于庐山之北。

（5）和，和风。

（6）南阜，指庐山。阜，大山。

（7）旧，熟。

（8）皋，水边高地。晋庐山诸道人《游石门诗序》："（鄣山）基连大岭，体绝众阜。此虽庐山之一隅，实斯地之奇观。"

（9）灵山，指昆仑山。神话传说，昆仑山为西王母及诸神仙所居，故曰灵山。

（10）嘉名，美名。嘉，同"佳"。《水经注》谓昆仑山三级，"上曰层城，一名天庭，是谓太帝之居。"斜川之层城与昆仑之层城同名，故曰嘉名。

（11）率尔，轻快的神态，即兴之意。尔，助词。

（12）遂，进，连环不断。《礼记·祭仪》："及祭之后，陶陶遂遂。"注："相随行之貌。"

（13）疏，分条记述。

（14）倏，忽然。五十，一本作"五日"。

（15）行，将要。归休，指死。一说指辞官退休，归隐。《韩诗外传》卷九："田子为相三年归休，得金百镒奉其母。"

（16）辰，通"晨"，指白天。

（17）班坐，依次列坐。

（18）弱湍，不太急的流水。湍（tuān），急水。文鲂，美丽的鱼。

（19）矫，健飞。

（20）迥泽，远泽。

（21）缅然，深思之状。睇（dì），凝视。

（22）微，逊于。九重，指昆仑山的层城。

（23）中觞（shāng），酒半酣。

（24）千载忧，指生死之忧。《古诗十九首·生年不满百》："生年不满百，常怀千岁忧。"

【赏析】

　　这首诗作于东晋安帝义熙十年（414）。"斜川"，在今江西星子境。

　　诗人开宗明义："开岁倏五十，吾生行归休。念之动中怀，及辰为兹游。"自言过了新年就五十岁了，我这一辈子快要完了。想到这些，不由得引起万千思绪，清晨便结伴作此斜川之游。诗人之所以选择五十岁时结伴游斜川并赋诗作序，是仿效石崇、王羲之等贵族风习。东晋豪富石崇曾于西晋惠帝元康六年（296）在金谷大会名流，饮酒作诗，编为《金谷集》。石崇《金谷集序》曰："感性命之不永，惧凋落之无期，故具叙时人官号、姓名、年纪。"与会三十人，石崇的姐夫年岁居首，五十岁。东晋大书法家王羲之也选在他五十岁时，在兰亭宴会名流，成诗集《兰亭集》。王羲之《兰亭集序》曰："当其欣于所遇，暂得于己，快然自足，不知老之将至，及其所之即倦，感慨系之矣。况修短随化，终期于尽。古人云：死生亦大矣。岂不痛哉！"陶渊明在"序"中写道："辛酉岁正月五日，天气澄和，风物闲美。与二三邻曲，同游斜川。临长流，望层城，鲂鲤跃鳞于将夕，水鸥乘和以翻飞。彼南阜者，名实旧矣，不复乃为嗟叹。若夫层城，傍无依接，独秀中皋，遥想灵山，有爱嘉名。欣对不足，率尔赋诗。悲日月之遂往，悼吾年之不留。各疏年纪乡里，以记其时日。"这篇诗序，从内容上看，有类于《金谷集序》和《兰亭集序》，都是感慨人生的短促；从形式看，却是一篇与《游斜川》诗情趣互补的优美散文。序中干支时日有误，应作"正月五日辛酉"，指义熙十年正月。这一天，天气晴朗和暖，景色娴静美丽。诗人邀几位乡邻同游斜川。层城，传说中昆仑的最高级，又称天庭，太帝居住的地方，文中指庐山北、彭蠡泽西的鄣山，又名天子鄣。晋庐山诸道人《游石门诗序》说它"基连大岭，体绝众阜。此虽庐山之一隅，实斯地之奇观。"放眼望去，鲂鲤欢跃，闪出水面，至晚不息，无数水鸥乘和风上下翻飞。所谓"南阜"，即庐山，它早已出名，无须再赋诗咏叹。倒是那层城鄣山，四周并无依托和连接，竟卓然独秀于群峰之中，使人们自然地联想到昆仑仙山。赞叹之余，便共同赋诗，感慨痛惜日月的飞逝和留不住的年华。于是，分别记下同游者的年纪、乡里和时日，作为纪念。所谓"念之动中怀"，就是指的此时、此事所抒发的情感。开端四句说明游斜川的缘由。

接着，描述游历中的风物。"气和天惟澄，班坐依远流。弱湍驰文鲂，闲谷矫鸣鸥。"暖融融的气候，晴朗朗的天空，大家列坐偎依在潺潺流向远方的河边，看那斑斓的鲂鱼在涓细的急流中飞快地游弋，听那幽静的山谷中翱翔的水鸥传来声声欢鸣。"和""澄"，正是初春的天色。"弱""闲"，道出初春特有的水和山，河水失去了汛期的湍壮，山谷也不是夏秋的繁茂与喧闹，但也不是严冬。"弱湍"中有鲂，"闲谷"中有鸥，已传出春天的信息。"迥泽散游目，缅然睇层丘。虽微九重秀，顾瞻无匹俦。"大家放眼眺望那辽阔的湖水，目光自然地都集中到美如仙境的鄣山。"散"，意纷于四顾，眼中意中，去取选汰，不遗不苟，不约而同地集中到鄣山。看那鄣山虽然没有昆仑层城的九重秀色，但在极目所至的群峰中却是无与匹比的。这景色自然引起同游者无限的兴致，"提壶接宾侣，引满更献酬"，拎起酒壶款待各位宾朋，倒满酒浆相互劝杯，尽情欢饮，以不辜负这良辰美景。

结尾六句，皆为感慨。"未知从今去，当复如此不？中觞纵遥情，忘彼千载忧。且极今朝乐，明日非所求。"颜延之《靖节先生诔》："年在中身，疢维痁疾。"《杂诗》其七曰："弱质与运颓，玄发早已白。"久患痁疾，弱质运颓，白发苍苍的诗人，此时此景举起酒杯，怎能不发出疑问：以后还能有这样的欢聚吗？觞筹之间，尽量放纵情怀，忘掉那千古忧愁事，极尽今朝的欢乐，明天怎么样，管他呢，那不是我所企求的。

全诗炼字自然，写景如画，虽然效仿晋代贵族习风，但其情真意切，

绝不是自诩旷达的门阀贵族之作所可比拟的。（董玉琴）

【原文】

答庞参军

　　三复来贶[1]，欲罢不能。自尔邻曲，冬春再交[2]。欵然良对[3]，忽成旧游。俗谚云："数面成亲旧"，况情过此者乎？人事好乖[4]，便当语离。杨公所叹[5]，岂惟常悲。吾抱疾多年，不复为文，本既不丰，复老病继之。辄依《周礼》往复之义[6]，且为别后相思之资。

　　相知何必旧，倾盖定前言[7]。有客赏我趣，每每顾林园。谈谐无俗调，所说圣人篇。或有数斗酒，闲饮自欢然。我实幽居士，无复东西缘[8]。物新人惟旧[9]，弱毫多所宣[10]。情通万里外，形迹滞江山。君其爱体素[11]，来会在何年？

【毛泽东圈评等情况】

毛泽东读清沈德潜选编《古诗源》卷八时曾圈阅此诗。

　　　　［参考］张贻玖：《毛泽东评点、圈阅的中国古典诗词》，中国工人出版社1992年版，第223页。

【注释】

　　（1）三复，再三地看。来贶（kuàng），即赠诗。贶，赐给，赐予。

　　（2）冬春再交，到了第二个冬春相交的日子（岁尾十二月十五日至新岁正月十五日）。

　　（3）欵然，诚挚的样子。

　　（4）好（hào），容易。乖，分离。

　　（5）杨公所叹，伤别的哀叹。杨公，杨朱，战国时思想家。《淮南子·说林训》："杨子见逵路而哭之，为其可以南，可以北。"高诱注："道九达曰逵，闵其别也。"

　　（6）《周礼》往复之义，一本作"周孔往复之义"。《礼记·曲礼》：

"大上贵德，其次务施报。礼尚往来，往而不来，非礼也；来而不往，亦非礼也。"注："大上，帝皇之世，但贵其德足以及人，不贵其报。其次，三王之世，礼至三王而备，故以施报为尚。"三王指夏禹、商汤、周文王（或加上周文王），按三王之礼至周又最备，故但云周礼。

（7）倾盖，《史记·鲁仲连邹阳列传》："谚曰：有白头如新，倾盖如故。"盖，车盖。行道偶遇，并车相谈，像老朋友一样。定前言，证明前面所说"数面成亲旧""相知何必旧"是对的。

（8）幽居士，幽居的人，即隐士。东西缘，东西南北漂泊的机遇。《礼记·檀弓上》载孔子语："今丘也，东西南北之人也。"注云："东西南北，言居无定处也。"

（9）物新，事物更新，指晋、宋易代。人惟旧，人以旧识为可贵。陶庞相交年余，自成旧知。《书·盘庚上》："迟任有言，曰：人惟求旧；器非求旧，惟新。"

（10）弱毫，拙笔。毫，毛笔。宣，表达，指写信。

（11）体素，即素体、玉体，敬词。

【赏析】

这是一首赠答诗，诗中回顾了和友人庞参军的亲密交往，表现了对庞参军的真挚友情，是篇情真意切的佳作。

庞参军是什么人呢？从本诗的序与诗及诗人的另一篇四言《答庞参军》诗与序，我们知道，他是陶渊明的朋友。他们在江州（今江西九江）曾经是邻居，时有诗酒往来，遂成了好友。不久，庞参军奉江州刺史王宏（王当时是卫将军，庞是他的卫军参军）之命在春天使江陵（今湖北江陵），又奉宣都王（宋文帝时为宣都王，以荆州刺史镇江陵）之命在冬天由江陵返上都（今江苏南京），路经江州与陶渊明再遇。四言诗写二人重逢之际的情景，这首五言诗则是写初别之后的相思。

诗前小序质朴无华，情意缠绵，交代了写这首答诗的原因。先说庞参军三次"来贶"，即赠诗，诗人不能不答。再叙二人交谊，从"自尔邻曲，冬春再交"可知，他们的交往最多不超过一年，但是很快便成了好朋友，其情胜过俗话说的"数面成亲旧",这就是说本是新交却成了故旧。二人感情交契,庞参军又要离去,自然伤感不已。《淮南子·说林训》:"杨子见逵路而哭之。"高诱注说:"悯其别也。"杨朱因伤别而哭于四通八达的大道,引起诗人的共鸣。序中所说"人事好乖,便当语离,杨公所叹,岂惟常悲",其伤别之情有过于杨公(朱)。接着再说他已抱病多年,身体羸弱,久不为文作诗,但还是依据《礼记·曲礼》"往而不来,非礼也;来而不往,亦非礼也"的古训,写了这首酬答诗。这个小序,写初交,写离别,写相思,语言简洁,文风质朴,不仅交代了写作本诗的原因,本身也是一篇小品佳作。

全诗十六句,可分前后两层意思来写,前八句叙交情,后八句写相思。叙友谊先从议论发端:"相知何必旧,倾盖定前言。"人们相交,贵在情真,只要以诚相见,还分什么新交与旧知呢?古语说:"白头如新,倾盖如故。"(《史记·鲁仲连邹阳传》)意思是说,如不能相知,虽交往到老,也如同新相识;如果相知,虽途中倾盖(伞)相接暂驻而语,也像老朋友。"相知"二句正是化用这个谚语,来表现诗人与庞参军一见如故的交情的。下面"有客赏我趣"六句便具体描写二人相交甚欢的情形。"客"指庞参军,"林园",指柴门,二句说庞参军很能提起我的兴致,常常过来看望我。一个"赏我趣",写出了诗人的热情好客,"每每"二字又写出了庞参军的频频造访,过从之频繁,正应了"主雅客来勤"那句古话。交谈和谐,没有庸俗的调调,内容都符合圣人的教导,从交谈内容看,两人是志同道合,这是友谊的基础。有了共同语言,有时再有些酒助兴,闲谈漫饮欢洽非常。这是叙交谊,以下笔锋一转,便叙相思。"我实幽居士,无复东西缘。物新人惟旧,弱毫多所宣。""幽居士",幽居的人,即隐士。"弱毫",犹言拙笔。这是说,我本来是隐居的人,不再为功名利禄去奔波了;虽景物常新却依然故我,我这样立身行事拙笔多有宣示。叙相思先写自己的立身行事的信条,表明自己的态度,既是申明己意,又是请求谅解。从这样的语气我们推测,他们在交谈中虽然气氛融洽,意见可能有点相左。这相左之处不外乎庞参军拿"圣人"的大道理来劝诗人重返仕途,诗人却不同意。所以这里才有"我实幽居士,无复东西缘。"《礼记·檀弓上》上载孔子语:"今丘也,东西南北之人也,不可以弗识也。"注云:"东西南北,言居无定处也。"后人借东西南北指在外漂泊,奔波利禄。诗人所谓"无复东西缘",当指不能像孔子那样东南西北漂泊,也不能为功名利禄而奔波,甘当一个隐士。这就是说我的归隐是真的,不要怪我不听你的规劝。接下去写分别与相思:"情通万里外,形迹滞江山。君其爱体素,来会在何年?"意思是说,现在我们分别了,身居二地被江水和山丘阻隔,但情通万里,友谊长存。请你多保重身体,不知哪年哪月我们可以再相会? 情深谊长,结出别后相思正意。

全诗平平说来,不堆砌典故,不矫揉造作,近于家常话,口头语,朴实无华,自然成趣,正所谓"一语天然万古新,豪华落尽见真淳"(金末元好问《论诗绝句》),充分体现了陶诗的语言特色。(毕桂发)

【原文】

五月旦作和戴主簿

虚舟纵逸棹[1],回复遂无穷[2]。发岁始俯仰[3],星纪奄将中[4]。南窗罕悴物[5],北林荣且丰。神渊写时雨[6],晨色奏景风[7]。既来孰不去,人理固有终。居常待其尽[8],曲肱岂伤冲[9]?迁化或夷险[10],肆志无窊隆[11]。即事如已高,何必升华嵩[12]。

【毛泽东圈评等情况】

毛泽东读清沈德潜选编《古诗源》卷八时曾圈阅此诗。

[参考]张贻玖:《毛泽东评点、圈阅的中国古典诗词》,中国工人出版社 1992 年版,第 223 页。

【注释】

(1)逸棹,指快桨。棹(zhào),船桨,亦作"櫂"。《楚辞·九歌·湘君》:"桂櫂兮兰枻,斫冰兮积雪。"

(2)回复,指一年四季的周而复始。

（3）发岁，一年的起始，即岁首。俯仰，一俯一仰之间，形容时间短暂。

（4）星纪，星纪年，指本年（癸丑）。这里用的岁星纪年法。星纪，本为十二星次之一，在十二支中属丑，在二十八宿中属牛宿和斗宿。据《晋书·天文志》载："自南斗十二度至须女七度为星纪，于辰在丑"，则知星纪为丑年。本年为癸丑。奄，忽。中，一半，指岁半。

（5）"南窗罕悴物"，一作"明两萃时物"。悴，憔悴，干瘪没有生气之状。

（6）神渊，一本作"神萍"，雨师。写，同"泻"，落。时雨，指初夏之雨。

（7）奏，奏告。景风，夏风，指南风。《易纬·通卦验》："夏至景风至。"《史记·律书》："景风居南方，景者，言阳气道竟，故曰景风。"

（8）居常待其尽，守常不变，听其自然之意。晋皇甫谧《高士传》："贫者，士之常也；死者，命之终也。居常以待终，何不乐也？"

（9）曲肱（gōng），弯臂。《论语·述而》："饭蔬食饮水，曲肱而枕之，乐亦在其中矣。"伤忡，悲伤忧虑之意。一作"伤冲"。

（10）迁化，变化。《荀子·非十二子》："通达之属，莫不服从；六说者立息，十二子者迁化；则圣人之得势者，舜禹是也。"或，有的。夷险，指国运的平顺与险阻。

（11）窊（wā）隆，地形的洼下与隆起，此指起伏、高下，喻指世间的贫富与穷通。

（12）华嵩，华山和嵩山，修道祈仙的名山。

【赏析】

诗题中的"五月旦"，即五月初一。和（hè）是唱和，依照别人作的题材与体裁而写作。主簿为官名，封建社会州县主管簿书的官员。戴主簿，名字与生平事迹不详。这首诗是晋安帝隆安五年（401）五月初一写给戴主簿的和诗。诗人时年三十七岁，做镇军参军。诗中描绘了五月的美丽风景，从而对人生之理发出感慨。

诗共十六句，前八句写景，后八句抒慨。诗从写景开始，"虚舟"，即空船。"逸棹",指快桨。起首二句是说空船放纵快桨,来来往往无有穷尽,水上小船穿梭湖上,是五月天气景色,这是暗点题意。三四句中的"发岁",一年起始即岁首。"星纪",本是十二星次之一,在十二支中属丑,在二十八宿中为斗宿和牛宿。这里泛指星纪年,即指本年(癸丑)。这是用的岁星纪年法。二句是说岁首刚在俯仰之间度过,转眼斗宿和牛宿已到了中天,明点时令。前四句直醒"五月旦"题意。接下去,四句继续写景,太阳把它的光辉都投射到应时的作物上,北面的树林枝繁叶茂。及时雨落在深深的湖面上,南风劲吹预示着早晨的天色。后二句写景如画。

后八句抒发感慨。"既来孰不去"句言岁时与虚舟一样往复去来,是承上,"人理固有终"句言人生之理也完全相同,是启下,二句承上启下,过渡自然。但人之往复有终而无尽。所谓"尽",贵贱贤愚贫富不同,应居常以待其尽。什么是居常呢?"居常",守常不变,也就是都要安于现状,用孔子的话说就是"无可无不可"(《论语·微子》),即能仕则仕,不能仕则不仕,进退去留,均无不可,用中庸的态度等待人生自尽。这就是"居常待其尽"。"屈肱而伤冲","屈肱",曲臂。《论语·述而》:"饭蔬食饮水,曲肱而枕之,乐亦在其中矣。""伤冲",悲伤忧虑之意。这句是说如果吃素食、以臂为枕睡觉这样简陋的生活都很快乐,还有什么悲伤忧虑呢?下面接着说:"迁化或夷险,肆志无窊隆。""迁化",变化。"夷险"是指国运的平安与危险。"窊隆",本为地形势洼下和隆起,此指起伏、高下。二句总承上述虚舟、岁时,与人理同异,是说虚舟岁时、人事的去来变化,都有阴阳寒暑、风雨晦明等平安与险恶的变易,而人们放纵自己的情志不随世风高下变更,已经难能可贵。所以结末归于:"即事如已高,何必升华嵩。"意思是说,而就其事来说,我不知其高下如何,但在我看来,似乎已经很高了,又何必登华山、嵩山之巅而后才算高呢?以登五岳中的华山、嵩山来喻人品之高,而又以反诘口气出之,贴切有力。清孙人龙纂辑《陶公诗评注初学读本》卷一评论说:"结到志行高卓,语亦兀傲。"(毕桂发)

九日闲居

　　余闲居，爱重九之名[(1)]。秋菊盈园，而持醪靡由[(2)]，空服九华[(3)]，寄怀于言。

　　世短意常多[(4)]，斯人乐久生。日月依辰至[(5)]，举俗爱其名[(6)]。露凄暄风息，气澈天象明。往燕无遗影，来雁有余声。酒能祛百虑[(7)]，菊为制颓龄[(8)]。如何蓬庐士[(9)]，空视时运倾[(10)]！尘爵耻虚罍[(11)]，寒华徒自荣[(12)]。敛襟独闲谣[(13)]，缅焉起深情[(14)]。栖迟固多娱[(15)]，淹留岂无成[(16)]。

【毛泽东圈评等情况】

　　毛泽东读清沈德潜选编《古诗源》卷八时曾圈阅此诗。

　　　　　　[参考]张贻玖：《毛泽东评点、圈阅的中国古典诗词》，

　　　　　　　　　　　中国工人出版社1992年版，第223页。

【注释】

　　（1）爱重九之名，重九即农历九月九日。古人认为九是阳数，故重九又称重阳。"九"是"久"的同音，又是单数的最大数，故重九具有长久之意，因此说爱重九之名。

　　（2）醪（láo），酒酿。此指储酒器。靡由，无来由，指倒不出酒来。

　　（3）九华，重九的菊花。华，同"花"。

　　（4）"世短意常多"，取意于《古诗十九首·生年不满百》之十五："生年不满百，常怀千岁忧。"

　　（5）"日月依辰至"，《左传·昭公七年》："公曰：多语寡人辰，而莫同，何谓辰？对曰：日月之会是谓辰，故以配日。"

　　（6）举俗爱其名，逯钦立本汤注："魏文帝书云：九为阳数，而日月并应，俗嘉其名，以为宜于长久。"

　　（7）祛，解除。

（8）为，一本作"解"。制，止，节制。颓龄，衰年。颓，衰老。

（9）蓬庐士，贫士。

（10）"空视时运倾"，意谓重九佳节，不可空过。倾，斜，转移之意。

（11）尘爵，有尘土的爵，意即无酒可饮。爵，饮酒器。罍（léi），酒樽，储酒器。《诗经·小雅·蓼莪》："瓶之罄矣，维罍之耻。"

（12）寒华，秋菊。徒，空。

（13）敛襟，整敛衣襟，指正坐。闲谣，作歌。古代唱无曲调为谣。《诗经·魏风·园有桃》："心之忧矣，我歌且谣。"

（14）缅焉，思之。

（15）栖迟，游息。《诗经·陈风·衡门》："衡门之下，可以栖迟。"朱熹集传："栖迟，游息也。"

（16）淹留，隐退。《楚辞·宋玉·〈九辩〉》："时亹亹（wěi）而过中兮，蹇淹留而无成。"王逸注："亹亹，进貌。"

【赏析】

诗题中的"九日"，即农历九月九日，为我国重阳节。"闲居"，无事家居，即不做官。诗题之意甚明，是写诗人归隐之后在家过重阳节的情形。重阳节自古有饮菊花酒的习俗，据说这样可以延年益寿。《西京杂记》说："九月九日佩茱萸，食蓬饵，饮菊花酒，令人长寿。"诗前小序讲得很清楚，虽然诗人很爱重阳节，然而这一年的重九，虽然有满园秋菊，却苦于无钱沽酒，只能空食菊花。诗人有菊无酒，便产生出无限感慨。

"世短意常多，斯人乐久生。日月依辰至，举俗爱其名。"意思是说，人生在世不过百年，却有很多忧虑，这是因为人们都乐于长生不老。但是时交运移，日月如梭，一年一度的重阳节按时序自然到来，也没有什么可爱之处，但人们都爱这个以"九"命名的节日。因为"九"与"久"谐音，重阳节又称"九九"，谐音"久久"，正体现了人们对长生不老的渴求。所以开端四句，以议论领起，解释了重九之名，提出了感叹人生的主旨。明黄文焕《陶诗析义》评这四句说："同此日月，依辰而至，原无可爱，而俗以重九之名爱之，意之多，总由于世之短。乐趣皆由苦趣中来也。"评析较为中肯。

"露凄暄风息"以下四句转写重阳景色，为下面抒情作铺垫。露水凄清，暖风止息，秋高气爽，天象清明，南去的燕子没留下踪影，北来的大雁还留下余响声声。几句从露、风、天象及两种候鸟的来去描写了一幅秋色图，是重阳景色。

这样宜人的秋色，本该兴致很高，但诗人处境不妙，下面"酒能祛百虑"以下八句转入抒情，据说酒能祛除心中的种种烦恼，菊花能制止人们衰老。为什么我这个身居茅舍（蓬庐）的人，只能眼睁睁地看着重阳佳节白白地度过呢？用以盛酒和温酒的"爵"和"罍"都满是尘土，空无滴酒，只有那傲霜的菊花在篱边空自开放。诗人抓住"酒""菊"这两个富有重阳节的事物，抒发了自己穷困潦倒的感慨，又与上面描写的宜人秋色形成鲜明对照，给人突出的印象。有些论者认为这几句抒情别有深义。清邱嘉穗《东山草堂陶诗笺》卷二说："前辈既以'空视时运倾'句为指易代之事，则自'尘爵'以下六句实有安于义命、养晦待时之意，此则陶公所自叹深情者也，诗中'蓬庐士'，公自指也。'时运倾'，晋宋代谢也。"认为陶渊明诗中抒发了他对晋宋易代的悲愤，表现了对晋朝的留恋，并有志于恢复王室。常言说，诗无达诂，这种说法当然不能说毫无道理，因为正如鲁迅所说陶渊明"于朝政还是留心"（《魏晋风度及文章与药及酒之关系》）。但综观诗人一生，只做过八十多天彭泽县令，早已"不为五斗米折腰"而去职，隐居在家，啸傲终日，"不及有汉，无论魏晋"，似乎对朝政无这么大热情，也无匡扶晋室之能力，不过发点牢骚而已。

诗最后归结说："敛襟独闲谣，缅焉起深情。栖迟固多娱，淹留岂无成？"意思是说，诗人整一整衣襟，独自闲吟，而思绪遥远，感慨很深。想到自己游息于山林固然有很多欢乐，然而滞留人世难道能一无所成吗？对于这个结尾，明黄文焕《陶诗析义》卷二说："深情增感于运倾，不堪娱矣！无可成矣！忽而结转曰'固多娱''岂无成'，强自解免，弥觉凄然。此等结法，最耐寻味。"他认为诗中所谓"深情"，即诗人的感慨，包括两个方面，一方面遁迹山林本来多求娱悦，现在穷困到重阳佳节连酒也喝不上，所谓"不堪娱也"；另一方面也进一步想到终日过这种闲散生活，一事无成也不好，所以，这牵涉到对人生的思考和对自身价值的探求。故所谓"深情"，并不是有什么匡扶晋室的宏图，只不过是说现在连个最低的要求都达不到，可不是白白活在世上，最终也要一事无成吗？语气十分凄伤、沉痛，耐人寻味。（毕桂发）

【原文】

和刘柴桑

山泽久见招[1]，胡事乃踌躇[2]？直为亲旧故[3]，未忍言索居[4]。良辰入奇怀，挈仗还西庐[5]。荒涂无归人[6]，时时见废墟。茅茨已就治[7]，新畴复应畲[8]。谷风转凄薄[9]，春醪解饥劬[10]。弱女虽非男，慰情良胜无。栖栖世中事[11]，岁月共相疏[12]。耕织称其用[13]，过此奚所须[14]。去去百年外[15]，身名同翳如[16]。

【毛泽东圈评等情况】

毛泽东读清沈德潜选编《古诗源》卷八时曾圈阅此诗。

[参考] 张贻玖：《毛泽东评点、圈阅的中国古典诗词》，中国工人出版社1992年版，第223页。

【注释】

（1）久见招，久被山泽所招。见，被。

（2）踌躇（chóu chú），犹豫不决。胡事，因为什么事。

（3）直为，只为，但为。

（4）索居，离群独居。《礼记·檀弓》：子夏曰："吾离群而常居亦已久矣。"

（5）挈（qiè）杖，提杖。西庐，指上京里旧居。旧庐在江州郡治（浔阳）之西，故称西庐。

（6）涂，同"途"。

（7）茨（cí），用茅草、芦苇盖的屋顶。《诗经·小雅·甫田》："如茨如梁。"郑玄笺："茨，屋盖也。"治，理。

（8）畲（yú），开垦过三年的田地、熟田。《诗经·周颂·臣工》："亦双何求？如何新畲。"毛苌传："二岁曰新，三岁曰畲。"一说为开垦过二年的土地。新畴，新田。

（9）谷风，东风。《尔雅·释天》："东风谓之谷风。"凄薄，寒凉。

（10）劬（qú），劳苦。

（11）栖栖，心神不定之态。世中事，指朝廷、官场中事。

（12）共相疏，彼此互相疏远。

（13）称（chèn）其用，和自己需要相当，即够用。

（14）奚必须，还要它干什么。奚，何。

（15）去去，不断消失，指时间迁移。百年，指人的一生。

（16）翳（yì）如，消失。翳，蔽。如，语助词。

【赏析】

这首诗作于东晋安帝义熙五年（409）。刘柴桑，即刘程之，字仲思，彭城人，隆安五年（401）曾为柴桑令，以其令禄为入山之资，元兴二年（403），弃官隐于庐山西林，自谓是国家遗弃之民，故改名遗民，与周续之、陶渊明并称"浔阳三隐"。刘遗民给陶渊明的诗早已散佚。元朝李公焕注陶诗说："时遗民招渊明庐山结白莲社，渊明雅不欲预名社列，但时复往还于庐阜间。"这首和诗大概作于诗人告别刘遗民回家后。

全诗可分两部分，前十句叙说友情，"山泽久见招，胡事乃踌躇。直为亲旧故，未忍言索居。"山林水泽的隐居生活早就召唤着我，为什么一直踌躇不定呢？只是为了亲戚故旧，不忍心提出独自隐居山泽之间。据史实不太可靠的《莲社高贤传·陶潜传》说，庐山东林寺高僧慧远成立白莲社，"远公（慧远）郑重招致"，陶渊明"竟不可诎"，不愿参与白莲社事。陶渊明不愿参加白莲社，大概与他和慧远的思想不投合也有关系。元兴三年（404），慧远曾写过一篇《形尽神不灭论》，论说肉体死亡之后灵魂是可以永不消灭的。陶渊明的《形影神》三首就是缘此而写，不赞成慧远的理论。当然，给刘遗民的和诗中不能说这些，只有托辞"亲旧故"。但是，

"良辰入奇怀，挈杖还西庐"，逢上风和日丽的好日子，就遏止不住对老朋友的向往，这不，拄着拐杖就到西林你的庐舍来了吗！但在回来的路上，"荒涂无归人，时时见废墟"，荒凉的归途中就看不见行路人，不断看见的只是一片片废墟荒丘。"茅茨已就治，新畴复应畲。""就治"，修葺完毕，这句说的是去年六月陶渊明家遭火灾，"正夏长风急，林室顿烧燔"（《戊申岁六月中遇火》）后，被烧毁的茅屋已经修葺整治好了。"畲"，第三年治理田地，《说文》："畲，三岁治田也。"这句说三年前"开荒南野际""晨兴理荒秽"（《归园田居》）新开垦的田畴又到了该整治的农时了。这大概答谢朋友的关心。正因为是朋友，诗中所叙，既家常又随和，显得十分亲切。

后十句为第二部分，是对刘遗民的劝慰和共勉。"谷风转凄薄，春醪解饥劬。""谷风"，东风，《诗经·邶风·谷风》："习习谷风，以阴以雨。"言夫妻关系之变。据唐释法琳《辨正论》七引《宣验记》说刘遗民"多病，不以妻子为心"。清吴瞻泰《陶诗汇注》说，刘遗民"有女无男，潜心白业，酒亦不欲，想必以无男为恨"。诗人用典《诗经》却不直说，委婉地用东风变得寒冷比喻夫妻关系不和睦（一说离异），劝刘遗民喝点酒来解除饥饿和疲劳。"弱女虽非男，慰情良胜无。"女孩子虽然不如男孩子，但总可以使感情得到许多慰藉，确实比没有孩子好得多。清沈德潜《古诗源》评曰："弱女非男，喻酒之薄也。"纵观陶诗，未见以弱女喻薄酒这类轻薄的诗句，陶渊明既然知道刘遗民夫妻不和，没有男儿，作为朋友也绝不会用这类轻薄的比喻去伤朋友的心。以下六句是诗人与朋友的共勉。"栖栖世中事，岁月共相疏。""栖栖"，急遽不安。"世中事"，指人间仕宦。诗人与刘遗民先后弃县令归隐，同是"国家遗弃之民"，所以说，那些人世间宦海沉浮之事，急急匆匆，忙忙碌碌，随着岁月的流逝，它抛弃了我们，我们也抛弃了它。"耕织称其用，过此奚所须。"自己耕织所获，够自己衣食就行了，过多的东西不是我们所追求的。"去去百年外，身名同翳如。"百年之后，咱们的身躯和虚名都会被淹没消失的。

这首诗叙的是友情与劝慰，诗人信手拈来身边琐碎事，编织得错落有致，叙说得亲切宜人，尤其结尾的共勉，使诗人与朋友的感情融合在一

起，增强了勉励的说服力。（董玉琴）

【原文】

酬刘柴桑

穷居寡人用⁽¹⁾，时忘四运周⁽²⁾。槛庭多落叶⁽³⁾，慨然知已秋。新葵郁北牖⁽⁴⁾，嘉穟养南畴⁽⁵⁾。今我不为乐⁽⁶⁾，知有来岁不？命室携童弱⁽⁷⁾，良日登远游⁽⁸⁾。

【毛泽东圈评等情况】

毛泽东读清沈德潜选编《古诗源》卷八时曾圈阅此诗。

[参考] 张贻玖：《毛泽东评点、圈阅的中国古典诗词》，
中国工人出版社 1992 年版，第 223 页。

【注释】

（1）穷居，僻居。用，行事，行动。《诗经·邶风·雄雉》："不忮不求，何用不臧。"高亨注："用，犹行也。"

（2）四运周，四时循环。周，周而复始。

（3）槛庭，闾里内的院落。槛，通"闾"，里门。《周礼》："五家为比，五比为闾。"

（4）牖（yǒu），窗。一本作"墉"，高墙。

（5）嘉穟（suì），美穗。穟，通"穗"。《尚书大传》卷一："成王时有苗异茎而生，同为一穟。"

（6）"今我不为乐"，《诗经·唐风·蟋蟀》："今我不乐，日月其除。"不，同"否"。

（7）室，内室，指妻子。

（8）登远游，远游登高。

【赏析】

东晋义熙五年（409），陶渊明曾给刘柴桑写过两首诗，一首《和刘柴桑》，这是第二首。刘柴桑，即刘程之，曾为柴桑令，东晋安帝元兴二年（403）弃官归隐于庐山西林。

这首诗可分二段，先写隐居之乐，"穷居寡人用，时忘四运周。榈庭多落叶，慨然知已秋。"人用，人事作为。四运周，四时循环。"榈"，通作闾，或原作榈，同檐，即屋檐。诗人自叙退隐归田后，住在人迹罕至的深巷中，极少再听到世俗中的喧闹声了，甚至连一年四季的更替都忘怀了。看到屋檐下庭院中纷纷飘落的黄叶，才猛然醒悟到已经是秋天了。既然"忘"怀了四季的循环，又从落叶中"知"秋天的到来，足以看到诗人归园田后淡泊宁静的生活，淡泊到"时忘四运"，宁静到秋天到来亦须"慨然"而"知"。这些，即是村夫野老也不至于此者，竟然出现于诗人。看来，诗人隐居之乐，尽在"忘"字中，妙笔生趣者，"知"秋尚须"慨然"。

第二段六句，写诗人的及时行乐。"新葵郁北墉，嘉穟养南畴。今我不为乐，知有来岁不？命室携童弱，良日登远游。"这六句几乎是一气呼出。"穟"，同穗。"南畴"，即三年前"开荒南野际"（《归园田居》）的"南野"，或南亩。诗人看到庭院北墙已被郁郁葱葱的"新葵"遮蔽，再看那南亩田畴中等待收获的沉甸甸、金灿灿的稻穗。一"新"一"嘉"，既"郁"且"养（一作眷）"，有"葵"有"穗"，从庭院到南畴，笔调也随之急速地转入轻捷欢快。这样的金秋时节豁然展现在诗人面前，怎能不感慨，今天我不及时行乐，谁知道我还有没有明天；怎能不立即行动起来，召唤孩子们，选择个吉日良辰，带他们出远门游览去。

诗题为"酬"刘遗民，诗中没有一个字涉及酬答之语，只说该忘掉的世俗尘念就忘掉它，该知道的万木荣发还须知道；只说诗人自己的穷愁行乐，大概只有与刘遗民的心迹相通，才能如此默契地作"酬"。（董玉琴）

【原文】

和郭主簿二首

其 一

蔼蔼堂前林[(1)]，中夏贮清阴[(2)]。凯风因时来[(3)]，回飚开我襟[(4)]。
息交游闲业[(5)]，卧起弄书琴。园蔬有余滋[(6)]，旧谷犹储今。营己良有
极[(7)]，过足非所钦。舂秫作美酒[(8)]，酒熟吾自斟。弱子戏我侧，学语
未成音。此事真复乐，聊用忘华簪[(9)]。遥遥望白云，怀古一何深[(10)]。

【毛泽东圈评等情况】

毛泽东读清沈德潜选编《古诗源》卷八时曾圈阅此诗。

[参考] 张贻玖：《毛泽东评点、圈阅的中国古典诗词》，
中国工人出版社 1992 年版，第 223 页。

【注释】

（1）蔼蔼，茂盛之状。

（2）中夏，指农历五月。贮（zhù），积满。

（3）凯风，南风。《尔雅·释天》："南风谓之凯风。"

（4）回飚（biāo），回旋的风。

（5）"息交游闲业"，断绝与世俗的交游而以闲业自娱。指自己辞官
闲居，看书、赋诗等。

（6）余滋，多余的蕃植，指种得多，自食有余。《楚辞·离骚》："余
既滋兰之九畹兮，又树蕙之百亩。"

（7）良，很。极，极限。

（8）舂秫（chōng shú），捣米。秫，黏稻。

（9）华簪（zān），华美的发簪。古人束发加冠用簪，这里用华簪代
华冠，指做官。

（10）怀古，怀念古代（如羲皇时代）的情形。典出《庄子·天地》："天
下有道，则与物皆昌；天下无道，则修德就闲。……乘彼白云，至于帝乡。"

晋
诗

【赏析】

这首诗当作于东晋安帝义熙四年（408）五月（用现代学者逯钦立说，见《陶渊明事迹诗文系年》），时年44岁。郭主簿，事迹不详。主簿，官名，郡县机构或统兵开府大臣的僚属，主管簿书。全诗共二首，此为其一。诗中着力表现弃官归隐后田园生活的宁静适意，心境的宽松舒坦，情趣的朴素自然，反映了诗人知足常乐、闲适愉快的生活，以及鄙弃功名富贵的怀古之幽情。

诗人起笔于田园生活的宁静，"蔼蔼堂前林，中夏贮清阴"，已经是仲夏天气了，但堂前那郁郁繁茂的树林中仍然贮留着宜人的清阴。"凯风因时来，回飙开我襟"，如果说三年前弃官而"归去来"时，站在"遥遥以轻飏"的船头，那隆冬的寒风早已吹散了久居官场"樊笼"的郁郁闷气，使诗人"怅然慷慨"，顿感"飘飘"而轻松；那么，此时此刻，及时吹过来这一阵回旋的南风，吹开了诗人的衣襟，就更显得松爽而舒心了。"息交"，断绝与世俗的交往。"闲业"，指与"正业（学仕）"儒家典籍相对的《老子》《庄子》《山海经》之类随兴致所至而读的书。诗人停止了朋友间的往来，玩弄娱情、游心于不急之务的"闲业"上，读书抚琴，随卧随起，生活闲适自然。值得注意的是，据《晋书·隐逸传》，诗人性不解音，而蓄素琴一张，弦徽不具，每朋酒之会，则抚而和之，曰："但识琴中趣，何劳弦上声。"这里，有琴而无声，仍是一片宁静。

宁静中自有无限的情趣，"园蔬有余滋，旧谷犹储今。营己良有极，过足非所钦。春秫作美酒，酒熟吾自斟"，这六句道出了真谛。园里的蔬菜有多余，往年的粮食至今还有储存，维持营谋自己的生活所需要的东西的确是极有限的，但过多的东西也并非我所钦羡的，捣黏稻以作美酒，酒熟后我自酌自饮，如此而已。这段自白无异于贫人夸富，但妙在夸得极自然，无矫情，情趣盎然。

"弱子戏我侧，学语未成音。此事真复乐，聊用忘华簪。"这四句可谓点睛之笔，虽"未成音"却打破了"宁静"，使全诗活了。"真复乐"三字，令人神往这享受家庭子女团聚的无限乐趣。诗人如果没有对"弱子"深厚的爱，或者说，诗人如果没有保持住儿童般的天真，都难以体味到这

人间最纯真的乐趣。这也是诗人赖以忘掉世间荣华富贵的依托。难怪篇末遥望白云，发出那么深沉的怀古之幽情！（董玉琴）

【原文】

其 二

　　和泽周三春⁽¹⁾，清凉素秋节⁽²⁾。露凝无游氛⁽³⁾，天高肃景澈⁽⁴⁾。陵岑耸逸峰⁽⁵⁾，遥瞻皆奇绝。芳菊开林耀⁽⁶⁾，青松冠岩列⁽⁷⁾。怀此贞秀姿⁽⁸⁾，卓为霜下杰⁽⁹⁾。衔觞念幽人⁽¹⁰⁾，千载抚尔诀⁽¹¹⁾。检素不获展⁽¹²⁾，厌厌竟良月⁽¹³⁾。

【毛泽东圈评等情况】

毛泽东读清沈德潜选编《古诗源》卷八时曾圈阅此诗。

[参考] 张贻玖：《毛泽东评点、圈阅的中国古典诗词》，中国工人出版社1992年版，第224页。

【注释】

（1）和泽，调和的雨露。周三春，遍及三春（孟春、仲春、季春三个月）。

（2）素秋，秋季。古代五行之说，秋属金，其色白，故称素秋。汉刘桢《鲁都赋》："及其素秋二七，天汉指隅，民胥被禊，国于游水。"

（3）露凝，指结霜。氛，气，指雾气。

（4）肃景，萧瑟的秋景。肃，肃杀。

（5）陵岑，丘岭。陵，大山。岑，小而高的山。逸峰，奇拔秀逸的山峰。

（6）开，开放。

（7）冠岩列，整齐地排列在岩顶之上。

（8）贞秀，坚贞秀异。晋袁宏《后汉纪·桓帝纪上》："夫松竹贞秀，经寒暑而不衰；榆柳虚桡，尽一时而零落。"

（9）卓，卓然，高超不凡之状。

（10）衔觞，叼着酒杯，指饮酒。幽人，幽谷岩穴的隐居之士。

（11）抚，保持。尔，你们，指幽人。诀，秘诀，法则。

（12）"检素不获展"，指没有得到对方的书信。检素，同"简素"，书信。

（13）厌厌，同"恹恹"，情绪不悦之态。又厌厌，有长久之意。《诗经·小雅·湛露》："厌厌夜饮，不醉无归。"良月，清秋的明月。又，十月亦称良月。

【赏析】

这首诗当作于东晋安帝义熙四年（408）秋。诗中写深秋的景色，以松菊的贞秀兴起幽人隐士，歌颂和企慕他们的清高贞洁。

"和泽周三春，清凉素秋节。露凝无游氛，天高肃景澈。陵岑耸逸峰，遥瞻皆奇绝。"开端六句着力为松菊的出场作了多方面的铺垫。先写整个三春（孟春、仲春、季春三个月）和谐的雨露，无疑是一个万物滋生的季节；而"秋节"却着一"素"字，意味着众芳凋谢，"清凉"袭人。再写深秋，露水凝结为霜，空中没有一丝雾气，显得格外高洁；而清澈的秋色却着一"肃"字，未免有些悲凉肃杀（肃，肃杀，疑与"萧瑟"为一声之转）。如此之秋景，澄清了夏日流动的浊气，空中无所障蔽，天倍觉高，山也倍觉高，这时，一个"耸"，一个"遥"，使天地显得无限辽阔，远近高低的山峰显得格外挺秀奇绝。本来是天高气爽，清澈的秋色，诗人所着"素""肃"二字，却给人以秋来物瘁，气渐闭塞，秋色黯然，总好像缺点什么的感觉。

接着，诗人写道："芳菊开林耀，青松冠岩列。怀此贞秀姿，卓为霜下杰。"在这众芳凋敝的严霜中，只有松菊高超不凡、卓然挺秀，保持着坚贞秀美的姿质，青松整齐地挺拔于山崖之上，芳菊怒放于丛林之中，足以使秋色顿开，生全林之光耀，使整个画面光彩耀目，令人无限感慨，怀古之情，油然而生。"衔觞念幽人，千载抚尔诀"，诗人酒到嘴边，想起古代的隐士，感慨道：千载以下我仍坚守着你们持身的原则。全诗以松菊兴起幽人，以清高贞洁贯串始终，抒发了诗人对古代隐士的无限企慕之情。

"检素不获展，厌厌竟良月"，结尾二句是说没有得到对方的书信，烦闷无聊，不觉时光竟进入十月（良月，十月），表示诗人对郭主簿的想念。（董玉琴）

【原文】

癸卯岁十二月中作与从弟敬远

寝迹衡门下[(1)]，邈与世相绝。顾盼莫谁知，荆扉昼长闭[(2)]。凄凄岁暮风，翳翳经日雪[(3)]。倾耳无希声[(4)]，在目皓已洁[(5)]。劲气侵襟袖，箪瓢谢屡设[(6)]。萧索空宇中，了无一可悦！历览千载书，时时见遗烈[(7)]。高操非所攀，深得固穷节[(8)]。平津苟不由[(9)]，栖迟讵为拙[(10)]！寄意一言外[(11)]，兹契谁能别[(12)]。

【毛泽东圈评等情况】

毛泽东读清沈德潜选编《古诗源》卷八时曾圈阅此诗。

[参考] 张贻玖：《毛泽东评点、圈阅的中国古典诗词》，中国工人出版社 1992 年版，第 224 页。

【注释】

（1）寝迹，卧息。衡门，横木为门，指简陋的房屋。《诗经·陈风·衡门》："衡门之下，可以栖迟。"南宋朱熹集传："衡门，横木为门也。"

（2）闭，一本作"闲"，义同。

（3）翳翳，光线暗弱。经日雪，下了一天雪。

（4）希，少，微小。

（5）皓已洁，即已皓洁。皓，白，明。

（6）箪（dān），竹编的盛饭容器。瓢，葫芦一剖为二成瓢，用以盛水。《论语·雍也》："子曰：'贤哉，回也！一箪食，一瓢饮，在陋巷，人不堪其忧，回也不改其乐。'"谢，辞绝。屡，经常。设，陈放。

（7）遗烈，传留下来的刚正的言论与事迹。

（8）深，一本作"谬"。固穷节，固守穷困的节操。《论语·卫灵公》："子曰：君子固穷，小人穷斯滥矣。"

（9）平津，坦途，喻仕途。苟，尚且。

（10）栖迟，游息，指隐居躬耕。讵，岂。

（11）一言外，一言之外。一言，指上面所说"固穷"。

（12）契，体会，领悟。

【赏析】

　　这首诗题目中的"癸卯岁"，是晋安帝元兴二年（403），诗人39岁。两年前，晋安帝隆安五年（401），陶渊明曾出仕于江陵，不久为母守丧归家。这首诗就写在为母守丧期间。"从弟"，堂兄弟。敬远是陶渊明的同祖堂弟，其母又与渊明之母是亲姐妹，二人关系亲密。敬远卒，渊明有文祭他。从祭文中可以看出二人饥寒相共，志趣相投。这首诗借赠敬远以抒怀抱。诗人这时为什么写这首诗明志呢？这与时局有关。作诗当月，桓玄篡晋称楚，把晋安帝迁禁在诗人的故乡浔阳。这是政局的大变动。诗人作为一个在职官员，虽丁忧在家，终有个出仕与否的问题，诗人这时赋诗明志以释亲朋之念就很自然了。

　　诗一开头写自己隐居家中，与世隔绝。"衡门"，是横木为门。"荆扉"，编荆条为门。"衡门""荆扉"，都是写居室简陋，生活贫苦。我住在简陋的房子里，远远地与尘世断绝来往，四顾没有谁了解我，我的柴门总是关着。了了几句，写出岁暮家居，清贫自守，与世隔绝，却处之泰然、悠然自得。清方宗诚《陶诗真诠》说这四句"有遁世不见，知而不悔不闷之意"。起首叙事，接下来便是写景："凄凄岁暮风，翳翳经日雪。倾耳无希声，在目皓已洁。""凄凄岁暮风"，不仅点明时在严冬，而且写出凛冽之状。"翳翳"，光线暗弱。"希声"，大的声音。岁暮严冬，寒风凄厉，迷迷茫茫，整天下雪。雪下起来窸窸窣窣，声响不大，需倾耳才能听见，满眼已是一片银色世界了。雪因风起，故先写风，再写雪，雪是重点，故一句写风，写雪却有三句。"倾耳"二句，从听觉和视觉两方面着手，写出雪的动态、颜色和品质，故是千古咏雪名句。宋罗大经《鹤林玉露》卷五说："只十字，而雪之轻虚洁白尽在是矣。后来者莫能加也。"清陈祚明评选《采菽堂古诗选》卷十三说："倾耳"二句，写风雪得神，而高旷之怀，超脱如睹。"清沈德潜选编《古诗源》卷八更把它与历代诗人咏雪名句相比较说："渊明咏雪，未尝不刻画，却不似后人沾滞。愚于汉人得两语，曰'前日风雪中，故人从此去'；于晋人得两语，曰'倾耳无希声，在目皓已洁'；于宋人得一语，曰'明月照积雪'；为千古咏雪之式。"可见后人对"倾耳"二句的推崇。"劲气"四句，紧承风雪叙事，写寒气逼人，饮食粗劣，家徒四壁，空空如也，没有一件事让人高兴。从吃、穿、住几方面写出诗人生活的穷苦，但面对穷困，诗人却相当达观，这从"箪瓢谢屡设"句可以看出。《论语·雍也》："一箪食，一瓢饮，在陋巷，人不堪其忧，回也不改其乐。"后因用"箪食瓢饮"为"安贫乐道"之词。亦简作"箪瓢"。显然诗人是以颜回自比，表示要安于朴陋的生活，而且心安理得。"谢屡设"三字，又以诙谐之笔写穷困，极富达观情趣。"历览千载书"八句，以议论作结。岁暮寒冬，生活穷困，事无"可悦"，唯一可以消愁破闷的，只有去读"千载书"，去学习古代高人志士遗留的业迹（"遗烈"）。这是说我要学习古人，但"高操非所攀，深得固穷节。平津苟不由，栖迟讵为拙！"这里用了一个典故：汉公孙弘，家贫，牧豕海上。武帝元光年间诏征文学，弘对策擢第一，拜为博士。元朔年间为丞相，封平津侯。害贤妒能，杀主父偃，徙董仲舒，皆其所为。"高操非所攀"，是说像公孙弘之流以假隐而谋封侯拜相的高尚操守不是我所追求的。这是有所指的，这一年皇甫希之之流以高士充陷，桓玄给其资用，使居山林，然而又下诏褒奖，和公孙弘是一类货色。对于这类假隐士，诗人嗤之以鼻，对于他们的丑恶行径，当然不屑为，所以说"高操非所攀"，既然不肯当隐士谋取功名利禄，那么唯一的办法就是"固穷"下去。"固穷"，语出《论语·卫灵公》："子曰：'君子固穷。'""固穷"就是处于穷途末路，仍要固守其志节。这里诗人是说自己要安守贫困，不移志节。这是申明己意，却以"深得"修饰，诙谐中表现了坚贞与超脱的情怀。既然封侯拜相不是自己追求的，那么游息（栖迟）在衡门荆扉之下便不能认为是"拙"了。末二句"寄意一言外,兹契谁能别?"才写到赠诗从弟敬远的事,说"寄意"于"言外",只有敬远人同此心,心同此理,能辨别我固穷之道,与己心契合,别的还能有谁呢?归结题意,又露感慨。明黄文焕《陶诗析义》卷三评此诗后半部分说:"无一可悦,俯首自叹;时见遗烈,昂首自命。非所攀,又俯首自逊;苟不由,又昂首自尊。章法如层波叠浪。"

此诗前半叙事、写景,后半议论,以情贯之,语言简洁,诙谐风趣,曲折变化,意境优秀,是陶诗中的佳作。(毕桂发)

【原文】

始作镇军参军经曲阿作

弱龄寄事外[1],委怀在琴书。被褐欣自得[2],屡空常晏如[3]。时来苟冥会[4],宛辔憩通衢[5]。投策命晨装[6],暂与园田疏。眇眇孤舟逝[7],绵绵归思纡[8]。我行岂不遥,登降千里余[9]。目倦川途异,心念山泽居[10]。望云惭高鸟,临水愧游鱼。真想初在襟[11],谁谓形迹拘[12]。聊且凭化迁[13],终返班生庐[14]。

【毛泽东圈评等情况】

毛泽东读清沈德潜选编《古诗源》卷八时曾圈阅此诗。

[参考]张贻玖:《毛泽东评点、圈阅的中国古典诗词》,中国工人出版社1992年版,第224页。

【注释】

(1)弱龄,二十岁时。《礼记·曲礼》:"二十曰弱冠。"事,世俗之事,指入仕。

(2)被褐(pī hè),身穿粗布衣。语出《老子》:"是以圣人被褐怀玉。"

(3)屡空,常常贫困。语出《论语·先进》:"子曰:'回也其庶乎,屡空。'"晏如,安乐之态。

（4）时，时机，机遇。苟，诚然。冥会，暗中巧合。

（5）宛，屈。憩（qì），休息。衢（qú），四通八达的大路，指官场。

（6）策，杖。

（7）眇眇（miǎo），遥远之状。《九章·哀郢》："心婵媛而伤怀兮，眇不知其所蹠。"

（8）绵绵，连绵不绝之状。归思，思归的心情。纡（yū），曲折萦绕。

（9）登降，跋山涉水。

（10）山泽居，指山林隐居之所。

（11）真想，真朴之想。《淮南子·本经训》："质真而素朴。"

（12）形迹，身体。

（13）化，造化，自然。迁，变化。

（14）班生庐，东汉班固《幽通赋》："终保己而贻则分，里上仁之所庐。"意思是住在仁人住的地方，这里借指隐居之所。班生，指班固，东汉史学家、文学家，著有《汉书》《两都赋》等。

【赏析】

这首诗作于东晋安帝元兴三年（404）后半年。"镇军"，即镇军将军刘裕。"曲阿"，今江苏丹阳，刘裕的家乡。陶渊明做镇军参军前，大概有两年多时间"闲居"在家，其间曾作《劝农》《饮酒》《停云》《时运》《荣木》及《连雨独饮》诸诗。这次出仕的原因之一大概是"聊欲弦歌（小官），以为三径（隐居的处所）之资"（萧统《陶渊明传》），以资归隐所需。由田园而出仕，故曰"始"。因已有两次出仕的经验和长时间田园生活的体会，所以在这首诗中，以委婉曲折的笔法，写出了诗人复杂的思想变化。次年，诗人即弃彭泽令归隐。

这首诗开端四句写诗人少年时的思想，"弱龄寄事外，委怀在琴书。被褐欣自得，屡空常晏如。"说少年时常常把身心寄托在世俗人事之外，全心全意放在读书上，虽然穿着短衣，常年穷困贫乏，却安然自得，高高兴兴，毫无忧愁。这段话看似平常，却为篇末的"终返"作好了铺垫。

接下来写诗人赴曲阿途中的思想矛盾，"时来苟冥会，宛辔憩通衢。投策命晨装，暂与园田疏。"宛"，屈。"宛辔"，放松马辔，以不得纵马驰骋，喻人的屈才从仕。诗人自谓富贵荣宠的机会（指做镇军参军事）暂时来临时，我也姑且暗暗地去迎合它，但是，在仕宦的道路上，总是常常无可奈何地放松马辔憩息徘徊，不能纵马向前去迎接那富贵荣宠。无论如何还是丢掉拐杖，清晨就备好行装，暂时告别了园田。这是指从陆路上路，下边是漫长的水路，"眇眇孤舟逝，绵绵归思纡。我行岂不遥，登降千里余。"一叶孤舟缥缥缈缈渐渐消逝在远方，虽然行舟仕途中，但返归园田的思绪却缠缠绵绵地始终萦绕着我，难以摆脱。仕途之路我走得难道还不远吗？这条大江上我已上上下下辛苦辗转千余里。"眇眇"，望仕途之远无穷尽；"绵绵"，思田园之情亦无穷尽。"眇眇""绵绵"朝夕相伴，斩不断，理更乱，这"登降千里余"越发显得仕途之崎岖遥远了。"目倦川涂异，心念山泽居。"怀着矛盾的心情到了曲阿，看到刘裕镇军之威已成丰沛之势，想到山林水泽园田之居更显遥远，只好倦怠地闭上了眼。"目倦"二字把"仕途""园田"的矛盾推向顶点。

最后写"经曲阿"的感慨。"望云惭高鸟，临水愧游鱼"，望见那自由自在翱翔云端的飞鸟，诗人感到惭愧，看到那无忧无虑畅游水中的鱼儿，诗人也感到惭愧，为什么鱼鸟无樊笼之苦，而自己却误入尘网中。"高""游"二字余味无穷，鸟或受弋，鱼或受饵，只有"高""游"才能都幸免啊！看来"真想初在襟，谁谓形迹拘"，只要返璞归真隐居田园的思想在胸中坚定不移，谁说心声一定会被形体拘管驱役而屈从于形体呢！"聊且凭化迁，终返班生庐。"暂且就这样随着命运的造化沉浮运转吧，最终还是要归隐园田，回到班固所说的"仁庐"中去的（班固《幽通赋》："里上仁之所庐"）。诗人之所以能够暂出即止者，"真想初在襟"一语道破。

这首诗的"寄""委""苟冥会""暂"，与"真想""且凭化""终"前后照应，"归思纡""心念居""终返庐"一篇三致意，道出了诗人出仕参军到曲阿心情之矛盾，但思想的主流却十分清晰。"望云惭高鸟，临水愧游鱼"二句，将孟子"仰不愧于天，俯不怍于地"之意，点托以鱼鸟，更形象，更警切，为身居朝府轩冕之士，敲响了千年不灭的警钟。（董玉琴）

辛丑岁七月赴假还江陵夜行涂口作

闲居三十载⁽¹⁾，遂与尘事冥⁽²⁾。诗书敦宿好⁽³⁾，林园无俗情⁽⁴⁾。如何舍此去，遥遥至南荆⁽⁵⁾。叩枻新秋月⁽⁶⁾，临流别友生⁽⁷⁾。凉风起将夕，夜景湛虚明⁽⁸⁾。昭昭天宇阔⁽⁹⁾，晶晶川上平⁽¹⁰⁾。怀役不遑寐⁽¹¹⁾，中宵尚孤征⁽¹²⁾。商歌非吾事⁽¹³⁾，依依在耦耕⁽¹⁴⁾。投冠旋旧墟，不为好爵萦⁽¹⁵⁾。养真衡茅下⁽¹⁶⁾，庶以善自名⁽¹⁷⁾。

【毛泽东圈评等情况】

毛泽东读清沈德潜选编《古诗源》卷八时曾圈阅此诗。

[参考] 张贻玖：《毛泽东评点、圈阅的中国古典诗词》，中国工人出版社 1992 年版，第 224 页。

【注释】

（1）闲居，闲散家居。

（2）冥，暗昧，不了解。

（3）诗书，指《诗经》《尚书》等儒家经典。敦，厚。宿好（hào），平素的爱好、志趣。

（4）林园，一作园林。俗情，一作"世情"，世俗情态。

（5）南荆，即荆州。荆州治所在湖北江陵，古属楚国之地，故称其为南荆。

（6）叩枻（yì），击桨，划船。新秋，指农历七月。

（7）友生，朋友。《诗经·小雅·常棣》："虽有兄弟，不如友生。"生，语助词。

（8）夜景，月光。景（yǐng），同"影"。湛，澄净。虚，天空。

（9）昭昭，光明之状。

（10）晶晶（xiǎo，又读 jiǎo），明亮。《文选·潘岳〈关中诗〉》："虚晶湳德，谬彰甲吉。"唐李善注："《说文》曰：'晶，显也。'《苍颉篇》曰：'晶，明也。'"

（11）遑，暇。

（12）中宵，半夜。孤征，单身行路。

（13）商歌，指春秋时卫国商人宁戚在齐国东门扣牛角而歌得到齐桓公重用的事，典出《离骚》《淮南子·道术训》等。商是五音之一，其声悲。

（14）耦（ǒu）耕，《论语·微子》："长沮、桀溺耦而耕。"此指隐居躬耕。

（15）好爵，美好的官爵。南齐孔稚珪《北山移文》："虽假容于江皋，乃缨情于好爵。"萦（yíng），缠绕。

（16）养真，保养淳真朴素的本性。衡茅，横木为门的茅屋，指隐者所居的简陋住处。《诗经·陈风·衡门》："衡门之下，可以栖迟。"

（17）庶，大约，或许。

【赏析】

辛丑，即东晋安帝隆安五年（401）。"赴假"，销假赴官，陶渊明这年七月赴江陵桓玄官府销假。"涂口"，各本作涂中，误，今从《昭明文选》改。这首诗写诗人假满赴荆州上任途中思归隐的心情。

此诗先写闲居园田的幽静生活，"闲居三十载，遂与尘事冥。诗书敦宿好，林园无俗情。"三十载，当作三二载，"三二"，六年，诗人东晋孝武帝太元十八年（393）做州祭酒，至晋安帝隆安三年（399）为桓玄（399年至403年为荆州刺史）的幕僚，中间共六年。诗人自谓在园田中悠闲地生活了六年，尘俗之事已显得那样幽远冥漠，似乎已经与世隔绝了，终日与诗书做伴的日子着实感到无限美好。六年的所得在一"冥"字，"诗书"又充实了"冥"字。"遂与"表示已经获得，六年得一"冥"实在不容易。

再写夜行涂口途中的矛盾心情。"如何舍此去，遥遥至南荆"，怎么能够割舍闲居生活而离开园田，到遥远的荆州去做事呢！六年养生颐性之所得而"舍"于一旦，实在感到可惜。"叩枻新秋月，临流别友生。"据《舆地纪胜》六十六鄂州涂口下注："在江夏（今武昌）南，水路五十里，一名金口，陶潜有涂口诗"，金口即涂口，在武昌以西附近，而诗人自浔阳出发，距武昌水路就达数百里，朋友临流送行，不可能远至涂口。陶渊明的程氏妹住在武昌（《归去来兮辞序》），诗中所"别"者，大概是赴假还江陵途经武昌，有所逗留后启程的惜别情景，这才有该启航了，桨棹叩碎了秋天江中的新月（船原来静静地泊在江边）的景象。"凉风起将夕，夜景湛虚明：昭昭天宇阔，皛皛川上平"，初秋的凉风习习而起，一弯新月辉映着江水，夜空显得澄清明亮。仰看皎洁明亮的夜空覆盖着江面，犹如屋宇一般。诗人似乎在闲笔写夜景，但闲笔并不闲，夜景愈是万籁俱寂、明媚寥阔，愈能反衬出宁静中的不宁静。一方面托出了诗人赶路赴假的匆匆行色，"怀役不遑寐，中宵尚孤征"，惦念着官家的差役，半夜还须一个人孤独地征行赶路，连安稳觉也没工夫去睡；另一方面必然勾引出诗人的无限思绪，自然过渡到篇末的感慨。

末六句抒发思归隐的感慨。"商歌非吾事，依依在耦耕。投冠旋旧墟，不为好爵萦。""商歌"，喻自荐求官。《淮南子·道术训》："宁戚商歌车下，桓公喟然而悟。"许慎注曰："宁戚，卫人，文桓公兴霸，无以自达，将车自往。"这里的诗人仰看皓洁的夜空，感叹道，像宁戚商歌车下以求自荐绝不是我愿干的事，对田园耕作生活倒有着深深的眷恋，总有一天摘弃官帽立刻奔回原来的田野中，再不被仕宦爵禄所萦回纠缠。末二句，"养真衡茅下，庶以善自名"，养性修真在衡门茅舍中，大概这样才差不多能够维护住自己的好名声。至此，与开篇的"遂与尘事冥"照应。

这一时期的陶渊明，虽然眷恋着园田，但真趣却在《诗》《书》中，以"诗书敦宿好，林园无俗情"开篇，以"养真衡茅下，庶以善自名"卒章，严密的照应，说明诗人追求的是儒者之乐，考虑的只是"善名"以垂后世之事。基于这种思想，三年前他投奔桓玄麾下做官，"如何舍此去，遥遥至南荆"，说明他投奔桓玄的初衷已幻灭，诗中才深深地发出对自己过去的俯仰由人的仕途生活无限的慨叹。基于慕求"善名"，诗中虽然明显地流露出他不顾爵禄荣利的诱惑，决计辞官归田的内心打算，但顾及其"善名"，欲隐亦求澹然恬退。所以，全诗不见愤激之辞。（董玉琴）

【原文】

桃花源诗并记

晋太元中[1]，武陵人以捕鱼为业[2]，缘溪行[3]，忘路之远近。忽逢桃花林，夹岸数百步，中无杂树，芳草鲜美，落英缤纷[4]。渔人甚异之。复前行，欲穷其林[5]。林尽水源，便得一山。山有小口，髣髴若有光[6]。便舍船，从口入。初极狭，才通人。复行数十步，豁然开朗。土地平旷，屋舍俨然[7]，有良田、美池、桑竹之属。阡陌交通[8]，鸡犬相闻。其中往来种作，男女衣着悉如外人，黄发垂髫[9]，并怡然自乐。见渔人，乃大惊。问所从来，具答之。便要还家[10]，设酒杀鸡作食。村中闻有此人，咸来问讯[11]。自云先世避秦时乱，率妻子邑人，来此绝境，不复出焉，遂与外人间隔。问今是何世，乃不知有汉，无论魏晋。此人一一为具言所闻，皆叹惋。余人各复延至其家，皆出酒食。停数日，辞去。此中人语云："不足为外人道也。"既出，得其船，便扶向路[12]，处处志之[13]。及郡下，诣太守[14]，说如此。太守即遣人随其往，寻向所志，遂迷，不复得路。南阳刘子骥[15]，高尚士也。闻之，欣然规往，未果，寻病终。后遂无问津者[16]。

嬴氏乱天纪[17]，贤者避其世[18]。黄绮之商山[19]，伊人亦云逝[20]。往迹浸复湮[21]，来径遂芜废。相命肆农耕[22]，日入从所憩[23]。桑竹垂余荫，菽稷随时艺[24]。春蚕收长丝，秋熟靡王税[25]。荒路暧交通[26]，鸡犬互鸣吠[27]。俎豆有古法[28]，衣裳无新制[29]。童孺纵行歌[30]，斑白欢游诣[31]。草荣识节和，木衰知风厉。虽无纪历志[32]，四时自成岁。怡然有余乐，于何劳智慧。奇踪隐五百[33]，一朝敞神界。淳薄既异原[34]，旋复还幽蔽[35]。借问游方士[36]，焉测尘嚣外[37]。愿言蹑轻风[38]，高举寻吾契[39]。

【毛泽东圈评等情况】

人现处于不大同时代，而想望大同，亦犹人处于困难之时，而想望平安。然长久之平安，毫无抵抗纯粹之平安，非人生之所堪，而不得不于平安之境又生出波澜来。然大同亦岂人生之所堪乎？吾知一入大同之境，亦必生出许出（多）竞争抵抗之波澜来，而不能安处于大同之境矣。是故老庄绝圣弃智、老死不相往来之社会，徒为理想之社会而已。陶渊明桃花源之境遇，徒为理想之境遇而已。即此又可证明人类理想之实在性少，而谬误性多也。

[参考]：《读泡尔生〈伦理学原理〉批注》，《毛泽东早期文稿》，
湖南出版社 1990 年版，第 184—185 页。

毛泽东在《登庐山》诗中有"陶令不知何处去，桃花源里可耕田"；并有注曰："陶渊明设想了一个名为桃花源的理想世界，没有租税，没有压迫。"

[参考]：对《毛主席诗词》中若干词句的解释，《毛泽东诗词集》，
中央文献出版社 1996 年版，第 259 页。

这种对于共产主义社会的描绘，不是什么新的东西，是古已有之的。在中国，有《礼运·大同篇》，有陶潜的《桃花源记》，有康有为的《大同书》，在外国，有法国和英国空想社会主义者的大批著作，都是这一路货色。

[参考]：毛泽东在 1967 年 5 月 8 日《红旗》杂志《人民日报》编辑部一篇送审的文章中加写的一段话，《建国以来毛泽东文稿》，
第 12 册，中央文献出版社 1999 年版，第 323 页。

毛泽东在"文化大革命"中的一次讲话中引用过"乃不知有汉，无论魏晋"一语。

[参考]：《毛泽东年谱》（1949—1976）第六卷，中央文献出版社
2013 年版，第 640 页。

【注释】

（1）太元，西晋孝武帝的年号（376—396）。

（2）武陵，晋时郡名，郡治在今湖南常德西。

（3）缘，循，沿着。溪，又称涧，两山之间一条流水。据北魏郦道元《水经注》载，武陵有五溪。

（4）落英，落花。缤纷，繁盛的状态。

（5）穷，尽。

（6）髣髴，同"仿佛"。

（7）俨然，端正之状，整齐。

（8）阡陌，田间小路，南北为阡，东西为陌。

（9）黄发，指老人。老人头发由黑变白再变黄。垂髫（tíao），指儿童，儿童垂短发。

（10）要（yāo），同"邀"，约请。

（11）咸，都。讯，消息。

（12）便扶向路，就摸索原路。向，先前。

（13）志，做标记。

（14）诣，往，到。这里是谒见的意思。太守，旧题陶渊明的《搜神后记》，记载这个太守名叫刘歆。

（15）刘子骥，名骥之，字子骥，南阳（今河南邓州东南）人，晋太元间隐士，好游山泽（见《晋书·隐逸传》）。桓辛请为长史，固辞不受。仁爱隐恻，闻于乡里。曾采药至衡山，深入忘返，见有一涧水，水南有二囷（qūn，石库）。迷失道路，问径，好不容易回到家。有人说囷中皆仙灵方药，要想再去寻索，最终已不能知其原处。本文结尾写法似受这则传闻影响。

（16）津，水路渡口。问津，用《论语·微子》孔子使子路向长沮、桀溺问津的事。这里是访求之意。

（17）嬴氏，指秦始皇嬴政。乱天纪，违背天道纲纪。

（18）贤者避世，用《论语·宪问》的原话，这里指下文的黄绮。

（19）黄绮，夏黄公和绮里季。二人和东园公、甪里先生因避秦乱居于商山，称"商山四皓"（见东汉皇甫谧《高士传》）。商山，在今陕西商州市东南。

（20）伊人，那些人，指桃花源中人。云，虚词，无义。逝，离去，指逃隐山中。

（21）浸，消蚀。湮，埋没。

（22）相命，互相招呼。肆，致力。

（23）从所憩，相随（至）休息的处所。

（24）菽（shū），豆类。稷（jì），谷类。艺，种植。

（25）靡，没有。王税，官府征收的赋税。

（26）暧（ài），不明之状，意谓若有若无。

（27）鸡犬互鸣吠，《老子》："邻国相望，鸡犬之声相闻，民至老死不相往来。此处上下句化用《老子》此句。

（28）俎（zǔ）、豆，古代祭祀时盛祭品的祭器。有，一作"犹"。

（29）新制，新的款式。

（30）童孺，儿童。行歌，边走边唱。

（31）斑白，头发花白的老人。欢游诣，高兴地到处游玩。

（32）纪历，岁历。志，记。纪历志，当时纪年、纪月、纪日的历书。

（33）隐五百，隐蔽了五百年。从秦始皇到晋太元中共五百八十余年，这里举其成数。

（34）淳，淳厚，指桃花源中风俗人情。薄，浇薄，指当时的人情世态。异原，本原不同。

（35）旋复，立即又。

（36）游方士，游于方外人，即生活在世俗社会以外的人，如道士、和尚。《庄子·大宗师》："孔子曰："彼，游方之外者也，而丘，游方之内者也。"

（37）尘嚣，喧哗的尘世。

（38）愿言，愿意。言，语助词。蹑，踏。

（39）举，腾飞。契，合。寻吾契，寻找和我志趣相投的人，即桃花源中人和"商山四皓"那样的隐士。

【赏析】

这首诗（并记）大约作于东晋末年或刘宋初年。它给我们描绘了一个"春蚕收长丝，秋熟靡王税"，没有君主、没有战乱、没有剥削和压迫，人人劳动，人人平等的桃源社会。1500多年来，包括政治家在内，有多少文人骚客为这个桃源社会撰文、赋诗，乃至寻迹附会，充分说明了人们对它深厚的兴趣，也足以说明《桃花源诗》和《桃花源记》巨大的艺术感染力。1959 年，毛泽东同志在《登庐山》诗中感慨道："云横九派浮黄鹤，浪下三吴起白烟。陶令不知何处去，桃花源里可耕田？"

《桃花源诗》和《桃花源记》从不同的角度描绘出诗人向往的桃源社会。"诗"，从桃源社会的历史来写，着重写它的社会制度及其性质特点；"记"，则以渔人的经历为线索，记述渔人寻访桃花源的经过，人物、情节、对话生动具体，犹如一篇故事性极强的游记。作为一个整体，"诗"和"记"的核心在于"春蚕收长丝，秋熟靡王税"二句。作者的重笔在"诗"，却以"记"为序作铺垫，引出"诗"。我们先看《桃花源记》。

这篇以散文形式写的"记"，明明说的是一个空幻虚构的故事，却给读者以极强的真实感。你看，有时间：晋太元中；有地点：武陵；有人物：渔人，桃源居民；有来历："先世避秦时乱"而来此。记叙得清清楚楚，毫不含糊其词。桃花源不是仙境而是实实在在的人类社会的一部分，其中的居民是人而不是神仙，他们有先世祖亲，有老人，有子孙，有一个个家庭。其中的居民过的也是人间生活，"土地平旷，屋舍俨然，有良田、美池、桑竹之属。阡陌交通，鸡犬相闻。"居民在这里"往来种作"（神仙是不习耕作的），"设酒杀鸡作食"（神仙是不食烟火的）。"太守"虽无姓名（似乎也没必要写姓名），"南阳刘子骥"却是时人熟知、史书有传载者。尤其刘子骥曾经到衡山采药，深往忘返，见一条涧水的南岸有两个石仓，一闭一开，因水深不能渡，欲还家，又迷失道路，幸亏遇见伐木做弓的人，问清道路，才得以回家，后来听说石仓里有仙丹，想再去找，但已不知所在（《晋书·隐逸传》）。这件事曾广为流传，又与《桃花源记》的故事有相仿之处，作者信手拈来把刘子骥写进去，无疑更增强了"记"的真实感。难怪古往今来引诱着一批批寻迹附会者争执不休，直到今天还有人不断"考证"桃源遗址。。

《桃花源诗》可以分为四部分。开端六句是第一部分，写桃源社会的来历，"嬴氏乱天纪，贤者避其世。黄绮之商山，伊人亦云逝。"诗人开笔就把桃源避世的背景推到久远的秦朝，说因为秦始皇嬴政暴虐无道，破坏了上天制定的纲常伦纪，扰乱了天下秩序，所以贤者纷纷逃避乱世。"黄"，夏黄公，"绮"，绮里季，与东园公、甪里先生等四人，避秦乱隐于商山（今陕西商州市东南），世称"商山四皓"。诗人以秦末汉初著名的贤者和隐者的事，点明在黄、绮等四贤避秦隐入商山时，他们（桃源中人）也就随着隐逝在桃花源中。东汉末年至魏晋以来二百多年间，天下战乱不止，人们自动聚集归附于某个有威望的大姓筑坞壁以自保者，全国到处都有，尤其在北中国十六国分裂割据的混战中，这类聚众据险、坞屯壁垒式的小独立王国，成为人民躲避战争灾难的重要方式。诗人在《拟古》第二首中"闻有田子泰，节义为士雄"所赞扬的田畴，就曾"入徐无山中，营深险平敞地而居，躬耕以养父母。百姓归之，数年间至五千余家"（《三国志·田畴传》）。东晋末年戴延之随刘裕入关破长安灭姚秦，曾溯洛水至檀山坞。诗人的朋友羊松龄"衔史秦川"（《赠羊长史》），归来后大概对诗人讲过戴延之到檀山坞所见所闻诸事。诗人又亲眼见到家乡江州一带人民在战乱中纷纷向深山幽谷逃避的事实。在晋宋改朝易位之际，战乱、徭役、赋税日益加剧。这一切，都强烈地刺激着诗人把现实生活中的种种坞屯壁垒理想化为"桃花源"，大概只有这样，才能连同诗人自己在内与天下苦难中的人们一道"避""逝"其中，获得某种解脱。"往迹浸复湮，来径遂芜废"，说桃源中人初离乱世避入桃源的踪迹早已消失湮没了，进入桃源的路径也已经荒芜废弃不被人们知道了。这就是"记"中所谓"先世避秦时乱，率妻子邑人来此绝境，不复出焉"。诗人之所以重笔说清楚"逝""浸""湮""荒""废"，是为下文对美好社会的憧憬做好准备，使之在从容轻松的环境中道出。

这样，诗人在第二、三部分才能放开笔墨，充分展示他理想中社会的一切。先说桃源社会的性质和特点，"相命肆农耕，日入从所憩。桑竹垂余荫，菽稷随时艺。春蚕收长丝，秋熟靡王税。"桃源社会的生活环境，在"记"中已经有过交代："土地平旷，屋舍俨然，有良田、美池、桑竹之属。阡陌交通，鸡犬相闻。""诗"中说桃源人相互打着招呼，努力耕种，太阳落山便各自回家休息，茂盛的桑竹掩映着宽大的树荫，菽稷五谷随着季节的变化及时种植。春天经营桑蚕便可收回丰富的蚕丝，秋天庄稼成熟之后也无须向官府交纳赋税。这种理想社会的出台就显得十分自然，自幼饱读经籍，12年官宦生活的陶渊明，大概清楚地知道这"靡王税"三个字逆天犯道的分量，但在诗人做过充分铺垫准备之后，推出得竟如此轻松，如此从容，使人感到"诗""记"中一切幸福美好的生活，均须来自"靡王税"方可得到，这三个字简直恰当得无以调易。大概读者只有在卒章掩卷、蓦然回首中，才会突然感到这三个字破石惊天的分量。

接下来的十二句，诗人勾勒出的是一幅理想中的桃源社会物质文化生活的全方位蓝图。"荒路暧交通，鸡犬互鸣吠。"一个"暧"字，使读者在曚眬昏暗中，伴随着声声应答般的鸡鸣犬吠，步入那被荒芜草木掩蔽的田间小道。循着这条路，走进的是一个"靡王税"的世界。那里"俎豆有古法，衣裳无新制。童孺纵行歌，斑白欢游诣。""俎豆"，古代祭祀用的礼器。诗人既然敢于呼出"靡王税"，毫无疑问，这里的"古法"二字的时代已经推向没有君臣尊卑，没有等级差别的上古社会；没有必要像"记"中所叙，给人的印象仅仅是先秦而已。阶级社会的衣着所显示的等级是森严的，桃源社会的衣裳古朴简单，没有"新"的样式。就是说，没有玄黄黼黻、锦绮罗纨之类反映高低尊卑的变化。天真活泼的儿童尽可纵情地唱歌，头发花白的老人可以高高兴兴地到处游乐。"草荣识节和，木衰知风厉。虽无纪历志，四时自成岁。""纪历志"，岁时历法的记载。"诗"中不仅仅是"不知有汉，无论魏晋"而且连"纪历志"都没有，再次点出"诗"中描绘的桃源社会属于上古时代。虽然没有岁时历法的记载也无妨，从草木的茂盛和衰谢情况，就可以知道寒暑时节的变化。"怡然有余乐，于何劳智慧。""智慧"，这里用作贬义词，指猾黠巧诈之类。桃源人古朴简素的生活既然过得非常快乐，哪里还需要智慧机巧呢？从这里描绘的桃源社会生活看，"诗"从"记"序出，而"诗"的意境和思想远远超过了"记"中的叙述，诗人大胆地抛出了自己理想的社会。

第四部分，写桃源踪迹的消失和感慨。"奇踪隐五百，一朝敞神界。淳薄既异源，旋复还幽蔽。"五百，举其成数，言其久远。桃源人避世隐居的踪迹已经隐没了五百年，如今却敞开了它神仙般的境界。既然桃源社会中"靡王税""无纪历""怡然有余乐"，风俗的醇厚与世俗的浇薄，从本源上就完全不同，所以它"一朝敞神界"之后，立即又回到幽深隐蔽的状态中去了。这里，似乎又为"记"中"遂迷，不复得路"映照并说明原因。"借问游方士，焉测尘嚣外。愿言蹑轻风，高举寻吾契。""游方士"，游于方内（世俗内）之士。《庄子·德充符》："孔子曰：'彼，游方之外者也，而丘，游方之内者也。'"尘嚣，尘俗喧嚣之地。请问游于方内的世俗之士，你们怎能推知尘世以外的事呢？看来世俗之人对诗人所描绘的桃源社会是根本无从理解的。那么，我愿踏着轻风高飞远去，去寻找与我志趣相投合的人们。

《桃花源诗》和《桃花源记》，反映出陶渊明在他耳闻目睹和亲身经历的战乱、徭役、赋税的重重灾难中，痛苦地思索着社会的一切。现实生活里既然找不到出路，向前看已无望，只有追溯那"鼓腹无所思，朝起暮归眠"（《戊申六月中遇火》）古远的东户子时代。"息交游闲业"（《和郭主簿》）以来，《老子》《庄子》《山海经》之类"闲业"中，远古时代小国寡民的"甘其食，美其俗""鸡犬之声相闻，老死不相往来"复古幻想学说，使他把目光投向上古社会。东汉末年以来各种各类坞堡壁垒的避世方式启发，使他完成了桃源社会的构想，在污浊的现实之外另辟一新天地，让人们神游于黄、农时代，以求其对现实的解脱。

《桃花源诗》和《桃花源记》珠联璧合，以其独有的艺术魅力，竟使无数文人学士为之倾倒，或寻踪觅迹，神往附会，或指责"神仙有无何渺茫，桃源之说尤荒唐"（韩退之），或感慨"仙家一出寻无踪，至今流水山重重"（刘禹锡），或叹惋"初因避地去人间，及至成仙遂不还"（王维）。这一切，似乎都过于拘泥。千载悠悠成了过去。1959年7月，新中国成立10周年之际，毛泽东同志登上庐山，放眼人民革命胜利后伟大祖国一派欣欣向荣的万千气象，写出七律《登庐山》，诗中说："云横九派浮黄鹤，浪下三吴起白烟。陶令不知何处去，桃花源里可耕田？""看那长江上游，云横九派，水天交融，白云悠悠，黄鹤翔翔。回首长江下游（"三吴"，泛指长江下游），浪涛滚滚直泻，卷起千堆雪，似与无数工厂的烟雾融成一片。整个长江流域，整个赤县神州，发生了天翻地覆的变化，人民安居乐业，观大江上下，思古往今来，毛泽东同志自然想到曾在庐山脚下当过县令、种过田、幻想过桃源社会的陶渊明。诗的结尾着一问号，发人深思，回味无穷，似乎"桃源"这桩公案的争议该结束了，隐逸千余载的

"桃花源"既然不是仙境，还在人间，大概早已融汇在"怡然有余乐"的亿万人民之中，辛勤建设着自己幸福的家园，和全国人民一道，奔向美好的明天。（何　深）

【原文】

归园田居五首

其　一

少无适俗韵[1]，性本爱丘山。误落尘网中[2]，一去三十年[3]。羁鸟恋旧林，池鱼思故渊。开荒南野际，守拙归园田[4]。方宅十余亩，草屋八九间。榆柳荫后檐，桃李罗堂前。暧暧远人村[5]，依依墟里烟[6]。狗吠深巷中，鸡鸣桑树巅[7]。户庭无尘杂，虚室有余闲[8]。久在樊笼里，复得返自然[9]。

【毛泽东圈评等情况】

毛泽东读清沈德潜选编《古诗源》卷八时曾圈阅此诗。

[参考] 张贻玖：《毛泽东评点、圈阅的中国古典诗词》，

中国工人出版社1992年版，第224页。

【注释】

（1）适俗，适应世俗。韵，气韵风度。

（2）尘网，指尘世之网，官场生活污浊而又拘束，好像罗网。

（3）三十年，一作"十三年"，是陶渊明自太元十八年（393）初任江州祭酒，到义熙元年（405）辞彭泽令归田，次年写作组诗，恰是十三年。

（4）守拙，安于愚拙，不学巧伪，不争名利。

（5）暧暧，暗淡无光的样子。

（6）依依，轻柔之状。墟里，村落。

（7）"狗吠深巷中"二句，化用汉乐府《鸡鸣》中"鸡鸣高树巅，犬吠深宫中"之意。

（8）虚室，空房，指陈设很少的房子。此处化用《庄子·人间世》"瞻彼阒者，虚室生白"之意。

（9）樊笼，关鸟兽的笼子，这里比喻受约束而不自由的境地，指官场。返自然，重返大自然，获得自由，指归耕园田。自然，天然，非人为的。《老子》："人法地，地法天，天法道，道法自然。"

【赏析】

东晋安帝义熙二年（406），即诗人弃彭泽令返里的第二年，移居园田居（古田舍），作《归园田居》五首。这五首诗可以说是一幅全面反映陶渊明弃职归隐初期思想的生活画卷，是一个有机的整体。这是第一首，自述平生志趣，铺写田园生活的淳朴可爱，表现了一旦摆脱世俗尘网束缚返回自然的轻松和快慰。

开端四句，"少无适俗韵，性本爱丘山。误落尘网中，一去三十年"，是对仕宦生活的终结，或者说是摒弃，是彻底决裂。诗中"三十年"当为"十三年"，诗人自晋孝武帝太元十八年（393）为江州祭酒，至义熙元年（405）辞彭泽令归田，是十二年，此诗写于归田的第二年，正好是十三年。诗人自述他从少年时就没有适应世俗的气韵，自己天性热爱大自然山川。他视官场如捕鸟兽的罗网，自己不幸坠入就是误会或错误，一离开田园就整整十三个年头。"羁鸟恋旧林，池鱼思故渊"，以"羁鸟""池鱼"自比，形象地道出这十三个年头每时每刻的东碰西撞和强烈要求摆脱官场羁绊返归田园的愿望。"开荒南野际，守拙归园田"，如今终于如愿以偿，做到了隐居躬耕，恢复了质朴的本性。"拙"，愚拙，拙朴，这里可与世俗官场中的虚伪机巧相对，似自谦，实则自许，饱含着自慰与骄傲。这八句一气呼出，于弛纵之中，顾盼回旋，不失磅礴顿挫，既是这首诗的小序，也是这组诗的大序，一切都将从"归园田"这里开始。

接着以十句之众，铺写田园生活的淳朴可爱。先写地几亩，屋几间，堂前后檐树几种；再说昏暗不明的是远离世俗的乡村，依依飘出的是傍晚的炊烟；纵有几声鸣吠，那是"桑树巅"或"深巷中"的鸡狗声。真是一片宁静的幽渺偏僻的隐居之处。生活在这样的环境中，自然"户庭无尘杂，虚室有余闲"，因为门庭没有尘俗杂事的缠扰，所以室中空寂，身心也有了余暇。既然其心静虚，仕途名利则早已淡忘。短诗中这十句可谓大段的铺陈了，但近远、前后、高低、明暗，错落有致，兼之炊烟、鸡鸣、狗吠的点化，极平常的景色，却趣味盎然。

点睛之笔在末二句，"久在樊笼里，复得返自然"，诗人不同于村野父老，也不同于烟霞泉石人，他今日得以辞官归园田，正好像长期禁锢在笼中的鸟兽重返大自然一般，去忙就闲，其间的轻松和快慰，只有自己心领神会。"返自然"三字可谓全诗及五首诗的灵魂与总纲。后人咏园田之诗极多，文辞工巧至极，但神韵终莫能及此。（何　深）

【原文】

其　二

野外罕人事(1)，穷巷寡轮鞅(2)。白日掩荆扉(3)，虚室绝尘想(4)。时复墟曲中(5)，披草共来往(6)。相见无杂言(7)，但道桑麻长(8)。桑麻日已长，我土日已广。常恐霜霰至(9)，零落同草莽(10)。

【毛泽东圈评等情况】

毛泽东读清沈德潜选编《古诗源》卷八时曾圈阅此诗。

[参考]张贻玖：《毛泽东评点、圈阅的中国古典诗词》，
中国工人出版社1992年版，第224页。

【注释】

（1）罕，少。人事，指和俗人交往的事。

（2）穷巷，偏僻的里巷。鞅（yāng），马驾车时套在颈上的皮带。轮鞅，车轮和套在马颈上的皮带，代指车马。

（3）荆扉，柴门。

（4）虚室，一本作"对酒"。尘想，世俗的想法。

（5）"时复"句，一本作"时复曲里人"。墟曲，乡野。曲，乡里偏

僻之处。

（6）披，拨草，把草分开。

（7）杂言，尘杂之言。指仕宦求禄之事。

（8）但道，只说。

（9）霰（xiàn），小雪粒。

（10）莽，草。

【赏析】

这是《归园田居》的第二首，写田园中没有世俗的交往，也断绝了世俗的想法，只有与邻居往来共谈桑麻的生长。

先说隐居后的生活，"野外罕人事，穷巷寡轮鞅。白日掩荆扉，虚室绝尘想。"住在郊野僻巷之中，极少世俗的交往，连白天都虚掩着柴门，在空荡荡的房间里杜绝了尘世间一切杂念。隐居野外，事简人静，绝无尘虑，这只是隐居生活中"静"的一面。断绝了世俗交往后，诗人究竟做了些什么，想了些什么呢？这四句为由"静"而"动"作好了铺垫。

"时复墟曲中，披草共来往。相见无杂言，但道桑麻长。"有时与村里人也相互来往，那只是在田间地头，拨开杂草相见。相见也没有世俗尘杂之事，只是谈论桑麻的生长情况。这里由静而至动，有披草相见的特定场景，有道桑麻长的长镜头。"披草"，写出了"相见"之急切和亲切，镜头中充满了逼真的田家气象；"但道桑麻长"足见诗人与村夫野老之间情感之融洽。一个"但"字，道出了诗人生活的根本变化，几乎概括了生活的全部，也"道"出了工于辞章的一般的田园诗作者所缺少的真情。

末四句"桑麻日已长，我土日已广。常恐霜霰至，零落同草莽"，是诗人与村夫野老融融乐趣的延伸。庄稼一天天欣欣向荣，开垦的土地一天天增多，农夫们天天担心的是霜雪忽至，使庄稼像野草一样枯萎零落。这里，作为刚从喧闹的官场归园田的诗人，难免由此而虑及朝廷将有倾危之祸，忧国之情和忧己之情（唯恐重返仕途不能坚持田园生活）参半。

（何　深）

【原文】

其 三

种豆南山下⁽¹⁾，草盛豆苗稀。晨兴理荒秽⁽²⁾，带月荷锄归⁽³⁾。道狭草木长⁽⁴⁾，夕露沾我衣⁽⁵⁾。衣沾不足惜，但使愿无违⁽⁶⁾。

【毛泽东圈评等情况】

毛泽东读清沈德潜选编《古诗源》卷八时曾圈阅此诗。

[参考]张贻玖：《毛泽东评点、圈阅的中国古典诗词》，中国工人出版社 1992 年版，第 224 页。

【注释】

（1）南山，指庐山。

（2）晨兴，早起。理荒秽，锄杂草。秽，田中的杂草。

（3）带月，一作"戴月"，披戴月光。荷，扛。

（4）草木长，草木丛生。

（5）夕露，夜露。

（6）但，只要。愿无违，不违背躬耕田园的心愿。

【赏析】

这是《归园田居》的第三首，写诗人早出晚归的劳动生活，表现出对躬耕生活的热爱和珍惜，可以说是第二首田间劳动的继续。

前首言桑麻，此首说"种豆"，"草盛豆苗稀"足见庄稼活之艰难。"晨兴理荒秽，带月荷锄归"，俨然农夫神态。清晨就到地里锄草，黄昏时带着月色扛锄回家，真实而自然，可谓一幅淡笔素抹的彩墨画。诗中有画，画中有诗，淡净中写出了诗人一心务农、无暇旁顾的神态。

"道狭草木长，夕露沾我衣"，狭窄的田间小道长满了草木，草木的疯长更衬托出小道的狭窄，衬托出人迹的罕至、环境的幽静。披草而归，衣裳沾满了夜露。"月"和"露"相映，更突出了农村田间夜景的幽静。

世人以"沾衣"故而违愿者多矣，所以末二句感慨"衣沾不足惜，但使愿无违"。衣裳被夜露打湿并没有什么可惜，只希望躬耕隐居的愿望不要落空。此境此语，非老于田亩不知，决非高堂深居之人所能拟者。

全诗无一修饰之语，直吐真情而来，妙味无穷，日本近藤元粹评订《陶渊明集》称赞道："五古中之精金良玉，陶公本色，于这诗可见。"

（何 深）

【原文】

其 四

久去山泽游⁽¹⁾，浪莽林野娱⁽²⁾。试携子侄辈⁽³⁾，披榛步荒墟⁽⁴⁾。徘徊丘垅间⁽⁵⁾，依依昔人居⁽⁶⁾。井灶有遗处，桑竹残朽株。借问采薪者⁽⁷⁾，此人皆焉如⁽⁸⁾？薪者向我言，死没无复余。一世异朝市⁽⁹⁾，此语真不虚。人生似幻化⁽¹⁰⁾，终当归空无。

【毛泽东圈评等情况】

毛泽东读清沈德潜选编《古诗源》卷八时曾圈阅此诗。

[参考] 张贻玖：《毛泽东评点、圈阅的中国古典诗词》，
中国工人出版社 1992 年版，第 224 页。

【注释】

（1）游，游宦。即"误落尘网中，一去三十年"之意。

（2）浪莽，放旷，放浪。何孟春注谓"莽"或作"漭"。浪漭，广大貌。近代丁福保说："浪莽"即"浪孟"，也即"孟浪"，放旷之意。

（3）试，姑且。

（4）榛，丛生的草木。荒墟，废墟。

（5）丘垅，荒地。

（6）依依，隐约可辨之状。或思念之意，亦可。

（7）薪，柴。

（8）此人，此处之人，指曾在遗迹地住过的人。焉如，何处去。焉，何。如，往。

（9）一世，三十年为一世。朝市，城市官吏聚居的地方。丁福保说："三十年为一世。古者爵人于朝，刑人于市。言为公众之地，人所指目也。'一世异朝市'，盖古语，言三十年间，公众指目之朝市，已迁改矣。"

（10）幻化，虚幻变化。这句和下句是说人生好像是变化的梦幻一样，最终当归于虚无。

【赏析】

这是《归园田居》的第四首，前边写过了桑麻与豆，这里写诗人在耕种繁忙的余暇中，携子侄游于山泽，凭吊故墟，抒发人生无常、终归于尽的感慨。

表面看，这首诗以"归"字为核心，抚今追昔，实际上是对战乱中人民生灵涂炭、冤魂无告的委婉控诉。诗的前十二句是长篇的叙事，后四句以议论作结。

开端两句"久去山泽游，浪莽林野娱"，说诗人长久地离开山泽林野，今日才有机会去畅游。"山泽"本身就意味着辽阔广大，"浪莽"，与莽浪通，广大的样子，形容林野的广大。"游""娱"，点出诗人酷爱自然的心情。十二年的官宦生活和归园田后的繁忙劳作，更衬托了今日能偷闲游娱的欢畅。这两句与后面游览中所目睹的悲惨景象构成了极大的反差。

"试携子侄辈，披榛步荒墟"，"试"，姑且。"携""步"，写诗人兴致勃勃地带着孩子们信步漫游的情景，拨开丛生的草木，不是宜人的自然景观，却是一片荒凉的废墟。

"徘徊丘垅间，依依昔人居"，盎然的兴致顿时敛然无踪，诗人在丘坟墓垅之间走来走去，低首回步，陷入深思。他清楚地知道，自隆安三年（399）孙恩、卢循起义以来，天下就在急骤的动荡不安中。晋安帝元兴元年（402）司马元显发兵要攻打桓玄，桓玄却率大军从荆州顺长江而下，攻陷建康（东晋京都，今江苏南京）。安帝元兴三年（404），桓玄废晋安帝，自立为皇帝，国号楚。这时，刘裕在京口（今江苏镇江）聚集力量，起兵讨伐桓玄，称镇军将军，诗人为刘裕镇参军。次年，诗人弃彭泽令而归田隐居。陶渊明的家乡浔阳郡，属江州，在荆、扬二州之间，是王朝与割据势力争夺的焦点，政治上、军事上都十分重要。这一带战争频繁，屡遭洗劫，诗人不仅是耳闻者，而且是目击者。而今天，在这远离城镇，又不靠近村庄，须"披榛"方可觅见的地方，目睹这毁灭性灾祸废墟的悲惨景象，"徘徊""依依"，表现了诗人无限的哀婉之情。"井灶有遗处，桑竹残朽株"，眼前的废墟中，水井和炉灶遗迹仍在，桑树和竹子的枯枝朽株依然残留着，这一切，紧承上句，明显地告诉读者这是一片为时并不久远的废墟，就更令人目不忍睹了。

接着借与砍柴樵夫的对话，"借问采薪者，此人皆焉如？薪者向我言，死没无复余"，进一步说明制造废墟这幕悲剧，人们是记忆犹新的。访问的是偶然相见的砍柴樵夫；问话十分委婉，"焉如"，到哪里去了；答话十分明白："居住此处的人都死了，一个也没有余留下来。"大概还应该有些什么别的话吧，但仅此五个字"死没无复余"，已经清清楚楚了，还能说什么呢？还敢说什么呢！

"一世异朝市，此语真不虚。人生似幻化，终当归空无。"以议论收束全诗。"一世"，三十年。在短短的三十年间，"朝市"（公众聚居的地方）就变成废墟和坟墓，居民都成为鬼魂，人生虚幻，沧海桑田，如梦幻一般，变化真是太大了，最终也都将归于"空无"。这道出了诗人对社会现实和人生的失望，犹如一曲哀乐，对黑暗动乱的社会给人民大众造成的悲剧发出哀婉的凄叹。

全诗以兴致盎然的浏览起笔，以极大的落差叙述了途中所见、所闻，收笔于无可奈何的哀叹。大段的叙事与议论感叹融于一体，严谨而真切，发扬了汉、魏民歌的风格，形成了一种新的风韵，后代诗歌如杜甫《石壕吏》《无家别》等，皆有类于此。（何　深）

【原文】

其 五

怅恨独策还⁽¹⁾，崎岖历榛曲⁽²⁾。山涧清且浅，遇以濯吾足⁽³⁾。漉我新熟酒⁽⁴⁾，只鸡招近局⁽⁵⁾。日入室中暗，荆薪代明烛。欢来苦夕短，已复至天旭⁽⁶⁾。

【毛泽东圈评等情况】

毛泽东读清沈德潜选编《古诗源》卷八时曾圈阅此诗。

[参考] 张贻玖：《毛泽东评点、圈阅的中国古典诗词》，

中国工人出版社 1992 年版，第 224 页。

【注释】

（1）怅恨，失意之态。策，手杖，此指策杖、扶杖。还，此指耕作完毕回家。

（2）曲，指曲折隐僻的道路。

（3）濯，洗。遇，一本作"可"。

（4）漉（lù），过滤，滤掉酒糟。

（5）招近局，招近邻而成局。多人聚合欢饮称局。一说，局，曲也，近局指近邻。

（6）天旭，天明。

【赏析】

这是《归园田居》的第五首，写诗人独策复还，荆薪代烛，与邻居饮酒至天明的欣然自得生活。

这首诗可以分作两部分。前四句"怅恨独策还，崎岖历榛曲。山涧清且浅，遇以濯吾足"，写诗人独策复还途中濯足和心情的变化。诗承第四首"披榛步荒墟"事而来。"怅恨"，惆怅，忿恨。言诗人"徘徊丘垅间"后的伤感、愁闷、不平之情。不是"荷锄"，而是"独策"，独自扶杖，

可见其神态之颓唐不振，游娱之初的欣然早已被"丘垅"所引起的感伤埋没，沿着山泽间崎岖的小道，拨开丛生的草木，怀着无限的沉思扶杖而还。"遇"，投合。《孟子·公孙丑下》："千里而见王，是予所欲也，不遇故去。"后两句说山间浅浅的溪水十分清澈，恰好投合我的心意，用来洗我的脚。这个转折巧妙而自然，清冽的溪水使诗人从沉思中醒悟过来，回到归田隐居的现实生活中来；清冽的溪水也冲洗掉了诗人的无限"怅恨"，摆脱了尘世的干扰，恢复了自我解脱后的静穆。明黄文焕说："曰'披榛步荒墟'，'桑竹残朽株'，此他人之荒墟桑竹也。我之荒，我所当自尽；人之荒，我所不得代力。荒而开，开而或复荒，宛其死矣，将如荒何？俗纲易脱，死关难避，行且与昔人同化，惟有饮酒而已。"（《陶诗析义》卷二）道出了诗人思想、心情的变化过程。

后六句是诗的第二部分，写鸡酒辄饮，荆薪代烛，彻夜达旦。"漉我新熟酒，只鸡招近局"，滤好我新近酿熟的米酒，杀鸡招待相近的乡邻。"新""招"，诗人饮酒心情的急切，态度的热情，跃然于纸上；"酒""鸡"，待人的一片笃诚，伴着浓郁的香气，弥漫于诗间，一下子烘托起了茅屋内热烈欢快的气氛。"日入室中暗，荆薪代明烛"，觥筹间不知不觉，太阳已悄然西下，室内顿时暗了下来，诗人燃起荆柴代替蜡烛来照明，继续畅饮。这里没有一个字写饮酒的欢快和谈话的投机，但在荆薪的焰光中，都不言而喻了。

如果说弃官归隐，回到田园居，完成了诗人思想转化的第一步——当然，迈出这一步是不容易的，多少归隐者，归隐的目的在于待价而沽，隐而复仕，仕而复隐，变化无常者太多了。"荒墟"中归来的诗人，这时已迈出更艰难的第二步，他已经彻底看透了尘世间的一切沟坎与不平，深味到人生如"荒墟""终当归空无"的自然，生死荣辱都可以置之度外，这样，他就出离了"徘徊丘垅间"的"怅恨"，进入更深层的淡泊与静穆，一切都听其自然。在这荆柴代烛的朴实中，在这夜以继日的畅饮间，他不必因"夕露沾我衣"而惦念着"但使愿无违"；与村夫野老间也不仅仅是披草相见话桑麻。他似乎完全摆脱了尘俗的束缚，融入村夫野老之中了。

末二句没有议论，没有感慨，"欢来苦夕短，已复至天旭"，只说欢饮畅谈间只嫌长夜太短促了，天又亮了。其实，诗人仍交织在"欢"与"苦"之中，如果要寻找一点诗人与村夫野老的区别的话，那就是需要不断地用酒来浇灭尘俗死灰中的余烬。看来，诗人这一辈子是断不了酒了。

（何　深）

【原文】

与殷晋安别并序

　　殷先做晋安南府长史掾[1]，因居浔阳[2]，后作太尉参军[3]，移家东下[4]，作此以赠。

　　游好非久长[5]，一遇尽殷勤。信宿酬清话[6]，益复知为亲。去岁家南里，薄作少时邻[7]。负杖肆游从[8]，淹留忘宵晨[9]。语默自殊势[10]，亦知当乖分。未谓事已及，兴言在兹春[11]。飘飘西来风，悠悠东去云。山川千里外，言笑难为因。良才不隐世，江湖多贱贫。脱有经过便[12]，念来存故人[13]。

【毛泽东圈评等情况】

毛泽东读清沈德潜选编《古诗源》卷八时曾圈阅此诗。

　　　　[参考] 张贻玖：《毛泽东评点、圈阅的中国古典诗词》，
　　　　　　　　　　　　中国工人出版社 1992 年版，第 224 页。

【注释】

　　（1）晋安南府，从晋安郡分出来的南郡。《资治通鉴》元兴二年附注："武帝太康三年，分建安立晋安郡，今泉州南安即其地。宋白曰：东晋南渡，衣冠士族多萃此地以求安堵，因立晋安郡，隋为泉州。"南府，晋末多以号将军者任刺史，此指军府，因在都城建康之南端，故称南府。长史掾（yuàn），将军刺史下设长史，长史署的官员，称长史掾。

　　（2）因居浔阳，因此住在浔阳。殷是晋安郡的属官，晋安郡属江州，江州刺史治所在浔阳（今江西九江），所以殷景仁住在浔阳。

（3）据《资治通鉴》载：东晋安帝义熙七年（411）三月，刘裕受太尉，任命殷景仁为行参军（不参与军事只管行政的参军）。

（4）移家东下，指殷景仁由浔阳去建康。

（5）久长，一本作"少长"。

（6）信宿（xiǔ），即两宿，一夜为宿，两夜为信。

（7）薄，语首助词。少时，短时间。

（8）负杖，挂杖。肆，肆意，纵情快意。游从，相从游乐。

（9）淹留，久留，指醉心游乐，流连忘返。宵晨，昼夜，指时光。

（10）语默，指出仕和隐居。《周易·系辞上》："君子之道，或出或处，或语或默。"

（11）兴，起身。言，语助词。兹，此。

（12）脱有，假如有。

（13）存，存问，问候。

【赏析】

　　诗题中的殷晋安，即殷景仁。晋安是序中所说"晋安南府长史掾"的省称，以官职称呼人是古代一种习惯。殷景仁，东晋长平（今河南西华西北）人。后为太尉刘裕的参军，文帝时迁侍中，参与朝政。后拜扬州刺史。卒谥文成。诗前小序叙述了殷景仁历仕两朝的情况及与诗人的短暂交往与分别，交代了写诗的缘由。殷景仁与诗人原同为晋臣，后事刘宋，与诗人判然有别，故诗人直书《与殷晋安别》而不是《与殷参军别》，不无讥讽，但这是首送别诗，诗人只叙友情，不谈分歧，故写得情辞婉转，缠绵恺切。

　　诗人以议论开端，"游好非久长"四句总叙友情，笼盖全篇。"游好"，诚心友好。"信宿"，两夜连宿。"清话"，高雅的言谈。这是说，只要诚心友好，不分年龄大小，也不在于时间长短，一遇上便情深意厚到顶点。经过连宿的高雅的交谈，关系便更加亲密。诗人闲居浔阳，与殷景仁时相过从，诗已五十多岁，殷主要活动在刘宋时期，当时可能很年轻，一老一少交好，俗称忘年交，所以说"游好非少长"。可这忘年交，却能一见如故，情意笃厚，实是难得。接下去叙事："去岁家南里，薄作少时邻。负杖肆游从，淹留忘宵晨。"去年我住在南里时，幸而和殷景仁做过一段不长时间的邻居，我拄着拐杖不受拘束地和他交往，游息忘记了早晚。写出二人交往时间虽不长，过从却很密切，这是叙友情。

然而这种亲密交往没有持续很久，原因是"语默自殊势"。"语默"，指出仕与隐退。就是说一个要做官，一个要隐居，各自情况不同，也知道分离是自然的。没有想到殷晋安移家东下的事已经迫在眉睫，几句仍是叙事，但叙中有议，委婉曲折，极有分寸。清孙人龙纂辑《陶公诗评注初学读本》卷一说："不言出处而言语默，公之避词也。惟异势，故当别，但不谓如此之遽耳，并点东下意。上谓殷，下自谓，即应语默异势。"接下去，"飘飘西来风，悠悠东去云。山川千里外，言笑难为因。"以风、云东去，比喻殷晋安移家东下，以山川千里言别后阻隔，谈笑便很难有因缘了。"因"，因缘。"难为因"，即无因，也就是没有机会，叙事中已微露不舍之意。末四句期以过访为结。"良才不隐世"，并不以殷景仁出仕为卑；"江湖多贱贫"，亦不以自己隐居为高。各行其志，各得其所，讲得周到之至，见出诗人深情厚道。末二句则期以殷之过访："脱有经过便，念来存故人。""脱"作或许讲。或许你有机会经过这里又方便的话，想起来还有你一位老朋友。语甚恳切，情意绵长。

总之，这首送别诗，所送之人与诗人原同为晋臣，现在又分道扬镳，政治态度，判然有别，诗人写得既不苟且，又不刺激，还把二人友情写得情深笃厚，确实难得。清蒋薰评《陶渊明诗集》卷二评道："真相知不在久远从，亦不在同出处，更不在期后会，何等雅契，何等旷远。"对这首诗内容的阐释比较得体。（毕桂发）

【原文】

饮　酒

　　清晨闻叩门，倒裳往自开[1]。问子为谁欤？田父有好怀。壶浆远见候[2]，疑我与时乖[3]。"褴褛茅檐下[4]，未足为高栖。一世皆尚同⁽⁵⁾，愿君汩其泥⁽⁶⁾。""深感父老言，禀气寡所谐⁽⁷⁾。纡辔诚可学⁽⁸⁾，违己讵非迷⁽⁹⁾？且共欢此饮⁽¹⁰⁾，吾驾不可回⁽¹¹⁾。"

【毛泽东圈评等情况】

1945 年在国共重庆谈判期间，9 月 2 日上午，张澜以中国民主同盟的名义，在"民主之家"特园欢宴毛泽东、周恩来和王若飞。……张澜举杯向毛泽东敬酒说："会须一饮三百杯！"思路敏捷的毛泽东也征引陶靖节的《饮酒》一诗，举酒相邀道："且共欢此饮。"

[参考] 吕光光：《老成谋国，乘虚御风——毛泽东与张澜》，《毛泽东交往录》，人民出版社 1991 年版，第 10—11 页。

【注释】

（1）倒裳，将下衣当作上衣穿了。裳，下衣。《诗经·齐风·东方未明》："东方未明，颠倒衣裳。"

（2）浆，酒。见，受到。候，问候。

（3）疑，怪。乖，不合。

（4）褴褛（lán lǚ），衣衫破烂的样子。

（5）尚，看重，崇尚。同，与世俗相同。谓社会风气崇尚同流合污。

（6）汩（gǔ），同"淈"，搅浊。汩其泥，与混浊泥水齐流。《楚辞·渔父》："圣人不凝滞于物，而能与世推移，世人皆浊，何不淈其泥而扬其波。"

（7）禀气，天生素质。谐，合，调和。

（8）纡，放松。辔（pèi），缰绳，驾马用。纡辔，回车，喻违反本心，背道而驰，即指出仕。

（9）讵，岂。

（10）且，姑且。共欢此饮，共同欢饮。

（11）吾驾不可回，此句所据出自《晋书·隐逸传》："顷之，征著作郎，不就。"驾，车驾，借指方向、道路。

【赏析】

《饮酒》诗共二十首，前有序。这一组诗约作于晋安帝义熙十二年（416），陶渊明五十二岁。

序文曰：“余闲居寡欢，兼比夜已长，偶有名酒，无夕不饮。顾影独尽，忽焉复醉。既醉之后，辄题数句自娱。纸墨遂多，辞无诠次。聊命故人书之，以为欢笑尔。”序文说明作诗缘起，旷达中透出悲凉，文笔绝佳。据“比夜已长”“既醉之后，辄题数句自娱”云云，这一组诗当是同一年秋天陆续写出。“辞无诠次”，是说言辞没有选择、次序，意谓率意成篇，是不经意之作。但在写作的当时，虽然只是彼时的感触，直抒胸臆，并无预先的规则，但在最后编排时，都照顾到了前后的联系，全部的结构，相当严谨。组诗虽然只有九篇写到酒，但所有各篇都是酒醉后的感想，故总题为《饮酒》。饮酒是为了排遣胸中的郁闷，酒后作诗是在寄慨。梁昭明太子萧统说：“有疑陶渊明之诗，篇篇有酒，吾观其意不在酒，亦寄酒为迹也。”（《陶渊明集序》）所论极是。所以《饮酒》是陶渊明的重要代表作。

诗人居住在上京里。这时刘裕以太尉、相国总揽朝政，封宋公，加九锡，正是晋宋易代前夕，乱政时期，附者为用，正直的陶渊明是不可能为社稷建功的。这组诗虽是酒兴之作，但是时局之影、平生历程、清操与鄙猥之分，绰然可见。本诗为第九首，写田父劝说改道，自己婉拒之，再一次表示了作者隐耕志向的坚定。

全诗可分为三层，首先，“清晨闻叩门”六句，写诗人迎客。“有朋自远方来，不亦说乎？”诗以清晨的叩门声发端，听到有人叩门，诗人连忙起身，连衣服也顾不得穿好，便赶去开门。“倒裳”，用《诗经·齐风·东方未明》：“东方未明，颠倒衣裳”之意，形容诗人迎客的匆忙与喜悦之情。来者原来是一位老农，抱着良好的善意前来问候。“壶浆远见候，疑我与时乖。”此二句是诗人以转述的口气说出田父的劝说之辞：他提着酒壶远道来探望，为的是怀疑我与时世相违背。紧接着四句便记下田父的劝说之辞。这是第二层。这位田父的意思也不是赞同当时的社会风气，只是觉得诗人如此衣衫褴褛，居住在低矮的茅屋之中，未免太受委屈，因为这实在不是高士隐居之地。"一世皆尚同，愿君汩其泥"，则是用典。尚同，主张同流合污之意。"汩其泥"，语出《楚辞·渔父》："圣人不凝滞于物，而能与世推移；世人皆浊，何不淈其泥而扬其波？"意谓姑且与世人同浮沉，同流合污，推波助澜。渔父也好，田父也好，都是假托之名，借以形象地表达自己思想上的矛盾和斗争。末六句为第三层，是诗人对田父的回答：我深深地感谢您老兄的善意劝告，只是我自己的禀性、气质不能与世俗相谐和；揽辔回车，再入仕途，诚然可以跟人家学，可违背了自己的意愿和初衷，岂不是太糊涂了吗？咱们姑且快乐地喝酒吧，我的车马是不会回转的！"吾驾不可回"，这是诗人庄重的宣言，是人生道路上的重要抉择；语气虽谦恭而委婉，但表示的不愿与世俗同流合污，决心走隐逸之路的态度，又是何等坚决！

从诗的艺术构思来看，全篇设为问答，与《楚辞·渔父》篇有相近之处。本来是一个人的内心独白，作者都幻化为两个人的对话，可谓匠心独运。从诗的内容来看，屈原"举世皆浊我独清"的刚正之气，亦正为诗人继承和发扬。"吾驾不可回"正是不与世俗同流合污决绝态度的表现。此外，诗人将生活中的琐细之事，如开门迎客，对酒谈天，都写入诗中，而且又写得亲切自然，纯朴动人，正是作品的高妙之处。

1945年国共两党重庆谈判期间，9月2日上午，民主人士张澜在特园宴请毛泽东、周恩来等，张澜举杯向毛泽东敬酒，援引李白《将进酒》中"会须一饮三百杯"诗句劝酒时，思维敏捷的毛泽东也征引陶渊明此诗中"且共欢此饮"为对，宾主融洽，其乐融融。（毕桂发）

南北朝诗

谢灵运

谢灵运（385—433），陈郡阳夏（今河南太康）人，世居会稽（今浙江绍兴），晋宋间诗人。他是东晋大臣谢玄之孙，袭封康乐公，世称"谢康乐"。谢灵运出生于会稽始宁（今浙江上虞），出生后不久就寄养在钱塘杜家，15岁时回到建康，所以小名客儿，后世又称之为谢客。

谢灵运出身豪门，十八岁袭爵康乐公，公元420年刘裕代晋后，谢灵运被降为侯爵。历任永嘉太守、临川内史等职。他"自谓才能宜参权要"而不被重用，故对刘宋王朝心怀不满，遂寄情山水，不理政事，终日游宴。宋文帝元嘉十年（433）因谋反罪在广州被杀。

谢灵运的诗好摹写山水，往往工妙，其中一些篇章反映了自然美，给人以清新开朗之感；在艺术表现上，谢诗刻画景物逼真细致，但过于雕琢堆砌，虽不乏名句，但缺少佳篇。

谢灵运在晋宋之际诗名最高。他以大量山水诗促进了玄言诗向山水诗的转变。他那刻意求新的艺术实践，为后来者提供了有益的经验。唐代的李、杜、王、孟、韦、柳诸大家，都曾从谢诗中吸取过营养。谢灵运的文，成就不能和诗相提并论。现存赋十篇，最著名的是《山居赋》。诗文之外，谢灵运还兼通史学，工于书法。作品有《谢康乐集》，其诗有黄节的《谢康乐诗注》，是较完善的注本。

毛泽东很欣赏谢灵运的诗，在一本1957年文学古籍刊行社出版的《古诗源》中，收谢灵运诗二十四首，毛泽东圈画了二十二首。编者沈德潜的注释中，评价谢诗"一归自然""匠心独运""在新在俊"等处，毛泽东都画有曲线和圈。《昭明文选》和《汉魏六朝百三名家集》中谢灵运的诗，毛泽东也圈画了不少。

【原文】

从游京口北固应诏

玉玺戒诚信[1]，黄屋示崇高[2]。事为名教用[3]，道以神理超[4]。昔闻汾水游[5]，今见尘外镳[6]。鸣笳发春渚[7]，税銮登山椒[8]。张组眺倒景[9]，列筵瞩归潮。远岩映兰薄[10]，白日丽江皋[11]。原隰荑绿柳[12]，墟囿散红桃[13]。皇心美阳泽[14]，万象咸光昭[15]。顾己枉维縶[16]，抚志惭场苗[17]。工拙各所宜[18]，终以返林巢[19]。曾是萦旧想[20]，览物奏长谣[21]。

【毛泽东圈评等情况】

在一本 1957 年文学古籍刊行社出版的清沈德潜选编《古诗源》卷十中，毛泽东圈阅了这首诗。

[参考] 张贻玖：《毛泽东评点、圈阅的中国古典诗词》，中国工人出版社 1992 年版，第 224 页。

【注释】

（1）玉玺（xǐ），皇帝的印。

（2）黄屋，古时皇帝所乘的车，以黄缯做车盖的里子，故名。或谓帝王所居宫室，亦可。

（3）事，指上面所说玉玺、黄屋。名教，名分，教化。

（4）道，指道家提倡的道，是产生天地万物的根源。《老子》："道常无为而无不为。侯王若能守之，万物将自化。"神理，古代唯心主义哲学家认为有一种超乎事物而又控制着事物的神或理的存在，为道的玄妙内容。超，超出客观世界。

（5）汾水游，典出《庄子·逍遥游》："尧治天下之民，平海内之政，往见四子藐姑射之山，汾水之阳，窅然丧其天下焉。"尧是道家认为实行无为而治的典范。

（6）尘外，世外。《庄子·大宗师》："芒然彷徨乎尘垢之外，逍遥乎无为之业。"镳（biāo），马口衔的铁，此以马具代指马。

（7）鸣笳，吹笛。笳，胡笳，一种管乐器。渚（zhǔ），水中小洲。

（8）税（tuō），通"脱"，解开。銮（luán），马笼头两边的铃，指天子的车驾。山椒，山顶。《汉书·孝武李夫人传》武帝赋："释舆马于山椒兮，奄修夜之不阳。"

（9）组，一种丝织品，阔的叫组，做绶带用。张组，形容从游官员衣冠之盛。倒景，倒映在江中的山景人影。眺，远望。景，通"影"。

（10）兰薄，兰草丛生之地。《说文》："薄，林薄也。"

（11）江皋，江岸。皋，水边高地。

（12）原隰（xí），高平的原野和低湿之地。荑（tí），草木初生的叶芽。

（13）墟，村落。囿，有围墙的园地。

（14）皇心，指宋文帝的心意。美阳泽，像阳光雨露一样美好。泽，雨露。这里比喻恩泽。

（15）万象，万物，世间的一切景象。

（16）维絷（zhí），拴系。絷，一本作"系"（繫）。

（17）抚志，抚心。场苗，场圃的禾苗，比喻朝廷的俸禄。《诗经·小雅·白驹》："皎皎白驹，食我场苗。絷之维之，以永今朝。"

（18）工拙，巧愚。

（19）返，回归。林巢，山林之间。

（20）萦（yíng），缠绕。

（21）长谣，长诗，指本诗。

【赏析】

在中国文学史上，历代都有不少应诏诗，然而大都一味歌功颂德，极尽阿谀奉承之辞，能写出新意的很少。客观地说，既要说好听话，以讨得皇帝开心，又要符合一般人的口味，避免胡吹乱捧，也确实难以做到。然而谢灵运这首应诏诗却有着自己的特色，不同于一般应制之作。

据《宋书·文帝纪》载，元嘉四年（427），宋文帝曾"幸丹徒，谒京陵"，此诗是谢灵运随文帝浏览时奉命而作。从游，陪宋文帝游览。京口，城名。汉献帝建安十三年（208），孙权自吴（今江苏苏州）徙都丹徒曰京城，后迁建业，于此置京口镇。六朝时称京口城，为长江下游军事重镇，都城建康（今江苏南京）的北方门户。故址在今江苏镇江。北固是山名，在今镇江北长江边。其北峰三面临水，地势险固，故名。应诏，即应皇帝之命作诗。

全诗可分四层：说理、叙事、写景、述志。

"玉玺"四句是说理。皇帝的玉印用来戒人诚信，黄屋用来显示崇高，二者为名分、教化而设，但治国之道则有玄妙神理，超出人为之外。言外之意，治国当无为而治，这是说理，同时也是为述志作铺垫。

"昔闻"六句叙事。尧是道家无为而治的典范，又是儒家推崇的圣贤君主。这里是诗人将文帝游北固山与尧游汾水相提并论："昔闻汾水游，今见尘外镳"，这是赞美文帝，又是对无为而治的继续宣扬，与第一层相承；同时，也点出了文帝出游这件事。接下去四个对仗工整的句子非常简洁地叙述了游北固山的进程：伴着音乐从水中小洲出发，卸下銮驾登上高高的山顶，搭起帷幕眺望远山倒影，摆上坐席近看眼下归潮。叙事的同时也兼及写景，让人觉得好像看到了"春渚""山椒""倒景""归潮"。

"远岩"四句具体描写了所见春日景色：远处兰花丛丛，与山岩相映，明媚的阳光照得江边更加明丽；无论高平之地还是低湿之处，柳树都在吐着绿芽，村里园中处处开满了艳丽的桃花。兰花、白日、绿柳、红桃，色彩斑斓，在视觉上给人留下深刻的印象。同是写柳写桃，陶渊明是"榆柳荫后檐，桃李罗堂前"，而谢灵运这里是"原隰荑绿柳，墟囿散红桃"。比较起来陶诗自然朴实，谢诗精工典雅，各有妙处。

"皇心"以下述志。诗人由春天的景色想到阳光雨露，再进一步联系到皇帝的恩泽，紧接着谦言自己无德无才，枉受皇帝器重。从景色到自己，一环扣一环，最终目的在于向皇帝陈述自己的愿望："工拙各所宜，终以反林巢。曾是萦旧想，览物奏长谣。"——皇帝量才而用，还是让我隐居更为合适。谢灵运本希望再次入朝能够得到重用，一展宏图，可事实上仍然只做了个秘书监这样的闲官，于是又生隐逸之志。

通观全诗，舞文弄墨取悦皇帝之嫌不是完全没有，但中心思想乃在于

向皇帝表明心迹。不论是说理还是写景，都是为这一中心服务的。因此这首"应诏"诗就绝不仅仅只是为应诏而作了。（杨永龙）

【原文】

述祖德诗二首

太元中⁽¹⁾，王父龛定淮南⁽²⁾，负荷世业⁽³⁾，尊主隆人⁽⁴⁾。逮贤相徂谢⁽⁵⁾，君子道消⁽⁶⁾，拂衣蕃岳⁽⁷⁾，考卜东山⁽⁸⁾。事同乐生之时⁽⁹⁾，志期范蠡之举⁽¹⁰⁾。

一

达人贵自我⁽¹¹⁾，高情属天云⁽¹²⁾。兼抱济物性⁽¹³⁾，而不缨垢氛⁽¹⁴⁾。段生蕃魏国⁽¹⁵⁾，展季救鲁人⁽¹⁶⁾。弦高犒晋师⁽¹⁷⁾，仲连却秦军⁽¹⁸⁾。临组乍不缀⁽¹⁹⁾，对珪宁肯分⁽²⁰⁾。惠物辞所赏⁽²¹⁾，励志故绝人⁽²²⁾。苕苕历千载⁽²³⁾，遥遥播清尘⁽²⁴⁾。清尘竟谁嗣⁽²⁵⁾？明哲垂经纶⁽²⁶⁾。委讲辍道论⁽²⁷⁾，改服康世屯⁽²⁸⁾。屯难既云康，尊主隆斯民⁽²⁹⁾。

二

中原昔丧乱⁽³⁰⁾，丧乱岂解已⁽³¹⁾。崩腾永嘉末⁽³²⁾，逼迫太元始⁽³³⁾。河外无反正⁽³⁴⁾，江介有蹇圮⁽³⁵⁾。万邦咸震慑⁽³⁶⁾，横流赖君子⁽³⁷⁾。拯溺由道情⁽³⁸⁾，龛暴资神理⁽³⁹⁾。秦赵欣来苏⁽⁴⁰⁾，燕魏迟文轨⁽⁴¹⁾。贤相谢世运⁽⁴²⁾，远图因事止⁽⁴³⁾。高揖七州外⁽⁴⁴⁾，拂衣五湖里⁽⁴⁵⁾。随山疏浚潭⁽⁴⁶⁾，傍岩艺枌梓⁽⁴⁷⁾。遗情舍尘物⁽⁴⁸⁾，贞观丘壑美⁽⁴⁹⁾。

【毛泽东圈评等情况】

在一本 1957 年文学古籍刊行社出版的清沈德潜选编《古诗源》卷十中，毛泽东在此诗题前画着一个圈，不少诗句旁都画着重线、曲线。

[参考] 张贻玖：《毛泽东评点、圈阅的中国古典诗词》，中国工人出版社 1992 年版，第 55 页。

【注释】

（1）太元，晋孝武帝司马曜年号（376—396）。

（2）王父，祖父，指谢玄。玄字幼度，谢奕之子，谢安之侄。著名的淝水之战的指挥者，大败苻坚。戡（kān）定，平定。戡，通"戡"。淮南，郡名，汉置，治寿春，东晋改为南梁郡。这里意用旧名，泛指淮水以南地区。

（3）负荷，担负。世业，世代相传的事业，此指安邦大业。

（4）尊、隆，互文，尊崇。人，当作"民"，盖由于李善避唐太宗讳改。

（5）逮，及，等到。贤相，指谢安。徂谢，死亡。

（6）君子道消，语本《易·否》："小人道长，君子道消也。"意谓小人得势，贤能之人便受到排挤。

（7）拂衣，振衣。蕃，通"藩"，藩国。岳，岳牧，地方长官。

（8）考卜，卜居。东山，在始宁（在今浙江上虞西南曹娥江畔），谢安的故居。

（9）乐生，指乐毅，战国燕人，率赵、楚、韩、魏、燕五国兵伐齐，拿下七十余城。后中齐田单反间计，投奔赵国。

（10）范蠡，春秋时越国大夫，曾助勾践灭吴，后激流勇退，泛舟五湖，过隐居生活。

（11）达人，见识高超的人。贵自我，看重自己。

（12）高情，高尚的情操。属，连接。

（13）济物，接济众人。物，众。

（14）缨，缠绕。垢，尘秽。氛，气。

（15）段生，段干木，战国晋人，一位声望很高的学者，流寓魏国，魏文侯敬重他，强秦不敢攻魏。蕃，通"藩"，篱笆，保卫。

（16）展季，展禽。春秋时鲁国大夫，因食邑柳下，死后谥惠，故又称柳下惠，曾劝阻齐国伐鲁。

（17）弦高，春秋时郑国商人。秦穆公袭郑时，被弦高发现，一面用十二头牛犒师，一面使人回郑国报告。秦军遂撤去。暗，晋国。《吕氏春秋·悔过》："秦三帅对曰：'寡居之无使也，使其三臣丙也、术也、视也，于东边候暗之道，过，是以迷惑陷入大国之地。"高诱注："候，视也。暗，晋国也。"

（18）仲连，鲁仲连。却秦军，使秦军退却。

（19）组，系印纽的绶带。乍（zhà），宁可。缫（xiè），系。系组，拜印，即封官。

（20）珪，用作凭信的瑞玉，分作两半，一半留朝廷，一半给官员，合之以验真假。平原君欲封赠鲁仲连，鲁皆不受（见《战国策·赵策》）。

（21）惠物，有恩于人。辞，谢绝。

（22）励志，勉励心志。绝人，不同于一般的人。

（23）苕苕（tiáo），同"迢迢"，绵远。

（24）播，传扬。清尘，清高的遗风。

（25）嗣，继承。

（26）明哲，深明事理的人，指谢玄。垂，留传。经纶，本指治理丝缕，此指治理国家。

（27）委，弃。讲，清谈。辍，废止。道论，道学的讨论。

（28）改服，改换服装，即易儒服为戎装。康，平定。世屯（zhūn），世难，国家的危难。《易·屯》："象曰：屯，刚柔始交而难生。"

（29）尊主，尊重王室，指辅佐司马氏。隆斯民，使全国人民走上繁荣的道路。

（30）中原，指今河南一带。因古豫州为九州之中，故云。广义的中原则指黄河中下游一带。

（31）解已，停止。

（32）崩腾，山的崩坍，水的翻腾，比喻西晋末年险恶动荡的情况。永嘉，晋怀帝年号（307—313）。此指刘聪、石勒之乱和西晋覆灭。

（33）此句指东晋太元年间前秦苻坚率军南侵事。

（34）河外，指黄河以外地区，即洛阳、长安等地。反正，拨乱归正。

（35）江介，江淮之间。蹙圮（cù pǐ），缩小，坍塌。

（36）万邦，指全国。咸，都。懅，畏惧。

（37）横流，洪水泛滥，比喻难以收拾的危局。赖，依靠。君子，有道德的人，此指谢玄。谢灵运《山居赋》自注："余祖车骑（玄）建大功淮肥（淝），江左得免横流之祸。"

（38）拯溺，救民于水火。道情，指治国之道，济物之情。《孟子·离娄上》："天下溺，援之以道。"

（39）戡暴，平定暴乱。资，凭。神理，聪明才智。

（40）秦赵，指氐族符坚所统治的今河南、陕西地区。来苏，是"后来其苏"的缩语，来，指晋军北来；苏，指人民得到复苏的机会。《书·仲虺之诰》："徯组之民，室家相庆，曰：徯予后，后来其苏。"伪孔传："汤所往之民皆喜曰：'待我君来，其可苏息。'"苏，复苏，苏醒。

（41）迟，等待。文轨，即书同文、车同轨，统一之意。

（42）贤相，指谢安。谢世运，指辞世。

（43）远图，指继续北伐，收复失地的计划。谢灵运《山居赋》自注："太傅既薨，远图已辍。"

（44）高揖，拱手让位，指离职。七州，指徐、兖、青、司、冀、幽、并七州。

（45）拂衣，振衣，指离职归隐。五湖，指太湖。

（46）疏，开凿。浚，深。

（47）艺，种植。枌（fén），白榆。梓，落叶乔木，木质轻，可做乐器，亦可做棺木。

（48）情，世俗之情。舍尘物，指弃官。尘物，指轩冕之类。

（49）贞，正。丘壑，山水。

【赏析】

正如诗题所言，这是两首专门称颂祖父谢玄的赞歌。谢玄是东晋太傅谢安之侄。东晋太元年间（376—396），前秦符坚多次兴兵侵扰东晋北方领土。谢玄得到叔父谢安的荐举，领兵前往抵御符坚。太元八年（383），谢玄为先锋与谢石等诸将率兵八万，与号称百万的符坚军队战于淝水，结果以少胜多，大破敌军。紧接着，谢玄等率部乘胜北伐，先后收复徐、兖、青、司、豫、梁六州，因功劳卓著，被封为康乐县公，统领徐、兖、青、司、冀、幽、并七州军事。正当他准备继续北伐，收复全部失地时，东晋王室令其收兵回营，还镇淮阴。谢玄有志难酬，只得归隐。谢灵运《述祖德诗二首》就是称述祖父这段辉煌历史的。从思想内容上看，这两首诗并没有多少新意，但从结构上看却有其独到之处。题为诗二首，可以独立成篇，同时意义相联，又是一个整体。

第一首从古代贤达之人写起，先总说，后分说。"达人"四句总说：古代贤才看重自我，道德高尚，既能经国济民，又能不为世俗所累。"段生"以下八句分说：前四句列举段干木等四人为国立功，以与"兼抱济物性"呼应；后四句写这些人有功却不受爵赏，又是对"而不缨垢氛"的进一步申说，正是因为这些贤达之士既有匡世济民之功，又有功成不居之德，因而才"苕苕历千载，遥遥播清尘"。

那么，高洁的品德由谁继承呢？一个问句"清尘竟谁嗣"便把笔锋引入了作者写作此诗的本意，很自然地过渡到对祖父的歌颂。"明哲"（本指洞明事理的人，此指谢玄）本来抱有治国之才，却以清谈为务，但是一有征召，便抛却清谈说道，换上戎装，以匡世难。世难平定，于是国泰民安。

从第一首诗全诗看，先写古代贤人，再写祖父，分为两个层次，而"清尘"两句则起到了承上启下的作用。然而，如果我们把这首诗和下一首连起来看，第一首的后一层次对谢玄的歌颂似乎有些空泛，而第二首诗才是对谢玄功德的具体铺写。

第二首诗"中原"以下十二句为第一层，歌颂谢玄战功。诗人这里运用了对比手法：谢玄建功以前，是中原丧乱不已，河外之地被前秦侵占，江淮之地又日见缩小；而谢玄领兵之后，收复失地、拯溺戡暴，于是秦赵复苏，燕魏期慕。"贤相"以下八句为第二层，歌颂谢玄品德：本可以继续北伐，无奈被谗言所间，太傅谢安又抱憾而死，纵有宏远打算，也只能就此而止。于是"高揖七州外，拂衣五湖里"，疏潭种树，遗弃世荣，归隐东山。功高而不居，其德与古之贤达正相同。

第二首诗先写功，后写德，实际上与第一首一样，也是围绕"兼抱济物性，而不缨垢氛"二句铺排开来。这样，上下二诗紧密相联，一统一

分，一虚一实，一擒一纵，无论古之贤人还是祖父谢玄，都是既有匡世之功又有超俗之德。（杨永龙）

【原文】

九日从宋公戏马台集送孔令

季秋边朔苦[1]，旅雁违霜雪[2]。凄凄阳卉腓[3]，皎皎寒潭洁[4]。良辰感圣心[5]，云旗兴暮节[6]。鸣葭戾朱宫[7]，兰卮献时哲[8]。饯宴光有孚[9]，和乐隆所缺[10]。在宥天下理[11]，吹万群方悦[12]。归客遂海嵎[13]，脱冠谢朝列[14]。弭棹薄枉渚[15]，指景待乐阕[16]。河流有急澜，浮骖无缓辙[17]。岂伊川途念[18]，宿心愧将别[19]。彼美丘园道[20]，喟焉伤薄劣[21]。

【毛泽东圈评等情况】

在一本1957年文学古籍刊行社出版的清沈德潜选编《古诗源》中，毛泽东在此诗题前面画了两个圈，并加以圈点。

[参考]张贻玖：《毛泽东评点、圈阅的中国古典诗词》，中国工人出版社1992年版，第55页。

【注释】

（1）季秋，指农历九月。边朔，指彭城一带，因其位于东晋北部边境，故云。苦，寒。

（2）旅雁，指大雁。违，避。

（3）阳，指秋日。腓（féi），枯萎。语本《诗经·小雅·四月》："秋日凄凄，百卉俱腓。"李善注："薛君说：腓，变也，俱变而黄也。毛苌曰：痱（腓），病也。"

（4）皎皎，明净的样子。

（5）良辰，美好的时辰，指九月九日。圣心，对刘裕的颂词。

（6）云旗，绘有熊虎的旗帜。《文选·汉张衡〈东京赋〉》："云旗拂霓。"三国吴薛综注:"旗,谓熊虎为旗,为高至云,故曰云旗也。"

（7）葭（jiā），通"笳",胡笳,一种管乐器。戾（lì），到。

（8）兰卮（zhī），指香醇的酒。卮,盛酒器。时哲,当代的圣贤,指孔靖,即诗题中的孔令。

（9）孚,诚信。孚,语出《易·未济》:"有孚于饮酒,无咎。"

（10）和乐,和睦快乐。隆,兴起。

（11）在,自在。宥,宽宥。理,治,指天下太平。《庄子·在宥》:"闻在宥天下,不闻治天下也。"

（12）吹万,指大自然发出的各种声响。《庄子·齐物论》:"夫大块（大自然）噫气,其名为风,是唯无作,作则万窍怒呺（号）。"又:"夫吹万不同,而使其自己也。"

（13）归客,指孔靖。海嵎,海的一边,指孔靖的家乡会稽山阴。嵎,一作"隅"。

（14）脱冠,摘帽,指辞官。谢,辞别。朝列,百官。

（15）弭棹（zhào），停船。棹,划船工具。薄,通"泊",停靠。渚,小洲。

（16）指景,指日。乐阕（què），乐曲终止。

（17）骖（cān），驾车两旁的马。

（18）伊,唯,只。川途,水陆。

（19）宿心,平素的心愿。

（20）丘园,指隐居之地。《易·贲》:"贲于丘园,束帛戋戋。"唐李善注引三国魏王肃曰:"失位无应,隐处丘园。"

（21）喟（kuì）焉,叹息的样子。薄劣,意志薄弱。

【赏析】

晋安帝义熙十四年（418）九月九日,刘裕在彭城（今江苏徐州）原项羽戏马台设宴,为即将归隐的孔靖饯行,命群僚与宴赋诗,谢灵运便写了这首诗。诗中描述了饯宴场面,为将成为皇帝的刘裕歌功颂德,对即将归隐的孔靖表示了向往之忧。

诗的开头四句："季秋边朔苦，旅雁违霜雪。凄凄阳卉腓，皎皎寒潭洁。"季秋即农历九月。时值深秋，寒气袭来，大雁南飞。寒阳映照着枯萎的草木，洁静的潭水上泛着清光。这四句描写了四周外景：秋风萧瑟、百草凋零。接着用"良辰感圣心，云旗兴暮节"二句过渡，将视线转移到宫内饯宴上。"良辰"，美好的时辰，指九月九日。"圣心"，是对刘裕的颂词。刘裕感时起兴，举办盛宴，宫中云旗高挂。接下来"鸣葭戾朱宫，兰卮献时哲。饯宴光有孚，和乐隆所缺。在宥天下理，吹万群方悦"六句是对宴会的具体描绘。宫内管乐四起、觥筹交错，争相敬献的美酒使孔靖应接不暇。宴会上宾主融洽无间，一片热烈挚诚的气氛。《庄子·在宥》中有："闻有宥天下，不闻治天下也。""在宥"二句意思是，一切听其自然实行宽政，达到天下大治。诗人表面上是称颂刘裕，而实际上是用道家无为而治的思想启发刘裕。

　　以上诗中写了两种景：一是野外秋景，一是宫中宴景。两景对照，秋景的凄清更反衬了饯宴的和乐与热烈。因为这是一首应制诗，歌功颂德之辞自然难免。

　　谢灵运一生受道家思想影响严重，几乎是言必及老庄。他早有归隐之志，但在隐与仕的选择上又时常矛盾。这首诗的后半部分，谢灵运对自己进行了解剖。"归客遂海隅，脱冠谢朝列。""归客"，指孔靖。归隐之人将在这里辞去官职告别同僚，返回故里。"弭棹薄枉渚，指景待乐阕"二句说归客乘坐的船已停靠在岸，只等演奏结束。接着诗人展开联想："河流有急澜，浮骖无缓辙。"宴会结束后，孔靖将乘船急驶而去，送别的人们也将打马回朝。"岂伊川途念，宿心愧将别。彼美丘园道，喟焉伤薄劣。"诗人由归隐的孔靖想及依然忝居官位的自己，不禁喟然长叹，自愧不如，表达了诗人对隐居生活的向往之情，一个"愧"字、一个"伤"字清晰地描绘了诗人当时的心态。这里我们看到了诗人的坦诚，他虽然当时身居官位，但与官场彻底决裂的时间已不遥远了。（金朝霞）

【原文】

邻里相送至方山

祗役出皇邑⁽¹⁾，相期憩瓯越⁽²⁾。解缆及流潮，怀旧不能发。析析就衰林⁽³⁾，皎皎明秋月⁽⁴⁾。含情易为盈，遇物难可歇⁽⁵⁾。积疴谢生虑⁽⁶⁾，寡欲罕所阙⁽⁷⁾。资此永幽栖⁽⁸⁾，岂伊千岁别⁽⁹⁾。各勉日新志⁽¹⁰⁾，音尘慰寂蔑⁽¹¹⁾。

【毛泽东圈评等情况】

在一本1957年文学古籍刊行社出版的清沈德潜选编《古诗源》卷十所载的这首诗中，毛泽东在"解缆及流潮……皎皎明秋月"句旁画着直线、曲线、曲线加直线。在本篇的编者注释"别绪低徊""触境自得"两句旁画着曲线。

[参考] 张贻玖：《毛泽东评点、圈阅的中国古典诗词》，

中国工人出版社1992年版，第55页。

【注释】

（1）祗役，敬奉朝命赴外地任职。祗，敬。皇邑，京都，指刘宋都城建康（今江苏南京）。

（2）憩（qì），止息。瓯越，即东瓯，此指永嘉郡。永嘉一带在汉代地处东瓯，汉文帝时，东越王摇被封为东海王，曾在那里建都，故称瓯越。

（3）析析，风吹树木的声音。

（4）皎皎，光洁的样子。

（5）遇物，指一路上遇到的衰林、秋月。歇，止息，遏止。

（6）积疴（kē），多年患病。疴，病。谢，断绝。生虑，养生之想。

（7）寡欲，少欲。罕，稀少。阙，同"缺"。所阙，不足。

（8）资，借。此，指永嘉郡。幽栖，隐退索居。

（9）岂伊，岂只。千岁，一本作"年岁"。

（10）日新，一天比一天进步。《礼·大学》："汤之盘铭曰：苟日新，

日日新，又日新。”又《易·系辞上》：“日新之谓盛德。”

（11）音尘，音信，消息。寂蔑，寂寞，冷清孤单。

【赏析】

宋武帝永初三年（422）七月，谢灵运离京城赴永嘉（今浙江温州），临行时他的邻里们送行至方山，诗人写下了这首诗留别。诗中渲染了一种依依惜别之情。方山，山形方如印，所以又名天印山，因四面孤绝，故名。方山是晋宋时南京一带长江的重要津渡之一，秦淮河流经其下。谢灵运赴永嘉时在此上船。

起首“祗役”二句交代了别离的原因：奉皇命离京，赴永嘉太守任。诗人离京赴任是迫于皇命难违，不得已而为之。这两句为后面写离别的场面作了铺垫。“解缆及流潮，怀旧不能发。”二句直写离别的场面，展示了主客观的矛盾。行人将要离去，邻里送至河边。船已备好，缆绳已解开，可诗人却因留恋故人而不忍离去。分手在即，别离的话一言难尽，而时光不解人意，并不为离人稍作停留。一边是“兰舟催发”，一边是凄凄难舍。此时此刻诗人心中有别离之悲，更有政治上受排挤之苦，千头万绪涌上心头。清诗评家沈德潜在《古诗源》中评此二句说：“解缆二句，别情低徊。”可谓一语中的。“析析就衰林，皎皎明秋月。”接下二句转为写景。时值秋夜，风吹衰林析析作响，皎皎秋月放射着寒光。人们常常睹月思怀，而对于愁思聚结的诗人，那轮秋月的刺激性就更强了。加之耳旁衰林析析作响，想必诗人更是不堪其哀了。衰林、秋月进一步渲染了别离的气氛。“含情”二句接着说：哀伤的情绪，碰上这萧瑟的秋景，更难以抑止。沈德潜此二句说：“含情二句，触境自得。”十分贴切。以上的景物描写与人的情感和谐一致。在捕捉视觉形象的同时，诗人又用听觉来弥补夜间视觉之不足。通过耳中所闻的“析析”声来描写秋夜的清冷、树木的凋枯，倍增人的孤寂感。

“积痾”二句中，诗人将写离愁别绪的笔稍作停顿，开始自我安慰。自己因久病而放弃了对生活方面的追求，正因欲望不大所以现在也不觉有什么缺憾。接着又说，我将借出任永嘉郡守之机永远隐居下去，此一去并非短暂的别离。至此，诗人又将笔伸向远方，写临别的叮嘱：希望你们天天进步，常寄消息，以安慰我这颗孤寂的心。那么，远行的人将如何打发孤寂的时光呢？这一切留给读者推想。

这首诗一改谢诗中的玄言哲味，以情感人，以景托情。诗中只用寥寥数语，便把分别时解缆而不发的场面写得凄婉动人。诗结尾处对朋友的叮嘱情真意切、余味悠长。（杨永龙）

【原文】

过始宁墅

束发怀耿介(1)，逐物遂推迁(2)。违志似如昨，二纪及兹年(3)。缁磷谢清旷(4)，疲苶惭贞坚(5)。拙疾相倚薄(6)，还得静者便(7)。剖竹守沧海(8)，枉帆过旧山(9)。山行穷登顿(10)，水涉尽洄沿(11)。岩峭岭稠叠，洲萦渚连绵(12)。白云抱幽石(13)，绿篠媚清涟(14)。葺宇临回江(15)，筑观基层巅(16)。挥手告乡曲(17)，三载期归旋(18)。且为树枌檟(19)，无令孤愿言(20)。

【毛泽东圈评等情况】

在一本 1957 年文学古籍刊行社出版的清沈德潜选编《古诗源》中，毛泽东在此诗的"剖竹守沧海……洲萦渚连绵"句旁，画着直线、曲线、直线加曲线，句子下面也都连画两个圈、三个圈。

[参考]张贻玖：《毛泽东评点、圈阅的中国古典诗词》，
中国工人出版社 1992 年版，第 55 页。

【注释】

（1）束发，指童年。古代男孩成童时（十五岁左右）即束发为髻，因以束发指成童。耿介，正直。《楚辞·宋玉〈九辩〉》："独耿介而不随兮，愿慕先圣之遗教。"王逸注："执节守度，不枉顾也。"

（2）逐物，追逐世事，指做官。三国魏嵇康《答难养生论》："君子

识智以无恒伤生，欲以逐物害怯。"

（3）二纪，二十四年。这里只是概数。谢灵运二十一岁开始做琅琊王德文大司马行参军，到写此诗只有十七年。

（4）缁（zī），黑色。磷（lín），薄。谢，惭愧。清旷，清高旷达，指隐者品格。《论语·阳货》："不曰坚乎，磨而不磷。不曰白乎？涅而不缁。"

（5）疲苶（ěr），疲惫已极。《庄子·齐物论》："终身役役而不见其成功，苶然疲役而不知其所归，可不哀邪！"

（6）拙，笨拙，指不会做官。倚薄，依附。

（7）静，道家认为事物尽管纷纭复杂，但最后还是归复到静。

（8）剖竹，即剖符。古代将符节剖分两半，一半留朝廷，一半给外官持以赴任，作为信物。这里是奉命赴任之意。沧海，即东海，亦即东瓯，指永嘉郡。

（9）枉帆，枉道。谢灵运赴任永嘉，曾绕道回故乡会稽郡始宁县东山故居。旧山，指东山。因东山有谢氏故居，故云。

（10）登顿，上下。

（11）洄沿，逆水而上曰溯曰洄，顺流而下曰沿。

（12）洲、渚，水中陆地，大的叫洲，小的叫渚。萦，环绕。

（13）幽石，颜色深暗的岩石。

（14）绿篠（xiǎo），绿竹。篠，一作"筱"，小竹。清涟，清澈的微波。

（15）葺（qì）宇，盖房子。回江，曲江。

（16）观，楼台之类。层巅，高山之顶。

（17）乡曲，乡里，指乡里父老。

（18）三，《诗纪》误作"二"。太守任期一般是三年。

（19）枌（fén），白榆。汉高祖刘邦曾祷于家乡枌榆社，后因以枌榆指故乡。槚（jiǎ），楸树，古代用以做棺木。《左传·襄公二年》："初，季孙为己树六槚于蒲圃东门之外。"杜预注："季文子树槚，欲自为椁（棺木）。"

（20）孤，辜负。愿，愿望。言，助词，无义。《诗经·邶风·柏舟》："寤言不寐，愿言则嚏。"

【赏析】

宋武帝永初三年（422）七月，谢灵运出任永嘉（今浙江温州）太守。在赴任途中，他绕道会稽始宁旧宅。这首诗是他从故乡启程时所作。始宁墅，在今浙江上虞东山。据《宋书》载："灵运父祖并葬始宁县，并有故宅及墅。"

这首诗的前八句述说自己违志做官的经历。"束发怀耿介，逐物遂推迁。"说自己童年时就正直不阿、守志不移，但做官后就与世浮沉，耿介之志未能实现。"违志似如昨，二纪及兹年。""二纪"，即二十四年。这是个虚数。谢灵运从 21 岁做官到写此诗时只有 17 年。这两句是说，做官之事似乎是发生在昨天，可一转眼到如今已 20 余年了。"缁磷谢清旷，疲苶惭贞坚。"《论语·阳货》中有："不曰坚乎？磨而不磷。不曰白乎？涅而不缁。""磷"，薄。"缁"，黑，后常以不缁不磷喻人虽处浊乱而不改其操行。谢灵运在此反其意而用之，意思是自己终究误入仕途，染黑了也磨薄了，比不上隐者的清高旷达。官场的角逐使我疲惫至极，面对坚贞之士深感惭愧。"拙疾相倚薄，还得静者便。"官场的生活使我心力交瘁，这次守病回乡才稍得安宁。以上八句诗简述了诗人的前半生。诗人将自己步入仕途的形象比作染黑了、磨薄了，叙述之中流露了误入歧途后的悔恨之情，也暗示了官场的庸俗、污浊。

接下来的十句写诗人借赴任永嘉之机，回故乡一游，重睹故乡山水。

"剖竹"二句说自己奉命出任永嘉太守，便借机绕道至旧居东山始宁墅。"剖竹"，即剖符。古代将竹分为两半，一半留朝廷，一半给外官持以赴任。这里是奉任出使的意思。"山行"二句说我上上下下游遍了故乡的山山水水。清沈德潜在《古诗源》中评此二句曰："登顿沿洄，非老于游水者不知。"下面是对山水美景的具体描绘："岩峭岭稠叠，洲萦渚连绵。白云抱幽石，绿筱媚清涟。"意思是说悬岩陡峭、峻岭重叠，清溪环绕、洲渚连绵。"白云"二句是历来为人传诵的名句。句中塑造了鲜明可感的形象：悠悠的白云、高耸的岩石、翠绿的幼竹、清澈的涟漪，整个画面清淡雅致。在物与物之间用一个"抱"字、一个"媚"字，把这幅画点活了。它不仅形象地描绘了景物的动态，而且使自然景物拥有了人的情态。这种手法便是拟人化。分明是岩石高耸入云端，诗人却把它写成白云拥抱岩石。一个"抱"字把白云拟人化了，既写了岩石之高，又写出了白云缭绕以及白云与岩石的亲昵之态。本来是绿竹倒映水中，诗人却用一个"媚"字，把绿竹以清涟为镜、顾影自怜、孤芳自赏的自适之态活画出来了。

"葺宇临回江，筑观基曾巅"二句是写始宁墅外景：修楼于高山之巅，筑舍于曲江之滨。当时谢灵运是被排挤而离京城的，诗中既有对往日生活的追悔，又有对当时政治处境无可奈何的惆怅，为排遣心中郁闷，他才寄情于故乡山水。自然界的万物是那么和谐美好，这不禁又使诗人联想到自己的政治处境。在诗的结尾处诗人做出了三载期满即归隐东山的决定。

诗中叙事写景相结合，写景时情景交融，叙事部分首尾照应。（金朝霞）

【原文】

七里濑

羁心积秋晨[(1)]，晨积展游眺。孤客伤逝湍[(2)]，徒旅苦奔峭[(3)]。石浅水潺湲[(4)]，日落山照曜[(5)]。荒林纷沃若[(6)]，哀禽相叫啸。遭物悼迁斥[(7)]，存期得要妙[(8)]。既秉上皇心[(9)]，岂屑末代诮[(10)]！目睹严子濑[(11)]，想属任公钓[(12)]。谁谓古今殊[(13)]？异代可同调。[(14)]

【毛泽东圈评等情况】

在一本 1957 年文学古籍刊行社出版的清沈德潜选编《古诗源》卷十中，毛泽东在此诗题前画了三个圈，不少诗句旁画着重线、曲线。

［参考］张贻玖：《毛泽东评点、圈阅的中国古典诗词》，
中国工人出版社 1992 年版，第 55 页。

【注释】

（1）羁心，羁旅之心，离乡人的愁思。积，积聚。

（2）逝湍，急流不住的江水。湍，急流。《论语·子罕》："子在川上曰：'逝者如斯夫，不舍昼夜。'"本句隐用其意。

（3）徒旅，游客，诗人自指。苦，悲伤。奔峭，形容崖岸陡峭如崩落。诗人《入彭蠡口》诗"圻岸屡奔崩"与此同。

（4）潺湲（chán yuán），水流之状。

（5）日落，日光下射。照曜，同"照耀"，阳光闪耀之状。

（6）沃若，树叶润泽的样子。沃，柔，盛。《诗经·卫风·氓》："桑之未落，其叶沃若。"朱熹集传："沃若，润泽貌。"

（7）物，指荒林哀禽。迁斥，被贬谪、斥逐。

（8）存期，期望，想要。要妙，精微玄妙的道理，这里指老庄的哲理。

（9）秉，把持。上皇心，上古三皇的淳朴之心。

（10）岂屑，哪顾，不管。末代，动乱之世，指诗人所处的社会。诮，讥诮，责备。

（11）严子濑，即严陵濑，在七里濑东。是东汉严光（字子陵）隐居垂钓之处。

（12）想属（zhǔ），联想。任公，任国公子，指《庄子·外物》写任公子用大钓钩和大绳，用五十头牛作钓饵，钓到一条大鲸的故事。

（13）殊，不同。

（14）异代，不同时代。异，一本作"兴"。代，一本作"世"。同调，情调相同，志同道合。

【赏析】

永初三年（422）七月，谢灵运出任永嘉太守。在由都城建康赴永嘉途中，诗人游历了七里濑，并写下了这首诗。七里濑，又名七里滩，指浙江（今富春江）的一段急流，距离吴郡桐庐县城20里左右。那里两山夹峙，江流湍急，连亘七里。古代民谚有"有风七里，无风七十里"的说法，极言水流之急。诗人面对七里濑的急流峭岸、荒林哀禽，产生了羁旅之思。诗中借景抒情，表达了诗人遭贬斥后的愤懑之情。

"羁心积秋晨，晨积展游眺。"二句意思是说，秋晨更加重了自己的羁旅之思，于是想借远眺风景以舒展愁绪。这两句诗在感情上总领全篇，给全诗定了一个情感基调——愁。在古人眼里，秋天是萧瑟悲凉的，多有

"悲秋"之说。诗人是孤旅于秋晨，心情也就更加沉重。"积"字形象地描写了秋晨诗人愁思聚结之状。接下来写诗人为展愁思而游眺之所见。首先映入眼帘的是急流而去的江水以及崩落陡峭的江岸，这些使孤独的游子忆起了自己已逝的岁月与坎坷的经历，于孤独之上又添了一层新愁。"石浅"两句写潺潺的流水清澈见底，落日的余晖照耀着群山。"荒林纷沃若"句中的"纷沃若"，指落叶纷纷。"沃若"，在《诗·卫风·氓》中有："桑之未落，其叶沃若。"形容树叶润泽，而谢诗中常以"沃若"指代树叶。"荒林"，指人迹罕至的山林。以上四句诗中，用残阳夕照，荒林叶落，再加上禽之哀鸣，把景色点染得悲楚凄凉。诗人寓悲情愁绪于景物描写之中，做到了主客体交融。

"遭物"以下四句是抒发感慨。"遭物"，即看到客观景物，指上文中的流水、落日、荒林和哀禽。诗人由这些景物，联想到自己遭贬谪之不幸，不禁伤感。"存期"句用道家玄理，艰涩难解，其大意是：处尘世而善于保存自己的高洁品质，这就算领会了道的妙旨。"既秉"二句是说：自己既已具备了上古人的淳朴思想，哪管时人讥诮呢？"上皇心"，指上古三皇的淳朴之心。末代即后代，指诗人所生活的时代。

诗的最后四句，写诗人看到严陵濑，想到了古人的隐居躬耕。"严子濑"，即严陵濑，在七里濑东，因隐士严光曾垂钓于此而得名。"任公"，即任国公子。诗人由严光联想到任公子，向往他们的隐居垂钓生活。诗的末两句说：谁说我与严光、任公子有古今之别？我们虽处于不同时代，但有着相同的志趣。

这首诗融景、情、理为一体，诗人的情感渗透于字里行间。清王夫之说："情景名为二，而实不可离。神于诗者，妙合无垠。巧者则有情中景，景中情。"谢灵运可谓"巧者"，他诗中"石浅"四句所写景物与诗人遭贬斥后的哀伤的心情达到了高度一致，做到了景中情、情中景。（金朝霞）

【原文】

登池上楼

潜虬媚幽姿⁽¹⁾，飞鸿响远音⁽²⁾。薄霄愧云浮⁽³⁾，栖川怍渊沉⁽⁴⁾。进德智所拙⁽⁵⁾，退耕力不任⁽⁶⁾。徇禄反穷海⁽⁷⁾，卧疴对空林⁽⁸⁾。衾枕昧节候⁽⁹⁾，褰开暂窥临⁽¹⁰⁾。倾耳聆波澜⁽¹¹⁾，举目眺岖嵚⁽¹²⁾。初景革绪风⁽¹³⁾，新阳改故阴⁽¹⁴⁾。池塘生春草，园柳变鸣禽⁽¹⁵⁾。祁祁伤豳歌⁽¹⁶⁾，萋萋感楚吟⁽¹⁷⁾。索居易永久⁽¹⁸⁾，离群难处心。持操岂独古⁽¹⁹⁾，无闷徵在今⁽²⁰⁾。

【毛泽东圈评等情况】

毛泽东在一本 1957 年文学古籍刊行社出版的清沈德潜选编《古诗源》中，对这首诗几乎每句都画着曲线，句末加着圈。在"进德智所拙"二句下，连画两个圈后，在天头和行间批注："通篇矛盾。'进德智所拙，退耕力不任'，见矛盾所在。此人一生矛盾着。想做大官而不能，进德智所拙也。做林下封君，又不愿意。一辈子生活在这个矛盾之中。晚节造反，矛盾达到极点。'韩亡子房奋，秦帝鲁连耻。本是江海人，忠义感君子。'是造反的檄文。"

> ［参考］张贻玖：《毛泽东评点、圈阅的中国古典诗词》，
> 中国工人出版社 1992 年版，第 54 页。

据《毛泽东年谱》1949 年 5 月 5 日载：上午，派秘书田家英去颐和园到香山寓所叙谈。其间谈论了南北朝诗人谢灵运《登池上楼》、隋朝诗人薛道衡《昔昔盐》、宋朝诗人苏轼《题惠崇春江晓景》等诗篇，并论及其中"池塘生春草""空染落燕泥""竹外桃花三两枝，春江水暖鸭先知"等名句。中午，毛泽东宴请柳亚子，作陪的有朱德、江青、李讷、秘书田家英。毛泽东将上述诸诗句题写在柳亚子《羿楼纪念册》上，并作一题记："一九四九年五月五日柳先生惠临敝舍，曾相与论及上述诸语，因书以为纪念。"

> ［参考］《毛泽东年谱》（1893—1949）下卷，人民出版社、
> 中央文献出版社 1993 年版，第 496 页。

【注释】

（1）虬（qiú），有角的小龙。幽姿，幽雅的身姿。媚，美好。

（2）鸿，大雁。

（3）薄，与"泊"通，止。薄霄，凌云。云浮，飘浮云间。

（4）怍（zuò），惭愧。渊沉，沉潜水底。

（5）进德，提高道德修养。《易·乾·文言》："君子进德修业，欲及时也。"

（6）退耕，退位隐居耕田。《尸子》曰："为令尹而不喜，退耕而不忧，此孙叔敖之德也。"

（7）徇（xún）禄，追求俸禄，指做官。穷海，边远的海滨，指永嘉郡。

（8）疴（ē），病。空林，冬天树木落叶，故谓空林。

（9）衾，被子。昧，暗，不明白。节候，节令物候。

（10）褰（qiān），揭开，掀起。

（11）聆（líng），听。

（12）岖嵚（qīn），山势高峻之状。

（13）初景，初春的日光。革，改变。绪风，余风，指北风。《楚辞·涉江》："欸秋冬之绪风。"

（14）新阳，刚到来的春天。故阴，已经过去的冬季。《文选》李善注引《本草纲目》云："春夏为阳，秋冬为阴。"

（15）变鸣禽，鸣禽变换了种类。

（16）祁祁，众多的样子。豳（bīn）歌，豳人的诗歌。《诗经·豳风·七月》："春日迟迟，采蘩祁祁，女心伤悲，殆及公子同归。"

（17）萋萋，草木茂盛之状。楚吟，指汉淮南小山《招隐士》，其中有"王孙游兮不归，春草生兮萋萋"之句。

（18）索居，独居。《礼记·檀弓》："子夏曰：'吾离群索居，亦已久矣！'"离群，离开朋友。

（19）持操，保持节操。李善注引《庄子》："罔两问景曰：'曩子坐，今子起，何其无持操与！'"持，一本作"特"。

（20）无闷，没有忧闷。《易·乾卦》中有"龙德而隐者，不易乎世，不成乎名，遁世无闷"的话，是说隐士不求成名，一心遁世而没有任何忧闷。微，验证。

【赏析】

这首诗是谢灵运山水诗的力作，也是广为传诵的名篇。

诗题中的"池"，即后人所称的谢公池，俗名灵池，在永嘉郡治永宁（今浙江温州）西北。池上楼，是建于池上的楼阁。这首诗写于宋少帝景平元年（423）初春。诗中写出了诗人久病初起后登楼所见，流露了仕途失意的感伤情绪。

全诗分为三个段落。第一段写诗人进退两难的矛盾心理以及对谪迁海滨的不满。"潜虬媚幽姿，飞鸿响远音。"诗的开头用潜藏的虬象征隐居之士，用远走高飞的鸿象征仕宦得意的人。"媚"，有自我欣赏之意。无论是潜藏的虬，还是高飞的鸿都是那样自适、得意，这恰与谢灵运当时进退两难的矛盾心理形成对照。接着，用"薄霄愧""栖川怍"一联，将虬、鸿的自适与自己的"进德智所拙，退耕力不任"联系起来。诗人羁陷于尘网之中，欲进不得，欲退不能，最后还是"徇禄反穷海"，说明了他出任永嘉太守时的复杂心境。毛泽东同志在"进德"二句行间批注说："通篇矛盾。进德智所拙，退耕力不任，见矛盾所在。此人一辈子矛盾。想做大官而不能，进德智所拙也。做林下封君，又不愿意。一辈子生活在这个矛盾之中。晚节造反，矛盾达于极点。"毛泽东对谢灵运的政治作为并非持肯定态度。这一批注中明确指出谢的矛盾是"想做大官而不能"，做隐士又不甘心，这一评价远远超出了诗作本身，是对诗人的品德和政治态度的中肯剖析。但从毛泽东1949年5月5日与柳亚子的叙谈来看，他对此诗及其名句是很欣赏的。"卧疴对空林"一句写诗人病卧，由此使全诗转入第二段。

第二段写久病后登楼远眺，见窗外春意盎然。这是诗中最精彩的部分，集音响与画面、远景与近景于一体，有声有色。"倾耳聆波澜"写所闻之远音，"举目眺岖嵚"写所见之远景。"池塘生春草，园柳变鸣禽"写所见之近景与所闻之近音。中间的一"革"一"改"，交代了冬去春来的时令变化。"池塘"二句历来广为传诵，被称作是"芙蓉出水"。"芙蓉出水"给人以清新自然之感,这也正是"池塘生春草,园柳变鸣禽"的妙处之所在。楼外塘埂上春草初生,小园垂柳丛中禽鸟鸣声也已变换,这一切使在病榻上度过了一冬的诗人突然感到,原来外面已是一派春意了。春草是新生的,绿柳是新长的,鸣禽是新来的,这一切无不使人耳目一新。诗人借景物描写抒发内心感受。金元好问《论诗三十首》评此二句说:"池塘春草谢家春,万古千秋五字新。"十分公允。沈德潜反对穿凿附会:"池塘生春草,偶然佳句,何必深求。权德舆能为王泽竭,候将变,何句不可穿凿耶!"深得诗理。

接着诗人又用"祁祁"二句过渡,开始了全诗的第三段。繁生的春草撩动了诗人的思归之情,而离群独处、度日如年更加浓了诗人怀人思归之情。最后用"持操岂独古,无闷徵在今"作结语,在感伤之余,诗人自宽自慰:保持清高的节操不只是古人能做到,遁世无闷,这一点今天在自己身上也得到了明证。

全诗从叙事到写景,又由景写情,直到结尾处的自我宽慰,环环相扣,从而完成了全诗。(金朝霞)

【原文】

游南亭

时竟夕澄霁⁽¹⁾,云归日西驰⁽²⁾。密林含余清⁽³⁾,远峰隐半规⁽⁴⁾。久痗昏垫苦⁽⁵⁾,旅馆眺郊歧⁽⁶⁾。泽兰渐被径⁽⁷⁾,芙蓉始发池⁽⁸⁾。未厌青春好⁽⁹⁾,已睹朱明移⁽¹⁰⁾。戚戚感物叹⁽¹¹⁾,星星白发垂⁽¹²⁾。药饵情所止⁽¹³⁾,衰疾忽在斯。逝将候秋水⁽¹⁴⁾,息景偃旧崖⁽¹⁵⁾。我志谁与亮⁽¹⁶⁾?赏心惟良知⁽¹⁷⁾。

【毛泽东圈评等情况】

在一本1957年文学古籍刊行社出版的《古诗源》卷十中,毛泽东圈阅了这首诗。

[参考]张贻玖:《毛泽东评点、圈阅的中国古典诗词》,中国工人出版社1992年版,第224页。

【注释】

（1）时竟，四时中一时之终了。此指春尽。澄，清。霁（jì），雨止。

（2）云归，云散去。

（3）余清，指雨后从林中散发出的清新空气。

（4）半规，半圆，指落日。规，画圆之具。此指太阳的圆形。

（5）久痗（mèi），久病。昏垫苦，指为淫雨所苦。《书·益稷》："洪水滔天，浩浩怀山襄陵，下民昏垫。"伪孔传："言天下民昏瞀垫溺，皆困水灾。"昏垫，指被水灾困扰。

（6）郊歧，郊外的岔道。

（7）泽兰，泽边的兰草。被，覆盖。《楚辞·招魂》："皋兰被径兮斯路渐。"

（8）芙蓉，荷花。《楚辞·招魂》："芙蓉始发，杂芰荷些。"

（9）厌，满足。青春，《楚辞·大招》："青春受谢，白日昭只。"

（10）朱明，指夏天。《尔雅·释天》："夏为朱明。"《楚辞·招魂》："朱明承夜兮不见淹。"

（11）戚戚，忧愁之态。

（12）星星白发，头发花白。语本晋左思《白发赋》："星星白发，生于鬓垂。"

（13）药饵，即饵药，服药。饵，饮食。李善注："药饵既止，故有衰病。"

（14）逝，通"誓"，发誓。《诗经·魏风·硕鼠》："逝将去汝，适彼乐土。"

（15）息景，息止身影，指隐居。景，通"影"。偃，躺，卧。旧崖，故乡的山崖。

（16）志，指隐逸之志。谁与亮，即与谁亮，有谁相信。亮，信。

（17）赏心，心意快乐。良知，好友。

【赏析】

宋少帝景平元年（423）春至秋，谢灵运任永嘉太守，在郡不理政务，游山玩水，探奇访胜。这首诗写于景平元年夏，诗中写了诗人于初夏傍晚游南亭时的所见所感。南亭，在永嘉郡（今浙江温州）。据《太平寰宇记》云："南亭去（温）州一里。"

诗的开头四句写傍晚雨后的景色：云收雨住，红日西沉。密林中散发出清爽的空气，夕阳在远山之巅半隐半现。"时竟""日西驰"交代了时间。密林、远峰、落日是诗人用长镜头摄取的远景，而"含余清"几个字则又拉近了人与景物间的距离，使我们仿佛置身于雨后的茂林中，感受到了林木散发出的空气的清新。"久痗昏垫苦，旅馆眺郊歧"二句由景及人，写长期为疾病和淫雨所苦的诗人，登楼远眺郊外，只见"泽兰渐被径，芙蓉始发池"。"泽兰"，即泽边的兰草。这两句分别化用了《楚辞·招魂》中"皋兰被径兮斯路渐""芙蓉始发，杂芰荷些"句。"泽兰"二句既描写了景物又暗示了时间。兰草覆盖路面与荷花始发池塘，是通过花草的长势来写春夏季节的更替。"未厌青春好，已睹朱明移"二句由写景过渡到诗的后半部写情。"朱明"，指夏天。《尔雅·释天》："夏为朱明。""戚戚"以下四句写诗人有感于时序推迁，哀叹老之将至、衰疾在身，决心待秋水上涨便离职归隐。"星星"句化用左思《白发赋》"星星白发，生于鬓垂"句。诗的最后两句抒写了归隐之志无人表白的愁怨。

这首诗的结构仍是依照写景—抒情的程式。诗中的景物描写别具匠心，所选的景都与时序有关。诗中第一个镜头所选的画面上有红日，有白云，有远山，有绿木，这一切又是出现在雨后，因此也就显得分外清丽新鲜。然而，那却是一轮残阳映照下的暮景。"夕阳无限好，只是近黄昏"，不免让人产生一种没落感。第二个镜头选取的是郊外茂盛的兰草与初生的荷花，它们告诉人们的是春去夏至。那充满希望的春天在不知不觉中逝去，给人以光阴似箭之感。谢灵运政治上不得意，本想借赏景以排遣心中之郁闷，不料衰疾在身又遇淫雨绵绵，当雨住云收登高远眺时，看到的却是春去日暮。诗人感时惜生，不禁更加戚戚。日有朝夕，岁有四季。诗中第一个景选在一日之夕，第二个景选在春之将逝，如果说是诗人触景生情，还不如说是诗人怀情取景，景为情生。

谢诗常于景物描写之后加以玄学议论，而这首诗却写得清丽流畅，景与情一致，让人觉得亲切自然，全诗无生涩之感。

关于此诗的写法，清诗评家沈德潜在《古诗源》所载此诗末批注说："起先用写景，第六句点出眺郊岐，此倒插法也。少陵往往用之。"十分得当。（金朝霞）

【原文】

<h1 style="text-align:center">游赤石进帆海</h1>

首夏犹清和⁽¹⁾，芳草亦未歇。水宿淹晨暮⁽²⁾，阴霞屡兴没。周览倦瀛壖⁽³⁾，况乃陵穷发⁽⁴⁾。川后时安流⁽⁵⁾，天吴静不发⁽⁶⁾。扬帆采石华⁽⁷⁾，挂席拾海月⁽⁸⁾。溟涨无端倪⁽⁹⁾，虚舟有超越⁽¹⁰⁾。仲连轻齐组⁽¹¹⁾，子牟眷魏阙⁽¹²⁾。矜名道不足⁽¹³⁾，适己物可忽⁽¹⁴⁾。请附任公言⁽¹⁵⁾，终然谢先伐⁽¹⁶⁾。

【毛泽东圈评等情况】

在一本1957年文学古籍刊行社出版的清沈德潜选编《古诗源》卷十中，毛泽东圈阅了这首诗。

[参考] 张贻玖：《毛泽东评点、圈阅的中国古典诗词》，中国工人出版社1992年版，第224页。

【注释】

（1）首夏，初夏，指农历四月。清和，气候清爽和暖。汉张衡《归田赋》："仲春令月，时和气清。"

（2）水宿，住在船上。淹，久。

（3）周览，遍览。瀛（yíng），大海。壖（ruán），岸边。

（4）陵，越过。穷发，《庄子·逍遥游》："穷发之北有冥海者，天池也。"成玄英疏："地以草为毛发，北方寒沍之地，草木不生，故名穷发。"

（5）川后，即河伯，为司波之神。安流，使水平静无波。

（6）天吴，水伯。《山海经·海外东经》："朝阳之谷，神曰天吴，是水伯也。"

（7）石华，贝类。李善注引《临海志》："石华附石，肉可啖。"

（8）挂席，义同"扬帆"。海月，贝类。李善注引《临海水土物志》："海月，大如镜，白色，正圆，常死海边，其柱如搔头大。"

（9）溟涨，即溟海和涨海，皆海名（见《初学记》卷六引《十洲记》和《后汉书》）。此指帆海。无端倪（ní），无边无际。

（10）虚舟，轻舟。

（11）仲连，即鲁仲连，战国时齐人（见《史记》卷八三本传）。组，系印的绶带，这里指封官爵。

（12）子牟，魏国公子，名牟，封中山，称中山公子牟。魏阙，宫门上高出的楼观。《庄子·让王》："中山公子牟谓瞻子曰：'身在江海之上，心存魏阙之下，奈何。'"瞻子，一作詹子，魏国贤人。

（13）矜名，顾惜功名。道不足，在"道"的方面还达不到要求。道家认为道是"虚无"，是产生天地万物的根源。

（14）适己，使自己不受拘束。物，外物，指功名。忽，忽视，看轻。

（15）附，附和，同意。任公，即太公任，《庄子》寓言中的人物。传孔子及其弟子在蔡国被围困，他前去慰问，讲了一番"直木先伐，甘泉先竭""功成者堕，名成者亏"的道理，批评孔子追求功名利禄。

（16）谢，断绝。先伐，一作"夭伐"，过早被摧残，指不幸早死。《管子·禁藏》："毋代木，毋夭英。"

【赏析】

出任永嘉太守是谢灵运政治生活中的转折点，从此以后他寄情于山水，在永嘉过着名仕实隐的生活。这首诗是他在永嘉时游赤石、帆海所作。赤石，山名，在永嘉郡（今浙江温州）南。帆海，海名，其地在今温州南和瑞安北。

诗的前十二句写景兼叙事。起首两句诗写赤石的景色：时值初夏，但天气清爽宜人，芳草依旧繁茂。接下来写泛舟帆海："水宿淹晨暮，阴霞屡没兴。"二句叙写由赤石山进入帆海，空中的云霞忽聚忽散，伴着诗人的游船从早到晚。"周览倦瀛壖，况乃陵穷发"二句是说，自己遍览海岸就已经疲倦，何况古人还要越穷发、游冥海呢。"穷发"，指草木不生之地。《庄子·逍遥游》中有："穷发之北有冥海者，天池也。"这里诗人比况古人，暗示自己虽已疲倦，但游兴仍浓，要继续游渡帆海。"川后时安流，天吴静不发"二句是说海面上风平浪静，其中"川后"句糅合了曹植《洛神赋》"川后静波"和屈原《九歌·湘君》"使江水兮安流"的句意。"川后"，即河伯，为司波之神。"天吴"，指水伯。"扬帆"以下四句写诗人乘兴扬帆越海。

诗的最后六句是议论说理。"仲连"二句褒贬鲁仲连有功不受封和公子牟心存魏阙。"矜名"二句说明功名不可求。最后两句说只要照任公的话去做，避世隐居就可以免祸全身。

诗中景色是宜人的，诗人的心情是愉悦的。帆海茫茫，波澜不兴，诗人扬帆挂席，虚舟横流。"扬帆采石华，挂席拾海月"二句，既展现了一种"直挂云帆济沧海"的气势，又显示了诗人超然于功名之外、陶醉于山水美景之中、乐而忘忧的情怀。

这首诗景、情、理浑然一体。诗的前十二句融情于写景叙事之中，"扬帆""挂席"之间渗透了诗人的愉悦之情，而平静的海面又正是诗人恬淡心境的写照。"仲连"等六句属议论说理，但所说之理与诗人的思想感情是相通的。正因为诗人悟出了道家的"理"，才产生了超然物外、避世隐居的思想。（金朝霞）

【原文】

登江中孤屿

江南倦历览(1)，江北旷周旋(2)。怀新道转迥(3)，寻异景不延(4)。乱流趋正绝(5)，孤屿媚中川(6)。云日相辉映，空水共澄鲜(7)。表灵物莫赏(8)，蕴真谁为传(9)。想象昆山姿(10)，缅邈区中缘(11)。始信安期术(12)，得尽养生年(13)。

【毛泽东圈评等情况】

在一本 1957 年文学古籍刊行社出版的清沈德潜选编《古诗源》卷十中，毛泽东圈阅了这首诗。

[参考]张贻玖：《毛泽东评点、圈阅的中国古典诗词》，

中国工人出版社 1992 年版，第 224 页。

【注释】

（1）历览，遍览，逐一地看。汉司马相如《长门赋》：“贯历览其中操兮，意慷慨而自卬。”

（2）旷周旋，久不游览。周旋，盘桓。晋夏后湛《东方朔画赞》：“周旋祠宇，庭序荒芜。”旷，荒废。

（3）怀新，寻求新奇的风景。迥，远。

（4）景，日光，指时间。延，长。

（5）乱流、正绝，均指正面横渡。《书·禹贡》：“乱于河。”伪孔传：“绝流曰乱。”《诗经·大雅·公刘》：“涉渭为乱。”毛传：“正绝流曰乱。”

（6）媚，优美悦人。中川，江中央。

（7）空水，天空与江水。澄鲜，澄澈明净。鲜，明。

（8）表灵，灵气显露。物，众人。赏，赏玩，领略。

（9）蕴真，蕴藏的仙人。真，仙人。《说文》：“真，仙人变形也。”

（10）昆山姿，指神仙的姿容。昆山，即昆仑山，是古代传说中西王母的住处。

（11）缅邈（miǎo），久远。《文选·晋潘岳〈寡妇赋〉》：“遥逝兮逾远，缅邈兮长乖。”吕延济注：“缅邈，长远貌。”

（12）安期术，安期生的长生之术。安期，即安期生，传说中的神仙，因得长生不老之术而活了一千岁。

（13）得尽养生年，即得养生尽年。养生，摄养身心使人长寿。《庄子·养生主》：“可以尽年。”郭象注：“夫养生非求过分，盖全理尽年而已。”

【赏析】

这首诗作于南朝宋少帝景平元年（423）。江，指永嘉江，今名瓯江。孤屿，山名，在今浙江温州北面瓯江中，是温州名胜。诗中描写了登江中孤屿所见的秀媚景色，抒发了诗人的感慨。

全诗共分三层。第一层包括诗的前六句。"江南倦历览，江北旷周旋"意为江南面已游览殆尽，产生了厌倦之意，江北面倒是很久没去周游了。"怀新"与"寻异"互文见义，都指寻求新奇的风景。"迥"，远。"景"，日，指时间。这两句意为：想寻求新奇的风景，又觉路途遥远，时间短暂。清沈德潜在《古诗源》中评此二句道："怀新道转迥，谓含求新景，忘其道之远也。寻异景不延，谓往前探奇，当前妙景，不能少迁延也。深于寻幽者知之。十字字字耐人寻味。"可谓妙赏。可正当返棹寻异之时，"乱流趋正绝，孤屿媚中川"。"乱流"与"正绝"同义，均指正面横渡。游人迅速截流横渡时，忽见孤屿立于江中，妍美悦人。这一层语意回环，表面看来，诗人好似先游江南而后游江北，但实际上是早先已游遍江北，现在又游遍江南，并无新鲜感，因而又怀念起江北山水。寻觅之中，一座千娇百媚的孤屿出现在江中。作者先叙南、北，后写中间，更衬托了孤屿之美。沈德潜又评此二句说："乱流二句，谓截流而渡，忽得孤屿。余尝游金焦，诵此二句，愈觉其妙。"沈氏现身说法，说明此二句妙处，更增强了其艺术感染力。

第二层重点写孤屿娇美的景色。"云日相晖映，空水共澄鲜"。"空水"，天空与江水。"澄鲜"，指澄澈明净。浮云与白日交相辉映，长天与江水一样澄澈如洗。诗中没有直写孤屿本身之美，而是写人们登孤屿后的感受：长天、大江、浮云、白日，它们一色地纯净、澄明，此刻物我融而为一的空灵之感油然而生，一切人世间的凡俗之念都化为云烟。"表"，显现。"物"，众人。江屿之美是天地灵异之气的显现，其中的神韵须以慧心来感悟，众人不知欣赏，此中所包含的真谛，又有谁能传述呢？面对孤屿的神秘，多少人感到了迷惘。

最后四句为第三层，写享受自然美景后的感悟。"想象昆山姿，缅邈区中缘"。"昆山"，即昆仑山，传说为仙人西王母的住处。"缅邈"，久远，与"想象"互文。诗人由孤屿上美景的空灵联想到昆仑山的仙姿，又由仙境想到人间，深感人间因缘之渺小。"始信安期术，得尽养生年。""安期"，即安期生，传说中的仙人。看到孤屿的美景，诗人才相信安期生的长生之术，如果在此孤屿避世远祸，保养身体，一定可以终其天年。

全诗只有四句写景，然后借景生情。诗人决绝尘俗、养生尽年的选择，反映了他政治上失意之后逃避现实斗争的人生态度。（金朝霞）

【原文】

斋中读书

昔余游京华⁽¹⁾，未尝废丘壑⁽²⁾。矧乃归山川⁽³⁾，心迹双寂漠⁽⁴⁾。虚馆绝诤讼⁽⁵⁾，空庭来鸟雀⁽⁶⁾。卧疾丰暇豫⁽⁷⁾，翰墨时间作⁽⁸⁾。怀抱观古今⁽⁹⁾，寝食展戏谑⁽¹⁰⁾。既笑沮溺苦⁽¹¹⁾，又哂子云阁⁽¹²⁾。执戟亦以疲⁽¹³⁾，耕稼岂云乐。万事难并欢，达生幸可托⁽¹⁴⁾！

【毛泽东圈评等情况】

在一本1957年文学古籍刊行社出版的清沈德潜选编《古诗源》卷十中，毛泽东对本诗逐句圈点，在"怀抱观古今"两句旁，每字都加了密圈；"既笑沮溺苦……达生幸可托"每句末都画了三个圈。

[参考]张贻玖：《毛泽东评点、圈阅的中国古典诗词》，中国工人出版社1992年版，第54页。

【注释】

（1）京华，都城，指建康（今江苏南京）。

（2）丘壑，山陵和溪谷。此指隐逸。

（3）矧（shěn），况且，何况。归山川，完全回到山川之中。

（4）心迹，思想与行动。寂漠，同寂寞，清净，无俗事干扰。漠，一本作"寞"。

（5）虚馆，空馆，指衙门清闲。诤讼（zhèng sòng），打官司。

（6）空庭，与"虚馆"互文，均指衙门。《文选》注引《鹖子》："禹治天下，朝廷之间可以罗雀矣。"

（7）暇豫，空闲逸乐。《国语·晋二》："（优施）谓里克妻曰：'主孟啗我，我教兹暇豫事君。'"韦昭注："暇，闲也。豫，乐也。"

（8）翰墨，指诗文。间，间或。

（9）怀抱，怀抱书本。

（10）寝食，废寝忘食。展戏谑（xuè），书中展现出一些可笑的事情。戏谑，玩笑。

（11）沮溺，即长沮、桀溺，春秋时代隐士，在乡间种田。事见《论语·微子》。

（12）哂（shěn），讥笑。子云阁，指扬雄投阁的事。扬雄，字子云，西汉辞赋家，成帝时献赋，为郎；王莽篡汉后，受到株连跳天禄阁自杀，未遂。人们作歌谣讥讽他言行不一。

（13）执戟，秦汉时郎官值勤时执戟，故以执戟比喻官位不高。语本晋潘岳《夏常侍诔》"执戟疲杨（扬）"。

（14）达生，道家语，通达人生，超脱现实。《庄子》有《达生》篇，开头说："达生之情者，不务生之所无以为；达命之情者，不务知之所无奈何。"庄子的意思是，人生应听其自然，无所作为，不应作非分之想，去贪图荣禄富贵。这是一种消极避世思想。幸，希望。托，寄托。

【赏析】

此诗写于宋武帝永初三年（422）冬。斋，即书斋，在永嘉郡城（今浙江温州）。

"昔余游京华，未尝废丘壑"。"丘壑"，指隐居的山村乡野。这句是写诗人住在繁华的京城时，并没有忘掉隐居村野田园的情趣。"矧乃归山川，心迹双寂寞。"这句意为：况且如今被贬永嘉，正好落得清净自在，无身心之劳累。"虚馆绝诤讼，空庭来鸟雀。"诗人被贬永嘉后，称疾在身，不理政务，所以衙门清闲，无打官司的争吵声，却时有鸟雀飞来。"空庭"与"虚馆"互文。"卧疾丰暇豫，翰墨时间作"。"暇豫"，意为空闲逸乐。病卧在床反倒清闲安逸，有时还作点文章书画。"怀抱观古今，寝食展戏谑。既笑沮溺苦，又哂子云阁。""戏谑"，玩笑。"沮溺"，即长沮、桀溺，是春秋时的隐士，他们逃避现实，在乡间种田。"哂"，讥笑。"子云阁"，指扬雄投阁之事（扬雄受政事牵连，恐王莽要加害于己，在天禄阁校书时，跳阁自杀，未死）。作者潜心读书，从书中了解前人得失，以为今鉴，还从书中读到一些玩笑。他既讥笑沮溺二人归隐务农之清苦，又讥笑扬雄为官几乎亡身之不安。

"执戟亦以疲，耕稼岂云乐。""执戟"，常指不高的官位。"耕稼"，指务农。这一句承接上文，意思是：做小官多年已感到厌倦，回家务农也无乐趣可言。最后作者悟出了道理："万事难并欢，达生幸可托。""达生"，道家语，指通达人生，超脱现实。人世间的事很难事事如愿，只有听其自然，无所追求，以此寄托自己的一生。

这是一首咏怀诗，是作者被贬永嘉之后所作。政治上受排挤、不得志，使他在诗中流露出了无可奈何的情绪。"未尝废丘壑""虚馆绝诤讼""卧疾丰暇豫"这些都是诗人不得已而为之。欲上不能，欲下又不忍，诗人只有自喻、自解、自寻、自乐。用"万事难并欢"来慰藉自己，希望通过超脱现实来求得精神上的寄托。这首诗的格调是低沉的。尽管作者在寻乐，但字里行间萦绕着苦涩。

从毛泽东对本诗的圈点情况来看，他大概既欣赏其艺术性，又了解诗人的思想矛盾。（金朝霞）

【原文】

田南树园激流植援

樗隐俱在山[1]，由来事不同[2]。不同非一事，养疴亦园中[3]。中园屏氛杂[4]，清旷招远风[5]。卜室倚北阜[6]，启扉面南江[7]。激涧代汲井[8]，插槿当列墉[9]。群木既罗户，众山亦对窗。靡迤趋下田[10]，迢递瞰高峰[11]。寡欲不期劳[12]，即事罕人功[13]。唯开蒋生径[14]，永怀求羊踪。赏心不可忘，妙善冀能同[15]。

【毛泽东圈评等情况】

在一本1957年文学古籍刊行社出版的清沈德潜选编《古诗源》卷十中，毛泽东圈阅了这首诗。

[参考]张贻玖：《毛泽东评点、圈阅的中国古典诗词》，
中国工人出版社1992年版，第224页。

【注释】

（1）樵隐，打柴人和隐者。

（2）此句谓二者在山的原因各不相同。《文选》李善注引臧荣绪《晋书》云："胡孔明有言：'隐者在山，樵者亦在山；在山则同，所以在山则异。'"

（3）养疴，养病。疴，一本作"病"。

（4）中园，即园中。屏，排除。氛杂，尘世的污浊、嘈杂。

（5）清旷，清幽空阔。

（6）卜室，占卜择地建住宅。阜，土山。

（7）启扉（fēi），开门。江，指浦阳江（今曹娥江）。

（8）激涧，拦涧筑坝以提高水位。《说文》："激，水碍邪（斜）疾波也。……一曰半遮也。"清朱骏声《说文通训定声》："谓水碍而邪行，其波疾急。半遮即所谓碍也。"

（9）槿（jǐn），木槿。墉（yōng），垣墙。

（10）靡迤（yí），蜿蜒。趋，快步走。

（11）迢递，绵邈高远之状。瞰（kàn），从上往下看。

（12）寡欲，少欲望。语本《老子》第十九章"少私寡欲"。不期劳，不愿大兴土木。

（13）即事，就事。

（14）蒋生，即蒋诩。西汉人，字元卿，隐居杜陵。他在舍前竹木下开三条小路，只让故人羊仲、求仲来访。事见《汉书》卷十二《鲍宣传》。

（15）妙善，指道家在修养方面达到一种物我合一的超死生的境界，即主客观完全融而为一，忘记了尘世的生死、荣辱、贵贱。《庄子·寓言》：

"颜成子淤谓东郭子綦曰：'自吾闻子之言，一年而野，二年而从，三年而通，……八年而不知死，不知生，九年而大妙。'"西晋郭象注："妙，善也。善恶同，故无往而不冥。"

【赏析】

宋少帝景平元年（423）秋，谢灵运托病离开永嘉郡回到故乡。景平二年（424），他在家乡筑精舍，扩庄园，建新居。据《宋书》记载，谢灵运回乡后，"修营别业，傍山带江，尽幽居之美。与隐士王弘之、孔淳之等纵放为娱，有终焉之志。"这首诗作于景平二年。诗中记叙了向南扩展庄园一事。植援，指栽种树木当篱笆。援，卫，院，即篱笆。汉刘熙《释名·释宫室》："桓，援也。人所依阻以为援卫也。"

全诗可分为两层：前十六句为第一层，后四句为诗的第二层。

"樵隐俱在山，由来事不同。""樵隐"，指打柴人和隐士。虽然打柴人与隐士同在山里，但是二者在山里的原因和目的不同。接下来诗人说自己是为养病而返回家园。诗人在《游南亭》诗中就写道："逝将候秋水，息景偃归崖。"意思是决心等到秋水上涨便隐居故乡。政治上不得志使他早就产生了归隐的思想，幽栖养病不过是遁辞而已。"中园屏氛杂，清旷招远风。"园田里空旷清静，摒弃了尘世的嘈杂和污浊。这两句蕴含着清旷的田园与氛杂的官场的对比，"卜室倚北阜，启扉面南江"写自己的住宅坐北向南，依山傍水。"激涧代汲井，插槿当列墉。群木既罗户，众山亦对窗。"拦涧筑坝替代凿井汲水，插种木槿以之为篱。门前树木成荫，窗外群山以对。"卜室"以下六句使一组江水抱群山、树荫映木槿的田园风光呈现在读者眼前。"靡迤趋下田，迢递瞰高峰"二句是说从住宅出来，上行可登高山以鸟瞰，下行可沿曲径至低田。"寡欲不期劳，即事罕人功"意为修宅扩园并未大兴土木，一切设置都因陋就简。以上十六句诗写隐居故乡的诗人，辟园插篱，尽幽居之美，弃尘世之忧。

"唯开蒋生径，永怀求羊踪。""蒋生"，即蒋诩，西汉隐士。他曾在自己家门口竹林中开辟三条小路，只让故人求仲、羊仲来访。"求羊"，即求仲和羊仲二人。这二句意思是，自己要像蒋生那样弃绝俗人，只结交少数雅士。"赏心"二句说要结赏心之交，努力修身养性，希望达到物我一体的境界。诗的最后又回到道家的玄理上。

诗中的谢灵运像一只冲出牢笼的鸟，栖憩在依山环水的家园，开始了无拘无束的新生活。诗中的田园、山冈、江水、林木、花草都显得宁静、温和，恰似诗人当时的心境。然而谢灵运并未在他扩建的田园里终其一生。事实上他隐而又仕，不满、反抗，最后酿成悲剧。（金朝霞）

【原文】

石壁精舍还湖中作

昏旦变气候[1]，山水含清晖[2]。清晖能娱人[3]，游子憺忘归。出谷日尚早，入舟阳已微[4]。林壑敛暝色[5]，云霞收夕霏[6]。芰荷迭映蔚[7]，蒲稗相因依[8]。披拂趋南径[9]，愉悦偃东扉[10]。虑澹物自轻[11]，意惬理无违[12]。寄言摄生客[13]，试用此道推。[14]

【毛泽东圈评等情况】

在一本1957年文学古籍刊行社出版的清沈德潜选编《古诗源》卷十中，毛泽东圈阅了这首诗。

[参考] 张贻玖：《毛泽东评点、圈阅的中国古典诗词》，

中国工人出版社1992年版，第224页。

【注释】

（1）昏旦，黄昏和早晨。指一天。

（2）清晖，明净的光辉、光泽。

（3）娱人，使人欢乐。《楚辞·九歌·东君》："羌声色兮娱人，观者憺兮忘归。"憺（dàn），安适。

（4）阳已微，阳光已经微弱。

（5）敛，聚集。暝（míng）色，谓暮色苍茫。

（6）霏（fēi），李善注："云飞貌。"此指云气。

（7）芰（jì），菱。迭，交互。蔚，繁盛。

（8）蒲，菖蒲，一种水草。稗，稗草。相因依，互相依倚。

（9）披拂，用手分开掩路的杂草。

（10）偃，卧，休息。东扉，东室。扉，本指门，这里代指居室。

（11）虑澹，清思少愁。物，外物，指功名之类。

（12）意惬（qiè），心里满足。理，道，指道家提倡的道，即万物生生的总理。

（13）摄生，养生，保养身体。《老子》："盖闻善摄生者，陆行不遇兕虎，入军不被兵甲。"

（14）推，推求。《说文》："推，排也。为推排以求也。"

【赏析】

此诗作于宋少帝景平二年（424）夏。当时诗人辞去了永嘉太守职回到了故乡庄园。石壁，山名，在今浙江绍兴上虞区上浦一带。因其方正如楼，故名石壁。精舍，即招提精舍，指招待四方过往僧人的寺院。

这首诗是谢灵运山水诗的代表作之一。诗的前六句先叙说游石壁。其中前四句写石壁的水光山色之多变与娇美，令游子流连忘返。接着，诗人用"出谷日尚早，入舟阳已微"点明游子离山"还湖"。诗的中间六句集中写湖中所见晚景并交代游后的去向。诗人坐在小舟上，见远处的林壑渐渐隐没在苍茫暮色里，灿烂的晚霞渐渐消失在夜色中；近处，湖中菱与荷的绿叶重重叠叠，相互映衬，水边蒲草、稗草间杂生长，十分繁茂。"披拂"，指分开掩路的杂草，舍舟登岸。"扉"，原指门，这里指代居室。诗人回到家中，仍沉醉于湖光山色之中，欣然自得之余，悟出了人生之道："虑澹物自轻，意惬理无违。"一个人如果能清心寡欲，就自然会把外物看得很轻；心里舒坦，就不会违背至理常道。

谢灵运的山水诗以精美见长，这精美主要体现在写景选词上。《石壁精舍还湖中作》里泛舟湖上的景致描写："林壑敛暝色，云霞收夕霏。芰荷迭映蔚，蒲稗相因依。""林壑""暝色""云霞""夕霏"，这些都是自然现象，可诗人用了"敛""收"这样的动词，使普通的自然景物人化了。

诗人对自然景物的留恋之情也传达出来。读这几句诗，仿佛我们也置身于清晖、云霞、林壑之中，同时又为暮色"敛"去林壑、夕霏驱散云霞而深感遗憾。自然，是谢灵运山水诗的又一特色，鲍照称之为"初发芙蓉，自然可爱"。诗人要写山水的艳丽，但他不直写，而是用"游子憺忘归"这样的句子，通过写人的感受，来曲写山水的媚人，给人以清新恬淡之感。

这首诗在结构安排上，用了先总后分的方式。诗的开头四句总结诗人游玩一天的感受：清晖娱人，游子忘归。接着用"出谷"二句过渡到具体的景物描写，用"披拂"二句交代游毕归宅，最后归结到淡泊寡欲，以山水自适的道家思想，照应开头的"游子憺忘归"。全诗结构谨严，过渡自然。（金朝霞）

【原文】

登石门最高顶

晨策寻绝壁⁽¹⁾，夕息在山栖。疏峰抗高馆⁽²⁾，对岭临回溪⁽³⁾。长林罗户穴⁽⁴⁾，积石拥阶基⁽⁵⁾。连岩觉路塞，密竹使径迷。来人忘新术⁽⁶⁾，去子惑故蹊⁽⁷⁾。活活夕流驶⁽⁸⁾，噭噭夜猿啼⁽⁹⁾。沉冥岂别理⁽¹⁰⁾？守道自不携⁽¹¹⁾。心契九秋干⁽¹²⁾，目玩三春荑⁽¹³⁾。居常以待终⁽¹⁴⁾，处顺故安排⁽¹⁵⁾。惜无同怀客⁽¹⁶⁾，共登青云梯⁽¹⁷⁾。

【毛泽东圈评等情况】

在一本1957年文学古籍刊行社出版的清沈德潜选编《古诗源》卷十中，毛泽东圈阅了这首诗。

[参考] 张贻玖：《毛泽东评点、圈阅的中国古典诗词》，
中国工人出版社1992年版，第224页。

【注释】

（1）策，手杖，用如动词，拄着手杖。绝壁，陡峭的山崖。东晋郭璞《江赋》："绝壁万丈，壁立霞驳。"

（2）疏峰，远峰。抗，抗衡，比高。

（3）对岭，指溪涧两边的山壁，即石门。回溪，曲折的溪流。

（4）罗，列。户穴，门洞。穴，一本作“庭”。

（5）阶基，基础和台阶。

（6）新术，新路。

（7）去子，指离山的人。蹊（xī），山路。

（8）活活（guō），水流声。《诗经·卫风·硕人》：“河水洋洋，北流活活。”清马瑞辰《毛诗传笺通释》：“《传》，流也。当为流貌，形近之讹。《说文》：活，流声也。”

（9）嗷嗷（jiào），猿鸣声。

（10）沉冥，沉默无语。

（11）不携，不二。携，离。

（12）契，相合。干，指经得住霜雪侵凌的松柏。九秋，指秋天。秋季九十天，故称秋天为九秋。

（13）三春，春季有三个月，故称三春。荑（tí），初生的叶芽。

（14）“居常”句，西汉刘向《新序》：“荣启期曰：贫者士之常，死者人之终，居常待终何忧哉！”晋皇甫谧《高士传》亦有相似语。见陶渊明《五月旦作和戴主簿》注。诗人借荣启期的话，说明自己对贫富、死生的看法。

（15）处顺，人的行动要随顺天（自然）时。《庄子·人间世》有“安时而处顺，忧乐不能入也”的话。安排，安于推移。《庄子·大宗师》：“安排而去化，乃入于廖天一。”意谓听任推移，进入与大自然融而为一的寥廓境界。

（16）同怀客，抱负相同的人。

（17）青云梯，想象中架于青天白云间的梯子，喻指人乘云升天仙去之路。

【赏析】

石门，山名，在今浙江嵊州西北。谢灵运《游名山志》中说：“石门涧六处。石门溯水上，入两山口，两边石壁；右边石岩，下临涧水。”石门山风景优美，诗人描写石门山的诗还有《夜宿石门》《石门新营所住四面高山回溪石濑茂林修竹》。这首诗写登石门的所见所闻，慨叹无志同道合朋友共登抒怀。

这首诗写诗人登临石门最高顶时所见景色，先写景，后抒情。诗的开头用一"晨"一"夕"两句概括了登山的全过程，接着写诗人在山顶上的所见所闻所感。远处的山峰与诗人所处的高馆试比高低，两边的山壁下临涧水回溪；门庭前茂林罗列，台阶边乱石堆垒。"连岩觉路塞，密竹使径迷。来人忘新术，去子惑故蹊"四句是写人的主观感受，由于峰回路转、山高林密，使人觉得"路塞""径迷"，所以来往的游人难找新途，也会忘了旧路。诗人融主体感受于景物描写之中，又通过写主体感受来衬托景物，达到主体与客体的交融。与其说是人迷了路，倒不如说是景迷了人；人去赏景，结果人却被自然景物所"俘虏"。诗中对主客体的描写构成了一种"山重水复疑无路"的意境。"活活夕流驶，嗷嗷夜猿啼"两句中，诗人调动了听觉，使那幅笼罩在"塞"与"迷"的氛围中的画面具有了声响。诗人以动写静，以有声无声，通过写"活活"的流水声和"嗷嗷"的猿啼声来反衬石门山顶夜晚的幽静与深邃。

"沉冥岂别理，守道自不携"二句由写景转入抒发诗人内心感慨。诗人面对疏峰、高馆、对岭、回溪，表示要清静寡欲，守道不二，保持节操，安分守己，以终天年。"惜无同怀客，共登青云梯"二句慨叹没有志同道合的朋友与自己一同登高抒臆。

这首诗重在写景，同样是写景，诗中又有浓描与淡写之分。为了突出山顶的风光，诗人淡化了登山途中的景物，只用了"晨策寻绝壁，夕息在山栖"二句简单交代；写山顶景色时，诗人突破了视觉局限，充分调动其他感官。不仅写所见之疏峰、高馆、对岭、回溪，还写所闻之泉响、猿啼，所感之路塞、径迷，寓意于境中，反映了诗人对大自然的细致观察与深切体验。（金朝霞）

石门新营所住四面高山回溪石濑茂林修竹

跻险筑幽居⁽¹⁾，披云卧石门⁽²⁾。苔滑谁能步？葛弱岂可扪⁽³⁾？袅袅秋风过⁽⁴⁾，萋萋春草繁⁽⁵⁾。美人游不还⁽⁶⁾，佳期何由敦⁽⁷⁾？芳尘凝瑶席⁽⁸⁾，清醑满金樽⁽⁹⁾。洞庭空波澜⁽¹⁰⁾，桂枝徒攀翻⁽¹¹⁾。结念属霄汉⁽¹²⁾，孤景莫与谖⁽¹³⁾。俯濯石下潭⁽¹⁴⁾，仰看条上猿。早闻夕飙急⁽¹⁵⁾，晚见朝日暾⁽¹⁶⁾。崖倾光难留，林深响易奔。感往虑有复⁽¹⁷⁾，理来情无存⁽¹⁸⁾。庶持乘日车⁽¹⁹⁾，得以慰营魂⁽²⁰⁾。匪为众人说⁽²¹⁾，冀与智者论⁽²²⁾。

【毛泽东圈评等情况】

在一本 1957 年文学古籍刊行社出版的清沈德潜选编《古诗源》卷十中，毛泽东圈阅了这首诗。

[参考] 张贻玖：《毛泽东评点、圈阅的中国古典诗词》，中国工人出版社 1992 年版，第 224 页。

【注释】

（1）跻（jī）险，攀登险峻的高山。筑，《汉魏六朝百三名家集》作"策"。幽居，幽静的居处。

（2）披云，拨开云雾。

（3）扪（mén），执持。葛弱，葛藤嫩弱。

（4）袅袅（niǎo），风力不强之状。《九歌·湘夫人》："袅袅兮秋风。"

（5）萋萋（qī），草木茂盛之状。汉淮南小山《招隐士》："王孙游兮不归，春草生兮萋萋。"繁，盛。

（6）美人，指朋友。

（7）敦（tuán），团聚。

（8）芳尘，香尘。瑶席，玉石镇压的坐席。

（9）清醑（xǔ），美酒。金樽，名贵的酒器。

（10）洞庭波，用《九歌·湘夫人》"洞庭波兮木叶下"句意，非实指洞庭之波。

（11）攀翻，攀玩翻弄。汉淮南小山《招隐士》："攀援桂枝兮聊淹留。"

（12）结念，思念不止。属（zhǔ），连接。霄汉，云天。

（13）孤景，即孤影。景，同"影"。谖，忘，忘忧。《文选》李善注："孤影独处，莫与忘忧。"

（14）濯（zhuó），洗。

（15）夕飙，晚间的狂风。

（16）暾（tūn），太阳初升之状。

（17）"感往"句，意为有感于以往违心做官的事，不免担心这种念头再次复萌。

（18）"理来"句，意为妙理一来，一切私心杂念便不存在了。

（19）庶，庶几，差不多。持，抱守。乘日车，日出而游，日入而息之意。《庄子·徐无鬼》有"若乘日之车，而游于襄城之野"句。

（20）营魂，心灵，灵魂，精神。晋陆机《文赋》："揽营魂以探赜，顿精于自求。"

（21）匪，通"非"，不是。

（22）冀，希望。智者，有智谋或有智慧的人。《韩非子·主道》："明君之道，使智者尽其虑。"

【赏析】

这首诗大约作于宋文帝元嘉七年（430）春，是诗人吟咏石门新建住所之作。石门，山名，在今浙江嵊州西北。清代王士禛认为石门即江西庐山上的石门，那里群山环抱，清溪回绕，茂林修竹，恐不确切。这首诗写景兼怀人，情调低沉。

全诗分四层来写。前四句写石门山之险峻：幽居攀山而筑，偃卧在石门山上浑身披上缕缕白云。这里苔深路滑，举步艰难，葛藤嫩弱又难以执持。这四句写石门山险峻，衬托了跻山而筑的幽居之险。"袅袅秋风过"以下十句为第二层，写友人远游在外，良辰美景无人共度，因而深感孤独。

秋去春来，诗人一直翘盼着友人归来（《楚辞·招隐士》有"王孙游兮不归，春草生兮萋萋"句，为思人盼归之辞）。好友远游不归，相会之期无望。"芳尘凝瑶席，清醑满金樽"，为好友准备的瑶席上都积满了尘埃，为好友准备了美酒满樽，但无人品尝。接着，诗人用一"空"一"徒"使洞庭与桂枝人化，它们也为游人不归而怅然若失。《楚辞·招隐士》中有"攀援桂枝兮聊淹留"。谢诗中仅"桂枝"一词而意义相反。"结念属霄汉，孤景莫与谖。"景，影。"谖"，忘，忘忧。这两句写对友人思念之深，思念之情连霄汉（云天），"孤影独处，莫与忘忧"。

　　第三层包括"俯濯石下潭"以下六句，写好友不再归时，诗人寄情于山水。诗人无论仰俯，皆能饱览自然美景。这里山高林密，使诗人产生了以晨风为夕飙、以夕阳为朝日的错觉。耸立的山崖挡住了太阳的光线，阵阵林涛在深谷幽林间回荡。以上四句，即便是身临其境，也只有妙手偶得。诗人把幽居周围的景观写得出神入化，可见其感受大自然的功力。

　　诗的最后六句为第四层，谈玄妙哲理，并认为这种哲理只有与聪明的知己才能谈论。

　　这首诗摄取的是一幅奇景：石门幽居。先写石门山之险；后又变换视角、调动其他感官，由低及高，俯仰结合，由早写到晚。不仅写所见所闻，还写了特写环境下诗人之所感，怀人之情与石门奇景自然交融，意境悠远。林幽山深更显人之孤独，景观优美更使人怀念远游的好友。山水能寄情，但不能让诗人忘忧。诗的最后六句谈玄论理，晦涩难懂，是这首诗美中之不足。（金朝霞）

【原文】

于南山往北山经湖中瞻眺

　　朝旦发阳崖⁽¹⁾，景落憩阴峰⁽²⁾。舍舟眺迥渚⁽³⁾，停策倚茂松⁽⁴⁾。侧径既窈窕⁽⁵⁾，环洲亦玲珑⁽⁶⁾。俯视乔木杪⁽⁷⁾，仰聆大壑灇⁽⁸⁾。石横水分流，林密蹊绝踪⁽⁹⁾。解作竟何感⁽¹⁰⁾？升长皆丰容。初篁苞绿箨⁽¹¹⁾，新蒲含紫茸⁽¹²⁾。海鸥戏春岸，天鸡弄和风⁽¹³⁾。抚化心无厌⁽¹⁴⁾，览物

南北朝诗

眷弥重⁽¹⁵⁾。不惜去人远⁽¹⁶⁾，但恨莫与同⁽¹⁷⁾。孤游非情叹⁽¹⁸⁾，赏废理谁通⁽¹⁹⁾？

【毛泽东圈评等情况】

在一本 1957 年文学古籍刊行社出版的清沈德潜选编《古诗源》卷十中，毛泽东圈阅了这首诗。

[参考] 张贻玖：《毛泽东评点、圈阅的中国古典诗词》，
中国工人出版社 1992 年版，第 224 页。

【注释】

（1）朝（zhāo）旦，早晨。阳崖，向阳的山崖。山之南为阳，故称。这里指南山。

（2）景落，日落。阴峰，背阳的山峰。山之北为阴，故称。这里指北山。憩（qì），休息。

（3）舍舟，离船上岸。迥渚，远处的小洲。眺，远望。

（4）停策，停杖，指止步。策，手杖。

（5）窈窕，山路细长曲折之状。

（6）环洲，圆形的小洲。玲珑，在水天一色中呈现出的空明澄澈的状态。

（7）乔木，枝干高大的树木。杪（miǎo），树梢。

（8）聆，听。大壑，大而深的沟谷，此指巫湖。漴（zhōng），同“潨”，小水汇入大水。

（9）蹊（xī），山路。

（10）解（xiè）作，指雷雨大作。《易·解》：“天地解而雷雨作，雷雨作而百果草木皆甲坼。”感，感应。

（11）初篁，初生之竹。苞，包裹住。箨（tuò），竹笋的外壳。

（12）蒲，水草名。紫茸，细毛茸茸的蒲花。

（13）天鸡，指野鸡或锦鸡。

（14）抚化，指万物皆化的观点。化是道家术语，指万物不受任何主

宰者支配，自己发生、变化、循环、往复。因此，是非、荣辱、生死都是相对的，并无差别。厌，满足。

（15）览物，观览景物。眷弥重，眷恋故乡山水的感情更加深厚。

（16）去人，过去的人，指古人。

（17）但，只。恨，遗憾。

（18）孤游，独游。

（19）赏废，赏心废止。

【赏析】

　　这篇写景咏物诗作于元嘉二年（425）春，描绘了诗人从南山新居经巫湖返回东山故居时所见的春景。南山，指今浙江嵊州西北的崿山、石门山一带，当时那里有谢灵运的新居。北山，指今浙江绍兴上虞区南的东山一带，当时那里有诗人的故宅及别墅。湖，指大小巫湖。

　　"朝旦发阳崖，景落憩阴峰。"起首二句交代了从南山往北山需一天游程，其间景色如何，诗人略去了。转而详写舍舟登岸所见之景：诗人倚松远眺，远处的道路显得曲折细长，环绕的洲渚在余晖照射下晶亮透明。接下来诗人变换视角，同时调动听觉，俯视大树之树梢，仰听深谷之回音。"俯视"句说明诗人当时是在阴峰的顶端瞻眺。"石横水分流，林密蹊绝踪"二句承接上文。"林密"句写出了一种错觉：林茂树密，原来"窈窕（yǎo tiǎo）"的侧径几乎中断了。此句与"连岩觉路塞，密竹使径迷"（《登石门最高顶》）的意境相似。

　　"解作"二句是根据《周易》"天地解而雷雨作，雷雨作而百果草木皆甲坼"仿改而来，意思是：春天，几场雷雨过去后，草木更加丰容茂盛。"初篁苞绿箨，新蒲含紫茸。海鸥戏春岸，天鸡弄和风"四句精雕细刻出了一幅春意盎然的山水画：新竹长出嫩绿的苞芽，初生的蒲草尚未脱去紫色的茸毛，沙鸥在春水江岸嬉戏，锦鸡在和暖的春风中鸣啭，这些自然景物在诗人笔下活灵活现，美妙自然。

　　"抚化心无厌，览物眷弥重。"二句意思是说，只有与万物同化才能不为外物所惑以致贪欲无厌。但面对这自然美景，对故乡山水的眷恋之情

南北朝诗

更深。这里诗人又由景物描写转到了玄言哲理叙说上。"不惜"以下四句意思说，我并不因离古代高洁之士太远而惋惜，只为无志同道合的朋友与我同游而深感遗憾。一人独游，内心不是滋味，但赏心已废，此情此理又有谁能理解呢？赏，赏心，以心相赏，特指好友能在一起倾诉衷肠。

这首诗主要写诗人于北山上瞻眺的山水景物。有远眺，有近观，所描绘的画面层次感强，形象鲜明，有声有色。无论是远处蜿蜒的蹊径、玲珑的洲渚、茂密的树木，还是近处嫩绿的初篁、淙淙的流水、自在的鸟群都清丽自然、耐人玩味。（金朝霞）

【原文】

<h1 style="text-align:center">从斤竹涧越岭溪行</h1>

猿鸣诚知曙[1]，谷幽光未显。岩下云方合，花上露犹泫[2]。逶迤傍隈隩[3]，迢递陟陉岘[4]。过涧既厉急[5]，登栈亦陵缅[6]。川渚屡径复[7]，乘流玩回转。苹萍泛沉深[8]，菰蒲冒清浅[9]。企石挹飞泉[10]，攀林摘叶卷[11]。想见山阿人[12]，薜萝若在眼。握兰勤徒结[13]，折麻心莫展[14]。情用赏为美[15]，事昧竟谁辨[16]。观此遗物虑[17]，一悟得所遣[18]。

【毛泽东圈评等情况】

在一本 1957 年文学古籍刊行社出版的清沈德潜选编《古诗源》卷十中，毛泽东圈阅了这首诗。

[参考]张贻玖：《毛泽东评点、圈阅的中国古典诗词》，
中国工人出版社 1992 年版，第 224 页。

【注释】

（1）"猿鸣"句，《文选》李善注引元康《地记》云："猱与狖猴，不共山宿，临旦相呼。"《说文》："曙，旦，明也。"

（2）泫（xuàn），水珠欲滴之状。

（3）逶迤，道路弯曲漫长之状。隈隩（wēi yù），曲折幽深的山坳河岸。《文选》李善注："《说文》曰：'隈，山曲也。'《尔雅》曰：'隩，隈也。'"

（4）迢递，遥远的样子。陟，登高。陉岘（xíng xiàn），山脉中断处叫陉，不太高的山岭叫岘。《文选》李善注："《尔雅》曰：'山绝曰陉。'郭璞曰：'连山中断曰陉。'《声类》曰：'岘，山岭不高也。'"

（5）厉急，涉过急流。《诗经·邶风·匏有苦叶》："深则厉，浅则揭。"毛传："以衣涉水为厉，谓由带以上也。"

（6）栈，栈道。在陡峭的山路上架木板为桥，就是栈道。陵，升。缅，遥远。

（7）川渚，指河水。泾复，直的叫泾，曲的叫复。泾，通"径"。

（8）蘋（pín），一种水草。萍，浮萍。沉深，指水深。沉，一本作"沈"。

（9）菰（gū），即茭白。蒲，菖蒲。冒清浅，覆盖清浅的水面。

（10）企石，踮着脚跟站在石头上。挹（yì），用双手捧取。

（11）叶卷，即卷叶，初生尚未展开的嫩叶。

（12）薜萝，薜荔和女萝。二句出于屈原《九歌·山鬼》："若有人兮山之阿，被薜荔兮带女萝。"山阿人，即山鬼。薜荔、女萝，皆为蔓藤植物。

（13）握兰，摘取满把兰草。

（14）折麻，摘取疏麻的花。麻，疏麻，一种香草。

（15）用，以。赏，赏心。

（16）事昧，事理不明。

（17）观此，观赏山水。遗物虑，将尘世的俗虑一概抛却。

（18）悟，指"道"方面的领悟。遣，排遣。

【赏析】

谢灵运于宋少帝景平元年（423）秋托病离永嘉郡回故乡。这首诗是他于宋文帝元嘉二年（425）夏游故乡斤竹岭时所作。斤竹，溪涧名，也是山名。谢灵运《游名山志》中说："神子溪南山与七里山分流，去斤竹涧数里。"这首诗前十四句叙述了诗人越岭、溪行的经过，描绘了夏日清晨的自然景色。诗的后八句写诗人怀念好友，并以道家思想自慰，表达了寄情山水、排忧解闷的愿望。

　　"猿鸣诚知曙，谷幽光未显。"起首二句将读者带入幽深的山谷里。声声猿啼告诉人们，的确是天亮了，但由于山高谷深，谷间仍然难见阳光。下面两句写谷间景色："岩下云方合，花上露犹泫。"诗人抬头望去，只见高耸的岩石下面云雾缭绕，俯视身边，只见茂盛的花草上露珠垂挂。仅10个字就描绘出了云雾朦胧、花草泽美的深谷晨景。一个"泫"字，画出了垂挂在花朵上的露珠摇曳欲坠的娇态，真切生动。"逶迤傍隈隩，迢递陟陉岘。过涧既厉急，登栈亦陵缅"，四句写诗人越岭过涧的行踪：沿着曲折的小径，登上遥远的山路，渡过湍急涧水，再越过漫长的栈道。"川渚"等六句写诗人翻山越岭之后来到溪水旁。清溪绕着小洲迂回曲折，游人沿着溪流一路尽情玩赏。只见深水处蘋萍飘浮，浅水上菰蒲荡漾。游罢山又玩水，诗人沉迷于自然美景之中，时而登石去捧取飞泻的山泉，时而又攀林去采摘嫩绿的叶芽。

　　以上诗中叙事与写景有机结合，通过不同的视角，运用移步换景的手法使幽谷晨景与溪边秀色尽收眼底。晨光中，云雾未启，花草含露，游兴正浓的诗人穿越于谷岭溪间，投入了大自然的怀抱，人世间的一切烦恼忧伤都不复存在。"企石挹飞泉，攀林摘叶卷"二句让愉悦之情流露于举手投足之间。

　　以下诗由怀人转入说理。"想见山阿人，薜萝若在眼"二句化用屈原《九歌·山鬼》："若有人兮山之阿，披薜荔兮带女萝"句意。意思是，仿佛看见在山的拐弯处有好友（新逝的庐陵王）穿着薜荔衣，系着女萝带的身影。"握兰勤徒结"化用屈原《离骚》"结幽兰而延伫"句意。"握兰""折麻"二句是说好友已逝，自己手握采摘来的兰草和蔬麻却无从投赠，所以忧思郁结，心愁莫展。最后又上升到玄理，说观赏自然风景就会抛弃尘世的俗虑，彻底悟"道"就能排遣一切是非烦恼，达到物我一体。

　　全诗的结构线索是叙事、写景、怀人、说理。说理虽然玄妙生涩，但所说之理与诗人在诗中流露的思想情感是一致的。（金朝霞）

【原文】

初去郡

　　彭薛裁知耻⁽¹⁾，贡公未遗荣⁽²⁾。或可优贪竞⁽³⁾，岂足称达生⁽⁴⁾。伊予秉微尚⁽⁵⁾，拙讷谢浮名⁽⁶⁾。庐园当栖岩⁽⁷⁾，卑位代躬耕⁽⁸⁾。顾己虽自许，心迹犹未并⁽⁹⁾。无庸方周任⁽¹⁰⁾，有疾像长卿⁽¹¹⁾。毕娶类尚子⁽¹²⁾，薄游似邴生⁽¹³⁾。恭承古人意，促装返柴荆⁽¹⁴⁾。牵丝及元兴⁽¹⁵⁾，解龟在景平⁽¹⁶⁾。负心二十载⁽¹⁷⁾，于今废将迎⁽¹⁸⁾。理棹遄还期⁽¹⁹⁾，遵渚鹜修坰⁽²⁰⁾。溯溪终水涉⁽²¹⁾，登岭始山行。野旷沙岸净，天高秋月明。憩石挹飞泉⁽²²⁾，攀林搴落英⁽²³⁾。战胜臞者肥⁽²⁴⁾，监止流归停⁽²⁵⁾。即是羲唐化⁽²⁶⁾，获我击壤情⁽²⁷⁾。

【毛泽东圈评等情况】

　　在一本 1957 年文学古籍刊行社出版的清沈德潜选编《古诗源》卷十中，毛泽东圈阅了这首诗。

　　　　　[参考] 张贻玖：《毛泽东评点、圈阅的中国古典诗词》，
　　　　　　　　　　中国工人出版社 1992 年版，第 224 页。

【注释】

　　（1）彭薛，彭宣和薛广德。二人分别是研究《周易》和《诗经》的学者，分别官至大司空和御史大夫，晚年辞官归里（见《汉书》本传）。裁，通"才"。

　　（2）贡公，贡禹，西汉琅琊（今山东诸城）人，字少翁。元帝时任谏议大夫、光禄大史，年八十上书辞官，不许。月余后，陈万年卒，禹代为御史大夫，列于公。"未遗荣"即指此。按三国魏钟会有《遗荣赋》。遗，弃。

　　（3）优贪竞，比追名逐利之人好点。

　　（4）达生，是道家对于生命的认识论。此指通达之人，即超脱凡俗、不慕荣利之人。

　　（5）伊，通"惟"。秉，执持。微尚，栖隐的志趣。

　　（6）拙讷，才性拙笨，不善于官场应付。浮名，空名，指功名。

（7）栖岩，栖身的山洞。谢灵运把隐居分为岩栖、山居、丘园和城傍四种，而岩栖是其中最高级的（见谢灵运《山居赋》）。三国魏嵇康《与山巨源绝交书》："故尧舜之君世，许由之岩栖，……其揆一也。"

（8）卑，低微的禄位，指康乐侯。

（9）心迹，心，心愿，指栖隐；迹，事迹，指做官。并，合，统一。

（10）无庸，无须。方，比。周任，周大夫。《论语·季氏》："子曰：'周任有言曰：'陈力就列，不能者止。'"

（11）长卿，西汉文学家司马相如，字长卿，有消渴疾，长期在家养病。《汉书·司马相如列传》："（相如）常有消渴病。与卓氏婚，饶于财。故其仕宦，未尝肯与公卿国家之事，常称疾闲居，不慕官爵。"

（12）尚子，即尚长。长，字子平，东汉朝歌（今河南淇县）人。不仕于王莽。办完儿女婚事后，便不管家务。后与同好禽庆游五岳名山，不知所终。

（13）薄游，做俸禄薄的官。游，游宦，指在外做官。邴生，即邴曼容，西汉琅琊（今山东诸城）人，邴汉的侄子。他老做六百石以下的小官，知足长乐，名气比邴汉还大。

（14）促装，收拾行李。柴荆，以柴荆为门墙的村舍。

（15）牵丝，牵执印绶，指初仕。元兴，东晋安帝年号（402—404）。

（16）解龟，解印，指辞去永嘉太守。龟是官印上用以穿丝绦的龟形纽眼。景平，宋少帝刘义符年号（423—424）。

（17）负心，违背心愿做官。二十载，这是个成数，谢灵运从义熙元年开始做官到景平元年秋离职，约十八年多。

（18）将迎，送迎。此指官场应酬。

（19）理棹（zhào），备船。棹，船桨。遄（chuán），迅速。

（20）遵渚，沿着江河小洲。骛（wù），急驶。修坰（jiōng），绵长的原野。《尔雅·释地》："邑之外谓之郊……野外谓之林，林外谓之坰。"

（21）溯（sù），逆流而上。

（22）憩（qì）石，坐在石头上休息。挹（yì），舀，用手捧取。

（23）搴（qiān），摘取，拾取。落英，落花。

（24）战胜，指隐的思想战胜仕的思想。《韩非子·喻老》："子夏见曾子，曾子曰：'何肥也？'对曰：'战胜，故肥也。'曾子曰："何谓也？"子夏曰：'吾入见先王之义则荣之，出见富贵之乐又荣之。两者战于胸中，未知胜负，故臞。今先王之义胜，故肥，"臞（qú），瘦。

（25）监止，"监"，当作"鉴"，用静止的水当镜子照面。流归停，流水回到静止状态。《庄子·德充符》："人莫鉴于流水而鉴止于水，唯止能止众止。"《文子》："莫监于流潦而监于止水，以其保心而不外荡也。"

（26）羲唐，即伏羲氏和唐尧，二人都是传说中的上古帝王。化，教化。

（27）击壤是古代的一种游戏。相传唐尧之世，天下太平，百姓无事，有八十老人击壤于道，唱曰："日出而作，日入而息，凿井而饮，耕田而食，帝力于我何有哉！"击壤情即怀念上古社会的淳朴生活，不受帝力束缚的感情。

【赏析】

谢灵运的一生是非常矛盾的。他21岁步入仕途，从宋少帝景平元年秋到宋文帝元嘉八年（423—431），先后两次回故乡始宁过隐居生活，一生中隐而仕，仕而复隐。这首诗作于景平元年秋；当时谢灵运任永嘉郡太守只一年，便称病提前离职回家。诗中总结过去，举古人以自勉，决心告别官场，挂冠归隐。诗的后半部分叙写了旅途经历，流露出诗人冲破尘网返回自然时的欣喜之情。

这首诗重说理，而且多用典，诗的笔调较为凝重。开头四句评价彭、薛、贡等历史人物，认为他们虽不是嗜禄成癖，但也不能称之为达生。"伊予秉微尚"六句是诗人对自己的评价：自己误落尘网，早有幽栖思想，但又言行不一，以至于混迹官场近二十年。"无庸"十句举周任等人以自勉，决定告别过去，秉尚归隐。"理棹"八句写归途经历。"战胜"四句说隐逸的思想战胜了做官的思想，从此以后将过着清静淡泊、自由自在的生活。"野旷沙岸净，天高秋月明"二句可谓神工巧铸、清丽自然，是这首诗中的传世佳句。

首先，"野旷"两句形象鲜明。原野空旷无垠、沙岸分外明净，天高气爽、秋月明朗。"野旷"句从平面入笔，写原野广袤无际，给人以辽远开阔之感；"天高"句从立体描绘，用秋月点染旷野与夜空。明月将清晖洒满大地，沙岸在月光映照下明净可感。此时此刻，"净"的不只是沙岸，那天空、原野以及原野上的万物无不沐浴在秋月的清晖中，显得皎洁明净，天地之间一片白光泛泛的朦胧气氛。这里诗人描绘出了一幅月光笼罩下的秋夜图，明月是这幅图画中的主体。

其次，"野旷"二句意境高远。历代文学作品中常描写月夜思怀，人们也常因月圆人缺而伤感。许多作品中把月光写得凄凉、清冷，这首诗却把月光写得明净柔美，这与作者当时的心绪有关。诗人告别了浮沉宦海，抛弃了尘世杂念，心中淡泊清静，一个"净"字既写出了诗人归途所见之景，又是诗人当时心境的写照，景中含情，仿佛明月有意伴归人。

"憩石挹飞泉，攀林搴落英"二句进一步描写了诗人"久在樊笼里，复得返自然"时的欣喜之情，也是极好的句子。（杨永龙）

【原文】

夜宿石门

朝搴苑中兰⁽¹⁾，畏彼霜下歇⁽²⁾。暝还云际宿⁽³⁾，弄此石上月。鸟鸣识夜栖，木落知风发⁽⁴⁾。异音同致听⁽⁵⁾，殊响俱清越⁽⁶⁾。妙物莫为赏⁽⁷⁾，芳醑谁与伐⁽⁸⁾？美人竟不来⁽⁹⁾，阳阿徒晞发⁽¹⁰⁾。

【毛泽东圈评等情况】

毛泽东读明张溥编《汉魏六朝百三家集》中《谢灵运集》时曾圈阅此诗。

[参考] 张贻玖：《毛泽东评点、圈阅的中国古典诗词》，
中国工人出版社 1992 年版，第 54 页。

【注释】

（1）搴（qiān），拔取，摘取。苑，苑圃，花园。兰，香草名，即泽兰。屈原《离骚》："扈江离与辟芷兮，纫秋兰以为佩。"王逸注："兰，

兰草也，秋而芳。"

（2）彼，泛指花草。歇，尽。

（3）暝（míng），夜，黄昏。云际，云间，指石门别墅。《楚辞·九歌·少司命》："夕宿兮帝郊，君谁须兮云之际。"

（4）木落，树叶飘落。

（5）音，一本作"首"。致，一本作"至"。致听，听得到。

（6）清越，声音清亮悠扬。

（7）"妙物"二句，一本无。妙物，指眼前的美妙景色。莫为赏，没有人与我一同欣赏。

（8）芳醑（xǔ），芳香的醇酒。谁与，即与谁。伐，赞美。

（9）美人，指好友。

（10）阳阿，即阳之阿，古代神话中山名，太阳出来所升的第一个山丘。晞（xī）发，晒干初沐的头发。屈原《九歌·少司命》："与女沐兮咸池，晞女发兮阳之阿。"西汉王逸注："曲阿，隔日所行也。"洪兴祖注："《淮南》曰：'日出汤谷，浴于咸池，……至于曲阿，是谓旦明。'"

【赏析】

此诗又名《石门岩上宿》，作于宋文帝元嘉七年（430）秋。石门，山名，在今浙江嵊州西北。那里景色优美，当时有谢灵运营造的别墅、精舍。诗人在诗中多次描写了石门山的山水，如《石门新营所住四面高山回溪石濑茂林修竹》《登石门最高顶》。

这首诗通过对山中奇特景物的描写，抒发了诗人孤独、寂寞的思想感情。开头四句写诗人夜宿石门，玩景赏月。"朝搴苑中兰"一句是由《离骚》"朝搴阰之木兰兮"与"纫秋兰以为佩"变化而来。"搴"摘取。"兰"，香草名，即泽兰。这里指泽兰的花。"歇"，凋零。以上四句意思是：我早晨从园中摘取兰花，是担心兰花被夜霜摧残。傍晚我赶回这云际的别墅，是为了玩赏山上的秋月。诗人流连山水，寄情自然。"鸟鸣识夜栖，木落知风发。异音同致听，殊响俱清越"四句是具体描写山中秋夜的景物。"识"，感觉。"殊响"与"异音"同义。这四句是说，鸟的鸣叫声使人感到夜的寂静，树叶飘落声让人知道秋风袭来。鸟鸣与叶落，其声音虽有不同，但听起来觉得都很清脆悠扬。这些秋夜月光下的景物描写，全是通过听觉来完成的。通过声音来感受形象，以听觉代替视觉。这样有利于夜景的描绘，更显示了夜的静谧、柔美。这种以有声写无声，以动写静的表现手法生动、别致。

诗的最后四句写诗人睹物生情：想到挚友久去不归，无人相伴，因而深感孤凄。"芳酺"，香醇的美酒。"伐"，品尝。"美人竟不来，阳阿徒晞发"两句由《九歌·少司命》中"与女沐兮咸池，晞女发兮阳之阿，望美人兮未来，临风恍兮浩歌"变化而来。"晞"，照晒。"美人"两句意思是：好友竟没有来到我身边，我白白地在这里等到天明。诗人无人相伴的孤寂感中，暗含着他政治上的失意。

这首诗有景有情，情从景出。兰、月、鸟、鸣、风声这些都是美妙的景物，但诗人因没有好友共赏而难免惆怅。也许是鸣鸟惊动了诗人的愁心，全诗由写景自然过渡到写情，调子低沉。"鸟鸣识夜栖，木落知风发"二句写得浑朴自然，创造了一种静谧的意境，是这首诗中的传世佳句。（金朝霞）

【原文】

入彭蠡湖口

客游倦水宿[1]，风潮难具论[2]。洲岛骤回合[3]，圻岸屡崩奔[4]。乘月听哀狖[5]，浥露馥芳荪[6]。春晚绿野秀[7]，岩高白云屯[8]。千念集日夜，万感盈朝昏[9]。攀崖照石镜[10]，牵叶入松门[11]。三江事多往[12]，九派理空存[13]。灵物郄珍怪[14]，异人秘精魂[15]。金膏灭明光[16]，水碧缀流温[17]。徒作《千里曲》[18]，弦绝念弥敦[19]。

【毛泽东圈评等情况】

毛泽东读1957年上海古籍刊行社出版的清沈德潜选编《古诗源》卷十时曾圈阅此诗。

[参考]张贻玖：《毛泽东评点、圈阅的中国古典诗词》，

中国工人出版社 1992 年版，第 54 页。

【注释】

（1）客，诗人自指。水宿，日夜住在船上。倦，厌倦。

（2）难具论，难以一一言说。

（3）骤，急遽。回，犹"洄"，水转曰洄。回合，浪潮遇到海岛，急遽地从两边洄旋绕过，而后又合在一起。

（4）圻岸，指曲折的崖岸。崩奔，崖岸无数次地阻挡了奔流的冲击。

（5）狖（yòu），长尾猿。

（6）浥（yì），沾湿。馥（fù），香。荪（sūn），香草名，即荃。

（7）春晚，一本作"春满"。

（8）屯，聚。

（9）"千念"二句，意谓日日夜夜，百感交集。盈，充满。朝昏，早晨晚上。

（10）石镜，山名，为庐山的一峰。张僧鉴《浔阳记》："石镜山东有一圆石，悬崖明净，照见人形。"《水经注·庐江水》："山东有石镜，照水之所出，有一圆石，悬崖明净，照见人形。晨光初散，则延曜入石，豪（毫）细必察，故名石镜焉。"

（11）牵叶，攀枝。松门，山名，在今江西都昌南二十里。

（12）三江，有数种说法。一说指吴江、钱塘江、浦阳江等。《尚书·禹贡》："三江既入，震泽底定。"郑玄注："三江分于彭蠡，为三孔，东入海。"

（13）九派，也称九江、九水。派，支流。古指长江中游的九条支流。

（14）灵物，灵异之物。吝（lìn），吝惜。

（15）异人，不同于凡俗的人，指仙人。秘，隐藏。精魄，灵魂。郭璞《江赋》："挺异人乎精魄。"

（16）金膏，仙药。《穆天子传》："河伯亦汝黄金之膏。"

（17）水碧，水玉，水精，即水晶石。《山海经·东山经》："耿山无草木，多水碧。"郭璞注："亦水玉也。"又《南山经》："堂庚之山……多水玉。"郭璞注："水玉，今水精也。"

（18）千里曲，指琴曲《别鹤操》，又名《千里别鹤》。《文选·嵇康〈琴赋〉》："千里别鹤。"李善注："《相鹤经》曰：鹤一举千里。蔡邕《琴操》曰：商陵牧子娶妻，五年无子。父兄欲为改娶，牧子援琴鼓之，叹别鹤以舒其愤懑，故曰《别鹤操》；鹤一举千里，故名《千里别鹤》也。"

（19）弦绝，曲终。弥，更加。敦，深厚。

【赏析】

此诗作于宋文帝元嘉九年（432）春诗人往临川的途中。彭蠡湖，即今江西鄱阳湖。湖口，在今江西湖口一带。

全诗分为两部分。前十句为第一部分，写诗人乘船入湖口时所见春景。诗的开头两句写诗人乘船逆流而上，途中所遇风波一言难尽。接下来诗人具体描绘沿江所见的自然景观：江上岛屿林立，江边崖岸耸峙，其形状似飞欲崩。月光下，野外传来猿猴的哀鸣，晚风送来露珠下芳草的清香。浓绿把原野打扮得更加秀美，白云聚积在高岩顶端。景物描写之后诗人将笔锋一转写道："千念集日夜，万感盈朝昏。"连日来诗人百感交集：远离故乡的乡愁，谪赴临川的失意，千头万绪时刻萦绕在诗人心中。这段诗由景入情，写出了秀美的景色与诗人落寞心理的不协调。

"攀崖照石镜，牵叶入松门"以下十句为诗的第二部分，写诗人由地理变迁想到人世沧桑，更生悲寂，借琴消愁，愁更愁。诗人攀枝爬崖游览了石镜、松门二山，登高远眺，感慨万千：岁月更替、地理变迁，关于"三江""九派"之说已无稽可考，传说中的灵物、异人也都踪迹全无。这一切给诗人那本来悲寂已极的心情又蒙上了一层阴影，于是诗人操琴弹奏《千里曲》（千里曲，指琴曲《别鹤操》，一句《千里别鹤》，曲中叹别鹤以抒发愤懑之情），以解心中之愁闷，谁知曲终而愁更深。

这首诗境界开阔，诗人在写景时利用长镜头、高视角，将广大空间摄入画面。诗中写他乘船逆流而上至彭蠡湖口，对沿江所见之景没有一一精雕细刻，而是用大跨度写法将千里江景浓缩于"洲岛骤回合，圻岸屡崩奔"二句中。仅此二句，崖岸的姿态，江中的洲屿都活现于画面中。诗人还调动其他感官，如听觉、嗅觉，"乘月听哀狖，浥露馥芳荪"即是。"乘月"

二句把月光下用视觉不能很好把握的形象，通过听觉、嗅觉反映出来，显得清新别致。

"春晚绿野秀，岩高白云屯"是这首诗中流传后世的佳句。诗人由低及高，先写原野，再写岩上。用"春""绿"点染"晚""野"，使暮色苍茫的原野笼罩上了浓浓的春绿，一切都变得那么秀丽、充满生机。高岩上白云缭绕，用"白云屯"衬托岩之高，同时空中的白云与地上的春绿相互映衬，意境深广。（金朝霞）

【原文】

入华子冈是麻源第三谷

南州实炎德⁽¹⁾，桂树凌寒山⁽²⁾。铜陵映碧涧⁽³⁾，石磴泻红泉⁽⁴⁾。既枉隐沦客⁽⁵⁾，亦栖肥遁贤⁽⁶⁾。险径无测度，天路非术阡⁽⁷⁾。遂登群峰首⁽⁸⁾，邈若升云烟⁽⁹⁾。羽人绝仿佛⁽¹⁰⁾，丹丘徒空筌⁽¹¹⁾。图牒复摩灭⁽¹²⁾，碑版谁闻传⁽¹³⁾？莫辨百代后，安知千载前？且申独往意⁽¹⁴⁾，乘月弄潺湲⁽¹⁵⁾。恒充俄顷用⁽¹⁶⁾，岂为古今然⁽¹⁷⁾！

【毛泽东圈评等情况】

毛泽东在读 1957 年上海古籍刊行社出版的清沈德潜选编《古诗源》卷十时曾圈阅此诗。

[参考] 张贻玖：《毛泽东评点、圈阅的中国古典诗词》，中国工人出版社 1992 年版，第 224 页。

【注释】

（1）南州，南方地区的泛称。此指豫章郡。炎德，天热地暖。

（2）凌，升，上，生长之意。此二句语本屈原《远游》："嘉南州之炎德兮，丽桂树之冬荣。"

（3）铜陵，即铜山，在今江西南城西。

（4）石磴（dèng），石阶。红泉，红色泉水。传说汉东方朔小时掘井，陷落地下，仙人以一履伎泛红泉，采仙草而食，见旧题汉郭宪《洞冥记》。

（5）柾，劳驾暂游的叫柾，结庐久居的叫栖。隐沦客，指隐士。

（6）肥遁贤，指隐士。肥遁，远飞隐遁。肥，通"飞"。《易·遁》："上九，肥遁，无不利。"

（7）天路，天梯一样高耸的路。术、阡，都是指崎岖小道。

（8）群峰首，群峰中最高的山峰，指华子冈。

（9）邈若，遥远之状。升云烟，曹植《述仙》诗有"逝将升云烟"句。

（10）羽人，仙人。此指华子期。绝，极。仿佛，看不真切的样子。《楚辞·远游》："时仿佛以遥见兮，""仍羽人于丹丘兮，留不死之旧乡。"

（11）丹丘，神仙住的山，昼夜长明。筌（quán），捕鱼的竹器。空筌，以筌中无鱼，比喻山中无仙。

（12）图牒，指书籍。摩灭，没有记载。

（13）碑版，即碑刻。

（14）独往，道家术语，孤往独来，超脱万物，独行己志。嵇康《四言赠兄秀才入军》之十七："含道独往，弃智遗身。"

（15）乘月，趁着月色。潺湲，水流缓慢。

（16）恒充，常备。俄顷，顷刻间。用，受用，即人在物质和精神上的满足。

（17）古今，尊古卑今。《庄子·外物》："夫尊古而卑今，学者之流也。"郭象注："古无所尊，今无所卑，而学者尊古而卑今，失其原矣。"末四句，李善注："言古之独往，必轻天下，不顾于世；而今之独往，常充俄顷之间，岂为尊古卑今而然哉！"

【赏析】

此诗作于宋文帝元嘉九年（432）冬。谢灵运于元嘉八年（431）开始往临川任内史，于元嘉九年夏抵达临川。这首诗为诗人到任后所作。据《宋书》记载，诗人任临川内史，仍不理政事，游山玩水同在永嘉时一样。华子冈，山名，在今江西南城西南。谢灵运《山居图》中说："华子冈，麻山第三谷。"

这首诗共分两部分。第一部分包括前十句，写华子冈景色宜人，曾引来不少高人雅士，自己这次登临此山，有飘然若仙之感。"南州实炎德，桂树凌寒山"两句，出自《楚辞》中"嘉南州之炎德兮，丽桂树之冬荣"。"南州"二句是说，南方实在暖和，到了冬山，山上的桂枝依然长得很茂盛。铜山碧润流浸，石阶都被注满丹砂的红泉冲洗过了。这里的奇山异水曾有许多隐士贤人光顾。"隐沦客"与"肥遁贤"均指隐士。"险径"二句写这里山路的曲折险峻，使诗人自然联想到登天之路。极言山路之险，暗示山势之峻。"遂登群峰首，邈若升云烟"二句写沿山路登上最高峰，有飘然若仙之感。邈，高远。升云烟，出自曹植《述仙》诗"逝将升云烟"。诗人的视角由下而上，从深谷写到峰巅，而登峰巅后所见景物没有一一描绘，只用了"若升云烟"四个字，把诗人内心的喜悦与山峰景色的奇妙全表现出来了。

"羽人绝仿佛，丹丘徒空筌"以下十句为这首诗的第二段。诗人对华子期在山上成仙的传说提出疑问，最后用玄理自宽自慰。"羽人"，仙人，诗中指华子期。"绝仿佛"，意思是完全见不到一点影子。诗人本想寻找精神寄托，结果连仙人的影子也未见到。原来华子期在此山成仙之事，不过是虚妄的传说。成仙之事既无书籍记载，也无碑刻证明，是谁听说传了下来？近期的事都不能知晓，千载以前之事又有谁能探究是非呢？姑且超尘脱俗，任性遨游，玩景弄情，及时行乐，何必尊古卑今呢？

华子冈的美景曾让诗人振奋，但不能使他完全忘却内心的压抑之情。诗中景物描写清新雅致，诗的后半部分却流露出诗人到临川后的失意、苦闷心情，反映了逃避现实的消极处世态度。（金朝霞）

【原文】

岁　暮

殷忧不能寐(1)，苦此夜难颓(2)。明月照积雪，朔风劲且哀(3)。运往无淹物(4)，逝年觉已催(5)。

【毛泽东圈评等情况】

在一本 1957 年上海古籍刊行社出版的清沈德潜编选《古诗源》卷十所载《岁暮》一诗中，毛泽东每句都加了圈，有的诗句还加了三个圈。

[参考] 张贻玖：《毛泽东评点、圈阅的中国古典诗词》，

中国工人出版社 1992 年版，第 54 页。

【注释】

（1）殷忧，深忧。寐，睡着。《诗经·邶风·柏舟》："耿耿不寐，如有隐忧。"毛传："隐，痛也。"

（2）颓，尽。一本作"穨"。

（3）朔风，北风，寒风。劲，猛烈。

（4）运往，指时间流逝。无淹物，没有久留之物，指草木凋枯。

（5）逝年，一作"年逝"，与上句"运往"对仗，其义相近。已，一本作"易"。

【赏析】

谢灵运一生的道路是坎坷不平的。他早年入仕途，有远大抱负，但豪族间的倾轧使他在现实生活中多次碰壁，抱负始终不能实现，于是常怀愤懑之感。

《岁暮》诗大概作于晋安帝义熙十二年岁末（416）。诗人于岁暮之夜，回顾平生，自然感到夜长难寐，忧思难解，伤叹岁月如流，人生易老。此诗据《艺文类聚》卷三刊载，疑有缺文。

"殷忧不能寐，苦此夜难颓。"起首二句写忧思愁绪深深困扰着诗人，使其辗转难眠；而难眠的长夜更加深了诗人的忧愁。这两句是叙事。接下来诗人欲求摆脱，将笔锋由叙事转到写景：皎皎的月光映照着皑皑的白雪，强劲的北风在肆意哀号。景色萧瑟让人更感凄凉，天地旷远使人更觉时光易逝，人生渺小。"运往无淹物，年逝觉已催。"末二句触景生情，慨叹光阴催人老，自身余日无几。全诗的调子低沉，诗人的情绪是消极的。

《岁暮》诗写得流畅、自然，没有典故的堆砌，没有深奥的玄理。简

短的六句诗，融叙事、写景、抒情为一体。在诗的开头与结尾，诗人写了两种相互矛盾的感觉：一是"苦此夜难颓"，一是"年逝觉已催"。前句感觉时间长，后句感觉时间短。"明月照积雪，朔风劲且哀"，诗的中间两句把前后一对矛盾和谐地统一起来。全诗以忧开头，诗人因忧不能寐，才觉长夜难明；当不眠之人来到户外，看到的是冷月映白雪，听到的是北风哀号，这无疑又给诗人添一层愁；天地空旷，北风强劲更显人之渺小，加之是岁暮，诗人抚今追昔，在不眠的长夜中慨叹生年之短。"年逝觉已催"使诗人愁上加愁。愁之愈深，愈不能眠。辗转难眠才更觉朔风不仅"劲"，而且"哀"。一个"哀"字既承前又启后，使全诗成为一个完美的整体，一个"哀"字融情于景，使诗人的感情物化，正如《人间词话》中所说："以我观物，物皆著我之色彩。"

　　"明月照积雪，朔风劲且哀"二语，是这首诗中的传世佳句。那高悬于空中的明月与天边无际的积雪，再加上强劲鸣咽的逆风构成了一种宏大、沉郁的境界。以自然的广袤无垠反衬人的孤凄和渺小，以天地的永恒反衬人生短暂。平中见奇，颇耐玩味。钟嵘《诗品序》："至于吟咏情性，亦何贵于用事？'思君如流水'，既是即目；'高台多悲风'，亦惟所见；'清晨登陇首'，羌无故实；'明月照积雪'，讵出经史？观古今胜语，多非补假，皆由直寻。"这段话指出了"明月照积雪"等佳句胜语的奥秘——直寻，即对生活（自然现象和社会人事）的直接真切感受的白描，是诗歌艺术力量的原因之一。唐皎然《诗式》说："'池塘生春草'，情在言外，'明月照积雪'，旨冥句中，风力虽齐，取兴各别。"说明这两联也具有自然、直寻的特点。

【原文】

初发石首城

　　白珪尚可磨[(1)]，斯言易为缁[(2)]。虽抱中孚爻[(3)]，犹劳贝锦诗[(4)]。寸心若不亮，微命察如丝[(5)]。日月垂光景[(6)]，成贷遂兼兹[(7)]。出宿薄京畿[(8)]，晨装抟曾飔[(9)]。重轻平生别[(10)]，再与朋知辞。故山日已远，风波岂还时。超超万里帆⁽¹¹⁾，茫茫欲何之⁽¹²⁾？游当罗浮行⁽¹³⁾，息必庐霍期⁽¹⁴⁾。越海凌三山⁽¹⁵⁾，游湘历九嶷⁽¹⁶⁾。钦圣若旦暮⁽¹⁷⁾，怀贤亦凄其⁽¹⁸⁾。皎皎明发心⁽¹⁹⁾，不为岁寒欺⁽²⁰⁾。

【毛泽东圈评等情况】

毛泽东读明张溥编《汉魏六朝百三家集》中《谢灵运集》时曾圈阅此诗。

[参考] 张贻玖：《毛泽东评点、圈阅的中国古典诗词》，
中国工人出版社1992年版，第225页。

【注释】

（1）珪，一种上尖（或圆）下方的瑞玉。《诗经·大雅·板》："白圭之玷，尚可磨也。"

（2）斯言，指孟颛对诗人的诬告。缁（zī），黑色。《诗经·大雅·抑》："斯言之玷，不可为也。"《论语·阳货》："不曰白乎，涅而不缁。"

（3）中孚，《易》卦名。六十四卦之一，意思是心中诚信。爻（yáo），《易》卦中的爻辞。《易·中孚》："中孚以利贞，乃应乎天也。"

（4）贝锦，绣有贝形花纹的丝织品。语本《诗经·小雅·巷伯》："萋兮斐兮，成是贝锦。"汉郑玄笺："喻谗人集作己过以成于罪，犹女工之集彩色以成锦文也。"

（5）微命，自谦之辞，微贱的生命。如丝，生命像一根头发丝一样容易折断。

（6）日月，比喻宋文帝。光景，光芒。景，日光。

（7）成贷，施恩。《老子》第四十章："夫唯道，善贷且成。"兼兹，兼此职命，指任临川内史。

（8）出宿，出任在外。薄，至。京畿，京城（石首城）附近的地方。

（9）抟（tuán），乘风。曾飔（sī），高风。曾，通"层"。

（10）重，指永初三年（422）第一次离京赴永嘉太守。轻，指本次离京赴任临川内史。

（11）超超，路途遥远之状。

（12）茫茫，形容江水浩渺。欲何之，究竟到何处去？《庄子·天下》："芒（茫）乎何之？忽乎何适？"

（13）罗浮，山名，在今广东增城、博罗、河源等县境。

（14）庐，庐山，在今江西星子西北，九江西南。霍，霍山，在今安徽霍山南，本名天柱山。

（15）凌，登，升。三山，指传说中的海上三仙山：瀛洲、蓬莱、方丈。

（16）湘，湘江，在今湖南境内。九嶷，山名，也作"九疑"，又名苍梧山，在湖南宁远南，传说舜死后葬于此。

（17）钦圣，钦慕圣人。圣人指舜。

（18）怀贤，怀念贤人。贤人指屈原。凄其，悲凉。其，助词。

（19）皎皎，洁白，清白。《诗经·小雅·白驹》："皎皎白驹，在彼空谷。"明发，早晨起程。陆机《招引》之二："明发心不夷，振衣聊踟蹰。"

（20）岁寒，比喻孟𫖮一类恶势力。语本《论语·子罕》："岁寒然后知松柏之后凋也。"

【赏析】

诗题中的"石首城"，即石头城，又名石城，在刘宋王朝京城建康（今江苏南京）西，濒临长江。本楚国金陵城，三国吴孙权迁都于此重建，名石头城。这次诗人从石首城出发是赴临川（今江西抚州）内史任，而这次离京赴任与一次政治风波有关。谢灵运隐居于故乡始宁，与会稽太守孟𫖮不和。宋文帝元嘉八年（431）因求湖为田事，与孟𫖮构成仇隙。于是孟𫖮一面上疏宋文帝，告谢灵运有"异志"，一面如临大敌，发兵自防。谢灵运得知，急驰京都，上书文帝，为自己辩解，宋文帝得知其被诬告，不加罪，但也不能再回故乡。这年冬天被任为临川内史。此诗即作于离京时，诗中描写初离京都的情形，表明了保持节操的心迹。

全诗二十四句，每八句为一节，共三节。起首八句为第一节，写此次"初发"的原因。这次"初发"并不是情愿的，而是遭谗受诬身不由己的，所以开头两句便援引古人的话说明世情险恶。"珪"是一种上尖下方的玉，"白珪尚可磨"，本于《诗经·大雅·板》："白圭之玷，尚可磨也。""斯言"是指孟颛对诗人的诬告。"缁",黑色。次句本于《论语·阳货》:"不曰白乎,涅而不缁。"这就是说,白珪有斑点,还可以磨掉,但诬陷之辞颠倒黑白叫人有口难辩,自古而然,令人生畏。下面六句说到自己的遭遇,印证了这种说法。中孚,六十四卦之一,意思是心中诚信。《易·中孚》:"中孚以利贞,乃应乎天也。""爻",卦的符号,此指卦辞。"贝锦",绣有贝形花纹的丝锦。《诗经·小雅·巷伯》:"萋兮菲兮,成是贝锦。"汉郑玄笺:"喻谗人集作已过以成于罪,犹女工之集彩色以成锦文也。""虽抱"二句是说,我虽是以忠信为本,却仍然遭到别人诬陷,紧承上面议论。"寸心"二句接着说,如果我的心不明白诚信,孟颛的诬告很可能断送我的性命。谗言危害之烈,让人不寒而栗。"日月"二句,"日月",比喻宋文帝。"光景",光芒。"成贷",施恩。《老子》第四十章:"夫维道,善贷且成。"这是说宋文帝光照四海,恩泽广施,我也受惠不浅。这一方面是庆幸自己化险为夷,另一方面也是不得不说的冠冕堂皇的话。

"出宿"以下八句为第二节,写诗人初发的情形。"出宿",出住在外。"薄",停船。"京畿",京城附近。"抟",乘风。"曾飔",高风。"曾",通层。"出宿"二句是说,诗人住在石头城外,早晨整理行装乘风破浪而去,点明了初发的时间和地点。诗人远行,自然要告别亲友。但这次和朋友知己分别,被迫离京外任,是他一生中第二次了。第一次是永初三年(422)秋离京赴永嘉郡任太守,那是乘船东下,和家乡是同一方向,事隔十年,悲剧重演,这次却逆水西上,离家越来越远,一轻一重,彼轻此重,不仅写出了诗人告别朋知的情形,表现了惘然若失的心情。所以后四句接着说,"故山日已远,风波岂还时。迢迢万里帆,茫茫欲何之?""迢迢",形容路途遥远。"茫茫",形容江水浩渺。"欲何之",究竟往何处去?《庄子·天下》:"芒(茫)芒乎何之?忽乎何适?"此句语意双关,旅途艰辛在所难免,前途未卜令人担心,隐隐约约流露出诗人对这次出任的不满。

"游当"八句为第三节,写出发的感慨。"游当罗浮行,息必庐霍期。越海凌三山,游湘历九嶷。"紧承"欲何之"而来,是说乘这次出任,他打算遍游名山大川:广东境内的罗浮山,江西北部的庐山,安徽西部的霍山（实指天柱山），湖南的九嶷山，还有传说中海上的瀛洲、蓬莱、方丈三座仙山，都在他的旅游计划之内，但我们知道诗人这次并不是外出旅游的，而是赴任的，赴任之事只字不提，而尽谈游览，可知他是不会安于职守的。末四句中的"钦圣"，钦慕圣人。圣人指舜，舜死葬九嶷。"怀贤"，怀念贤人，指屈原。屈原投的汨罗江是湘江的支流。诗人遭谗外任，被派往临川任内史，有家难归，报国无门，与屈原有某种相似。因此念及古人，不觉悲伤起来。这就是说诗人决心向古人学习，要像松柏一样坚强不屈，保持节操，不向恶势力低头，表现了不屈不挠的斗争精神。

这首诗通篇抒写途中感受，展示了诗人的心路历程。全诗以"初发"为枢纽，把对往事的回忆和对前途的瞻望结合在一起，又用比兴手法表现，显得诗意浓郁，毫不枯涩。（毕桂发）

【原文】

入东道路

　　整驾辞金门⁽¹⁾，命旅惟诘朝⁽²⁾。怀居顾归云⁽³⁾，指途溯行飚⁽⁴⁾。属值清明节⁽⁵⁾，荣华感和韶⁽⁶⁾。陵隰繁绿杞⁽⁷⁾，墟囿粲红桃⁽⁸⁾。鹭鹭翚方雏⁽⁹⁾，纤纤麦垂苗。隐轸邑里密⁽¹⁰⁾，缅邈江海辽⁽¹¹⁾。满目皆古事，心赏贵所高⁽¹²⁾。鲁连谢千金⁽¹³⁾，延州权去朝⁽¹⁴⁾。行路既经见，愿言寄吟谣⁽¹⁵⁾。

【毛泽东圈评等情况】

　　毛泽东读明张溥编《汉魏六朝百三家集》中《谢灵运集》时圈阅了此诗。

　　　　[参考]张贻玖：《毛泽东评点、圈阅的中国古典诗词》，

　　　　　　　　中国工人出版社1992年版，第225页。

【注释】

　　（1）整驾，整治车马。金门，汉宫门名，即金马门。此指代宋都建康。

　　（2）命旅，命仆夫驾车上路。诘（jié）朝，明天早晨。《左传·僖公

二十八年》："戒尔车乘，敬尔君事，诘朝将见。"杜预注："诘朝，平旦。"

（3）怀居，思念故居。顾，看。

（4）溯（sù）行飈，迎风前进。溯，逆。

（5）属值，正当。

（6）荣华，指草木茂盛。和韶，和煦的阳光。

（7）陵，大土山。隰（xí），低湿之地。绿杞，枸杞，一种药用植物。

（8）粲，艳丽夺目。墟，墟圃，即村庄。圃，园圃。

（9）鹥鹥（yǎo），雌野鸡的叫声。翚（huī），五彩的野鸡。雊（gòu），
鸣叫。

（10）隐轸（zhěn），稠密，茂盛。

（11）缅邈，遥远。辽，远。

（12）心赏，心爱。所高，指受尊崇的人。

（13）鲁连，即鲁仲连。

（14）延州，即季札，春秋时吴王寿梦少子，封于延陵。去朝，指诸
樊立为吴王，季札弃其室而耕。

（15）愿，心愿，指不做官的思想。言，助词。寄吟谣，谓寄托于诗歌。

【赏析】

此诗写于宋文帝元嘉五年（428）谢灵运东归之时。全诗通过归途景
物的描绘和归途心境的刻写，表现了诗人的惆怅和殷愤之情。

诗前两句写严驾整装，离别京师。"金门"，金马门，官署之地，此指
京城。诗前两句写欲发未发之时；"怀居"两句写将发之际所想。离京之
际，心思百结，既有眷眷之情，又有愤然之意，于此两句隐然说出。"属值
清明节"，点出离京的时间是在春季。以下两句则承此而下，描绘春景：
远山连绵，绿杞映蔽；苑圃墟地，桃花映日；雉鸡嘤嘤和鸣，麦苗纤纤摇
绿。"隰"，低湿之地。"鹥鹥"，雌野鸡叫声。"翚"，长着五彩羽毛的野
鸡。四句诗用词艳鲜，光色明快，声色交映，一派盎然，形象地传达了春
天的气息，给人一种和融的感受。

"隐轸邑里密，缅邈江海辽"为过渡句。眼前之景是那样地鲜艳动

人，但对诗人来说却更容易勾起心中的惆怅。前路遥遥，万事纷纷，此次离京对诗人来说又有何快！"满目皆古事"，不能不使诗人浮想联翩，感叹万千。诗人本希望能像古时鲁仲连那样的贤士，功成身退，不受封赏，而今却壮志难酬，想此思彼，怀人念己，自然要"寄吟谣"，来抒发心中的怅茫之情了。

这首诗物感春荣，人抱秋恨，通过眼前乐景的描绘和自我心中惆怅殷忧的对比，形象地表达了诗人此时此地的内在心态。乐景的着力描绘，正是对悲情的极力开掘，越乐越悲。这种以乐写哀的表现手法本身就给人一种动感，更不用说它抒发的惆怅之情了。（王利锁）

【原文】

登归濑三瀑布望两溪

我行乘日垂⁽¹⁾，放舟候月圆⁽²⁾。沫江免风涛⁽³⁾，涉清弄漪涟⁽⁴⁾。积石竦两溪⁽⁵⁾，飞泉倒三山⁽⁶⁾。亦既穷登陟⁽⁷⁾，荒蔼横目前⁽⁸⁾。窥岩不睹景⁽⁹⁾，披林岂见天。阳乌尚倾翰⁽¹⁰⁾，幽篁未为邅⁽¹¹⁾。退寻平常时⁽¹²⁾，安知巢穴难⁽¹³⁾。风雨非攸恡⁽¹⁴⁾，拥志谁与宣⁽¹⁵⁾。倘有同枝条⁽¹⁶⁾，此日即千年⁽¹⁷⁾。

【毛泽东圈评等情况】

毛泽东读明张溥编《汉魏六朝百三家集》中《谢灵运集》时圈阅了此诗。

[参考] 张贻玖：《毛泽东评点、圈阅的中国古典诗词》，中国工人出版社1992年版，第225页。

【注释】

（1）日垂，日落。

（2）放舟，并连两船。放，通"方"，并。

（3）沫江，流沫之江。

（4）涉清，船行清江之意。漪（yǐ）涟，即涟漪，指微波。《诗经·魏风·伐檀》："河水清且涟漪。"

（5）积石，层层重叠的岩石。竦，同"耸"，矗立。

（6）飞泉，指瀑布。倒，倒挂。

（7）穷登陟，登上山顶。陟，登高。

（8）荒蔼，指一片茂密的树林。目，一本作"日"。

（9）景，太阳。

（10）阳乌，指太阳。传说日中有三足乌，乌为阳精，故以阳乌代太阳。翰，羽翅，指夕阳的光芒。

（11）幽篁（huáng），幽深的竹林。邅（zhān），难行。《易·屯》："屯如邅如。"

（12）退寻，退而寻思。

（13）巢穴，指古人巢居穴处的生活。

（14）非攸恡（lìn），没有什么可悔恨的。攸，所。恡，吝惜。

（15）拥志，抱着高尚的隐逸之志。

（16）同枝条，用同树木的枝条比拟志向相同的人。大概是指释昙隆、法流二法师。

（17）"此日"句，一天胜过一千年之意。谢灵运《山居赋》："苦节之僧，明发怀抱。……虽一日以千载，犹恨相遇之不早。"自注："谓昙隆、法流二法师也。"指昙隆、法流二法师相见恨晚。此是怀想之辞。

【赏析】

这是一首记游诗。

诗前两句点出出发的时间。"日垂"，即日落时；"月圆"，指每月的十五日左右。诗人在满月悬天、夕阳落照的时节，放舟泛江，"沫江"以下用寓目即书的手法写所见之景。江风初静，江水潺潺，微波荡漾；两岸山石嶙峋，陡峭耸立，悬泉瀑布，飞浪四溅。这四句诗以形似为刻写对象，把眼前山水景致描绘了出来。

"亦既穷登陟"以下由写泛江转而写登山。"荒蔼横目前"为总写登山时的感受，以下则分写望景时的形象。由于山耸壁立，林木繁茂，夕阳余晖不能再返照其中，呈现出一种幽暗阴森的特点。"窥岩不睹景，披林岂见天"，把这种黄昏时分的山景逼真地写了出来。委曲之径，易先迷失道，后顺得常。如果说前面几句在写林木山川、幽暗径迷的话，那么，"退寻平常时"以下几句则是寻到路径后的适情惬意。于语言之外，意境之内，无不表现出一种超脱之感。

从艺术上来看，此诗主要运用的是移步换景的写法，从不同角度来写诗人对景色的感悟。全诗把登山望水之情同山水之景结合起来进行描绘，因此，诗中景物具有明显的抒情特征。但另一方面我们也可看出，他在描绘景物时，多是形似的刻画，没有神似的追求，这又使他的诗具有一种"板滞"的特色。（王利锁）

【原文】

苦寒行

一

岁岁曾冰合(1)，纷纷霰雪落(2)。浮阳减清晖(3)，寒禽叫悲壑(4)。饥麕烟不兴(5)，渴汲水枯涸(6)。

二

樵苏无夙饮(7)，凿冰煮朝餐。悲矣《采薇》唱(8)，苦哉有余酸。

【毛泽东圈评等情况】

毛泽东读明张溥编《汉魏六朝百三家集》中《谢灵运集》时曾圈阅此诗。

[参考] 张贻玖：《毛泽东评点、圈阅的中国古典诗词》，中国工人出版社 1992 年版，第 225 页。

【注释】

（1）岁岁，疑"峨峨"之误。峨峨（ē），通常写作"峨峨"，形容极高。曾（céng）冰，即冰山。曾，通"层"。《楚辞·〈招魂〉》："增冰峨峨，飞雪千里些。"曾，增，均通"层"。

（2）霰（xiàn），雪粒。

（3）浮阳，太阳。清晖，阳光。

（4）禽，鸟。壑（hè），山谷。

（5）爨，烧火做饭。

（6）汲，打水。枯涸（hé），干枯。

（7）樵苏，打柴割草。凤（sù）饮，早餐。凤，早晨。又疑为"宿饱"之误。宿饱，俗话隔夜饱，即晚上吃得太饱，第二天早上也不饿。《史记·淮阴侯列传》："臣闻千里馈粮，士有饥色，樵苏后爨，师不宿饱。"此即所本。

（8）《采薇》，《诗经·小雅》篇名。此篇写戍边兵士的困苦生活。诗最后写道："行道迟迟，载饥载渴。我心伤悲，莫知我哀。"

【赏析】

这是两首乐府古题诗。《南史·颜延之传》中说："延之与陈郡谢灵运俱以词采齐名，而迟速悬绝。文帝尝各敕拟乐府《北上篇》，延之受诏便成，灵运久之乃就。"《北上篇》即《苦寒行》二首，大约作于宋文帝元嘉四年（427）。

这二首拟古诗写了从征战士生活之苦。"岁岁曾冰合，纷纷霰雪落"二句从冬景写起：冰山巍峨，大雪纷飞。"浮阳减清晖，寒禽叫悲壑"进一步写冬景：微弱的阳光映照着雪野，寒禽在深谷里悲鸣。"饥爨烟不兴，渴汲水枯涸。"爨，烧火做饭。在冰天雪地里，人们饥渴难忍，但井水枯竭、缺米少薪，炊烟难起。饥肠辘辘的人们无论如何也不会对冰山、飞雪鸣鸟产生美感的，所以诗中用了一个"悲"字来写鸟的叫声，仿佛鸟也通人性，它为人的寒苦而悲鸣。诗中写天寒地冻、寒鸟悲鸣更衬托了人的苦寒。第一首诗共有六句，由景物写到主体人，由寒到苦，步步深入。

第二首诗承接前诗，深化苦寒。"樵苏无凤饮，凿冰煮朝餐"二句意思是说，打来了柴草，凿开了冰块准备煮饭，但仍然无米下锅。前句化用《史记·淮阴侯列传》中"臣闻千里馈粮，士有饥色；樵苏后爨，师不宿饱"句意，后句化用《诗经·七月》"二之日凿冰冲冲"句意。用以写战士们的困窘。"悲矣《采薇》唱,苦哉有余酸",句中的《采薇》是《诗经·小雅》中的篇名,其中有"行道迟迟,载渴载饥。我心伤悲,莫知我哀"这种描写戍边战士困苦生活的诗句。诗人这里用《采薇》中所叙之事来比况当今之事,说明那时的悲苦至今留有余哀。

这两首诗均为诗人拟古题而作,诗中明写从军战士生活之苦,其中也暗含了诗人抱负不能实现的悲哀。战士们生活上的苦寒与诗人政治处境中的苦寒虽然内涵不同,但悲哀程度相似。从写法上看,第一首诗主要是通过具体形象来烘托苦寒这一主题,第二首诗则是通过用典来深化主题,让《采薇》中的画面与诗中描写的画面重叠,使一幅由"曾冰""霰雪""浮阳""寒禽"、饥渴无告的战士构成的苦寒图活现于读者面前。(杨永龙)

【原文】

豫章行

短生旅长世⁽¹⁾,恒觉白日欹⁽²⁾。览镜睨颓容⁽³⁾,华颜岂久期⁽⁴⁾?苟无回戈术⁽⁵⁾,坐观落崦嵫⁽⁶⁾。

【毛泽东圈评等情况】

毛泽东读明张溥编《汉魏六朝百三家集》中《谢灵运集》时曾圈阅此诗。

[参考]张贻玖:《毛泽东评点、圈阅的中国古典诗词》,中国工人出版社1992年版,第225页。

【注释】

(1)旅,寄居。

(2)白日欹(qī),太阳西斜。欹,歪斜,倾斜。

(3)睨(nì),斜视。颓容,衰老的面容。

(4)华颜,指青春时代的红嫩面容。

(5)回戈,指鲁阳挥戈事。相传战国时楚国县公鲁阳"与韩构难,战酣,日暮,援戈而捣(挥)之,日为之反三舍"。事见《淮南子·览冥训》。

（6）崦嵫（yān zī），古代神话中的山名，在今甘肃天水西境，传说是太阳落山之处。《楚辞·离骚》："吾令羲和弭节兮，望崦嵫而勿迫。"王逸注："崦嵫，日所入山也。"

【赏析】

感时惜生，是我国历代文学作品中常见的主题。有的感伤人生短促，光阴易逝：如"浩浩阴阳移，年命如朝露。人生忽如寄，寿无金石固"（《古诗十九首·驱车上东门》）：有的慨叹景物依旧，人事已非，就连一代枭雄曹操也发出了"对酒当歌，人生几何？譬如朝露，去日苦多"的感慨。谢灵运一生坎坷，仕途失意，所以常为生之短促、余日无几而忧虑。他曾在《岁暮》诗中写出了"运往无淹流，年逝觉已催"的感叹，在这首乐府诗中又流露了华颜难久的没落情绪。诗的首句出现了"短生"与"长世"的对比，以有限对无限，中间用一"旅"字，意为以有限的生命寄旅漫长的人世。诗人的愁绪已在两者的对比中流露出来。"恒觉白日欹"是说常感到时间过得很快。"白日欹"，指太阳西斜。这一句紧承上句，写出了诗人的一种感觉：感到生命短促，担心时光消逝，终日处于光阴易逝的恐惧中，结果愈恐惧就愈觉得时间过得快。这种错觉使诗人的哀愁又进一步深化。"览镜睨颓容，华颜岂久期。""颓容"，衰老的面容。"华颜"指青春时期的红嫩面容。诗人感受到了光阴似箭的悲哀，窥镜自视，伤感于自己韶光已逝，老景将至，发出了华颜难久的喟叹。面对无情的现实，诗人的悲哀便可想而知了。

"苟无回戈术，坐观落崦嵫"二句中的"回戈"，用鲁阳挥戈的典故。传说战国时楚之县公鲁阳"与韩构难，战酣，日暮，援戈而挥之，日为之反三舍"（《淮南子·览冥训》）。"崦嵫"，古代神话中的山名，传说太阳在那里隐没。这二句是说，如果没有像鲁阳公那种使太阳倒转的法术，就只好眼看着时间飞快流逝。光阴不能倒流，人也不能青春永驻，一切只能顺其自然。诗中流露出一种无可奈何的哀愁。

在自然规律面前，人显得渺小无能，这引起了诗人的哀怨，而人生道路上的屡屡失意，才是诗人哀怨产生的根源之所在。诗中流露出的颓废情绪，表面看来是产生于人生短促，华颜难久，而实际上是作者在政治上失

意的折光。这首诗调子低沉，由于诗人对人生体验深切，所以诗中的情感比较真挚。（杨永龙）

【原文】

折杨柳行二首

一

郁郁河边树，青青野田草(1)。合我故乡客(2)，将适万里道(3)。妻妾牵衣袂(4)，收泪沾怀抱(5)。还拊幼童子(6)，顾托兄与嫂。辞诀未及终(7)，严驾一何早(8)。负笮引文舟(9)，饥渴常不饱。谁令尔贫贱，咨嗟何所道(10)。

二

骚屑出穴风(11)，挥霍见日雪(12)。飔飔无久摇(13)，皎皎几时洁(14)。未觉泮春冰(15)，已复谢秋节(16)。空对尺素迁(17)，独视寸阴灭(18)。《否》桑未易系(19)，《泰》茅难重拔(20)。桑茅迭生运(21)，语默寄前哲(22)。

【毛泽东圈评等情况】

毛泽东读明张溥编《汉魏六朝百三家集》中《谢灵运集》时圈阅了这二首诗。

[参考]张贻玖：《毛泽东评点、圈阅的中国古典诗词》，中国工人出版社1992年版，第225页。

【注释】

（1）郁郁，茂盛而有生机的样子。首二句由《古诗十九首·青青河畔草》"青青河畔草，郁郁园中柳"化出。

（2）合，结伴。合，一作"舍"。

（3）适，到，往。

（4）袂（mèi），衣袖。

（5）收，一本作"扐"。

（6）拊（fǔ），同"抚"，以手抚慰。

（7）辞诀，辞别。诀，别。

（8）严驾，准备好马匹车辆，此指准备开船。

（9）筰（zuó），竹索。负筰，船夫肩背上背的竹索（船牵）拉船前进。文舟，装饰华美的船。

（10）咨嗟（zī jiē），叹息，感叹。

（11）骚屑，象声词，状风声。《楚辞·刘向〈九叹·思古〉》："风骚屑以摇木兮，云汲汲以湫戾。"出穴风，语本宋玉《风赋》"枳枸来巢，空穴来风"。

（12）挥霍，迅疾。晋陆机《感时赋》有"坠零雪之挥霍"句。又《文赋》："纷纭挥霍，形难为状。"

（13）飕飕（sōu），风声。

（14）皎皎，非常洁白。

（15）泮（pàn），散，消融。《诗经·邶风·匏有苦叶》："士如归妻，迨冰未泮。"毛传："泮，散。"

（16）谢，辞。秋节，秋季。"未觉"二句，写四季变化之快。

（17）尺素，当是"尺表"之误。表，日表，又名日晷，古代用来测日影计时刻的仪器。此指投影。迁，移动。

（18）寸阴，指瞬间的光阴。

（19）《否》桑，语本《易·否》："九五，休否，大人吉。其亡其亡，系于苞桑。"王逸注："处君子道消之时，已居尊汝，何可以安？故心存将危，乃得固也。"苞桑，指根深蒂固的桑树。此句意思是乱世做官，要百倍小心，方可免祸。

（20）《泰》茅，语本《易·泰》："初九，拔茅茹。以其汇，征吉。"三国魏王逸注："茅之为物，拔其根而相牵引者也。如，相牵引之貌也。"茅、草，根相牵连。茹，牵连之状。此句意思是好友相互提携很难出现了。

（21）桑茅，一作"桑茅"。这里代否泰。迭，轮流，交替。

（22）语默，即或说话或沉默。语出《易·系辞上》："（孔）子云：君子之道，或出或处，或默或语，二人同心，其利断金，同心之言，其臭如兰。"王弼注："君子出、处、默、语，不违其中，则其迹虽异，道同则应。"寄，寄托。前哲，前代贤哲。

【赏析】

《折杨柳行》本为乐府古题，属《乐府诗集·相和歌辞·瑟调曲》。此题共两首，先看第一首。本篇是谢灵运的拟作。它通过依依不舍的离家场面的描绘和"饥渴常不饱"的现实生活的描写，表现了劳动者深厚亲爱的家庭感情和艰辛悲苦的劳役生活。

诗开始两句写景。它化用了古诗"青青河畔草，郁郁园中柳"的名句，但在意境上却比古诗开阔得多。十个字把郁郁葱葱，百卉繁盛，杨柳吐绿，生机勃发的春景展现了出来，给人丽日和暖、春光融融的感受。

紧接着笔锋一转写离别。春天艳阳的天幕下是催人泪下，难舍难分的分别场面：妻子泪流满面，牵衣拽袖；丈夫徘徊安抚，欲言又止；怀抱幼童，声咽泣下。催促声、挽留声、离别的叮咛，恩爱的情肠，混杂着丽日的清香，莺莺的鸟语。离别气氛的极力渲染与春光融融的贴切感受，形成了强烈的反差，致使春景黯然失色，悲恻骤然上升，具有身临其境的艺术体味。而一系列动作的刻画，又清晰地提示了游子行将离别时与亲人依依不舍的复杂矛盾心理，真切地传达了劳动者朴素的夫妻之爱，父子之情。寥寥数语，却形象鲜明，一幅哀婉深痛的春日送别图惟妙惟肖地呈现在读者面前。神形兼备，余意悠长。

全诗语言凝练，不事雕琢。艺术上成功之处是对场面的描绘。陈胤倩评此诗说："有汉人遗韵，而情思深切，凄其感人。"（引自近代黄节《谢康乐诗注》）谢灵运是我国山水诗的开创者，诗风清丽新峻。刘熙载说："谢客（灵运小名）诗刻画微妙，其造语似子处（按：指先秦诸子），不用力而功益奇，在诗家为独辟之境。"（《艺概·诗概》）此诗同样是谢诗中的独辟之境，代表了谢灵运乐府诗的特色。

现在，我们再看第二首。

此诗通过对冬风厉寒、寸阴迁逝的描绘，抒发了诗人明哲保身、否泰难重的思想感情。

诗重在物景的描绘。"骚屑""飕飕"，均形容风声。诗前六句写穴风呼啸，冰雪始见，不觉春日凋谢，秋节迁逝。在急促的时节转迁中表现了诗人倦慵灭殆的思想情绪。"空对尺素迁，独视寸阴灭"，于写景写时之中流露出一种深沉的孤独之感。"否桑"以下四句，借《周易》之理，抒人生之意。《周易》曰："君子之道，或出或处，或默或语。"此处重在语默，言自己只要潜藏，像昔日贤哲那样，保身自洁，方可时洁。朱秬堂说："灵运世为晋臣，义不食宋禄，可也；乃既为之臣矣，至以放纵取罪，又执录使者，兴兵叛逸，则逆而已矣。"此诗在抒发身世明哲前贤之中，可能表现了他入宋之后的这种心情。

全诗善于写景，又善于在景中悟理。《文心雕龙·明诗》说："宋初文咏，体有因革，庄老告退，山水方滋。"但谢灵运诗可说是庄老与山水齐兴，说理与景杂存，此诗明显具有东晋以来玄言诗之印痕，同他的山水诗有着异曲同工之妙。（王利锁）

【原文】

君子有所思行

总驾越钟陵⁽¹⁾，还顾望京畿⁽²⁾。踟蹰周名都⁽³⁾，游目倦忘归⁽⁴⁾。市廛无阛室⁽⁵⁾，世族有高闱⁽⁶⁾。密亲丽华苑⁽⁷⁾，轩甍饰通逵⁽⁸⁾。孰是金张乐⁽⁹⁾，谅由燕赵诗⁽¹⁰⁾。长夜恣酣饮⁽¹¹⁾，穷年弄音徽⁽¹²⁾。盛往速露坠，衰来疾风飞。余生不欢娱⁽¹³⁾，何以竟暮归⁽¹⁴⁾。寂寥曲肱子⁽¹⁵⁾，瓢饮疗朝饥⁽¹⁶⁾。所秉自天性⁽¹⁷⁾，贫富岂相讥。

【毛泽东圈评等情况】

毛泽东读明张溥编《汉魏六朝百三家集》中《谢灵运集》时曾圈阅此诗。

[参考] 张贻玖：《毛泽东评点、圈阅的中国古典诗词》，中国工人出版社1992年版，第225页。

【注释】

（1）总驾，驱车。总，总挽马缰。越，经过。钟陵，即钟山，在今江苏南京东。

（2）京畿（jī），国都及国都附近一带。南朝宋国都建康，即今南京。

（3）踯躅（zhí chú），徘徊。

（4）游目，纵目观赏。《楚辞·离骚》："忽反顾以游目兮，将往观于四荒。"倦，一本作"眷"，善。眷忘归，流连忘返。

（5）市廛（chán），指店铺集中的街区。《礼记·王制》："市，廛而不税。"郑玄注："廛，市场邸舍，税舍不税其物。"阨（ài）室，狭窄的房子。

（6）世族，世袭的贵族。高闱（wéi），高门，指高楼大厦。

（7）密亲，皇室的亲族。

（8）轩甍（méng），高耸的屋脊。通逵，四通八达的街路。

（9）金，金日磾（mì dī）。张，张安世。二人都是汉宣帝时的权贵，氏族甚盛。此指当时权贵。

（10）谅，想必。燕赵，战国时期的燕国和赵国，这里指美丽的歌女。诗，歌。《古诗十九首·燕赵多佳人》之十二："燕赵多佳人，美者颜如玉。被服罗裳衣，当户理清曲。"

（11）长夜，通宵。恣，放纵。酣饮，尽兴畅饮。

（12）穷年，一年到头。弄音徽，演奏。弄，弹奏。徽，原指系琴弦的绳。

（13）余生，残生，指晚年。

（14）竟暮归，犹言终老。竟，终。暮，一本作"莫"，"暮"之本字。

（15）曲肱（gōng），弯着手臂。曲肱子，指贫贱之士。《论语·述而》："饭疏食饮水，曲肱而枕之，乐亦在其中矣。不义而富且贵，于我如浮云。"

（16）瓢饮，"箪食瓢饮"的略语，形容贫人的生活。《论语·雍也》孔子称赞颜回："一箪食，一瓢饮，在陋巷，人不堪其忧，回也不改其乐。"

（17）秉，持。本性，天生的品性。

【赏析】

此诗作年不可考，近代黄节《谢康乐诗注》认为此诗盖康乐为临川内史迁都时所作，是其晚年作品，可参考。此诗通过对名都世族高闱华苑、轩鼟酤饮的描绘，隐约地抒发自己内在的郁闷之情。黄节定于晚年所作，大致合理。

诗前四句为第一层，写自己自钟陵至京师，"游目倦忘归"，既有依恋之意，又为下文写京畿作了铺垫。"市廛无陋室"以下六句为第二层，具体描绘京城高门世族的生活。廛，古代一家居住的房地；陋，狭窄的意思。"市廛"四句具体写建筑的宏大壮观，京城之内，世族济济，高门深院，厅堂楼阁，雕梁画栋，华丽异常；车马华盖，道路相望，彩涂绘饰，骄横逼人。四句诗看似描绘建筑之盛，实乃通过物而写人，以建筑的豪华壮观映衬人的气盛权重。

"孰是金张乐"以下四句为第三层，写世族生活的豪华奢侈。"金张"，汉代时金日磾、张安世两大家族，此代指当时的高门贵族。"长夜恣酤饮，穷年弄音徽"，十个字把世家大族纵情丝竹，纸醉金迷，豪饮酣宴，荒淫奢靡生活刻写殆尽。"弄音徽"，演奏。这四句诗同上面四句相组合，把宋代世家大族生活惟妙惟肖地展现在读者面前。作为士族子弟的谢灵运能精工细绘地刻画当时的世族生活，并带有一定的批判意义（当然，这是一种政治身世的矛盾），是难能可贵的。

"盛往速露坠"以下为第四层，由二、三两层的"游目"描绘，转而内在情感的抒发。在对盛往衰来的喟叹中，诗人表现出极大的忧伤，这既是他郁郁不得意的心境的表现，也反映了他不甘屈居人臣的怀晋之心。最后在自安自慰中结束了诗篇。

这虽是一首乐府诗，但它已不是汉晋以来的乐府那样自然流畅，质实无华，而是遣词造句，艳丽精工，写物绘景，巧构形胜，在写法上同他的山水诗是一脉相承的。刘勰说："宋初文咏，体有因革。"于此可见一斑。

（王利锁）

悲哉行

 萋萋春草生，王孙游有情⁽¹⁾。差池燕始飞⁽²⁾，夭袅桃始荣⁽³⁾。灼灼桃悦色⁽⁴⁾，飞飞燕弄声。檐上云结阴，涧下风吹清。幽树虽改观⁽⁵⁾，终始在初生。松茑欢蔓延⁽⁶⁾，樛葛欣蔂萦⁽⁷⁾。眇然游宦子⁽⁸⁾，悟言时未并⁽⁹⁾。鼻感改朔气⁽¹⁰⁾，眼伤变节荣⁽¹¹⁾。侘傺岂徒然⁽¹²⁾，澶漫绝音形⁽¹³⁾。风来不可托⁽¹⁴⁾，鸟去岂为听！

【毛泽东圈评等情况】

 毛泽东读明张溥编《汉魏六朝百三家集》中《谢灵运集》时曾圈阅此诗。

 [参考]张贻玖：《毛泽东评点、圈阅的中国古典诗词》，

 中国工人出版社1992年版，第225页。

【注释】

 （1）王孙，指贵族子弟。语本淮南小山《招隐士》："王孙游兮不归，春草生兮萋萋。"萋萋，草长得茂盛之状。

 （2）差（cī）池，不齐。语本《诗经·邶风·燕燕》："燕燕于飞，差池其羽。"郑玄笺："差池其羽，谓张舒其尾翼。"

 （3）夭袅，桃枝舒徐摇动之状。桃，一作"柳"。

 （4）灼灼，花色鲜艳夺目之状。语本《诗经·周南·桃夭》："桃之夭夭，灼灼其华。"毛传："灼灼，华之盛也。"

 （5）幽树，颜色深暗的树木，即绿树。改观，改变样子。

 （6）松茑（niǎo），缠绕在松树上的茑萝。《诗经·小雅·頍弁》："茑与女萝，施于松柏。"

 （7）樛（jiū），向下弯曲的树。葛，葛藤，野生植物。蔂（léi）萦，缠绕。语本《诗经·周南·樛木》："南有樛木，葛藟累之。"

 （8）眇然，渺小的样子。游宦子，在外做官的人。作者自指。

 （9）悟言，指与好友对谈。《诗经·陈风·东门之池》："彼美姬兮，

可与晤言。"悟，与"晤"通。

（10）朔气，北方的寒气。《乐府诗集·横吹曲五·木兰诗》："朔气传金柝，寒光照铁衣。"

（11）眼，一作"心"。节荣，指欣欣向荣的春天。

（12）侘傺（chà chì），失意之态。《楚辞·屈原〈离骚〉》："忳郁邑余侘傺兮，吾独穷困乎此时也。"

（13）澶（dàn），一作"缅"。澶漫，放纵。《庄子·马蹄》："澶漫为乐，摘辟为礼。"陆德明《经典释文》："李（颐）云：澶漫，犹纵逸也。"

（14）"风来"二句，"风来"是说形绝，"鸟去"是说音绝，即没有办法给朋友捎信。

【赏析】

据梁沈约《宋书·谢灵运传》记载，谢灵运"为性偏激"，"自谓才能宜参权要，既不见知，常怀愤愤"。"遂肆意游遨"，"所至辄为诗咏，以致其意焉。"谢灵运"致意"的内容，不但表现在他的"游遨"的山水诗中，在其创作的乐府诗中也同样有表现，甚至较山水诗更为强烈。《悲哉行》就属于这方面的作品。

关于这首乐府诗的主旨，黄节《谢康乐诗注》引吴挚父说："此咏晋臣攀附宋朝者"。王夫之也认为："此自别有寄托。"然"寄托"何意，王氏没说。细玩诗意，我们认为此诗主要是通过时序交变，隐喻晋宋易代，抒发了诗人的惆怅失落之情。

诗前两句自汉淮南小山《招隐士》："王孙游兮不归，春草生兮萋萋"化出。王孙当是诗人自谓。"气之动物，物之感人"，百草萋萋，弥野盈天，自然勾引起诗人之情。但诗人并没有接言什么情，而是精笔细描眼前的景色：桃花点点鲜艳悦人，燕子翻飞，嘤嘤自在；屋檐上云影翳蔽，山涧中风意清清；葛藟盘绕，松茑蔓延。诗自上而下，写春景春情，既富于空间感，又散漫着一种幽慵之情。此看似写景，实乃寓情于景，于情景的描绘中表现了"游宦子"的倦怠。

"眇然游宦子"承上而下，由写春景进而咏叹节序交变，侘傺惊心。

原来眼前的自然情状，不但是诗人倦慵心志的映现，而且被涂上了社会的政治的内容。这样我们才更深地理解了诗开头"萋萋春草生，王孙游有情"的含意，大有杜甫"国破山河在，城春草木深。感时花溅泪，恨别鸟惊心"之意。"鼻感改朔气，眼伤变节荣"，"风来不可托，鸟去岂为听"，正是这种情感的形象写照。《悲哉行》就是以春恨写国恨和身愁的。

作为一首乐府诗，这不同于质朴的汉乐府，具有明显的文人化特点。较之汉乐府，它更具抒情性，较之魏晋文人的乐府诗，它更注重铺陈和语句的锤炼，明显地具有谢灵运山水诗精工富丽的特点。（王利锁）

【原文】

临川被收

韩亡子房奋[(1)]，秦帝鲁连耻[(2)]。本自江海人[(3)]，忠义感君子[(4)]。

【毛泽东圈评等情况】

通篇矛盾。"进德智所拙，退耕力不任"，见矛盾所在。

此人一辈子矛盾着。想做大官而不能，"进德智所拙"也。做林下封君，又不愿意。一辈子生活在这个矛盾之中。晚节造反，矛盾达于极点。"韩亡子房奋，秦帝鲁连耻。本自江海人，忠义感君子。"是造反的檄文。

[参考]毛泽东读清沈德潜选编《古诗源·谢灵运〈登池上楼〉批语》，《毛泽东读文史古籍批语集》，中央文献出版社1993年版，第3—4页。

台湾的朋友们，不可以尊美国为帝。请你们读一读鲁仲连传好吧。美国就像那个齐湣王。说到齐湣王，风烛残年，摇摇欲倒，他对鲁卫小国还要那样横行霸道。六朝人有言：韩亡子房奋，秦帝鲁连耻。本自江海人，忠义感君子。现在是向帝国主义造反的时候了。

[参考]毛泽东：《再告台湾同胞书稿》，《建国以来毛泽东文稿》第七册，中央文献出版社1992年版，第459—460页。

毛泽东曾手书此诗。

[参考]中央文献研究室整理:《毛泽东手书选集·古诗词(上)》,
北京出版社 1996 年版, 第 71 页。

【注释】

(1)子房,即张良(前?—前186),城父(今安徽亳州东南)人,汉初大臣。

(2)鲁连,即鲁仲连,战国时齐人,一生不仕,善于计谋策划,常周游列国,排难解纷。

(3)江海人,指浪迹四方,放情江海的人。江海,江和海,指隐居之地。《庄子·让王》:"身在江海之上,心居乎魏阙之下。"

(4)忠义,忠贞义烈。忠,忠诚无私;义,符合正义或道德规范。君子,泛指才德出众的人。《易·乾》:"九三,君子终日乾乾。"东汉班固《白虎通·号》:"或称君子何? 道德之称也。君之为言群也,子者丈夫之通称也。"此指张良、鲁仲连。

【赏析】

此诗录自《宋书·卷六七本传》。原无题,此乃明焦竑刊本《谢康乐集》所加,今姑从之;明张溥《汉魏六朝百三名家集》在《谢灵运集》题作《自叙》。这首诗作于宋文帝元嘉十年(433)。谢灵运任临川(今江西抚州西)内史时,同在永嘉任太守一样,自由放任,终日游乐,完全不理政事,于是为有司所纠。在京任司徒的刘义康"遣使随州从事郑望生收灵运,灵运执望生,兴兵叛逸",愤然作此诗。清陈祚明云:"累任之后忽发此愤,诚非情实。然吾谓康乐胸中未忘此意,于其哀庐陵信之。"(见《采菽堂古诗选》卷十七)陈氏是相信谢灵运叛乱的,为一说。今人郝昺衡以为此诗乃刘宋当权者的伪造(见《谢灵运年谱》),对谢灵运造反则持否定态度,为又一说。

全诗四句,是首五绝。"韩亡子房奋,秦帝鲁连耻。"一、二句用典。子房,即张良。张良祖先五代相韩,为韩国贵族。公元前 230 年,秦灭韩。

张良立志为韩复仇，阴谋恢复韩国，倾其家财收买刺客，在博浪沙（今河南原阳）狙击出游巡视的秦始皇未中。首句"韩亡子房奋"，当指这件事。之后，张良逃匿下邳（今江苏邳州），得《太公兵法》，归刘邦后，成为刘邦的重要谋士，佐高祖定天下。次句"秦帝鲁连耻"，用鲁仲连义不帝秦典故。赵孝成王八年（前258），秦兵围赵都邯郸（今河北邯郸），魏安釐王惧秦，派将军辛垣衍潜入邯郸，劝说赵王尊秦昭王为帝。当时鲁仲连游赵，知道此事后，乃向辛垣衍陈述帝秦之害，辛垣衍认为他说得对。秦将知道了这件事，乃将其军队后撤五十里，邯郸之围遂解。"本自江海人，忠义感君子"，三、四句寄慨，二句是说，张良、鲁仲连都是浪迹四方、放情江海之人，本可以"不在其位，不谋其政"，但他们却"身在江海之上，心居乎魏阙之下"。这是因为忠贞义烈的高贵品德感召着他们这些才德出众之人。在对张良、鲁仲连忠义的赞扬中抒发了自己的愤懑不平。

毛泽东对谢灵运的山水诗非常欣赏，一共圈阅了他近30首诗，对这首诗也很喜爱，曾经两次引用并手书过。他在对《登池上楼》一诗的评点中，写了一条较长的批语。这个批语，不仅对这首诗，而且对谢灵运的政治态度和思想品德做了中肯的评论。毛泽东通过"进德智所拙，退耕力不任"这两句诗，结合诗人的身世经历，深刻地剖析了他的政治态度和思想实质，指出他的矛盾是"想做大官而不能"，"做林下封君"（做隐士）又不愿意，而且这一矛盾支配了诗人一生，最后导致诗人的自我毁灭。

毛泽东在批注中称之为"造反的檄文"的《临川被收》一诗，是谢灵运聚众拒捕时愤而所写。他以韩国灭亡后毁家报秦的张良和义不帝秦的鲁仲连自喻，说他本来是浪迹四方、放愤江海的人，忠贞义烈一定会感功才德卓异之人的慷慨相助，确有点"造反"的意味，但这种"造反"，充其量不过是聚众拒捕，妄图逃逸，与揭竿而起、进而推翻刘宋王朝的统治不可同日而语。但是后来谢灵运竟被构陷"给钱令买弓箭刀楯等物""于三江口"劫囚车，便是大逆不道了，终于在"广州行弃市刑"。他临死又作诗一首说："龚胜无余生，李业有终尽。嵇公理既迫，霍生命已殒。凄凄凌霜叶，网网冲风菌。邂逅竟几何，修短非所愍。送心自觉前，斯痛久已忍。恨我君子志，不获岩上泯。"诗中以宁死而不肯做王莽的官的东汉义士龚胜、宁饮毒酒死而不愿辅佐军阀公孙述的东汉义士李业和因不满司马氏而被杀的魏晋名士嵇康自喻，抒发自己无辜被杀的愤懑。

毛泽东很喜欢"韩亡子房奋"一诗，1958 年在发表的《再告台湾同胞书稿》一文中又援引了它，批评美帝国主义霸占我国神圣领土台湾，就像战国时期的齐湣王一样，自己已经摇摇欲倒，还到处伸手干涉别国内政，告诫台湾当局，"不可以尊美国为帝"，要像我们的古人张良、鲁仲连那样，不为强暴所屈，见义勇为，起来造反，因为，"现在是向帝国主义造反的时候了"。（毕桂发）

鲍　照

鲍照（约416—466），字明远，东海（今山东郯城）人。南朝文学家。家世贫贱。临川王刘义庆任命他为国侍郎。宋文帝迁为中书舍人。后临海王萧子顼镇荆州，鲍照为前军参军，世称鲍参军。后子顼作乱，鲍照为乱兵所杀。

鲍照和谢灵运、颜延之齐名，合称为"元嘉三大家"，而成就较颜、谢为高，是我国文学史上杰出的诗人之一。他的作品，大多数表现寒门对士族政治的不满和抨击，也有不少写下层人民生活的，表现了战乱、徭役和压迫、剥削带给他们的痛苦。此外，他还有一些抒写雄心壮志、洋溢着爱国热忱，或表现憧憬和追求美好生活的诗。

鲍照诗气骨劲健，语言精练，词采华丽，具有浓厚的浪漫主义色彩。主要成就为乐府歌行。今传《鲍参军集》十卷。

【原文】

学刘公干体

胡风吹朔雪⁽¹⁾，千里度龙山⁽²⁾。集君瑶台上⁽³⁾，飞舞两楹前⁽⁴⁾。
兹辰自为美⁽⁵⁾，当避艳阳天⁽⁶⁾。艳阳桃李节⁽⁷⁾，皎洁不成妍⁽⁸⁾。

【毛泽东圈评等情况】

毛泽东的同学易咏畦1915年3月病逝家中，第一师范学校校长张干等发动于5月23日开追悼会，毛泽东写有挽联一副："胡虏多反复，千里度龙山，腥秽待湔，独令我来济何世；生死安足论，百年会有没，奇花初苗，特因君去尚非时。"他又在致湘生信中说："同学易昌陶病死，君工书善文，与弟甚厚，死殊可惜。校中追悼，吾挽以诗，气为斧正。"所写挽诗即五古《挽易昌陶》，现收入《毛泽东诗词集》副编。

　　[参考]《毛泽东诗词集》，中央文献出版社1996年版，第155—156页。

【注释】

　　（1）胡风，北风，因胡地在北方，故称。朔雪，北方的雪，比喻高洁之士。

　　（2）龙山，即逴龙山，古代神话中北方的一座冰山。《楚辞·大招》王逸注："北方有帝寒之山，阴不见日，名日逴龙。"

　　（3）集，止。君，国君。瑶台，巍峨而洁白的宫殿。用屈原《离骚》"望瑶台之偃蹇兮"句意。瑶，美玉。

　　（4）楹（yíng），厅堂前部的柱子。两楹前，即皇帝的正殿之前。《文选》李善注引郑玄《礼记》注云："两楹之间，人君听治正坐之处。"

　　（5）兹，此。辰，时辰，一作"晨"。兹辰，泛指这时候。

　　（6）艳阳天，阳光明媚的春天。

　　（7）桃李，喻小人。节，季节。

　　（8）皎洁，明亮洁白。妍（yán），美丽，美好。西汉扬雄《方言》第一："娥，好也曜……自关而西，秦晋之故都日妍。"

【赏析】

　　刘公干，名桢，东平（今山东东平）人，"建安七子"之一。本题共五首，此其第三首。黄节说："公干《赠从弟》：'凤皇集南岳，徘徊孤竹根。于心有不厌，奋翅凌紫氛。岂不常勤苦？羞与黄雀群。何时当来仪？将须圣明君。'明远此篇取喻及其结体，盖学之。"（《鲍参军诗注》）这首诗以雪作比喻，说正直的人虽然高洁，但在世风浇薄、小人得势的时候，就不得不退位避逡。刘履说："此明远被间见疏而作，乃借朔雪为喻。词虽简短，而托意微婉。盖其审时处顺，虽怨而益谦。然所谓艳阳与皎洁者，自当有别。"（《选诗补注》）吴淇说："此诗旧说以雪比小人，桃李比君子，非也。"对诗意的理解，虽有两歧，但笔者认为，刘履《选诗补注》

说"此明远被间见疏而作",是可能的。

此诗通首用比体,即以北国皎洁的冬雪自喻。全诗八句,四句为一节,而一节中的每两句各表达一个完整的意思。"胡风吹朔雪,千里度龙山。"起首二句是说,远在北方的雪被胡地寒风吹越龙山,落到帝都所在。三、四两句写雪的形象美观动人,"集君瑶台上"写静止的雪,"飞舞两楹前"写动荡的雪,笔意虽平淡朴实,却把雪的丰姿写得十分具体。试想,皑皑白雪静静地落在高台之上,自然很壮观。而雪花在殿前空中飘动飞舞,景象更加优美。这两句虽是景语,实涵"比"的成分,因为"一切景语皆情语也"(近代王国维语)。

诗人用雪自喻,较易理解。雪的洁白晶莹,正象征人品的高尚纯洁。北国多雪,本是自然现象,但诗人为什么要写它从阴寒幽僻的朔漠吹到帝王的殿堂之上呢?这就与诗人的身世有关。鲍照出身于微贱的寒门,想在朝廷上占一席之地是很不容易的;正如雪虽皎洁却来自遥远的荒漠,不可能轻易地进入帝王所居之地。所以诗人于此诗的三、四句,特意把下雪的背景安排在帝王的宫殿,这实际上寄托了鲍照希望跻身朝廷、与豪门权贵分享政权的理想,当然其中也不无追名逐势往上爬的庸俗成分。

然而这第一节只是表达了诗人的主观愿望。下面四句突然一个转折,跌入了另一个境界:"兹辰自为美,当避艳阳天。艳阳桃李节,皎洁不成妍。"意思是说,春天一旦来临,在阳光明媚的春天,只允许桃李争妍斗胜;而这时皎洁的雪,也就再没有容身之地了。"艳阳天"与"桃李艳",原是春意盎然的景象,在一般人的心目中,它应该属于值得肯定的良辰美景的范畴;然而作者却把它当作洁白无瑕的白雪的对立面。于是这明媚春光、桃李缤纷的场景一下子便成了名利场中趋炎附势的象征,使读者在强烈的对比之下竟对绚丽妍美的"艳阳天"产生了庸俗尘下之感。这就是诗人不同凡响的大手笔了。这种写法,更加显出豪门权贵的炙手可热,也自然体会到寒士阶层命运的可悲和身世的凄凉,从而强化了诗的题旨。

此诗诗意极醒豁,一望可知,毫无隐曲。从结构上看,简括而谨严,没有铺排,没有枝蔓,十分凝练,然而层次井然,转折分明。虽摹仿前人,但在继承中又有创新,而不是依样画葫芦的效颦之作,不愧为鲍诗中的精品。

1915 年 3 月毛泽东的同学易咏畦在家中病逝，5 月 23 日学校为他开追悼会时，毛泽东在拟的一副挽联中引入此诗"千里度龙山"成句，说明他对此诗的熟悉和喜爱。（毕桂发）

沈庆之

沈庆之（386—465），字弘先，南朝宋吴兴武康（今浙江德清武康镇）人。晋末孙恩作乱，庆之未二十岁，随乡族击之屡捷，以勇敢著称。年四十，未知名。后为宁远中军参军。竟陵屡为寇，庆之为设方略，每击破之，由是致将帅之称。宋文帝刘义隆元嘉中累功为建威将军，讨平诸蛮。元凶刘劭弑逆，庆之佐孝武帝刘骏讨劭，旬日间内外整办，时谓神兵。孝武帝即位，论功封始兴郡公。竟陵王刘诞反，又讨平之，进侍中、太尉。前废帝刘子业诛戮大臣，庆之进言谏净，遂被杀。明帝刘彧立，追谥襄。

【原文】

侍宴诗

微生遇多幸⁽¹⁾，得逢时运昌⁽²⁾。朽老筋力尽⁽³⁾，徒步还南冈。辞荣此圣世⁽⁴⁾，何愧张子房⁽⁵⁾？

【毛泽东圈评等情况】

公社一级干部不懂一点政治经济学是不行的。不识字的可以给他们讲课。梁武帝有个宰相沈庆之，一字不识，皇帝强迫他作诗，他口念，叫别人写：

微令（生）值（遇）多幸，得逢时运昌。

朽老精（筋）力尽，徒步还南冈。

辞荣比（此）圣世，何愧张子房？

他说你们这些读书人，还不如老夫用耳学。当然，不要误会，我不是反对扫除文盲。……

　　　　　　[参考]李锐：《庐山会议实录》（增订本），河南人民出版社
　　　　　　　　　　　　　　　　　　　　1995年版，第131—132页。

【注释】

　　（1）微生，卑微的人生。唐李商隐《过楚宫》："微生尽恋人间乐，只有襄王忆梦中。"

　　（2）时运，古人迷信，认为人一生的吉凶遭际均由命运决定，并通过时间的运转表现出来，称为时运。《汉书·王莽传下》："其或顺指，言'民骄黠当诛'，及言'时运适然，且灭不久'，莽说，辄迁之。"昌，兴盛，昌盛。

　　（3）朽老，年迈体衰。《后汉书·陈蕃传》："愿惟陛下哀臣朽老，戒之在得。"

　　（4）辞荣，逃避富贵荣华的生活。谓辞官退隐。东晋陶潜《感士不遇赋》："望轩唐而永叹，甘贫贱以辞荣。"圣世，犹圣代。旧时对于当代的谀称。东汉王充《论衡·须颂》："涉圣世不知圣主，是则盲者不能别青黄也。"

　　（5）张子房，即张良（？—前185），子房是他的字，传为城父（今安徽亳州东南）人，汉初大臣。

【赏析】

　　此诗见于清沈德潜选编《古诗源》卷十一，题作《侍宴诗》，题下注曰：《南史》云："孝武令群臣赋诗。庆之有口辩，手不能书。上令作赋。庆之曰：'臣请口授师伯。'上令颜师伯执笔。庆之云云，上甚悦。众坐并称其词意之美。"这便是本诗的本事。现在让我们欣赏一下这首诗。沈庆之，是南朝宋名将，东晋末孙恩之乱时起兵，刘宋建立后，历仕宋武帝、少帝、文帝、孝武帝、前废帝五朝，孝武帝时官居侍中、太尉，为三公之一。他戎马一生，识字不多，为文作诗，是门外汉；但他阅历丰富，发而为诗，虽手不能书，由人代笔，仍不失为一篇佳作，在诗歌史上传为佳话。

这是一首五言古诗，全诗共六句。"微生遇多幸，得逢时运昌。"因为是孝武帝设宴令作诗，所以一、二两句上来先写自己得遇明时圣主，起笔颇为得体。二句意谓我卑微的一生却遇上了很多好机遇，这是我的时运昌盛。既颂扬了孝武帝，又无面谀之嫌，可谓自占地步。"朽老筋力尽，徒步还南冈。"三、四两句写自己年老力衰要归隐田园。上句说自己年迈力衰，下句说要步行回老家，乃是不居功据位之意，这是皇帝愿意听到的。如果诗只说到这里为止，也太煞风景，也不是诗人本意，所以末二句又说："辞荣此圣世，何愧张子房？"上句说自己要辞官归隐，下句说自己和汉朝的张良相比又有什么可惭愧的呢？张良被刘邦誉为"运筹帷幄之中，决胜千里之外"，是刘邦的主要谋士，为汉王朝的建立立有大功。沈庆之以张良自比，自负甚高，实际也是向皇帝自矜其功，不愿隐退之意。沈德潜在诗末批注说："武臣诗不嫌其直，与曹景宗诗并传。"所评甚确。

毛泽东认为社会生活是文艺创作的唯一源泉，强调社会生活对文学创作的重要意义，沈庆之有丰富的社会阅历而无文化，却写出了不错的诗篇，因而受到毛泽东的称赞，这是很自然的事。（毕桂发）

谢　朓

　　谢朓（464—499），字玄晖，陈郡阳夏（今河南太康）人，南朝齐诗人。他是谢灵运的同族，故有"小谢"之称。曾任宣城太守之职，又被称为"谢宣城"。他出身贵族，母为宋长城公主。早年曾做过南朝齐豫章王的参军，随王的功曹、文学等。后来他曾掌管中书、诏诰，出任宣城太守。齐东昏侯永元初（499—501）江祐等谋立始安王萧遥光，遥光以朓兼知卫尉，企图引他为党羽，他不肯依从，致下狱死，年仅36岁。

　　谢朓和沈约齐名，其诗号称"永明体"。梁简文帝曾称赞他们两人的诗为"文章之冠冕，述作之楷模"（《梁书·庾肩吾传》）。谢朓的诗寄情山水，不杂玄言，风格秀逸，为当时作家所爱重。梁武帝说："不读谢诗三日觉口臭。"谢朓的所谓"新变体"诗已有唐风，对于五言诗的律化影响极大。有《谢宣城集》。

【原文】

暂使下都夜发新林至京邑赠西府同僚

　　大江流日夜⁽¹⁾，客心悲未央⁽²⁾。徒念关山近⁽³⁾，终知返路长⁽⁴⁾。秋河曙耿耿⁽⁵⁾，寒渚夜苍苍。引领见京室⁽⁶⁾，宫雉正相望⁽⁷⁾。金波丽鳷鹊⁽⁸⁾，玉绳低建章⁽⁹⁾。驱车鼎门外⁽¹⁰⁾，思见昭丘阳⁽¹¹⁾。驰晖不可接⁽¹²⁾，何况隔两乡⁽¹³⁾。风云有鸟道⁽¹⁴⁾，江汉限无梁⁽¹⁵⁾。常恐鹰隼击⁽¹⁶⁾，时菊委严霜⁽¹⁷⁾。寄言罻罗者⁽¹⁸⁾，寥廓已高翔⁽¹⁹⁾。

【毛泽东圈评等情况】

　　毛泽东读1957年文学古籍刊行社出版的清沈德潜选编《古诗源》卷

十二时曾圈阅此诗。

[参考] 张贻玖：《毛泽东评点、圈阅的中国古典诗词》，中国工人出版社1992年版，第225页。

【注释】

（1）大江，指长江。

（2）未央，未尽，不止。

（3）关山，险阻的旅途，指建业的城郊。

（4）返路，回荆州的路。

（5）秋河，秋天的银河。耿耿，光亮。

（6）引领，伸颈。京室，指建康。

（7）宫雉，宫墙。雉，城上的短墙。

（8）金波，指月光。丽，附着。鸲（zhī）鹊，汉代观名，在甘泉宫外，借指齐都建康的台观。

（9）玉绳，星名，位于斗柄北边。建章，汉代宫名，借指齐都建康的宫殿。

（10）鼎门，指建康的南门。《文选》李善注引《帝王世纪》："成王定鼎于郏鄏（jiá rù）。"皇甫谧曰："其南门为定鼎门。"因此，后代便用"鼎门"称南门。

（11）昭丘，楚昭王的墓，在荆州当阳东。昭丘阳，昭丘的南面，借指荆州。三国魏王粲《登楼赋》："西接昭丘。"西汉扬雄《方言》："冢大者为丘，丘南曰阳。"

（12）驰晖，指日。

（13）两乡，指荆州和建康两地。

（14）鸟道，一作"鸟路"。

（15）江汉，长江和汉水。梁，桥梁。

（16）隼（shǔn），鹰类，比喻凶恶的人。

（17）委，枯萎。严霜，寒霜，比喻迫害。

（18）罻（wèi）罗者，张设罗网捕鸟的人，比喻设计害人的人。这里指王秀之。罻罗，捕鸟的网。

（19）廖，深。廓，空。《文选》李善注引司马相如《喻蜀父老》："犹鶺鹏翔乎寥廓之宇，而罗者犹视乎薮泽。"

【赏析】

这首诗是谢朓三十岁时所作。当时谢朓是随王萧子隆的文学。萧子隆爱好辞赋，"朓以文才尤被赏爱，流连晤对，不舍日夕。"荆州长史王秀之妒忌他们的亲密关系，密告齐武帝，于是齐武帝下令："朓可还都。"（《南齐书·谢朓传》）这首诗就是作于从荆州（今湖北江陵）被召回下都建康（今江苏南京）途中。诗题中的"下都""京邑"，均指建康，"新林"是建康西30里的新林浦。"西府"，指荆州随王府。诗题点明了作诗的时间、地点和原因。这首诗表现了诗人在漫长的征途跋涉中忧惧悲愤的心情。

全诗按照诗人感情变化的轨迹可分为两部分。前十句为第一部分，写诗人感情由悲愤转为明朗。"大江流日夜，客心悲未央。"前句使人想起《论语·子罕》所载："子在川上曰：'逝者如斯夫，不舍昼夜。'"同时也是诗人乘船东下，日夜兼程亲身所历，是用典，也是写实；后句说自己的悲愤心情像滚滚奔流的长江水，是感情倾泻。这二句用起兴手法，写得境界阔大，情思浩荡，一下子把诗人心中巨大的愤懑和不平表现出来了，为全诗奠定了基调，成为千古绝唱。"徒念关山近，终知返路长。""关山"，指建康附近的山。"返路"，返回荆州的道路。此次诗人是召回受责，心绪不好，京华风物再美，也提不起他的兴致，所以说"徒念"；"返路长"一语，透露了诗人对荆州生活的无限眷恋，随王的知人善任，西府同僚的志同道合，都令他难以忘怀，点出了诗人悲愤的原因所在，也醒了题目。船继续行驶，秋天的银河放射着明亮的光芒，江边的小洲，还笼罩在夜色苍茫之中。夜空中，伸长脖子已经可以看见巍峨的城阙，微明中，遥遥可见那连绵不断的宫墙。天边的淡月，把余晖洒落在宫殿上，玉绳星悄然低垂好像斜挂在宫殿下面。鸠鹊，汉观名。"建章"，汉宫名。此处皆借指建康宫殿。诗人以写景，点出题中所言"夜"，并且寓情于景，借景抒情，以眺望京城景物为转机，使诗人悲愤稍减，心绪稍平，希望萌生，完成了诗人感情由黯淡而至明亮的一次变化。

诗人感情刚稍稍振作，但一到京城便又忧伤起来。"驱车鼎门外，思见昭丘阳。""鼎门"，定鼎门，周成王定鼎于郏鄏（今河南洛阳西），其南门为定鼎门。"昭丘"，楚昭王陵墓，在荆州（墓址位于今湖北当阳东南）。二句上承景之描写，下启论之所发。使用借代手法，用周、楚地名代指当时地名，车子虽然到了京都南门外，心中却仍然思念着荆州同僚，不由得发出感慨："驰晖不可接，何况隔两乡。"建康与荆州，迢迢千里，飞转的太阳尚且不可连接两地，更何况诗人与西府同僚相隔两地呢？接下六句，诗人别出心裁地以小鸟为喻，委曲婉转地表达了诗人的复杂心情。"风云有鸟路，江汉限无梁。"从字面上讲，是说天空中虽有疾风恶云，但毕竟还有小鸟飞行的通道，长江汉水阻隔却无桥梁可通。言外之意，是说自己连鸟也不如，这是对谗邪当道、忠良受阻的谴责。"常恐鹰隼击，时菊委严霜"。"隼"，鹰类，比鹰稍小。"委"，通"萎"。两句是说，小鸟时时担心被恶鹰袭击而死于非命，就像秋菊一夜之间受严霜摧残而枯萎，表现出诗人怕遭杀身之祸的恐惧心情。一般解释"鹰隼"，多以为指毁谤中伤他的王秀之之流，固然不错，但鹰隼搏击，古人只作为肃杀秋天的标志，而寒秋肃杀，又是行刑的季节。《汉书·孙宝传》载侯文在立秋那天对孙宝说："今日鹰隼始击，当顺天气，取奸恶，以成严霜之诛。"鹰隼击意味着行严霜之诛，所以说表现了诗人怕遭杀身之祸的忧惧心理。"寄言蹑罗者，寥廓已高翔。"蹑罗者，张网捕鸟的人。二句是说，告诉那些张网捕鸟的人，小鸟已在寥廓的天空高高飞翔。仍以小鸟为喻，抒写诗人脱离奸佞小人包围重获自由的愉快心情。其作用有二：一是告诉西府同僚自己全身远害，太平无事；二是向诬陷者王秀之之流示威。

这首诗用起兴、借代、比喻等艺术手法表现秋夜从新林至建康的情景，抒发其忧惧愤慨的心情，熔叙事、写景、抒情于一炉，思想与艺术为一体，是不可多得的佳作。（毕桂发）

【原文】

新亭渚别范零陵云

　　洞庭张乐地⁽¹⁾，潇湘帝子游⁽²⁾。云去苍梧野⁽³⁾，水还江汉流⁽⁴⁾。停骖我怅望⁽⁵⁾，辍棹子夷犹⁽⁶⁾。广平听方籍⁽⁷⁾，茂陵将见求⁽⁸⁾。心事俱已矣⁽⁹⁾，江上徒离忧⁽¹⁰⁾。

【毛泽东圈评等情况】

　　毛泽东读 1957 年文学古籍刊行社出版的清沈德潜选编《古诗源》卷十二时曾圈阅此诗。

　　　　　　[参考] 张贻玖：《毛泽东评点、圈阅的中国古典诗词》，

　　　　　　　　　　　　　中国工人出版社 1992 年版，第 225 页。

【注释】

　　（1）洞庭，洞庭湖，此指湖南。张乐，奏乐。传说黄帝曾在洞庭奏《咸池》之乐。

　　（2）潇湘，潇水和湘水，皆在今湖南境内。帝子，犹公主，尧的女儿娥皇、女英。传说娥皇、女英随舜往南方，没有赶上，死于湘水。

　　（3）苍梧，山名，即九嶷山。传说舜南行死于苍梧之野。

　　（4）江汉，长江和汉水。

　　（5）停骖（cān），即停车。骖，古代四马驾车，两旁的马叫骖。

　　（6）辍棹，即停船。子，指范云。夷犹，犹豫不前。

　　（7）广平，指广平太守郑袤（mào），晋朝人，有政绩，为百姓爱戴。听方籍，声望将高起来。籍，甚，盛。

　　（8）茂陵，指西汉辞赋家司马相如。相传司马相如作《子虚赋》，汉武帝读了，大为赞赏，经杨得意推荐，遂被召见。

　　（9）心事，指上面所说的两人的心愿。俱，皆。已矣，完了。

　　（10）离忧，遭遇忧患。离，通"罹"，遭受。《史记·屈原贾生列传》："离骚者，犹离忧也。"司马贞索引引应劭曰："离，遭也。"

【赏析】

这是一首送别诗。新亭，在今南京南。范零陵，即范云，当时被谪为零陵内史，故称。诗歌借送别朋友之际，抒发诗人依恋不舍的惆怅与内心失意的忧郁情绪。

"洞庭"二句："张乐"，即奏乐。传说黄帝曾在洞庭奏《咸池》之乐。舜南巡时，帝尧之二女娥皇女英追之，不及，死于湘水。此二处均为范云赴零陵所经之地，引典叙写朋友所往是名胜之所。"云去"两句意为白云西飘苍梧之路，江水东流归入大海。这里以"云"喻范云，"水"喻自己，范云将西赴零陵与自己留在长江下游建康。一去一还，即将分离。此处的景物描写喻意明显，而且贴切生动。无根之云与流动之水象征人处世间，宦海浮沉，世事难定，落下一份无可奈何的离别之惆怅。因此引出下面"停骖我怅望，辍棹子夷犹"的不舍之情。"停骖"，即停车。古代用四马驾车，两旁之马称骖。"夷犹"，即犹豫，徘徊不前。临别之际，自己滞留江边，怅望不返；而朋友停舟江上，不忍离去，写出双方难舍难分的情景，表现了朋友之间的深厚情意。"广平"二句：广平，指晋太守郭褒，在广平太守任上颇有政绩，声望斐然，深受百姓爱戴。听，声望。"藉"，甚，盛。"茂陵"，指西汉司马相如，曾作《子虚赋》而受到汉武帝的赏识，经人推荐而被召见，后因病家居茂陵。这里是引用典故，以郭褒喻范云，司马相如为自况，言范云将在零陵任上政绩卓著，自己也会在京城受到重用。但心想而事难成。谢朓一生中仕途失意，在党派争斗的旋涡中，屡遭排挤陷害，范云也同样被贬到零陵，所以下面笔势一转。感情陡然下降，"心事俱已矣，江上徒离忧。""心事"，指前二句而言，谓愿望都未实现。所以与朋友离别只有忧愁而已。

全诗除末二句外，几乎全为对句，而且多处用典，但却不滞板凝重，而是语意明确，脉络畅通，把友我双方的眷恋难舍与仕途失意的惆怅、忧郁交织一起，用清新流利的笔墨深切地传达出来。（马予静）

【原文】

晚登三山还望京邑

瀣涘望长安⁽¹⁾，河阳视京县⁽²⁾。白日丽飞甍⁽³⁾，参差皆可见⁽⁴⁾。余霞散成绮⁽⁵⁾，澄江静如练⁽⁶⁾。喧鸟覆春洲⁽⁷⁾，杂英满芳甸⁽⁸⁾。去矣方滞淫⁽⁹⁾，怀哉罢欢宴⁽¹⁰⁾。佳期怅何许⁽¹¹⁾，泪下如流霰⁽¹²⁾。有情知望乡，谁能鬒不变⁽¹³⁾？

【毛泽东圈评等情况】

毛泽东读 1957 年文学古籍刊行社出版的清沈德潜选编《古诗源》卷十二时曾圈阅此诗。

[参考] 张贻玖：《毛泽东评点、圈阅的中国古典诗词》，中国工人出版社 1992 年版，第 225 页。

【注释】

（1）灞，灞水，源出陕西蓝田，流经长安，过灞桥。涘，河岸。王粲《七哀》："南登灞陵岸，回首望长安。"

（2）河阳，县名，故址在今河南孟县西。京县，此指洛阳。潘岳《河阳县》诗有"引领望京室，南路在伐柯"句。

（3）丽，附着，或明丽。飞甍（méng），飞甍的屋檐。

（4）参差（cēn cī），高低不齐之状。

（5）绮，锦缎。

（6）练，白绸子。

（7）喧，一作"暄"。覆，盖。覆春洲，言鸟之多。

（8）英，花。甸，郊野。

（9）方，将。滞淫，淹留，久留。王粲《七哀》诗："荆蛮非我乡，何为久滞淫。"

（10）怀哉，想念啊。《诗经·王风·扬之水》："怀哉怀哉，曷月予旋归哉！"欢宴，指故乡旧馆的宴会。晋石崇《思归再引》："思归引，归河阳……望我旧馆心悦康，……宴华池，酌玉觞。"

（11）佳期，指归京邑之期。怅，惆怅。何许，几许，多少。

（12）霰（xiàn），雪粒。

（13）鬒（zhěn），黑发。一作"缜"。

【赏析】

谢朓祖居陈郡阳夏（今河南太康），后移居建康。齐明帝建武二年（495）谢朓出任宣城太守，离开他生长、供职的京城时写下了《晚登三山还望京邑》这首名作。这首诗写诗人登三山时所见美景和遥望京邑所引起的思乡之情。"三山"，在今南京西南，上有三峰，南北相接。"还望"，回头眺望。"京邑"，京城，指建康。诗题点出了写这首诗的时间、地点和原因，概括了全篇内容。

诗以典故发端，领起全篇："灞涘望长安，河阳视京县。""灞"，灞水，源出于陕西蓝田，流经长安，过灞桥。"涘"，河岸。"灞涘"句借用王粲《七哀诗》"南登灞陵岸，回首望长安"的意思。"河阳"，县名，旧址在今河南孟县西。"京县"，此处指洛阳。潘岳《河阳诗》有"引领望京室"的诗句。二句是以王粲从灞陵望长安，潘岳从河阳望洛阳，来比喻自己从三山还望京邑的情形，十分贴切。王粲的《七哀诗》写于汉末董卓被杀，李傕、郭汜大乱长安时，他在灞陵望长安，所抒发的不仅是眷恋故都，更有向往明主贤相重建清平之世的愿望。潘岳的《河阳诗》写于河阳令任上，"岳才名冠世，……负其才而郁郁不得志"（《晋书·潘岳传》），潘岳"河阳视京县"，怀才不遇之意甚明。谢朓出任太守前，建康一年中换了三个皇帝，政治局面十分混乱。所以开头二句既交代了离京的原因和路程，又借用典故抒发了留恋京邑、怀才不遇，以及对时局的隐忧。

诗人引用典故开端领起后，接下去六句是登山回望京邑景色："白日丽飞甍，参差皆可见。余霞散成绮，澄江静如练。喧鸟覆春洲，杂英满芳甸。"这六句是说，诗人站在三山顶峰，还望京都，皇宫和贵族宅第的高耸的屋檐高高低低，在日光照射下清晰可见。仰望天空只见余霞铺展开来像一片锦缎，俯视地面只见澄清的江水像一匹白色的绸子。看江中喧闹的归鸟盖满了水里的小岛，望地面各色野花开遍了芬芳的郊野。诗人紧扣题意，选取富有特征性的景物，将登临所见井然有序地概括在这六句诗里："白日"二句写尽满城的繁华景象和京都的壮丽气派，"余霞"二句大笔挥洒江天的壮丽景色，"喧鸟"二句细笔点染江洲的佳趣，句无不工，各臻其妙。特别是"余霞散成绮，澄江静如练"二句，尤为世人所叹赏。其妙处在于这一对比喻不仅色彩对比鲜丽悦耳，而且"绮""练"这两个喻象给人以静止柔软的直觉感受，也与傍晚时平静柔和的情调相一致，同时，澄静的江水还能唤起读者对天上云霞与水中倒影互相辉映的联想，意蕴丰富，词句精工，令人叹为观止。所以唐代大诗人李白"一生低首谢宣城"，他在《金陵城西楼月下吟》中写道："解道'澄江静如练'，令人长忆谢玄晖。"对谢朓给予了高度评价，在盛赞"余霞"句的同时，表示了对诗人的崇敬怀念之情。

京城景色虽美，自己却不能久居，而要去赴外任，感慨油然而生，于是诗篇转入抒情："去矣方滞淫。怀哉罢欢宴。""滞淫"，久留。王粲《七哀诗》："荆蛮非我乡，何为久滞淫？""怀哉"，意谓"想念啊"。《诗经·王风·扬之水》："怀哉怀哉！曷月予旋归哉？""罢欢宴"，停止故乡旧有的宴游。这二句是说京邑虽好，可是自己将要离别它而在外久留，我是多么想念那停止了的故乡旧馆的欢宴生活。追念难忘的往事，不能不想起何时得还："佳期怅何许，泪下如流霰。""佳期"，指还京邑之期。"霰"，雪珠。二句是说，何年何月才能回乡呢？满怀惆怅，思绪万千，眼泪像纷飞的雪珠一般而下。这里诗人从离家想到还乡无期，不禁潸然泪下，思乡之情又进了一层。最后又写道："有情知望乡，谁能鬒不变？""鬒"，黑发。二句是说，有真挚感情的人，最懂得怀念家乡，谁不因此愁得黑发变白呢？诗人由切身感受，推己及人，升华为人人共有的感情，而以设问作结，更增强了诗的动人心魄的艺术力量。

这首诗，既是写景，又是抒情，是一篇情景交融的佳作。全诗由三个部分组成，开头两句在叙事中抒情，中间六句写景，最后六句抒情，而又以去国怀乡的情思贯穿其中。三个部分互为补充，互相发明，景因事而起，情因景而生，极尽情景融洽之妙。不过本诗最有光彩的部分是其写景，抒情虽然情挚意切，凄惋动人，但毕竟格调低沉，失之平弱。这与诗人缺乏积极的政治态度，追求清静的生活情趣有关，是我们不能苛求于前人的。（毕桂发）

【原文】

高斋视事

余雪映青山，寒雾开白日。暧暧江村见⁽¹⁾，离离海树出⁽²⁾。披衣就清盥⁽³⁾，凭轩方秉笔⁽⁴⁾。列俎归单味⁽⁵⁾，连驾止容膝⁽⁶⁾。空为大国忧⁽⁷⁾，纷诡谅非一⁽⁸⁾。安得扫蓬径⁽⁹⁾，锁吾愁与疾⁽¹⁰⁾。

【毛泽东圈评等情况】

毛泽东读 1957 年文学古籍刊行社出版的清沈德潜选编《古诗源》卷十二时曾圈阅此诗。

[参考] 张贻玖：《毛泽东评点、圈阅的中国古典诗词》，中国工人出版社 1992 年版，第 225 页。

【注释】

（1）暧暧，昏暗不明之状。《楚辞·离骚》："时暧暧其将罢兮，结幽兰而延伫。"东汉王逸注："暧暧，昏昧貌。"南宋洪兴祖补注："暧，日不明也。"见，通"现"，呈现。

（2）海，指宽阔的长江江面。离离，井然有序之状。《尚书大传》卷三："《书》之论事也，昭昭若日月之明，离离若参辰之错行。"

（3）清盥（guàn），洗漱。

（4）轩，窗。秉笔，执笔，指批阅公文。

（5）"列俎（zǔ）"句，意为面前摆着许多佳肴，我只吃其中一样。俎，古代祭祀时盛牛羊的礼器。此指食具。

（6）连驾，由数件大木材构筑的高大房屋。驾，驾构。《淮南子·本经训》："大构驾，兴宫室。"高诱注："驾，材木相乘驾也。"容膝，仅能容纳双膝。形容容身之地狭小。《韩诗外传》卷九："今如结驷列骑，所安不过容膝；食前方丈，所安不过一肉。"陶渊明《归去来兮辞》："倚南窗以寄傲，审容膝之易安。"

（7）国，即邦国，此指宣城郡。

（8）纷，混乱。诡，欺诈。谅非一，料想不能一致，即不能治理好。

（9）扫蓬径，打扫门前长满蓬草的小路。意即归隐。

（10）锁，一本作"销"。

【赏析】

这首《高斋视事》是谢朓出任宣城太守时的作品。诗题中"高斋"，即清高的书房。"视事"，审察事情，即办公的意思。诗人以此为题表明了他不愿混迹世俗，而要独处清静高雅的陋室，冷眼观瞧龌龊人间世事，并寄寓自己想栖隐生活的情怀。

诗的开头四句是写"高斋"周围的自然美景。"余雪映青山，寒雾开白日"一联运用了倒装手法，突出"高斋"周围景色的旖旎之美。按自然规律本应先"寒雾开白日"，然后才看到"余雪映青山"。但诗人为了将余雪与青山相映的清冷秀丽突出起来，鲜明地对比冬与春的景色，就把"余雪映青山"提到了诗的开头，作为首句。细品前两句，不难发现，前句既是写景，也是写季节的更迭。因为雪已是残雪，而山露出的却是青色。也就是说：残冬将过，春天已近在眼前。后句以景写时，"白日"不是从东方冉冉升起，而是从"寒雾"中逐渐"开"出来。不言自明，天色已不再是清晨，应是日上三竿了吧！

"暧暧江村见，离离海树出"。寒冷空气里弥漫的薄纱似的烟雾渐渐散去，苍白无力的太阳也已经出来，所以江边的村庄和繁茂的树林展现在诗人的视野里。但这依然充满了寒意。清诗论家沈德潜在《古诗源》中评此诗前四句道："起四句写雪后入神。"所评甚当。这种缺乏五彩涂抹的惨淡景色描写，为下文诗人抒发他惆怅与忧愁心情做好了铺垫和渲染。

前四句是静景描写，接下来四句，诗人把笔转向自我，写身边的琐事，勾画人物的动态，"披衣就清盥，凭轩方秉笔。列俎归单味，连驾止容膝。"这四句写的是诗人的一个生活片断。清晨起身披衣，洗脸漱口，抓紧时间在窗下挥笔办理公事。午膳时间已到，餐桌上摆满了美味佳肴，我只求一味足够了，然后回到那只能容得立足之地的卧室去。

读了诗的前八句，就不免有些疑惑：爱好自然风光、追求功名利禄的诗人，来到了江山美如画的宣城，住"连驾"大屋，食"列俎"美肴，该是踌躇满志、心旷神怡，可他却说食"单味"，居"容膝"之屋就足够了。他不以优裕的生活环境为乐，却向往宁静舒适的生活，这是为什么呢？

紧接前文叙写生活场景的片断，诗的最后四句将笔锋一转，抒发自己忧馋畏讥、抑郁寡欢的情怀。自然，前面的疑惑也就不解而自明了。"空为大国忧，纷诡谅非一"。这两句是说：我恐怕不能胜任宣城太守的重任，因为这官场既混乱，又充满欺诈，料想是无法把宣城治理好的。今日虽安宁，来日将如何？诗人想起仕途的艰险，政治斗争的惨烈和自己坎坷的遭遇，最后提出弃官归隐的愿望："安得扫蓬径，锁吾愁与疾。""扫蓬径"，打扫长满蓬草的小路，意即归隐。为自己找一份打扫长满蓬草的小路的差事吧！只有放弃荣华富贵，远遁祸患，才能锁住满腔的怨愁和痛苦。做官而荣华富贵，是诗人梦寐以求的。可是谢朓远离京都为一郡之长，却又梦寐以求罢官，且欲罢不能。由此可见，这官场的纷乱欺诈已到何种程度了。

这首诗形式整齐，对仗工整，遣词讲究。"暖暖"和"离离"的叠用就自如地勾勒出了山野初春的胜景。还有"谅"与"锁"字的运用，点出作者内心倾诉不完的愁苦之情。全诗写景、叙事、抒情，景中见意，事中含情。字里行间流露出诗人萦心禄位，但因怕仕途的尔虞我诈想归隐的无可奈何之情。（毕国民　孙　瑾）

【原文】

和王著作融八公山

二别阻汉坁(1)，双崤望河澳(2)。兹岭复巃嵸(3)，分区奠淮服(4)。东限琅琊台(5)，西距孟诸陆(6)。阡眠起杂树(7)，檀栾荫修竹(8)。日隐润疑空⁽⁹⁾，云聚岫如复⁽¹⁰⁾。出没眺楼雉⁽¹¹⁾，远近送春目⁽¹²⁾。戎州昔乱华⁽¹³⁾，素景沦伊穀⁽¹⁴⁾。阽危赖宗衮⁽¹⁵⁾，微管寄明牧⁽¹⁶⁾。长蛇固能翦⁽¹⁷⁾，奔鲸自此曝⁽¹⁸⁾。道峻芳尘流⁽¹⁹⁾，业遥年运倏⁽²⁰⁾。平生仰令图⁽²¹⁾，吁嗟命不淑⁽²²⁾。浩荡别亲知，连翩戒征轴⁽²³⁾。再远馆娃宫⁽²⁴⁾，两去河阳谷⁽²⁵⁾。风烟四时犯，霜雨朝夜沐。春秀良已雕⁽²⁶⁾，秋场庶能筑⁽²⁷⁾。

【毛泽东圈评等情况】

毛泽东读 1957 年文学古籍刊行社出版的清沈德潜选编《古诗源》卷十二时曾圈阅此诗。

> ［参考］张贻玖：《毛泽东评点、圈阅的中国古典诗词》，
> 中国工人出版社 1992 年版，第 225 页。

【注释】

（1）二别，小别山和大别山的合称。大别山，又名龟山，在今湖北武汉长江大桥北头。小别山，又名甑山，在今湖北汉川东南汉江滨。《左传·定公四年》"自小别至于大别"杜预注："此二别在江夏界。"阻，通"徂"，至，到。汉坻，汉水中的小洲。坻，水中小洲或高地。

（2）双崤（yáo），又称二崤，东崤、西崤的总称。在今河南洛宁西北，西北接三门峡市陕州区界。班固《西都赋》："左据函谷，二崤之阻，表以太华，终南之山。"河，黄河。澳（yù），水边弯曲的地面。

（3）巑岏（cuán wán），山高锐之状。《文选·宋玉〈高唐赋〉》："盘岸巑岏，裖陈磈磈。"唐李善注引王逸《楚辞》注："巑岏，山锐貌。"

（4）奠，定。淮，淮河。淮服，即服淮的倒文，淮河流域。《晋书·周浚刘乔等传》："向若违左祉于伊川，建右社于淮服……犹足以纾难缓亡。"

（5）琅琊台，在今山东胶南西南琅琊山上。

（6）孟诸，又名孟诸泽，在今河南商丘东、虞城西北。八公山在孟诸泽西，故曰"西距"。距，至。

（7）阡眠，同"芊绵"，草木蔓延丛生之状。

（8）檀（tán）栾，形容竹的美好状态。枚乘《梁王兔园赋》："檀栾

婵娟，玉润碧鲜。"

（9）疑，《文选》作"凝"。

（10）岫（xiù），峰峦。复，重叠。

（11）眺，远望。楼雉，指古战场的城楼墙壁。雉（zhì），古代计算城墙面积的单位，长三丈，高一丈为一雉，此指城墙。

（12）送春目，以目送之，纵目四望之意。

（13）戎州，春秋时戎人聚居的州邑名，在卫国都城附近。《左传·哀公七年》："初，公登城以望，见戎州。"此指前秦苻坚。晋太元八年（383）八月，前秦苻坚率百万之师大举进攻东晋，"乱华"即指此。

（14）素景，白日。景，日光。此指东晋王朝。伊，伊水。毂，又作"瀔"，毂水，水名。伊、毂二水均在今河南洛阳附近，当时沦为苻秦之地。

（15）阽（diàn，旧读 yán）危，危险。阽，临边欲坠之意。宗衮（gǔn），国之重臣；衮，古代皇帝及上公的礼服。此指谢安。

（16）管，管仲，春秋时齐国人。相齐桓公，九合诸侯，一匡天下，使齐桓公成为春秋五霸之一。《论语·宪问》："微管仲，吾其被发左衽矣。"后遂用作颂扬功勋卓著大臣的典故。明牧，英明的太守，指谢玄。

（17）长蛇，喻指苻融。翦，斩断，削弱。

（18）鲸，喻指苻坚。曝（pù），晒。苻坚率百万之众攻晋，谢安派谢玄为前锋率八万兵拒敌，先于洛涧破秦军前哨，进逼淝水。苻坚欲待玄半渡歼晋军，稍后退，玄遂大败秦军，射死苻融，射伤苻坚，乘胜追击。苻坚看见八公山上的草木皆以为晋兵。

（19）芳尘流，万古流芳之意。芳尘，指美好的风气、声誉。陆机《大暮赋》："播芳尘之馥馥。"

（20）业，指谢安、谢玄的功业。年运，岁月不停地运行。倏（shū），疾速。

（21）平生，平素，往常。谢朓自谓。令图，好的谋划，远大的谋略。《左传·昭公元年》："臣闻君子能知其过，必有令图。令图，天所赞也。"

（22）吁嗟，叹声。不淑，不善。《诗经·鄘风·君子偕老》："子之不淑，云如之何！"

（23）连翩（piān），即"联翩"，连续不断。征轴，远征的车子。轴，车轴，指代车子。

（24）馆娃宫，古代宫名，吴王夫差为西施所造。在今江苏苏州西南灵岩山上。

（25）河阳，县名，故址在今河南孟州。

（26）春秀，春花。秀，指禾类植物开花，引申为草木开花的通称。

（27）秋场，秋天的打谷场。场，收打谷物之地。《诗经·豳风·七月》："九月筑场圃。"

【赏析】

此篇是登临之作，借古叹今，抒发作者仕途失意的情怀。"王融"，齐人，"竟陵八友"之一，官著作郎，为谢脁好友。八公山，在今安徽凤台附近，淝水之北、淮水之南。相传汉淮南王刘安曾同八公登此山，因以为名。公元383年在此发生了著名的淝水之战。前秦苻坚倾全国之兵100多万进犯东晋。谢安派谢玄领水陆军8万以拒。双方力量悬殊，但晋师部旅严整，上下同心。苻坚、苻融看见八公山上的草木皆以为晋兵。后谢玄率军渡淝水作战，苻坚部败逃，听到风声鹤唳也以为晋师已至，惊慌失措，溃不成军。晋军乘胜收复了黄河以南的大片土地，保住了江南的半壁江山。这是中国军事史上著名的以少胜多、以弱胜强的战例之一。毛泽东在《中国革命战争的战略问题》和《论持久战》两篇著作中都曾提到了这次战役。

诗歌前十二句为第一层，写八公山地势与景物。"二别阻汉坻"六句，言八公山的地理环境。"二别"，山岭名。嶙峋，高峻的样子。"奠"，定。这几句意谓八公山逶迤千里，直抵汉水，北望黄河，山势高峻，属地淮水流域，东起自琅琊，西绵延至孟渚，是古来兵家常争的军事重地。"阡眠"六句写八公山之景。起伏的山峦中，杂树丛生，修竹阴翳，山高涧深而不见日光，白云聚集而峰峦叠嶂。远远望去，古战场的敌楼堞雉隐约可见。描写八公山一派阴森荒寂的景象，仿佛还充溢着古战场的阵阵杀气。

中八句为第二层，叙述前辈英豪在淝水之战的功绩。"戎州"，指前秦符坚。"素景"，指晋朝。"宗衮""明牧"，分别指谢安、谢玄。"长蛇""奔鲸"，分别喻符坚、符融。诗人在指明当时敌军来犯，国家临危的形势后，省去刀枪突骑、鲜血淋漓的战争场面的正面描写，而是直接赞叹谢安、谢玄在国家存亡之际的英雄壮举，击败强敌保卫了国家，事迹万古流芳，表现出作者对英雄的敬服和追思。

末十句为第三层，由对前世英豪的歌颂转入自己身世的慨叹。自谓平生仰慕英雄，想做一番事业，但命运不淑，多次遭贬，几回隐居。"风烟四时犯，霜雨朝夜沐"，既是状写远任的路途辛苦，也是他宦海履险的真实写照，抒发他仕途失意的牢骚不平。结尾二句为自慰之词，自然界中春季已去，而秋季尚有收获，以此喻示自己过去失意，理应将来能够有所作为。

诗歌前写景，中叙事，后抒情，层次分明，结构严谨。景物描写细腻而富有意境，叙事则简约概括，抒情则曲折深沉。三者有机地结合在一起，传达出作者怀古叹今的复杂情感。（马予静）

【原文】

和伏武昌登孙权故城

炎灵遗剑玺⁽¹⁾，当涂骇龙战⁽²⁾。圣期缺中壤⁽³⁾，霸功兴寓县⁽⁴⁾。鹊起登吴山，凤翔凌楚甸⁽⁵⁾。衿带穷岩险⁽⁶⁾，帷帝尽谋选⁽⁷⁾。北拒溺骖镳⁽⁸⁾，西禽收组练⁽⁹⁾。江海既无波⁽¹⁰⁾，俯仰流英眄⁽¹¹⁾。衮冕类禋郊⁽¹²⁾，卜揆崇离殿⁽¹³⁾。钓台临讲阅⁽¹⁴⁾，樊山开广宴⁽¹⁵⁾。文物共葳蕤⁽¹⁶⁾，声明且蒽蒨⁽¹⁷⁾。三光厌分景⁽¹⁸⁾，书轨欲同荐⁽¹⁹⁾。参差世祀忽⁽²⁰⁾，寂寞市朝变⁽²¹⁾。舞馆识余基，歌梁想遗啭⁽²²⁾。故林衰木平，芳池秋草遍。雄图怅若兹⁽²³⁾，茂宰深遐眷⁽²⁴⁾。幽客滞江皋⁽²⁵⁾，从赏乖缨弁⁽²⁶⁾。清卮阻献酬⁽²⁷⁾，良书限闻见⁽²⁸⁾。幸藉芳音多⁽²⁹⁾，承风采余绚⁽³⁰⁾。于役傥有期⁽³¹⁾，鄂渚同游衍⁽³²⁾。

【毛泽东圈评等情况】

毛泽东读 1957 年文学古籍刊行社出版的清沈德潜选编《古诗源》卷十二时曾圈阅此诗。

[参考] 张贻玖：《毛泽东评点、圈阅的中国古典诗词》，

中国工人出版社 1992 年版，第 225 页。

【注释】

（1）炎灵，又称"炎精"，汉代的火德之运，此用以指汉朝。《文选》李善注："炎灵，谓汉也。"遗剑玺，失天下。《史记·高祖本纪》：刘邦"以布衣提三尺剑取天下"，秦王子婴降时"封皇帝玺符节"。剑、玺皆汉得天下之象征。

（2）当涂，三国魏的代称。《晋书·慕容暐》："自当涂禀纪，典午握符，推亡之功，掩岷吴而可录，御远之策，怀戎狄而犹漏。"这里指曹操、魏等。骇，起。龙战，群雄争夺天下。《易·坤》："龙战于野，其血玄黄。"

（3）圣期，封建时代尊称当代王朝，也作皇帝的代称，此指汉末献帝等。中壤，中国。

（4）霸功，称霸者的功业。指霸者所达到的法度明正，百官修治，威令流行的社会状况。这里指孙权。寓县，边县。寓，边。

（5）鹊起，乘时而起。《太平御览》卷九二一引《庄子》："鹊上城之垝，巢于高榆之颠。城坏巢折，陵风而起。故君子之居世也，得时则义行，失时则鹊起也。"本谓见机而作，后用为乘时崛起。吴山，指武昌。凤翔，凤飞。楚甸，指建业。建业古属楚地。《东都赋》："龙飞白水，凤翔参墟。"李善注："孙氏初基武昌，后都建业，故云吴山、楚甸也。"

（6）衿带，如襟似带，比喻地势的回互萦绕。衿，同"襟"，古代衣服的交领。岩险，高峻险要之处。《西京赋》："岩险周围，襟带易守。"

（7）帷帟（yì），帐幕。帟，小帐。谋选，有谋图的上选之才。《汉书·高祖本纪》："运筹于帷幄之中。"

（8）北拒，指赤壁之战，大败曹操。骖镳，骖马的镳辔，泛指马具。六臣注《文选》刘良注："骖马镳辔也。"

（9）西戡（kān），指西抗刘备。戡，同"戡"，平定。组练，"组甲被练"的简称，军士所穿的两种衣甲，意为精锐的军队。指吴蜀之战，陆逊火烧连营七百里，大败刘备。

（10）"江海"句，指吴国社会安定。《礼·斗威仪》："君乘木而王者，其政升平……则江海不扬波。"

（11）流英眄（miǎn），流露出英雄的目光。眄，斜视。一作"盼"。

（12）裘冕，皮衣和皇冠。裘，皮衣。冕，古代帝王、诸侯及卿大夫所戴的礼帽，此指皇冠。《周礼》："王祀昊天上帝，则服大裘而冕，祀玉帝亦如之。"类，事类。禋（yīn）郊，升烟以祭，古代祭天的典礼。郊，祭天。

（13）卜，占卜。揆，度，度日出日入以知西东，视定北准极以正南北。崇，立。离殿，离宫，皇帝正宫以外的临时居住的宫殿。《东都赋》："徇以离殿别寝。"

（14）钓台，《三国志·吴志》："孙权于武昌临钓台饮酒大欢。"讲阅，讲习武事，检阅军队。

（15）樊山，《水经注》："武昌郡治城南有袁山，即樊山也。北背大江，江上有钓台。"

（16）文物，留存在社会上或埋藏在地下的历史文化遗物。葳蕤（wēi ruí），盛多之状。

（17）葱菁，盛繁的样子。《文选》张铣注："文物、声名，谓衣冠礼乐也。葳蕤、葱菁，盛貌。"声明，典出《左传·桓公二年》："锡鸾和铃，昭其声也；三辰旂旗，昭其明也。夫德，俭而有度，登降有数，文物以纪之，声明以发之，以临照百官。"原指声音与光彩，后以喻声教文明。

（18）三光，日、月、星。景，同"影"。

（19）书，书籍。轨，轨道。荐，献。此句即书同文、车同轨之意，指全国统一。

（20）世祀，世代相传的祭祀。

（21）市朝，人众聚集之处。

（22）歌梁，《文选》李善注："歌有绕梁，故曰歌梁。"遗啭，遗音。

（23）雄图，指孙权勋业。若兹，如此。

（24）茂宰，指伏武昌。

（25）幽客，指隐士，此谢朓自称。滞江皋，滞留长江之侧。江皋，江岸，江边地。《楚辞·九歌·湘夫人》："朝驰余马兮江皋，济兮西滋。"

（26）乖，违背。缨弁，仕宦的代称。指伏武昌。

（27）清卮，清酒。卮，盛酒器。献酬，饮酒时主客互相敬酒。《诗经·小雅·楚茨》："献酬交错，礼仪卒度，笑语卒获。"郑玄笺："主人酌宾为献，宾酢主人，主人复自饮而复饮宾曰酬。"

（28）良书，指关于记载孙权业绩的书籍。

（29）芳音，指伏武昌的诗。

（30）承风，继承古代采诗之风习。绚（xuàn），绚烂，有文彩。

（31）于役，行役，有事远行。《诗经·王风·君子于役》："君子于役，不知其期。"倘，倘若，或者。

（32）鄂渚，武昌渚名。游衍，恣意游乐。《诗经·大雅·板》："昊天日旦，及尔游衍。"毛传："游，行；衍，溢也。"唐孔颖达疏："游行衍溢，亦自恣之意。"从末二句看，此诗系遥和，作者并未和伏曼容一起登武昌城。

【赏析】

此诗为谢朓酬和伏武昌诗而作，观其诗意，谢朓此时并未同登武昌城。"伏武昌"，即伏曼容，时任武昌太守。孙权故城，即武昌。三国时孙权曾在此建都，后迁都建业。

谢朓所处的时代，南北对峙，中原大地沦陷异族，南朝篡乱，替废频繁。诗作借对孙权的怀念，希望伟主出现，统一宇内，国势太平。

全诗分三个部分。第一部分追叙孙权的霸业雄图。"炎灵"指汉朝。诗人从汉末的大动荡写起。"炎灵遗剑玺"六句，谓汉朝统治失去了控制，群雄并起，龙战于野。"鹊起登吴山，凤翔凌楚甸"两句把孙权起事于吴、定都武昌的雄图霸业表现得虎虎有生气，在叙事中流露出对英雄的赞颂。接下来描写孙权创立基业的文治武功。"衿带"六句叙写其武功。他以岩险为衿带，巩固边防；"帷帟"，帷帐，句意为精选谋士辅佐大业。然后北御曹操，赤壁一战，血溺骖镳，打得曹操落荒败逃；西破蜀汉，收复组练，终于开一方之太平，雄视天下。"裘冕"八句写其文治。"裘冕"，《周礼》曰："王祀昊天上帝，谓服大裘而冕。""禋郊"，祭祀。"卜揆"，占卜选日以作室，言建都武昌，在钓台阅兵，樊山广宴。"文物"，人文物产。"葳蕤"，茂盛的样子。"声明"，礼义。"葱蒨"，形容繁多。此二句谓民生殷阜、礼让雍容。"三光"二句言意欲消除天下三国鼎立的局面，统一书轨，建立江山一统的太平盛世。以上累数孙权功业，仰慕赞颂之情溢于言表。

第二部分写吴亡之后故城和荒芜景象。世道难测，孙权志欲一统的霸业没有实现，吴国即亡。残存的舞馆余基，尚有想象中昔日歌舞的袅袅余音。此时茂密的丛林皆被芟平，芳池中秋草遍生。在景物描写中衬托诗人对英雄的怀想。

第三部分为相约同游。"茂宰"，指伏武昌。"幽客"，谢朓自称。"雄图"四句意思是孙权雄图怅然如此，伏太守感之而远怀深眷；谢朓虽滞留江皋，也向往从赏同游。"清风"四句是对伏诗的赞扬。结尾相约有朝一日要与伏氏同游鄂渚，登临孙权故城，表现了诗人对这一历史遗迹的深深眷怀。

全诗借览胜怀古以寄兴，在夸张描写孙权的盖世英豪中，透露出作者对时局的深深忧虑。感情深沉，风格典重质实，在他所有清新流利的诗歌中，此篇与上一篇《和王著作融八公山》显得风格较为独特。（马予静）

曹景宗

曹景宗（457—508），字子野，新野（今河南新野）人，南朝梁将领。他出身将家，善骑射，齐末附萧衍（梁武帝），被荐为竟陵（今湖北天门西北）太守，助衍夺取政权。天监五年（506）与韦叡救钟离，破魏军。后官侍中、领军将军。生活奢侈，有妻妾数百，部曲残横，常掠夺民间女子财物。

【原文】

光华殿侍宴赋竞病韵

去时儿女悲，归来笳鼓竞⁽¹⁾。借问行路人⁽²⁾，何如霍去病⁽³⁾？

【毛泽东圈评等情况】

1959 年 7 月 23 日，毛泽东在庐山会议上讲话说：南北朝有个姓曹的将军，打了仗以后要作诗："去时儿女悲，归来笳鼓竞。借问行路人，何如霍去病？"……一字不识的人，可以做宰相，为什么我们公社干部、农民不可以听《政治经济学》，不识字，可以给他们讲，讲讲就懂了。全党要来干部学习运动。

[参考] 李锐：《庐山会议实录》（增订本），河南人民出版社 1995 年版，131—132 页。

毛泽东曾手书此诗。

[参考] 中央文献研究室整理：《毛泽东手书选集·古诗词（上）》，北京出版社 1996 年版，第 73 页。

毛泽东读唐李延寿《南史》卷五十五《曹景宗传》时，批注到："景宗亦豪杰哉！"

［参考］《毛泽东读文史古籍批语》，中央文献出版社 1993 年版，第 197 页。

【注释】

（1）笳（jiā），古代管乐器，即胡笳。汉时流行于西域和塞北一带。汉张骞从西域传入，其音悲凉。魏晋以后以笳、笛为军乐，入卤簿。竞，比赛，齐鸣之意。

（2）"借问"句，意谓他的大功是路人皆知。借问，古诗中常见的假设性问语。

（3）霍去病（前140—前117），河东平阳（今山西临汾南）人，汉御边大将，曾六击匈奴，战功显赫。何如，何似，比……怎么样。用反问口气表示胜过。

【赏析】

梁武帝天监四年（505）十月，梁武帝命临川王萧宏北伐，所率部队"器械精新，军容甚盛，北人以为百数十年所未之有"（见《梁书·临川王宏传》），结果小有所获，克城复失，继而怯懦不前。北人送妇人巾帼，且作歌嘲讽羞辱："不畏萧娘与吕姥，但畏合肥有韦虎（即韦睿）"，把萧宏喻为妇人，胆怯不战。后萧宏大败溃逃，北伐失败。北魏乘胜追击围困钟离。天监六年（507），梁命曹景宗、韦睿带兵援救。三月间，淮水暴涨，梁军乘舟反击，大败魏兵，俘虏5万人，收其资粮、器械、牛马等，不可胜数。

这首诗就写于曹景宗大破魏师凯旋之后，关于这首诗的写作背景，《南史·曹景宗传》有如下记载："（景宗）振旅凯入，帝于华光殿宴饮连句，令左仆射沈约赋韵。景宗不得韵，意色不平，启求赋诗。……诏令约赋韵。时韵已尽，唯余'竞''病'二字。景宗便操笔，斯须而成，其辞曰……帝叹不已，约及朝贤惊嗟竟日。"

全诗只有短短四句，"去时儿女悲，归来笳鼓竞"，景宗受命率部援救钟离时，梁军大败于敌，魏军气势正盛，故儿女送别担忧父亲性命难保。而景宗却意外地大破敌军，凯旋而归，筛鼓竞响、欢庆胜利。"去时""归来"对举，一悲一喜的情感转折，用高度概括的笔墨，写出立下战功经过，与凯旋归来的欢腾场面。北方戎敌强大，屡次进犯，企图吞并偏安一隅的南朝。而南朝北伐无力，偏安一隅的局面摇摇欲坠。这一次军事上的胜利保住了梁朝江山的稳固，令人欢心鼓舞。"借问行路人，何如霍去病?"是作者自豪情感的抒发。"霍去病"，汉朝御边大将，多次抗击匈奴，功勋显赫。这里作者用设问的句式，以霍去病自许，表现了他御敌立功的自豪心情。

一般文人的侍宴之作，都以谄谀帝王功德为主要内容，以沉溺"王泽"之中而颇为自得，表现出俗媚之态。此诗没有"贤主""圣君"的夸颂之词，一扫侍宴诗作庸俗无聊之风，充分体现出作者大破敌师、得胜还朝的喜悦之情，流露出英雄的豪壮气魄。

毛泽东在1958年的一次讲话中援引曹景宗写的这首诗，说明大字不识几个的曹景宗居然能写出这样的好诗，不无嘉许之意，所以后来他还手书这首诗，以练习书法，说明他对这首诗比较欣赏。毛泽东认为"曹景宗亦豪杰哉"，但对其部队为害于民进行了批评（见毛泽东对《南史·曹景宗传》批语）。（毕桂发）

陈叔宝

陈叔宝（553—604），即陈后主，字元秀，小字黄奴，南朝陈末代皇帝，582—589年在位。他大建宫室，生活奢侈，日与嫔妃、文臣游宴，制作艳词。隋兵南下时，恃长江天险，不加防备。陈后主祯明三年（589）隋兵打破建康（今江苏南京），后主被俘，后病死。明人辑有《陈后主集》。

【原文】

登芒山侍饮

日月光天德⁽¹⁾，山河壮帝居⁽²⁾。太平无以报⁽³⁾，愿上东封书⁽⁴⁾。

【毛泽东圈评等情况】

毛泽东曾手书此诗。

[参考] 中央文献研究室整理：《毛泽东手书选集·古诗词（上）》，
北京出版社1996年版，第80页。

【注释】

（1）天德，天的本质。《荀子·不苟》："变化代兴，谓之天德。"

（2）帝居，天帝、天子所居之处。此指京都。《文选·张衡〈西京赋〉》："重门袭故，奸宄是防，仰福帝居，阳曜阴藏。"薛综注："帝居，谓太微宫，五帝所居。"

（3）太平，时世安宁和平。《吕氏春秋·大乐》："天下太平，万物安宁。"

（4）东封书，即封禅书。封禅在古代是帝王祭祀天地的典礼，在泰山上筑土为坛祭天，报天之功，称封；在泰山下梁父山上辟场祭地，报地之功，称禅。祭天地的文辞就是封禅书，因泰山在国之东部，又称东封书。

历代王朝都把封禅作为国家大典，表示天下升平。此是颂扬隋文帝的治国之功。东封，一作"万年"。

【赏析】

陈叔宝投降隋朝后，隋文帝待之甚厚，常让他奉陪参加宴会。这首诗就是一次侍宴时所作。作为一个亡国之君，隋文帝的一个阶下囚，陈叔宝言不由衷地颂扬了隋文帝统一中国的事业。《南史》曰："后主从隋文帝东巡，登芒山赋此诗。"诗题又作《入隋侍宴应诏》。芒山，山名，在河南永城东北。

这是首抒情小诗，全诗四句。"日月光天德，山河壮帝居。"前两句描写，大意是说，日月使天的德行光大，山河使京都气势雄壮。上句写天，下句写地，虽然全从自然现象落笔，人事已寓其中。《荀子·不苟》云："变化代兴，谓之天德。"上句意谓隋文帝消灭群雄，统一中国是上合天意。封建时代，皇帝又自称天子，是代天行道。汉董仲舒《春秋繁露·人副天数》云："天德施，地德化，人德义。"根据天人合一论，在诗人看来，隋文帝的统一中国乃是下符民心，这便是次句意之所蕴。一、二两句写得大气磅礴，天经地义，不同凡响。

"太平无以报，愿上东封书。"三、四句抒情。"太平"谓时世安宁和平。封建帝王追求的治国安邦的最好境界，便被称为"太平盛世"。隋文帝杨坚（541—604），是隋王朝的建立者，公元581至604年在位。其父杨忠是北周勋臣，其女为宣帝皇后。北魏静帝年幼即位，杨坚任丞相，总揽朝政，封隋王。大定元年（581），杨坚废静帝自立，建立隋朝。开皇七年（587）灭后梁，开皇九年灭陈，结束了自东晋灭亡起的一百七十年的南北分立局面，统一全国。隋文帝在位期间，"躬节俭，平徭赋，仓廪实，法令行，君子咸乐其生，小人各安其业，强无陵弱，众不暴寡，人物殷阜，朝野欢娱，二十年间天下无事，区宇之内宴如也。"（《隋书·文帝本纪》）史家难免有溢美之处，但隋文帝统一全国，对从东晋起将近三百年混乱局面的结束是有重要意义的。陈叔宝用太平盛世来称扬隋文帝的统一事业，当然是一种言不由衷的谀辞。末句"愿上东封书"是用典。汉司马相如临终前作《封禅文》，盛颂汉德宏大，请武帝东幸封泰山、禅梁父，以彰功业。相如卒后八年，武帝从其言，东至泰山行封禅事。事见《史记·司马相如列传》。后因以"东封"谓帝王行封禅事，昭告天下太平。诗结以"愿上封禅书"，既表明了自己的态度，又称扬了隋文帝治国的业绩，可谓不卑不亢，十分得体。这样看来，陈叔宝这个亡国之君还是颇工文辞的。

毛泽东手书这首诗的年代已不可确考，但大约在 20 世纪 50 年代末至 60 年代初。（毕桂发）

庾　信

　　庾信（513—581），字子山，南阳新野（今河南新野）人，北周文学家。庾肩吾之子。初仕梁，后出使西魏，值西魏灭梁，被留。历仕两魏、北周，官至骠骑大将军，开府仪同三司，世称庾开府。善诗赋、骈文。在梁时作品绮艳轻靡，与徐陵皆为当时宫廷文学的代表。时称"徐庾体"。暮年所作，在内容上有明显的变化，如《哀江南赋》《枯树赋》等，感伤遭遇，并对当时社会动乱有所反映，风格也转为萧瑟、苍凉、为杜甫所推崇；但有过于雕琢和用典过多之病。原有集，已散佚，后人辑有《庾子山集》。

【原文】

奉和永丰殿下言志十首之八

　　弱龄参顾问⁽¹⁾，畴昔滥吹嘘⁽²⁾。绿槐垂学市⁽³⁾，长杨映直庐⁽⁴⁾。连盟翻灭郑⁽⁵⁾，仁义反亡徐⁽⁶⁾。还思建邺水⁽⁷⁾，终忆武昌鱼。

【毛泽东圈评等情况】

水调歌头　游泳

一九五六年六月

　　才饮长沙水，又食武昌鱼。万里长江横渡，极目楚天舒。不管风吹浪打，胜似闲庭信步，今日得宽余。子在川上曰：逝者如斯夫！　　风樯动，龟蛇静，起宏图。一桥飞架南北，天堑变通途。更立西江石壁，截断巫山云雨，高峡出平湖。神女应无恙，当惊世界殊。

　　[参考]中共中央文献研究室编：《毛泽东诗词集》，中央文献出版社1996年版，第95—96页。

【注释】

（1）弱龄，弱冠（男子二十岁）之年。南朝梁任昉《王文献集·序》："时司徒袁粲，有高世之度，脱落尘俗，见公弱龄，便望风推服，叹曰：衣冠礼乐在是矣！"亦泛指幼年、青少年。龄，年。顾问，指供帝王咨询的侍从。《汉书·匈奴传赞》："顾问冯唐，与论将帅。"《后汉书·百官志》本注曰："掌侍左右，赞导众事，顾问应对。"

（2）畴昔，往日，从前，亦指往事或往日的情怀。滥吹嘘，谓滥竽充数。吹嘘，吹竽。庾信《小园赋》："昔早滥于吹嘘，藉《文言》之庆余。"倪璠注引《韩子》："齐宣王使人吹竽……南郭处士请为王吹竽……食以数百人。宣王死，湣王立，好一一听之，而处士逃……吹嘘，谓吹竽也。"竽，管乐器。

（3）"绿槐"句，即槐市，汉代长安读书人聚会、贸易之市。因其地多槐而得名。后借指学宫、学舍。据《三辅黄图》载："仓之北，为槐市，列槐树数百行为队，无墙屋，诸生朔望会此市，各持其郡所出货物及经传书记、笙磬乐器相与买卖。"

（4）长杨，长杨宫，秦汉宫名，故址在今陕西周至县东南。《三辅黄图·秦宫》："长杨宫在盩屋县东南三十里，本秦旧宫，至汉修饰之以备行幸。宫中有垂杨数亩，因为宫名；门曰射熊馆。秦汉游猎之所。"直庐，旧时侍臣值宿之处。《文选·陆机〈赠尚书郎顾彦先〉》之二："朝游游层城，夕息旋直庐。"吕延济注："直庐，直宿之庐。"直，通值，当值，值勤。

（5）连盟，犹联盟。《后汉书·皇甫嵩朱俊传》："故梁衍献规，山东连盟，而舍格天之大业，蹈匹夫之小谅，卒狼狈虎口，为智士笑。"

（6）仁义，亦作"仁谊"。仁爱和正义，宽惠正直。《礼记·曲礼上》："道德仁义，非礼不成。"孔颖达疏："仁是施恩及物，义是裁断合宜。"又《丧服四制》："恩者仁也，理者义也，节者礼也，权者知也，仁义礼知，人道具矣。"

（7）"还思"二句，据《三国志·吴书·陆凯传》记载，吴主孙皓要把都城从建业迁到武昌，丞相陆凯进谏，疏中引童谣："宁饮建业水，不食武昌鱼；宁还建业死，不止武昌居。"建邺，亦作"建业"，故城在今江苏南京南。武昌,今湖北鄂城。武昌鱼,指古武昌樊口(今鄂城西)的鳊(biān)鱼,称团头鳊或团头鲂。

【赏析】

1956年5月30日至6月3日,毛泽东曾在武昌三次畅游长江,写下了著名的词篇《水调歌头·游泳》。关于毛泽东这几次横渡长江的情况,张一弓的长篇报告文学《阅读姨父》中做了详细记述,现节录如下:

那是1956年6月的一天,毛主席的卫士长李银桥、湖南省公安厅警卫处柳处长先后打来电话,毛主席即日由长沙乘专机飞往武汉。姨父随王任重、谢滋群准时赶往机场迎接。毛主席一下舷梯,王任重就迎上去问:"主席,是先到住地休息,还是先游水?"毛主席兴致勃勃地一挥手说:"游水去!"……

……姨父记得,那一天天高云淡,风和日丽。毛主席从机场乘汽车到了江汉关码头。"轮渡二号"已经停靠在码头上待命。毛主席上船后,"轮渡二号"即静静地驶离码头,从蛇山、黄鹤楼下边的江面上悄然惊过。那时长江大桥还在施工,两三个桥墩已冒出水面。"轮渡二号"避开大桥工地,稳稳地停泊在远离桥墩的下游江面上,请毛主席在这里下水。

姨父始终守候在"轮渡二号"上,目不转睛地追随着毛主席的身影,……他看到毛主席由身边的卫士保护着,两度通过他和他的同事们精心研制的梯子,从"轮渡二号"下到一只小木船上。木船上也挂着特别的梯子。毛主席双手抓着梯子,面对木船,背对江水,一级一级地下了梯子,身体触到了水面,又抓着梯子蹲下去,把身子埋到江水里湿了湿水,才松手跃入江中。

……

姨父看见,毛主席从江中斜插过去,一边向对岸游水,一边顺手自然地随江水向下游漂流。老人家高兴了,什么姿势都有,一会儿冈下去,一会儿浮起来,一会儿仰泳,一会儿倒游,有时就躺在江水上任其漂流，游得好开心哪！姨父始终守护在"轮渡二号"上，保持着一定距离地追随着毛主席。眼看老人家游过了江汉关，又过了滨江公园，一直向下，游到一个名叫甚家矶的地方。那里一个小河口，江边有一个正在兴起的肉类加工厂。河口上边，地名叫淡水池，这里有一个油库，有几个大大的、圆圆的、装石油的白家伙竖在江边。毛主席游到这里，已经游了一个多小时，有四十华里左右。大家请主席上船休息。老人家正游在兴头上，还要继续游下去。下边河道里有一道沙洲，是姨父和他的同事们勘察过的。河道被沙洲分成了两股狭窄的巷道，巷道里水流很急。大家又力请毛主席上船，毛主席才不那么情愿地上了小船，再度由卫士挽扶着，攀缘梯子，回到"轮渡二号"上休息。

……

毛主席上船以后，冲了冲身子，披上了浴衣。接下来，特意带到船上来的一把躺椅就派上了用场。毛主席坐上躺椅，卫士给他点了烟卷儿。他就在躺椅上躺下来，微笑着，露出好高兴的样子，徐徐地吐着烟缕。姨父说，他老人家还有一个习惯，从水里上来后要喝一点点茅台酒。卫士向我们要茅台酒，我们就马上把茅台酒送过去；要毛巾，我们就赶紧递毛巾……

毛主席游水后稍事休息，已经到了下午两点钟，早该吃午饭了。……姨父却出人意料地向毛主席的随员报告，请主席在船上用餐。他事先把厨师、服务员和一个用汽油筒改造的煤炉都带到船上来了。尤其值得一提的是，他们还带来了特意从樊口采购来的又大又肥的鳊鱼。接着才有了毛主席："才饮长沙水，又食武昌鱼"的千古佳句。……

毛主席吃了这餐饭，"轮渡二号"就到了武昌造船厂码头。主席在那里下船，即乘汽车到武昌东湖客舍南山甲所下榻。……

姨父考证说，毛主席诗中的"长沙水"是有具体含义的。毛主席的随员告诉我，毛主席来武汉那天，先在长沙看了清水塘，那是他青年时代跟他的夫人杨开慧进行革命活动的地方。清水塘有一眼很有名的水井，他看清水塘的时候，又特意喝了这眼井里的"长沙水"，然后从那里乘汽车直奔机场，登上伊柳14型飞机，飞抵汉口王家墩机场，途中飞行了一个小时零一刻钟；从机场到江汉关码头上船，用了半个小时；下水游长江用了两个小时，从离开长沙清水塘，到中午用餐吃了清蒸鳊鱼，相隔五个小时，所以说是"才饮长沙水，又食武昌鱼"。

那么，樊口鳊鱼何以成了"武昌鱼"呢？

……樊口古为鄂城管辖之地，鄂城古称武昌，故而樊口之鳊鱼亦即武昌鱼也。

张一弓先生的姨父朱汉雄，时任武汉市公安局副局长，兼湖北省、武汉市、两边的警卫处长和省、市外事办公室、接待处、交际处的领导职务，专事毛主席与其他党和国家领导人、党政军高级干部、外国首脑及外籍友好人士莅临武汉，湖北期间的安全保卫和生活接待工作。他以自己的亲身经历讲述了1956年6月毛主席首次畅游长江并写下《水调歌头·游泳》一词的具体情况，当然是真实可信的。但也许是囿于所见，他遗漏了毛主席有关武昌鱼的议论。这恰恰由为毛主席做武昌鱼的厨师杨纯清（按：《阅读姨父》）中误为杨纯卿）的回忆录《辣椒·娃娃菜·武昌鱼》作了补充。兹节录如下：

1956年5月31日至6月3日，毛泽东在武汉三次畅游长江。一次，毛泽东游长江后在轮船上吃饭，厨师杨纯清给他做了四菜一汤，其中有一盘清蒸武昌鱼。毛泽东喝了一小杯茅台酒，吃了一小碗米饭，把武昌鱼全吃光了。

毛泽东回到武昌东湖住处，对杨纯清说："杨师傅哎，你做的武昌鱼蛮不错。这武昌鱼还有典故的：岑参有'秋来倍忆武昌鱼，梦魂只在巴陵道'，马祖常有'携幼归来拜丘垅，南游莫忘武昌鱼'。看来武昌鱼历史悠久。"

毛泽东说罢，从口袋里掏出一张条幅，对杨纯清说："杨师傅，我刚刚写了一首新诗给你，要不要？不吃你做的武昌鱼，我是写不出诗来的。"——这就是那首《北调歌头·游泳》（见《毛泽东在湖北》，中共党史出版社1993年版，第314—315页）。毛泽东所引唐代诗人岑参的诗句见《送费子·归武昌》诗，引元人马祖常的诗句见《石田集》卷二《送宋显夫南归》一诗。但把"武昌鱼"最早入诗的是北周作家庾信。他的《奉和永丰殿下言志十首》之八中"还思建邺水，终忆武昌鱼"，应该是直接脱胎于《三国志·吴书·陆凯传》中所引童谣，并将"建邺水""武昌鱼"直接入诗的第一人。而庾信又是毛泽东喜爱的作家，他的这首有关"武昌鱼"典故的诗，不会不引起毛泽东的注意。从毛泽东的"才饮长沙水，又食武昌鱼"的句式来看，也是直接由庾信的诗句脱化而来。

现在我们欣赏一下庾信这首"言志"诗。诗题中的"奉和"，即作诗词和别人唱和。"永丰殿下"，南朝梁故永丰侯萧㧑。《北史》本传载：萧㧑，字智遐，南兰陵（今江苏常州西北）人，梁武帝弟萧秀子，在梁封永丰侯。年十五入国学，博览经史，雅好属文，仕梁历益州刺史，守成都。侯景乱起，武陵王萧纪僭号于蜀，封萧㧑为秦郡王。西魏文帝遣大将军尉迟迥入剑阁，至成都。㧑见兵少，遂请降，以城归北魏。北周孝闵帝践祚，出为上州刺史。为政仁恕，元旦放囚归家，如期而至。部民上表乞留。北周武帝时历官少保少傅，改封蔡阳郡公。卒谥襄。㧑善草隶，名亚于王褒。有诗赋杂文数万言。永丰，《晋书·地理志》："始安郡有永丰县。"殿下，汉魏以后对诸侯王、太子、诸王的尊称。萧㧑在梁为诸王，故称殿下。此组抒情诗共十首，前六首是对萧㧑功德事业的赞颂，后四首皆庾信自谓。此是第八首，诗人叙写自身经历，表达其故国之思。"弱龄参顾问，畴昔滥吹嘘。"首联写自己青年时曾任湘东国常侍，当时的湘东王萧纲为太子，所以说"参顾问"。诗人谦虚地说自己不过是滥竽充数，混碗饭吃。"绿槐垂学市，长杨映直庐。"次联连用槐市、直庐二典，继续仕梁时的生活，意谓自己是个文人，却受到重用，在梁任度支尚书郎，在宫廷中值班，随侍皇帝左右。诗人在故梁诸王萧㧑面前叙仕梁旧事，即是叙旧谊也。"连盟翻灭郑，仁义反亡徐。"三联连用两典，写梁亡而二人不得已仕于敌国。上句典出《史记·郑世家》："郑君乙立二年，郑负黍反，复归韩。十一年，韩伐郑，取阳城。二十一年，韩哀侯灭郑，并其国。"言负黍之地来归，是连盟也。这句喻侯景以三十州自东魏归附梁，不久即举兵反，梁卒以之亡。徐，嬴姓国，《春秋》："徐子章羽奔楚是也。"《徐偃王志》："（徐）偃王治国，仁义著闻。欲舟行上国，乃导沟陈、蔡之间。得朱弓矢，以得天瑞，遂因名为号，自称徐偃王。江淮诸侯服从者三十六国。周王闻之，遣使至楚，令伐之。偃王爱民，不斗，遂为楚败，北走彭城武原县东山下，百姓随者万数。因名其山为徐山，山上立石室，庙有神灵，民人请祷焉。"徐偃王行仁义而徐亡，以喻梁武帝笃信佛教，不修武备，遂为侯景所败，导致梁亡也。二句是诗人对梁亡国的反思和论定。尽管如此，诗人作为梁国旧臣，对梁的亡国仍是很伤感的。"还思建邺水，终忆武昌鱼。"末联抒情，抒发诗人的故国之思。二句用《三国志·吴书·陆凯传》所引童谣"宁饮建邺水，不食武昌鱼"的典故，加以改造写入诗中，恰切地表现了诗人的乡关之思。建邺，今江苏南京，梁武帝的国都。武昌，今湖北鄂城，汉之江夏郡鄂县，吴曰武昌，梁属郢州。庾信自建邺奔江陵，曾路过此地。原文"不食武昌鱼"，今诗人羁旅长安，建邺、武昌，旧都旧国，皆成相思的对象。诗人曾为郢州别驾，与湘东王论水战事，深为梁王所赏。从建邺至江陵，途之所经，故武昌鱼可忆矣。

这首诗追叙诗人平生，时抄撰东宫，出入禁闼。及侯景内附，有如负黍之侵。梁武帝恭行仁义，终蹈徐偃王覆辙。而自己身遭离乱，心念乡关。建邺旧宫，似渴江流之水；武昌鱼味，不啻秋风之鲈矣。（毕桂发）

【原文】

杏 花

春色方盈野(1)，枝枝绽翠英(2)。依稀映村坞(3)，烂漫开山城(4)。
好折待宾客(5)，金盘衬红琼(6)。

【毛泽东圈评等情况】

渔家傲·反第一次大"围剿"

一九三一年春

万木霜天红烂漫，天兵怒气冲霄汉。雾满龙冈千嶂暗，齐声唤，前头捉了张辉瓒。　　二十万军重入赣，风烟滚滚来天半。唤起工农千百万，同心干，不同山下红旗乱。

［参考］中共中央文献研究室编：《毛泽东诗词集》，中央文献出版社1996 年版，第 33 页。

卜算子·咏梅
一九六一年十二月

读陆游咏梅词，反其意而用之。

风雨送春归，飞雪迎春到。已是悬崖百丈冰，犹有花枝俏。

俏也不争春，只把春来报。待到山花烂漫时，她在丛中笑。

［参考］中共中央文献研究室编：《毛泽东诗词集》，中央文献出版社 1996 年版，第 129 页。

【注释】

（1）方，才，刚刚。盈野，充满原野。盈，满，充满。

（2）绽，裂开。翠英，犹绿英，绿色花苞。汉蔡邕《胡栗赋》："因本心以诞节兮，凝育蘖之绿英。"

（3）依稀，仿佛可辨之状。村坞，村庄，多指山村。

（4）烂漫，色彩绚丽。南朝梁沈约《奉华阳王外兵》："烂漫蜃云舒，嶔嵚山海出。"山城，依山而筑的城市。庾信《奉和泛江》："岸社多乔木，山城足迴楼。"

（5）好，喜欢。折，折断，摘取。

（6）金盘，金属制成的盘子，指餐具。红琼，红色的美玉。琼，美玉。《诗经·卫风·木瓜》："投我以木瓜，报之以琼琚。"毛传："琼，玉之美者。"此喻红色的杏花。

【赏析】

这是一首写景诗，诗中生动地描绘了杏花烂漫的情态，表现了诗人浓郁的生活情趣和乐观情怀，当是诗人的早期诗作。据诗中"烂漫开山城"

句，而诗人的另一首诗《奉和泛江》中亦有"岸社多乔木，山城足迥楼"句，而后诗是和梁简文帝《泛舟横大江》诗，写春天乘船自白帝城而下，经过黄牛峡、荆门，来到山城，"山城"指梁都建业（今江苏南京）。建业的地势古称"钟山龙盘，石头虎踞"（见《太平御览》引《吴录》），所以诗中的"山城"当指建业。

这首诗题作《杏花》，却从春天的风光写起，"春色方盈野，枝枝绽翠英。"春天的景致充满原野，这就给写杏花作了铺垫，枝枝红色花蕾绽放，这才写到杏花。杏花在早春开放，以红色居多，开放起来光辉灿烂，所以很自然引出三、四两句："依稀映村坞，烂漫开山城。"千树万树杏花开，仿佛把个小山村映照得辉煌灿烂，整个山城都因杏花的绽放而光彩夺目，二句写足了杏花开放带来的春光之美。这样美丽的杏花，仅在原野、山间观赏，自然是不能尽兴的，于是便想折取回去送给亲戚朋友，或拿回家中用金属制成的盘子盛放，作为盆景自己欣赏，岂不妙哉！末二句把诗人喜爱杏花、热爱春天的情怀表现得十分充分。

毛泽东十分喜读庾信的作品，他的《渔家傲·反第一次"大围剿"》中"万木霜天红烂漫"和《卜算子·咏梅》中"待到山花烂漫时"二句里的"烂漫"一词最早用来描写花木就是出自这首诗中"烂漫开山城"。烂漫一词最早见于汉王延寿《鲁灵光殿赋》："丹彤之饰，徒何为乎，澔澔汗汗，流离烂漫。"那是形容鲁灵光殿的丹饰光彩四射之状。而庾信的《杏花》诗中则用来描写杏花的色泽绚丽。唐杜甫《追酬故高蜀州人日见寄》："锦里春光空烂漫，瑶墀倚臣已冥寞。"杜甫也是用烂漫描写春天的景色的。毛泽东的两用"烂漫"，一写秋光，一写冬景，正是这种用法，从而我们可以看出他受庾信《杏花》诗的影响。（毕桂发）

北朝民歌

【原文】

木兰诗

唧唧复唧唧,木兰当户织⁽¹⁾。不闻机杼声⁽²⁾,惟闻女叹息。问女何所思,问女何所忆?女亦无所思,女亦无所忆。昨夜见军帖⁽³⁾,可汗大点兵⁽⁴⁾,军书十二卷⁽⁵⁾,卷卷有爷名⁽⁶⁾。阿爷无大儿,木兰无长兄,愿为市鞍马⁽⁷⁾,从此替爷征。东市买骏马,西市买鞍鞯⁽⁸⁾,南市买辔头⁽⁹⁾,北市买长鞭。旦辞爷娘去⁽¹⁰⁾,暮宿黄河边。不闻爷娘唤女声,但闻黄河流水鸣溅溅⁽¹¹⁾。旦辞黄河去,暮至黑山头⁽¹²⁾。不闻爷娘唤女声,但闻燕山胡骑声啾啾⁽¹³⁾。万里赴戎机⁽¹⁴⁾,关山度若飞。朔气传金柝⁽¹⁵⁾,寒光照铁衣⁽¹⁶⁾。将军百战死,壮士十年归。归来见天子,天子坐明堂⁽¹⁷⁾。策勋十二转⁽¹⁸⁾,赏赐百千强⁽¹⁹⁾。可汗问所欲,"木兰不用尚书郎⁽²⁰⁾,愿借千里足⁽²¹⁾,送儿还故乡⁽²²⁾。"爷娘闻女来⁽²³⁾,出郭相扶将⁽²⁴⁾;阿姊闻妹来⁽²⁵⁾,当户理红妆;小弟闻姊来,磨刀霍霍向猪羊⁽²⁶⁾。开我东阁门,坐我西阁床⁽²⁷⁾。脱我战时袍,著我旧时裳。当窗理云鬓⁽²⁸⁾,对镜帖花黄⁽²⁹⁾。出门看火伴⁽³⁰⁾,火伴皆惊惶⁽³¹⁾,"同行十二年,不知木兰是女郎。"雄兔脚扑朔⁽³²⁾,雌兔眼迷离⁽³³⁾。双兔傍地走,安能辨我是雄雌?

【毛泽东圈评等情况】

毛泽东曾手书全诗,并单书"唧唧复唧唧"至"卷卷有爷名"一段。

[参考]中央文献研究室整理:《毛泽东手书选集·古诗词(上)》,北京出版社1996年版,第40—47页。

【注释】

(1)唧唧,机杼声。一说叹息声。当户,对着门户。

(2)机杼(zhù),指旧式织布机。杼,织布上理经线的工具。

(3)军帖,征兵的文书、名册。

(4)可汗(kè hán),古代西域和北方各少数民族对君主的称呼。

（5）十二卷，形容军书数量多。

（6）爷，父亲。

（7）市，买。市鞍马，购买马鞍和马匹。据《新唐书·兵志》记载，起自西魏的府兵制规定从军的人要自备武器、鞍马、粮食和衣服。

（8）鞯（jiān），马鞍下的垫子。

（9）辔（pèi），驾驭马的嚼子和缰绳。

（10）旦，早晨，一作"朝"。

（11）溅溅（jiān），水流声。

（12）至，一作"宿"。黑山，可能指今之杀虎山，在今内蒙古自治区呼和浩特东北百里。一作"黑水"。

（13）燕山，自蓟北绵延到辽西一带的燕山山脉。一说燕然山，即今蒙古人民共和国境内的杭爱山。胡骑（jì），胡人的战马。声，一作"鸣"。啾啾，马鸣声。

（14）戎机，军机，指战争。

（15）朔气，北方寒气。朔，北方。金柝（tuò），即刁斗，金属梆子。西晋张华《博物志》："番兵谓刁斗为金柝。"

（16）铁衣，铁甲战袍。

（17）明堂，天子祭祀、朝诸侯、教学、选士的地方。

（18）策勋，记功授爵。军功每加一等则官爵也随加一等，叫作一转。十二转，极言官爵之高。

（19）赏赐，一作"赐物"。

（20）尚书郎，官名，汉以后尚书分曹（部），主持各曹事务者通称尚书郎。此句一作"欲与木兰赏，不愿尚书郎"。

（21）"愿借"句，一作"愿借明驼千里足"。明驼，一种精壮的骆驼。唐段成式《酉阳杂俎》："驼卧，腹不贴地，屈足漏明，则行千里。"愿借，一作"愿驰"。

（22）儿，女子自称之词，此为木兰自称。

（23）爷娘，父母。

（24）郭，城外围着城的墙，即外城。将，扶。

（25）"阿姊"句，一作"阿妹闻姊来"。

（26）霍霍，象声词，此指磨刀声。一说急速之状。

（27）西阁，一作"西间"。

（28）云鬓，以云喻鬓发的柔美。鬓，脸旁靠近耳朵的头发。

（29）帖，同"贴"，粘贴。花黄，古代妇女在额头贴上或涂上黄色的山、月、花等形状的面饰。明于慎行《谷山笔尘》："古时妇人之饰，率用粉黛；粉以傅面，黛以填额。元魏时禁民间妇人不得施粉黛；自非宫人，皆黄眉黑状。"

（30）火伴，指同行的士兵。古代军队编制十人为一火，称同火者为火伴。

（31）皆，一作"始"。"惶"，一作"忙"。

（32）脚扑朔，两脚乱动。一说为跳跃之状。

（33）迷离，两眼眯缝着，视物不清。

【赏析】

《木兰诗》是我国南北朝时北朝的一篇优秀民歌，收入《乐府诗集·横吹曲辞·梁鼓角横吹曲》中，最早著录于陈释智匠所撰的《古今乐录》内。作者通过对木兰替父从军的故事的描绘，歌颂了爱国主义精神和中国女子的坚毅、聪明及坦荡的胸怀，表明了巾帼不让须眉的思想，具有鲜明的反封建意义。诗歌具有浓厚的民歌特色，是我国古代杰出的叙事诗之一。

全诗共六十二句，按照时间发展的先后顺序，分三部分展开了对木兰形象的刻画，最后四句是诗人的赞语，这样描写有详有略，剪裁得当。

这首诗描写应征前后共二十八句。其中应征前二十句，应征后八句。应征前自开头至"北市买长鞭"。诗题并不是一开始就直接交代木兰从军的原因，而是首先描绘了木兰的忧愁情态。"唧唧复唧唧，木兰当户织。不闻机杼声，惟闻女叹息"，这一层交代了木兰的身份，由停机长叹而引出故事的发生。"惟闻"二字，说明了木兰的忧愁之深。木兰有什么忧愁，为什么要叹息？接下去"问女何所思？问女何所忆？……愿为市鞍马，从此替爷征。"诗歌巧妙地用两个问句引出下文，有问有答，在忧愁叹息声中，表现出了一种活泼的情致。这一段是说木兰面对国情军情和家境的实际情况，经过思考，她决定为国尽责，替父分忧，表现了木兰勇毅、果敢的精神。"问女何所思？问女何所忆？"两句诗内容相同，作者利用重复的手法渲染了气氛，表明木兰的忧愁引起了人们深深的关切。"女亦无所思，女亦无所忆"，两个否定句将木兰替父从军的内容突出起来了。

"愿为市鞍马，从此替爷征"是木兰的愿望。"东市买骏马，西市买鞍鞯，南市买辔头，北市买长鞭"，是运用排比句写她买出征用品，东、西、南、北市都到了，表现了她昂奋的精神状态。这样写有多种效果：一是表明木兰对出征的重视，二是写时间紧迫，三是渲染战事紧急的气氛。明谢榛说："若一言了问答，一市买鞍马，则简而无味，殆非乐府家数。"（《四溟诗话》）

"旦辞爷娘去，暮宿黄河边。不闻爷娘唤女声，但闻黄河流水鸣溅溅。旦辞黄河去，暮至黑山头。不闻爷娘唤女声，但闻燕山胡骑声啾啾。"这八句是应征后木兰奔赴战场时离家愈远、思亲愈切的思想感情，细腻地表现了少女初离家门时的心理。叙事与抒情交插进行，单句抒情，偶句融情入景，以景写情，情景兼到，意味悠深。

"万里赴戎机，关山度若飞。朔气传金柝，寒光照铁衣。将军百战死，壮士十年归。"这六句是描写木兰从军应战的生活。用仅占全诗十分之一的笔墨，对木兰漫长的征战生活进行了高度概括：万里驱驰、战事艰苦、生还不易。

全诗后半部分（后四句除外）展示了战后木兰的形象，写她谢绝封赏和回家后的欢乐情形，共二十四句。"归来见天子，天子坐明堂。策勋十二转……送儿还故乡"，这八句用极言所封官爵之高、赏赐之多来说明木兰功劳之大和天子对她的赏识。通过将军丧身沙场与木兰凯旋的对照，不但说明了木兰有着惊人的机智、勇敢，也说明了木兰的武艺超群出众。"爷娘闻女来，出郭相扶将。阿姊闻妹来，当户理红妆。小弟闻姊来，磨刀霍霍向猪羊。"这三组复叠句式，描写了家人对木兰归来的欢迎，写出了不同人物的特点，形象非常生动，也创造出了一种热烈欢乐的气氛，充满着浓郁的人情味和生活气息。诗人大胆地舍弃了木兰同家人见面、畅谈别情的场面描写，而不厌其详地对木兰归家后的一系列举动进行了描写。"开我东阁门，坐我西阁床"，这两句使用了互文见义的修辞手法，写尽了女孩久别归家后的喜悦心情，却没有一语写她对热切欢迎她归来的亲人的感情，从侧面反映了她对爷娘、阿姊、弟弟的感情。"脱我战时袍，著我旧时裳。当窗理云鬓，对镜帖花黄"，写木兰恢复了女儿本色，表现了她对和平劳动生活的热爱，对正常人生的向往。"出门看火伴，火伴皆惊惶：'同行十二年，不知木兰是女郎'"，写当脱去战袍、着女儿妆束的木兰出现在军中伙伴面前的时候，军中伙伴们的"惊惶"心理，说明了木兰女扮男装从军壮举的不易，这固然有浪漫主义的夸张手法，但也表现了木兰的性格，表现了战争的环境。

"雄兔脚扑朔，雌兔眼迷离。双兔傍地走，安能辨我是雄雌？"最后四句使用了互文见义的手法，诗人以第一人称的形式和代木兰对伙伴答语的口吻，用双兔设喻，将木兰自豪的心情代为传出。这四句既表现了木兰的机智和稳重，也写出了战争的环境。以兔喻人，表现了民间文学特有的泼辣清新、富有情趣的风味。

木兰既是一个现实生活中的人物，也是一个人民理想的化身。北朝战争频繁，造就了许多勇武善战的妇女，木兰就是其中杰出的一个时代骄子，作品生动地描绘了木兰由红妆女儿一变成为戎装健儿，替父从军，十年转战，功成不受赏，既带有传奇色彩，又寄托了人民的理想。木兰形象既真实可信，又带有浪漫主义的色彩。全诗基调明朗。洋溢着乐观主义精神。

"木兰是女郎"是这首诗的构思中心，全诗紧扣这一点进行了剪裁，详略得当。对木兰从军的动机、行军途中思亲的心理、家人欢迎木兰归来等进行了详写，而对战场生活仅用了六句加以概括。在对"木兰是女郎"的描写中，将笔墨集中用来揭示木兰的思想感情和内心世界，运用了多种艺术手法来描写，酣畅淋漓，运墨如泼，赋予木兰这个形象以浓厚的人情味，使全诗充满了生活情趣。

全诗的语言丰富多彩，既有质朴自然的口语，又有精美严整的律句。口语显示了民歌"明转出天然"的本色，长短错综，活泼流畅；律句工整凝练。这两种不同语言的结合使用，使句法既有整饰之美，又有参差之妙，并取得了和谐的统一。这首诗还成功地运用了民歌中反复咏叹的手法，具有强烈的艺术感染力。清代诗评家沈德潜在《古诗源》中评道："事奇诗奇，卑靡时得此，如凤凰鸣、庆云见，为之快绝。"

毛泽东对这首歌颂古代巾帼英雄木兰代从军抗敌御侮的民间创作十分欣赏，他不仅在读《古诗源》时加以圈点，在练习书法时，也手书过这首诗。（毕东民　刘　磊）

【原文】

敕勒歌

敕勒川[(1)]，阴山下[(2)]。天似穹庐[(3)]，笼盖四野。天苍苍，野茫茫，风吹草低见牛羊[(4)]。

【毛泽东圈评等情况】

毛泽东曾手书此诗。

[参考] 中央文献研究室整理：《毛泽东手书选集·古诗词（上）》，北京出版社 1996 年版，第 76 页。

还有北朝的将军斛律金，这也是一个不识字的人，他有《敕勒歌》："敕勒川，阴山下，天似穹庐，笼罩四野。天苍苍，野茫茫，风吹草低见牛羊。"

[参考] 李锐：《庐山会议实录》（增订本），河南人民出版社 1995 年版，第 131—132 页。

【注释】

（1）敕勒川，当是敕勒族所居住草原上的地名或河流名，或云即今内蒙古自治区土默特旗一带。

（2）阴山，山名，西起河套西北，绵亘于内蒙古自治区，东接大兴安岭。

（3）穹（qióng）庐，毡帐，即今蒙古包。

（4）见，音义同"现"，显现。

【赏析】

《敕勒歌》属《乐府诗集·杂谣歌辞》。《乐府古题要解》说："北齐神武（高欢）攻周玉壁，士卒死者十四五，神武恚愤疾发。周王下令曰：'高欢鼠子，亲犯玉壁。剑弩一发，元凶自毙。'神武闻之，勉坐以安士众，悉引诸贵，使斛律金唱《敕勒》，神武自和之。其歌本鲜卑语，易为齐言，故其句长短不齐。"斛律金，字阿六敦，性敦直，善骑射，北齐敕勒族将领。斛律金从高欢攻周玉壁在东魏孝静帝武定四年（546）。他所唱的是敕勒民歌。敕勒，古种族名，又称铁勒，北朝时居住在今山西北部和内蒙古自治区南部一带。

在传世的北朝民歌中，《敕勒歌》尤称千古绝唱。这是一首由鲜卑语转译的敕勒族民歌，是一首敕勒族赞美本民族安居乐业的歌，是一幅北方草原游牧生活的画卷。全诗七句二十七字，句式不整，韵脚不一，给人以朴实自然的感受，可谓诗中有画，画中有诗。这首诗以雄浑的气势，描绘了苍茫辽阔的北方草原景色，歌唱大草原的丰美和富饶。

"敕勒川，阴山下。""川"，平原。"敕勒川"当因敕勒部族居住于此而得句。"阴山"，在今内蒙古自治区南境一带。开头两句是平实而简练的交代，直赞敕勒川，语言直率热情。"阴山下"指明了敕勒川的地理位置。这两句各用三个字，勾勒出了眼前雄伟壮观的辽阔草原粗犷景色，破口而歌，酣畅豪放，为激越壮丽的主旋律定下了基调。

"天似穹庐，笼盖四野。""穹庐"，氊帐，游牧民族所居的圆顶帐幕。中间两句用巧妙的比喻描摹出了敕勒川奇特的风貌，歌唱了优美的生活环境：在一望无垠的大草原上，满眼青绿无边无际地延伸开去，只有辽阔的天宇如同毡帐一般从四面低垂下来，罩住了浩瀚的草原。这两句想象奇特，比喻巧妙，使人感到一股浓厚的生活气息。

"天苍苍，野茫茫，风吹草低见牛羊。"末三句展示了无边草原上牛羊出没的美好景象，表达了对家乡的无限热爱。"天苍苍，野茫茫"两句紧承上两句进一步描摹了天野，蓝天碧草相凝，天地间更加苍茫迷离。一句写天高，一句写地广，立体感强。"风吹草低见牛羊"一句如江河决口，一泻千里：风吹动着滚滚草浪，成群的牛羊时而隐没时而出现。这一句化静为动，主体景物时藏时露，显得极为生动。画龙点睛突出的是人事活动，写出了大草原不仅美丽而且富饶。

《敕勒歌》所描绘的是一种浑脱自然之美，绝无修饰，用简练朴素的写实手法，酣畅淋漓地涂抹出无限壮美的意境。正如清诗论家沈德潜在《古诗源》中所评说："莽莽而来，自然高古，汉人遗响也。"它形象鲜明，情调浑壮，气势宏大，语言精练。全诗所独有的内容与艺术特色，来源于北方游牧民族独有的生活环境和体验。金人元好问说："慷慨歌谣绝不传，穹庐一曲本天然。中州万古英雄气，也到阴山敕勒川。"（《论诗绝句三十首》）

毛泽东喜爱这首诗，曾专门手书过。在 1959 年庐山会议上专门提到过这首诗，并说这首诗的作者也是一个不识字的人，意在说明老百姓中，文化程度不高的人也能写出好诗。（东　民）